1960년대편 **2**권

한국현대사산책

1960년대편 **2**권 개정증보판

한국 현대사 산책

4·19 혁명에서 3선 개헌까지

강준만 지음

인물과
사상사

제1부   1961년 ②: 병영국가의 건설

제3부   1963년: '권력 투쟁'과 '색깔 전쟁'

 제1장

군사정권의 포퓰리즘과
인간 개조 운동

깡패들의 거리 행진

군사정권은 민심의 호응을 얻기 위해 포퓰리즘 수법을 동원했다. 물론 일시적인 이벤트로서의 포퓰리즘이었다. 법치法治니 인권人權이니 하는 것과는 거리가 먼 이벤트도 많았지만, 이 당시의 한국 사회가 그걸 따질 수준이나 조건이 아니었기에 그마저도 박수를 받았다. 법을 밟고 서 있는 군사정권으로선 아주 쉬운 일이었다. 민심이 불만을 느꼈을 법한 세력들을 모조리 잡아들이기만 하는 되는, 아주 간단한 일이었다. 4·19를 촉발한 데에 책임 있는 자유당 사람들과 그 시절의 부정축재자들, 혁신계 인사들까지 '용공'의 올가미를 씌워 감옥이 미어터지도록 마구잡이로 잡아들였다.

많은 사람이 군사주의의 그 효율성에 열광하거나 적어도 내심 그걸 반겼다. 6·25 전쟁이 사회 분위기에도 큰 영향을 미쳤던 걸까? 군사문화에 대한 적응력을 키웠다고나 할까? 그레고리 헨더슨Gregory Henderson, 1922~1988은 『소용돌이의 한국 정치』(1968)에서 다음과 같이 말했다.

"전쟁은 특히 군부의 권력을 창출했다는 점에서 장기적으로 중대한 정치적 결과를 가져왔다. 동시에 단기적인 정치적 결과도 만들었다. 다시 말해 전쟁은 정치적 의미가 강한 쟁점을 한층 더 심화시켰으며, 더욱 강력한 독재적 수단이 좀더 정통적으로 보이게끔 환경을 만들어갔다."[1]

그런 우호적인 환경에서 5·16 주체세력으로선 일반 민중에게 감옥을 구경시켜줄 수 없는 게 안타까웠을 것이다. 그들은 무언가 보여주고 싶었다. 무슨 화끈한 이벤트가 없을까? 5·16 주체세력이 보여준 이벤트 가운데 가장 드라마틱했던 것이 바로 1961년 5월 21일 깡패들의 거리 행진이었다.

5월 21일 오후, 군사정권은 자유당 시절 정치깡패 두목 이정재를 비롯해 200여 명의 깡패를 "나는 깡패입니다. 국민의 심판을 받겠습니다. 깡패 생활을 청산하고 바른 생활을 하겠습니다. 우리는 젊은 몸과 마음을 국가에 헌신하겠습니다" 등이 적힌 플래카드를 들고 덕수궁을 출발, 시내 중심가를 행진하게 만들었다. 이들에겐 '용갈파', '개고기', '까게', '돼지' 등과 같은 이름표도 붙어 있었다. 이정재는 4·19 이후 법에 따라 8개월의 징역살이 끝에 1961년 2월 초에 석방되었다가 다시 걸려든 것이다. 그는 결국 형장의 이슬로 사라지게 된다.[2]

5월 22일 현재 전국 경찰이 단속한 범법자는 2만 7,000여 명에 달했다. 그 가운데 4,200명은 깡패였다. 바로 이날 장도영은 희한한 내용의 성명을 발표했다. "지지 시위에 무한히 감사하나 지금은 밤낮을 가리

200여 명의 깡패는 '깡패 생활을 청산하고 바른 생활을 하겠습니다'는 플래카드를 들고 시내 중심가를 참회하며 행진했다.

지 않고 국가 재건에 총진군할 시기인 만큼 모든 시위행동을 중지하고 각자 직장에 돌아가 자기 직무에 최선을 다해주기를 바란다."[3]

그러나 쿠데타를 지지하는 애국 시민들이 걱정할 필요는 없었다. 시위 대신 성명을 발표하면 되니까 말이다. 다음 날인 5월 23일 서울대 학생회는 쿠데타를 지지하는 성명을 발표했다. 바로 이날 군사정권은 모든 정당·사회단체를 해체시켰다. 또 이날 광주에선 자신들을 퇴학시킨 교사를 폭행한 두 고등학생이 군사재판에 넘어가 징역 4년형과 3년형을 선고받았다.

사이비 언론·댄스홀·부정축재 응징

1961년 5월 23일 사람들을 가장 감동시킨 건 '사이비 언론인과 언론기관 정화' 방안의 발표였을 것이다. 이 조치의 결과, 전국 916개 언론사 가운데 일간지 39개, 일간통신 11개, 주간지 31개만이 남게 되었다. 좀더 구체적으로 살펴보면, 64개 중앙 일간지 가운데 15개가 살아남았고, 지방에서는 51개 일간지 가운데 24개가 살아남았다. 통신사 11개는 316개 가운데 살아남은 것이었는데, 지방통신사 64개는 전부 폐쇄되었다. 355개의 중앙 주간지 가운데선 31개가 남고 130개 지방 주간지 가운데선 1개가 살아남았다.[4] 이를 축하하듯, 이날 경찰은 '기자 출입금지'라고 쓴 종이를 붙여 기자가 관공서에 들어가서 직접 취재하는 일을 금지했다.

5월 24일 댄스홀에서 춤추고 있던 청춘남녀 45명이 '옥내외 집회 금지령' 위반으로 체포되었다. 댄스홀을 구경조차 할 수 없었던 사람들은 아주 고소하게 생각했다. 군사정권은 그런 민심을 겨냥해 "국가 재건에 총력을 기울여야 할 사람들이 대낮에 춤을 춘 것은 용서할 수 없다"고 비판했다.[5]

5월 25일 낮 12시부터 농어민이 진 연리年利 2할 이상의 일체의 고리채에 대해서는 채권행위를 일시 정지시키는 '농어촌 고리채 정리' 방안이 발표되었다. 원래 농림부 장관 장경순은 박정희에게 묘지 문제까지 같이 다룰 걸 요청했다. "우선 농어촌 고리채를 정리해 주어야겠습니다. 또 하나는 묘지 문제입니다. 논이고 밭이고 간에 묘지 천지입니다. 이래 갖고는 농사가 안 됩니다. 묘지도 이 기회에 정리해야겠습니다."

그러나 박정희의 답은 부정적이었다. "고리채 정리는 옳은 일이지만 묘지 이야기는 잘못 꺼냈다가는 혁명정부가 견딜 수 없을 거요. 나도 생각해보지 않은 것은 아니지만 그 문제는 차후에 의논합시다."[6] 이처럼 군사정권의 '개혁' 조치는 용맹무쌍한 것 같았지만, 거의 대부분 국민적 인기를 얻을 수 있는 것에만 국한되었다.

5월 27일 군사정권은 약 3,000명의 병역 기피 공무원을 적발해 전원 해임하기로 결정했다. 이 감원減員으로 남는 예산 7억 환은 국민복리 사업에 쓰기로 했다. 5월 28일 부정축재자 처리 기본 요강이 발표되었으며, 부정축재처리위원회와 부정축재조사단이 구성되었다. 전체 공무원의 18%를 숙정肅正하는 조치도 이루어졌다. 그러나 숙정은 주로 하위직 공무원에만 집중되었다.[7]

청교도적 접근 방법

군사정권의 청교도적 접근 방법은 많은 사람에게 신선한 느낌으로 다가왔다. 440명의 뚜쟁이를 체포하고 4,411명의 매춘부를 집으로 돌려보내는 조치도 보기에 화끈했고, 수입 사치품들을 수거해 불태우는 데엔 10년 먹은 체증까지 내려가는 것 같았다. 또 군사정권은 도시 엘리트의 상류생활을 비난함으로써 풍요로부터 소외된 민중의 가려운 곳을 긁어주었다.[8]

군사정권의 공무원들은 청교도적인 모범을 보여야 했다. 5월 28일 내무부 장관인 육군 소장 한신은 공무원들의 집무 태도에 대한 지침을 전국에 내려보냈다. "모든 공무원은 출근 시간 30분 전에 출근하여 실내 청소와 환경 정리를 마치고 깨끗한 기분으로 집무에 임할 것. 근무시간을 엄수하되 지각, 무단결근, 집무 중의 무단 이석, 외래객 접견·잡담을 엄금할 것. 직무상의 명령에는 절대 복종하고 하명 받은 사항은 지정된 시간 내에 완수할 것. 지시 또는 명령한 사항은 반드시 그 결과를 확인하고 검토할 것. 매일의 사무 처리 계획을 작성하고 매일의 실적을 확인하여 근무시간을 단 1분이라도 낭비하는 일이 없도록 할 것. 민원서류 처리에 있어서는 무료 대서代書 및 시간제 처리를 엄수하고 친절과 봉사를 베풀고 민폐를 끼치는 일이 없도록 할 것. 허례의 악습을 바로잡고 간소한 복장과 검소한 생활을 솔선하여 여행勵行할 것. 유흥장 출입을 엄금하고 외제담배를 피우지 말 것."[9]

5월 29일 서울시 교육감은 과외수업과 교내외의 특별학습을 금지시켰다. '금지'라는 단어가 난무했다. 다방에도 사실상의 금지령이 떨어졌다. 『조선일보』 5월 29일자는 이렇게 보도했다. "29일 아침부터 서울 시내 다방마다 당국의 지시라고 커피를 일체 팔지 않고 있어 아침에 한 잔으로 습관이 되어 있는 공무원들과 샐러리맨들의 구강口腔을 텁텁하게 하고 있다. 조홍만 치안국장은 '어제 다방업자들을 불러 양담배를 팔지 않고, 피우는 것도 삼가고 있는 이때 막대한 외화를 소비하고 있는 커피를 팔지 말고 생강차나 기타로 대체하는 것이 어떻겠는가 하고 권장한 적이 있다'고 밝혔다."[10]

5월 30일 군정경찰은 3일간 전국에 걸쳐 '좌측 통행, 차도 보행 금지, 횡단보도 이용, 신호를 지킬 것' 등을 주요 내용으로 삼은 보행자 지도훈련을 실시했다. 6월 5일 치안당국은 떠돌이 고아들을 체포했는데 그 수가 보름 동안 1만여 명에 이르렀다. 6월 10일 내무부 산하에서만

첩을 둔 축첩蓄妾 공무원 510명이 쫓겨났다. 또 이날 최고회의는 최고회의법, 중앙정보부법, 농어촌고리채법을 공포했다.

남북한의 인간 개조 운동

1961년 6월 11일 국가재건최고회의는 '재건국민운동에 관한 법률'을 공포하고 국가재건최고회의 직속으로 재건국민운동본부를 설치했다. 서울시와 각 도에 지부가 생겨나고 읍, 면, 동과 리 단위에 이르기까지 '촉진회'가 조직되었다. 재건국민운동본부는 반공과 내핍, 근면 정신의 고취, 생산과 건설 의식 증진, 도덕적 앙양, 정서 순화, 국민 체위體位 향상 등을 과제로 내걸었다. 본부장은 고려대 총장 유진오가 맡았다. 유진오의 임명은 "4·19의 주동자가 학생들이었고, 특히 이들의 선봉이 고대생"이었기 때문이라는 풍문이 떠돌았다.[11](1961년 9월 제2대 본부장으로 유달영이 취임했다.)

재건국민운동본부는 청년회·부녀회 간부들을 교육시키는 향토교육원 142개를 설치했고, 일반 국민을 대상으로 하는 일일 순회교육을 실시했다. 이런 교육 과정에 수많은 지식인이 참여했거나 동원되었다. 전국 각지에 재건청년회 4만 5,119개와 재건부녀회 3만 3,927개가 조직되었다. 1962년 5월 초에 재건국민운동본부는 50만 명의 요원과 360만 명에 이르는 청년과 부녀 회원을 확보하게 된다.[12]

재건국민운동은 박정희의 평소 지론인 '인간 개조 운동', 좀더 구체적으론 '한국인 개조 운동'을 포함했다. 박정희가 이상으로 꿈꾼 이상적 인간은 '군사적 인간'이었다. 이 운동은 정규 교육으로까지 확대되어 군사정권하에서의 교육은 '인간 개조를 위한 교육'을 지향하게 되었다. '인간 개조'는 군사정권 문교 정책의 실천요강이었다. 각급 학교 학생들은 우선 '인간 개조'를 당하기 위해 '혁명공약'을 달달달 외우고 "혁명공약 이루자"는 노래를 목청껏 불러대야 했다. 군사정권하에서 이런 '인간 개조' 교육의 최종 결정판은 개인에 대한 '국가의 절대 우위를 주장하는 파시즘의 속성'을 갖는 1968년 국민교육헌장의 선포로 나타나게 된다.[13]

흥미로운 건 인간 개조 운동은 남북한 양쪽에서 동시에 이루어지고 있었다는 사실이다. 박정희가 '분열 없는 군사적 인간형'을 들고 나온 반면, 김일성은 '새로운 공산주의 인간형'을 들고 나왔다. 그 인간형은 이기심을 완전히 버리고 어떠한 대가도 바라지 않으며, 오로지 당과 국가

국가재건최고회의는 직속으로 재건국민운동본부를 설치해 박정희의 '인간 개조 운동'을 위한 다양한 실천 방안을 내놓았다. 국가재건최고회의 최고위원과 내각 각료들.

의 목표 달성을 위해 희생적으로 일하는 인간이었다. 김일성은 그런 인간형으로 개조하기 위해 이미 1960년 8월에 2,200석 크기의 평양대극장을 완공해 연극이나 가극을 많이 활용했으며, 동시에 '공화국 북반부를 붉은색 일색으로 하기' 운동도 전개했다.[14]

'인간 개조 교육'을 위해 군사정권은 각급 학교에 장교들을 파견해 지휘·감독하게 했다. 당시 서울여상 교사였던 김병걸의 증언을 들어보자. 그는 『실패한 인생 실패한 문학: 김병걸 자서전』(1994)에서 "그들은 교원들을 2개월가량 사회개혁을 위한 재교육을 시키고 또한 그 교육의 내용을 시험 보게 했다. 이 바람에 각 학교마다 교장·교감을 위시한 전 교원들은 마치 중학생들처럼 군인들 앞에서 열심히 공부하지 않으면 안 되었다"며 다음과 같이 말했다.

"군사정권은 또한 외식을 금지시키고 반드시 잡곡이 든 도시락을 싸 가지고 오게 했다. 그것까지는 좋았다. 아니 나라 경제의 재건을 위해 국민 모두가 내핍 생활을 해야 하는 것이 지상 과제이며 당연한 일이었다. 그러나 교원들에게 신사복 대신 국민복을 입게 한 조치는 양복점만 수지 맞게 했을 뿐이다. 이런 여러 가지 규정을 어길 때면 파면조치한다고 경고했다. 그래서 5·16 후 한동안은 사회 전체가 병영화된 분위기였다."[15]

국민복·교복·삭발·폐지 수집·커피

교원들에게 국민복을 입게 한 조치, 그게 바로 이른바 '신생활 재건 운동'이었다. 4·19 직후 학생들의 자발적인 '신생활운동'에 강제성을 부여해 경직되게 운영한 나머지 우스꽝스러운 일이 많이 벌어졌다. 군사정권은 여성 복장으로는 '신생활복'을 제시해 양장을 일상복으로 자리 잡게 했던바, 1960년대 이후 한복은 의례복으로 바뀌었다.[16] 학생들은 교복을 착용해야 했고, 중·고등학생들은 삭발을 해야 했다.

5·16 군사쿠데타 직후 전 정부 차원의 폐지 수집 운동이 벌어졌는 데, 이때에 각 부처가 갖고 있던 거의 모든 자료가 폐지로 공출되었다. 아무리 1인당 국민소득 80달러의 나라였다고는 하지만, 그렇게 생각이 없었을까? 그러나 바로 그게 군사문화의 속성이었다.[17]

1961년 9월 4일엔 국가재건최고회의의 지시에 따라 대검찰청, 법무부, 재무부, 내무부, 상공부, 서울지검 등이 희한한 결의를 한 적도 있었다. 그 결의 내용은 다방에서 커피를 판매하면 혁명 분위기를 깨뜨리는

1961년 6월 조직된 '재건국민운동 서울특별시 지부'가 1961년 10월 '새생활 실천의 달'을 기념해 간소복 장려, 표준의례 준수, 농촌 돕기 등의 구호를 내건 전단지. (대한민국역사박물관 소장)

결과가 초래된다며 업자에게 권고해 역수출되도록 하자는 것이었다.[18]

이후 특정 외래품 판매금지를 통해 커피의 수입을 제한하기 시작했고, 이로 인해 다방에서는 커피를 구하기 힘들어져 커피 품귀 현상이 일어났다. 이러한 분위기 속에서 다방협회는 앞으로 다방에서 커피 판매를 중지하고, 국산차의 질 향상과 보급 등 생활의 검소화와 불필요한 외래품 배격 등의 혁명 과업 수행에 발맞추겠다는 결연한 의지가 담긴 발표까지 하고 나섰다.[19] (역사 산책 1: 희한한 커피 단속 풍경 참고)

그러나 '커피 통제'는 일시적인 '혁명 분위기'에 영합하는 기회주의적 이벤트였을 뿐이다. 커피를 원 없이 마시더라도 부정부패만 바로잡았더라면 그 이상 가는 애국이 없었을 텐데, 군사정권의 개발독재는 부정부패와 손을 잡고 가는 길을 택했기 때문이다.

부패는 이미 반反쿠데타 장성들을 가둔 감옥에서부터 시작되고 있었다. 강영훈, 이한림, 김웅수, 김형일 등이 바로 그들이다. 강영훈은 훗날 "부정축재로 들어온 자들은 돈을 써서 조사합네 하고 빼내 대접이 융숭했으나, 반혁명으로 갇힌 민주당 정통 정부 지지 장군들은 혹독한 고생을 했다"고 회고했다.[20] 물론 5·16 주체세력이 처음 한동안은 부정부패를 발본색원할 듯이 덤빈 건 사실이었다. 그러나 그 방식은 매우 졸렬했거니와 오래 지속될 수도 없었다.

술집 출입금지령

상공부 장관 정래혁의 보좌관으로 현역 해병 대령 김 아무개가 임명되었다. 그는 군화에 계급장과 권총으로 무장한 채 '부패 척결'에 앞장섰다. 그는 청소(해임)를 위해 "누구를 자를 것인가" 하는 투서를 받기 시작했다. 투서에 걸려들면 즉각 파면이었다. 그 결과, 상공부에서 가장 잘 나가던 섬유과는 매일 밤 술집에서 한바탕 어울리기도 했는데, 윗사람들이 모두 다 잘려 말단 직원 두 사람만 살아남았다.

김 대령은 청소에 필요한 자료 수집을 위해 근처 술집과 음식점의 외상값 신고를 받았다. 주인들은 정부가 외상값을 갚아주는 줄 알고 열심히 신고했다. 나중엔 신고의 목적을 알고서도 돈 받을 욕심에 신고하기도 했다. 상공부 직원들의 외상이 제일 많았던 중화각이라는 중국 음식점의 주인 진서방만큼은 "우리는 외상 없어해" 해서 많은 사람이 목 잘리는 것을 막아주었다. 그래서 상공부 직원들이 나중에 진서방이 의리가 있다고 많이 팔아줘 중화각의 장사가 아주 잘 되었다고 한다.[21]

밀고를 한 사람에게 포상을 주는 등 밀고를 장려하는 방식은 군사 정권의 전 분야에 걸쳐 성행했는데, 이는 특히 이북 출신들에게 큰 반감을 샀다. 김준하에 따르면, "중학교 시절 38선 이북이 고향이던 나는 북한의 김일성이 집권 초기에 '밀고 행위를 국민적 애국 행위'로 찬양하고 친구 사이는 물론 부자간에도 밀고를 장려해서 서로를 믿지 못하게 만든 과거지사가 머리에 떠올랐기 때문이다".[22]

군사정권은 공무원들에게 술집 출입금지령도 내렸다. 당시 상공부 화학과장이었던 오원철의 증언이다. "업자와 같이 먹는 것은 물론, 자기 돈 내고 먹어도 옆에 여자가 앉으면 처벌감이 된다. 그래서 난다 긴다 하던 장안 기생들이 갑자기 흰 앞치마를 두르고, 하고비(일본말로 음식 나르는 사람)가 되었다. 독방은 안 되고 문은 전부 열려 있어 어디서 감시하는지 몰라 손도 만질 수 없었다."[23]

이 금지령에 진짜 주당은 빠지고 풋내기만 걸려들었다. 5·16 군사 쿠데타 주체들은 계속 요정 출입을 하고 있었기 때문에 술 없이 못 살고 배포가 좋은 공무원들은 그런 요정을 출입하면 안전하다는 걸 곧 깨닫게 되었다. 술집에 단속반이 들이닥치면 한바탕 난리가 벌어지기도 했다. 술집 웨이터 옷을 빌려 입고 무사히 빠져 나온 사람, 장독대의 빈 항아리 속으로 들어간 사람 등 수많은 '무용담'이 양산되었다. 다음과 같은 경우도 있었다

　"허許 계장은 숨을 곳이 없어, 변소에 들어가 문을 안으로 걸어 잠갔는데, 단속반이 계속 문을 두드리지 않는가. 나중에는 문짝이 깨지도록 두드렸지만, 나가면 목이 날아가는 판이라 문을 열 수 없었다. '설사요, 설사요' 하며 30분 가까이 실랑이를 했는데, 단속반원이 착한 사람이었던지 '예따, 적선 한번 하지, 봐 줄게' 하고 가버려서 살았다고 한다."[24]

　군사정권의 겉 다르고 속 다른 이중적 행태에 대해 방우영은 『조선일보와 45년』(1998)이라는 회고록에서 "5·16 혁명이 일어나자 고급 요정이 부패와 사치의 온상으로 지목돼 '대중 음식점'으로 격하됐다. 여자들도 한복이 아닌 평복 차림으로 나와 손님 시중을 들고 보니 요정 정치가 사라지는 게 아닌가 생각했다"며 다음과 같이 말했다.

　"장원의 주 마담이 장사가 안 된다며 울상이 되어 불평을 하기에 '두고 보시오. 중이 고기 맛을 보면 그때는 신나게 장사가 잘될 터이니 조금만 참으라'고 위로한 적도 있다. 아니나 다를까 1년도 못 가서 요정 정치는 더욱 기승을 부리며 부활(?)했다. 혁명 세력들이 앞을 다투어 차를 몰고 위풍당당이 요정 정문에 차를 세웠고, 공화당 정객들의 '새나라' 자동차가 문전성시門前成市를 이루었다."[25]

희한한
커피 단속 풍경

　　다방협회의 커피 판매 중지 선언은 성급하거니와 경솔한 결정이었다는 게 곧 밝혀지기 시작했다. 부산에서는 업자들 스스로 커피를 팔지 않겠다고 결의해놓고 일부 업자들이 몰래 커피를 파는 일이 발생했다. 이에 다방업자들은 경남 경찰국을 방문해 앞으로 업자들에 의한 감찰반을 조직해 커피를 파는 다방들을 스스로 단속하겠다며 정부 시책에 적극 협조하겠다는 각오를 다지기도 했다.[26]

　　그러나 다방이 커피 때문으로 성업을 이룬 건 아니었지만 커피 없는 다방을 상상하기 어렵다는 건 곧 드러나고 말았다. 이미 커피는 상당수 한국인에게 인이 배겨 있던 탓에 다방들은 비밀리에 커피를 판매했던 것이다. 이때 사용되었던 커피 원료의 대부분은 미군 PX에서 흘러나온 것이었다.[27]

　　당국의 단속과 커피를 팔고자 하는 다방업자들의 쫓고 쫓기는 상황

속에 1961년 11월 28일부터 서울시 경찰국은 외국산 커피나 '한미커피', '뉴커피', '대용커피' 등 무허가로 제조된 국산 커피를 판매하는 범법 행위에 대해 철저한 단속을 실시하기 시작했다. 적발되는 다방업자에 대해 1회 적발 시 1개월 혹은 3개월간의 영업정지 처분과 3회 이상 위반할 경우는 영업허가를 취소하는 조치를 취했다.[28]

허가를 받고 제조된 국산 커피는 단속 대상에서 제외되었지만, 실질적으로 외관상 외제 커피와 국산 커피의 구분은 어려웠다. 그런 상황에서 경찰의 단속으로 인해 국산 커피를 판매하던 다방업자가 외제 커피를 판매한 걸로 오해를 받고 경찰서에 가서 "우리 다방에서는 외제 커피를 팔지 않는다"는 각서까지 쓰고 나오는 해프닝도 있었다.

『조선일보』1961년 10월 20일자에 따르면, "서울 을지로 2가 대림다방 마담이라는 김수옥 씨는 20일 아침 중부경찰서에서 '앞으로 외국산 커피를 팔지 않겠다'고 각서를 썼다. 외국산 커피를 팔았다는 혐의로 끓인 커피까지 증거품으로 가지고 나왔던 김씨는 이날 감정 결과 그의 말과 같이 그것이 국산 커피로 판명된 것. 그러나 각서를 새삼스럽게 쓰게 된 것은 불러온 사람이나 불려간 사람이 그대로 헤어지기가 서로 어색했던 까닭일까?"[29]

이런 커피 단속에 아랑곳하지 않고 국내에서 유일하게 합법적으로 커피를 판매할 수 있는 곳이 단 한 곳 있었는데, 그건 바로 지금의 서울의 소공동 롯데호텔 부지에 있었던 반도호텔의 커피숍이었다. 당시 반도호텔은 외국 손님을 위주로 하는 관영 호텔이었기 때문이다. 여기선 단속 전만 하더라도 하루에 200잔도 채 나가지 않았던 커피가 매일 600잔 이상 팔려 나갔다.[30]

이렇듯 커피가 귀하게 되자 당시만 해도 흔치 않던 해외여행을 다녀오던 사람들에게 커피는 가장 최고의 선물로 환영을 받게 되었고, 선물을 받은 사람들도 애지중지하게 간직하면서 귀한 손님이 오지 않고서는 쉽게 대접하지 않았다. 커피는 귀물 중의 귀물이었던 것이다.

이러한 상황에서 커피에 대한 욕구는 나날이 높아져 갔고, 정상적인 방법으로는 커피를 구하기 힘들었기 때문에 공항이나 항구를 통해 밀수를 하다 적발되거나 심지어는 시장에서 배추 속에 커피를 숨겨 놓고 팔다 단속되는 경우가 발생하기도 했다.[31] 당시 불법으로 유통되던 커피의 상당수는 미군 부대에서 유출된 것이 많았는데, 그 때문에 커피를 실은 미군 트럭이 도난당하거나,[32] 열차를 정차시킨 후 미군용 커피를 훔쳐가는 경우가 발생하기도 했다.[33]

제2장

5·16과 신문:
기회주의의 향연

민주당 대변지들의 변절

신문들은 5·16 군사쿠데타에 대해 어떤 태도를 보였던가? 쿠데타가 일어났다는 소식을 접한 합동통신사 기자 리영희는 동료 기자들에게 이렇게 외쳤다. "부패한 군대가 혁명을 하겠다니 당치도 않은 말이에요. 이 국가에서 제일 썩은 세력이 군대인데, 그 군인들이 누구를 어떻게 바로잡겠다는 말이에요! 어불성설이에요. 새 정부가 수립된 지 얼마나 됐다고 혁명 운운합니까! 더구나 군대가 말이에요. 우리는 힘닿는 데까지 군부통치를 반대해야 해요. 반대합시다."

그러나 아무런 반응이 없었다. 리영희는 다른 기자들의 생각을 이렇게 미루어 짐작할 수밖에 없었다. "민주당 정부도 처음에는 부정과 부패를 쓸어버리겠다고 하지 않았나. 그렇지만 그것이 어디 쉬운 일인가? 곧 부패하기 시작했지. 군인들이라고 별 수 있겠나? 그들도 얼마 지나면 부패의 맛을 보게 될 것이고, 그러면 언론기관과 기자들의 신세를 지지 않을 수 없지. 우선은 몸을 사리고 잠자코 있자. 차차 기자에게 기댈 때가 오겠지."[34]

이후 역사는 기자들의 그런 기회주의적 판단이 옳았음을 입증해준다. 김영호는 『한국 언론의 사회사』(2004)에서 당시의 대표적인 신문인 『동아일보』, 『조선일보』, 『경향신문』 등이 언론자유와 양립할 수 없는 군사쿠데타와 그 통치를 지지하고 환영하는 바람에 내부 모순에 빠져들게 되었다며 다음과 같이 말했다.

"다시 말해 지난 날 이승만 독재정권에 저항했던 자유언론의 전통이 어물쩍 사라져 버렸던 것이다. 이들 언론기관은 실제로 언론계의 준독점적 지위를 누렸는데, 장면 정부에서 언론이 개방되면서 그 지위가 알게 모르게 잠식되어왔던 것이다. 따라서 이 권위지들은 이른바 사이비 언론에 대한 대대적인 정비작업에 나선 쿠데타 정부에 심정적으로 동조하게 되었다."[35]

『동아일보』는 민주당 구파의 대변지였고, 『경향신문』은 민주당 신파의 대변지였다는 점에서 이들이 '단숨에 보여준 변절'[36]은 그들의 당파성이 진정한 의미에서 당파성도 아닌, 그야말로 이권 투쟁의 일환으로 전개된 성격의 당파성임을 스스로 입증해주었다.

『한국일보』의 갈팡질팡

5·16 당일 『한국일보』 사주이면서 신문 제작에 직접 참여해온 장기영은 쿠데타에 대해 아직 판단을 내리지 못한 채 허둥대고 있었다. 그

모습을 지켜본 윤임술의 증언이다.

"이날 낮 신문의 1면 톱 제목은 갈팡질팡했다. 이날의 1면 톱 제목은 다른 날과 달리 편집국 간부들은 물론 사주가 직접 보아서 강판을 했으나 강판까지 제목이 몇 번이나 바뀌었는지 모른다. 그때의 장 사주의 생각은 아무래도 혁명을 완전히 시인하는 것 같지 않았다. 나중에는 장 사주가 직접 대장을 들고 공장에 붙어 서서 손수 고치는데, 뭐가 뭔지 모르게 되어버렸다. 결국 혁명을 인정하는 것으로 최종 제목이 붙여졌지만 평소 만사에 자신이 있고 강인해 보이던 모습에 비해 너무나 주저하고 자신이 없는 약한 태도였다."[37]

장기영은 그날 1시 40분에 청와대를 방문해 쿠데타에 대한 윤보선의 대응 방식에 동의했다. 장면 정부에 대한 불만이 워낙 컸기 때문일까, 아니면 대세가 기운 걸 간파했기 때문일까? 5월 17일부터 쿠데타를 지지하는 주장이 나오기 시작했다. 그러나 이후에 나온 모든 주장은 쿠데타 세력이 전국에 내린 비상계엄령 포고 1호를 통해 언론·출판 보도를 사전검열하기 시작했다는 사실을 염두에 두고 음미하는 것이 좋을 것이다.

검열이 워낙 엄격한 탓에 당시 주요 정보원은 외신이었다. 그래서 대통령의 비서관마저도 늘 외신을 찾아 헤매야 했다. 김준하의 증언이다. "그 당시 군정하에서 보도 금지된 외신을 외부에 흘리면 그야말로 중죄 중의 중죄로 처벌될 것이 뻔한 일이었다.……그러나 나는 매일같이 동양통신과 합동통신을 드나들면서 한국에 대한 외신을 수집해서 대통령에게 보고하는 것이 어느새 일과처럼 되어버렸다."[38]

장면 정부의 굴복을 요구한 『동아일보』

『동아일보』5월 17일자 사설「당면 중대 국면을 수습하는 길」은 "5·16 군사혁명은 무혈혁명"이라는 점에서 "국민과 함께 다행스럽게 여겨야 한다"고 주장했다. 심지어 장면 정부의 굴복까지 요구했다.

"혁명위원회는 국민에게 공약한 6개 항목 발표문 중에서……첫째,

5·16 직후 군사정권의 눈치를 보던 신문들은 급기야 박정희 정권의 나팔수 노릇도 마다하지 않게 되었다. 특히 『동아일보』(1961년 9월 18일)는 박정희의 '국민운동의 방향'에 관한 기사를 보도했다.

셋째, 넷째 항목에 있어서는 현실에 적응하면서도 국민이 다같이 평소에 바라는 바를 그대로 표현한 것이므로 거기에 이론을 제기할 사람은 없을 것 같다.……장 내각은……정치도의적 전 책임을 지고 흔연히 용퇴, 국민 앞에 진사하는 성의의 일단을 분명히 하고 솔직하게 표명하라."

같은 날짜의 '횡설수설' 칼럼 내용은 과격하기까지 했다.

"무능 부패한 정부, 정당 아닌 도당, 혁명을 팔고 다니는 학생 아닌 정상배, 심지어 김일성 앞잡이들까지 멋대로 놀아나서 바야흐로 세상은 난장판이 되었다. 이 틈에서 좌경 기회주의 분자, 회색분자, 부역자들이 때를 만난 듯이 실없는 통일방안이라는 것을 쳐들고 돌아다니면서 사회는 더욱더 어수선만 해갔다. '적기가'를 부르는 무리가 나와도 겨우 15일의 구류, 공산괴뢰들과 판문점에서 만나 같이 부둥켜안고 울겠다고 괴상한 연극을 꾸미는 분자들도 법이 없다는 핑계로 수수방관하는 세상이다."[39]

『경향신문』, "올 것이 왔다"

『경향신문』은 장면의 대변지였지만, 아니 그렇기 때문에 더욱 '생존 전략'으로 급선회했다.[40] 5월 17일자 사설 「군사혁명위에 바라는 것」의 내용은 장면 정부를 부정하는 내용이었다. "이와 같은 사태를 초래하게 된 것은 궁극적으로 말해서 기성정치인의 구태의연한 사고방식과 부패, 무능과 파쟁의 소치라 하여도 과언이 아니며, 드디어 올 것이 왔다는 감을 짙게 한다."[41]

같은 날짜의 '여적' 칼럼은 사회 일각의 혼란에 대해 쿠데타를 일으킨 군인들보다는 오히려 '몰지각한 일부 국민'을 다음과 같이 꾸짖었다.

"군사혁명이라면 우리는 흔히 '피'를 상기한다. 그리고 대부분의 전례가 많은 '피'와 공포로 아로새겨졌었다. 그에 반하여 우리나라의 군사혁명은 그야말로 '무혈혁명'이라는 다행한 결과를 가져왔다.……빛나는 군사혁명이 제2단계로 진입한 지금도 몰지각한 일부 국민은 매점매석에 여념이 없는데, 이런 족속들은 타인의 '피'를 무시한다는 의미에서도 엄벌에 처해져야 할 것 같다."[42](장면의 측근이자 사장인 한창우는 5월 18일 서울 남대문경찰서에 연행되었다가 자정 넘어 귀가했으며, 5월 21일 두 번째로 연행되어 조사를 받았고 6월 4일엔 고문으로 물러나게 된다. 이런 일련의 사태를 미리 내다본 '알아서 기기'의 혐의가 짙다고 하겠다. 한창우는 6월 25일 이른바 '한국조폐공사 사장 반혁명 사건' 혐의로 기소되었다가 9월 11일 공소기각으로 출감한다. 이 사건은 한창우가 한국조폐공사 사장인 선우종원과 같이 장면 정권의 회복을 공모했다는, 조작된 사건이었다. 한창우는 12월 2일자로 고문직마저 내놓았다.)[43]

『조선일보』, 쿠데타는 '구국운동'

『조선일보』 5월 19일자 사설 「혁명의 공약과 국내외의 기대」는 "군사혁명이 완전히 성공함에 즈음하여 우리는 세 가지 점에서 그를 높이 평가하지 않을 수 없다"고 주장했다.

"그 첫째는 군사혁명이 전격적인 무혈혁명이었다는 것이다. 둘째로는 군사혁명위원회가 발표한 혁명공약에서 발견할 수 있고, 셋째로는 국내외적 지지를 받았다는 것이다.……과거의 비정 내지 실정은 물론 민족사상의 분열과 혼란 그리고 민생고가 극심했던 만큼 누구나 자기대로의 위기의식을 가지지 않을 수 없었고 어떤 형태의 구국운동이 절감되었던 것이다."

이 사설은 "군사혁명은 이런 불행한 여건하에서 보다 나은 입장을 마련하기 위하여 감행된 것으로서 이것이 거군적인 단결과 함께 국내외적인 찬사와 지지를 받게 된 소이가 실로 여기에 있다고 하겠다"고 주장했다.[44]

『조선일보』 5월 20일자 사설 「제2공화국의 붕괴와 최고회의 사명」은 "기성 정객들은 재빨리 부패, 재벌과 야합하는 가운데 '혁명의 비혁명적 방법에 의한 처리'라는 기만적인 구호를 내세우고 혁명 과업을 수행하는 일을 태만히 했다"고 민주당 정권을 비판했다. 한 칼럼은 군사쿠데타를 조선조의 인조반정仁祖反正(1623년)에 비유했다.[45] 눈치 빠른 『조선일보』가 쿠데타 주체세력에 아무리 그렇게 잘 보이려고 애를 써도 분위기는 여전히 살벌했다. 방우영의 증언이다.

"5월 22일이었던가. 박창암이라는 혁명군 장교가 권총을 들고 편집국에 나타나서는 갖은 욕설을 퍼부으며 가만두지 않겠다고 협박했다. 성인기 부사장에게 삿대질까지 하며 살기가 등등했다. 30분 동안 온갖 행패를 부리고 돌아갔다. 『조선일보』의 사설, 그리고 우리 사의 간부들의 경력이 마음에 안 들어 그랬다는 것인데 당시는 아무런 설명조차 없었다."[46]

『동아일보』는 5월 26일자 「혁명 완수로 총진군하자」는 사설에서 "5·16 군사혁명이 민주적이냐 또는 합헌적이냐 혹은 지휘권을 누가 가지고 있느냐 하는 문제에의 논의는 이미 기정사실화한 이 혁명을 반공, 민주건설을 향해서 이끌고 나가야 할 이 단계에 있어서 백해무익한 것"이라고 주장했다. 이 사설은 "한국의 민주주의를 수호하기 위해서는 다

소간 '비민주적인 방법'이라 하더라도 이를 피할 수 있는 도리는 없을 것이다"고 단언했다.[47]

박정희의 '이미지 메이킹'에 나선 신문들

5·16 군사쿠데타 한 달을 맞아 『경향신문』 6월 16일자는 한 면을 「빛나는 혁명 한 달의 일지」라는 제목의 특집에 할애했다. 이 특집의 서문은 "5·16 군사혁명이 일어난 지 한 달……동안에 혁명정부가 이룩해놓은 업적은 이루 말할 수 없이 많다. 비록 짧은 한 달이나마 10여 년에 걸쳐 쌓인 부정과 부패는 깨끗이 씻겨져 가고 있다"고 주장했다.[48]

신문들은 박정희의 지도자 이미지를 구축하기 위한 '언론플레이'에도 호응했다. 『조선일보』 6월 27~28일자엔 박정희의 특별기고 「지도자도指導者道」가 실렸다. 이 글에서 박정희는 "우리나라 국민의 대부분은 강력한 타율에 지배받던 습성이 제2의 천성으로 변하여 자각, 자율, 책임감은 극도로 위축되어버렸다"고 진단했다.[49]

그래서 박정희는 앞으로 어떻게 하겠다는 것이었을까? 이 점에 관한 박정희의 '철학'은 시종일관 "한국인은 두들겨 패야 말을 듣는다"는 일부 일본인들의 신념을 그대로 물려받은 것이었다. 제2의 천성을 하루아침에 고칠 순 없으니 앞으로 강력한 타율을 행사하더라도 이해하라는 것이었다.

말은 그럴듯하게 했지만 '타율적 지배'를 요청하는 목소리도 나왔다. 『경향신문』도 6월 29일자부터 박정희의 '지도자도指導者道'를 연재하면서 서문에서 이런 주장을 폈다. "특히 혁명기에 처해 있는 지도자도

란 영웅적이라야만 한다. 우리 사회가 불타오르겠다는 기름바다라면 이 바다에 점화 역할을 해주는 신화적神話的 작용이라야 한다. 이를 위해서는 안일주의, 이기주의, 방관주의 및 숙명론자로부터 탈락하여 피지도자(국민)가 부르짖는 것을 성취하도록 이끌어나가야 한다."[50]

조세형·이만섭 필화 사건

신문들의 이런 기회주의를 이해하기 위해선 6월 중에 일어난 두 가지 필화 사건을 살펴보는 게 좋겠다. 이 사건들에 크게 위축된 신문들이 더욱 기회주의적인 태도를 보였을 것으로 판단되기 때문이다.

6월 18일 『민국일보』 정치부장 조세형이 구속되었다. 혁명공약 제6항 때문이었다. 제6항은 "이와 같은 우리의 과업이 성취되면 참신하고도 양심적인 정치인들에게 언제든지 정권을 이양하고 우리들 본연의 임무에 복귀할 준비를 갖춘다"는 것이었는데, 이것이 슬며시 바뀌었다. 원래 있었던 "본연의 임무에 복귀할"이 빠지고 "민주공화국의 굳건한 토대를 이룩하기 위하여 우리는 몸과 마음을 바쳐 최선을 경주한다"는 것으로 대체되었다는 사실을 『민국일보』가 보도한 것이다. 국가재건최고회의는 "그것은 민간인용"이라면서 조세형을 구속했다.

조세형이 들어간 중부경찰서 유치장 감방엔 민주당 선전부장 김대중, 『민족일보』 사장 조용수, 고려대 교수 이건호 등 8~9명이 붙들려 와서 방이 비좁아 쭈그리고 앉아 있었다. 조세형은 그 안에서 고생하다가 한 달 만인 7월 20일에야 풀려났다.[51]

또 하나는 『동아일보』가 겪은 필화 사건이다. 6월 초, 9월에 소집되

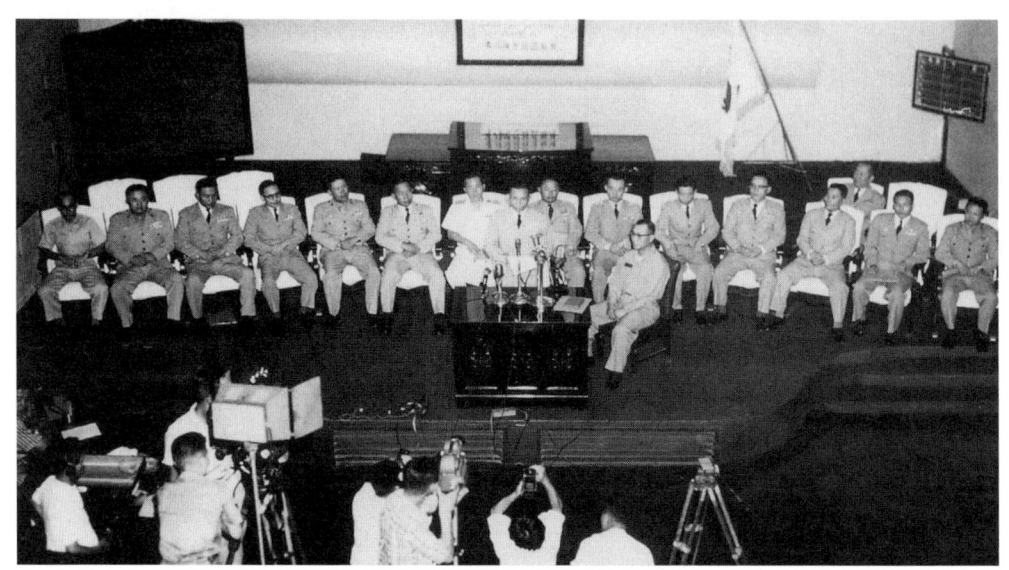

윤보선은 기자회견에서 조속히 민간인에게 정권을 이양해야 한다고 발언했지만, 박정희는 1961년 8월 12일에서야 정권 이양에 대한 성명을 발표했다.

는 유엔총회에서 한국 문제가 정식으로 논의될 예정이라는 외신 보도가 나왔다. 이와 관련, 기자들이 윤보선에게 정식 기자회견을 요청해, 6월 3일 윤보선이 기자회견을 갖게 되었다. 윤보선은 기자회견에서 군사정권은 9월의 유엔총회에 미치는 영향을 고려해 조속히 민간인에게 정권을 이양해야 한다고 발언했다. 윤보선은 "질서를 회복하고 사회악을 전광석화와도 같이 제거하는 것을 국민들이 쌍수를 들어 지지하는 줄 믿는다"면서 "군정 기간에 공산당을 깨끗이 청소해 주어야겠다"는 말도 했다. 그는 또 "다른 사람들이면 10년 걸릴 일들을 10일 동안에 해놓으니 찬양하지 않을 수 없습니다"는 말도 했다.[52]

　　윤보선의 기자회견은 처음으로 군정 당국의 검열을 거치지 않고 보도되었다. 신문들 가운데 『동아일보』가 '민정 이양'에 무게를 두고 1면 머리기사로 「조속한 정권 이양 필요」라는 제목을 달았다. 이게 문제가 되어 편집국장 김영상, 정치부 차장 조용중, 기자 이만섭·박경석·이진희 등이 연행되었다. 청와대 비서관 유동준까지 국가재건최고회의에 끌려가 "대통령이 정권을 빨리 이양하라는 말의 진의가 무엇이냐"고 추궁을 받았다. 박정희는 직접 유동준 앞에서 "우리가 목숨을 걸고 한 혁명인데 누구에게 함부로 정권을 내주라고 한단 말인가?"라고 흥분했다고 한다.[53]

연행된 기자들은 수일 내로 다 석방되었지만 기사를 직접 쓴 이만섭은 구속되었다. 공보부는 이만섭이 기사를 조작해 혁명정신에 위배되는 일을 저질렀다는 특별담화를 발표했다. 김준하는 자신이 『동아일보』 출신인지라 윤보선에게 박정희를 만나면 이만섭을 꺼내 달라는 말을 해달라는 요청을 몇 차례 했다. 7월 15일 서울 근교 순환철도 시승식에서 윤보선이 박정희에게 이야기를 꺼내 이만섭은 그날로 석방되었다.[54] 반면 이만섭은 자신의 석방이 아내가 조병옥의 부인인 노정면, 노정면이 윤보선, 윤보선이 박정희에게 부탁해서 이루어진 것이라고 했다.[55]

박정희의 공개적인 신문 조롱

어떤 루트를 통해 석방되었건 여기서 중요한 건 박정희의 한마디가 곧 법이었다는 사실이다. 검열로 비판이 불가능해지고 설사 검열을 간신히 통과했다 하더라도 쿠데타 주체세력 가운데 어느 한 사람만이라도 문제를 제기하면 혹독한 보복이 뒤따르는 상황에서 신문들이 자기 목소리를 낼 것이라고 기대하기는 어려운 일이었다. 그렇게 당하고 사느니 차라리 '지지의 자유'나 원 없이 누려보자는 생각을 하게 되지 않았을까?

실제로 한 달 반가량 말도 안 되는 이유로 감옥살이를 했던 이만섭은 얼마 후 박정희의 열렬한 지지자로 변신해 '박정희 대통령 만들기'에 앞장서게 된다. 왜 그렇게 변했을까? 박정희의 인품과 철학에 반했기 때문이라는 이만섭의 말을 의심할 필요는 없을 것이다. 다만 비판의 자유를 행사하는 데엔 엄청난 제약과 보복이 뒤따르는 반면, 지지의 자유를 행사하는 데엔 엄청난 보상이 주어지는 '구조' 속에서 자발성이라는 게 과연 무엇을 의미하는 것이겠는가 하는 것이다. 장면 정권과 군사정권의 가장 큰 차이는 바로 그런 '제약과 보복'의 행사에 있었다.

무력으로 신문을 장악한 박정희는 마음껏 신문을 조롱했다. 박정희는 7월 19일 내외신 기자회견에서 "한국 신문이 정부를 제대로 비판하지 못하고 있다는 견해가 있는데 어떻게 생각하는가?"라는 질문을 받고 이렇게 답했다. "정부가 두려워 논평을 하지 않는다는 말은 처음 듣는데 사실이라면 언론인들의 기개가 부족한 탓이다. 언론인들이 혁명 과업에 직접 참여해주기를 바란다."

박정희는 8월 『최고회의보』 창간호에 기고한 글에선 "국론을 통일하기 위해 무책임한 언론의 자숙이 요청된다"고 말했다.[56] 뭘 어쩌라는 건가? '기개'를 발휘하라는 건가, 아니면 '자숙'하라는 건가? 5·16 군사쿠데타에 대한 태도와 관련, 미국의 『타임』은 1961년 8월 4일자에서 한국 신문을 가리켜 '벙어리 신문'이라고 평했지만 그건 정확한 평가는 아니었다.[57] 대세를 간파한 신문들은 지지와 찬양의 발언을 쏟아내기 시작했으니까 말이다.

박정희는 미국 방문시 『타임』의 그런 비판을 염두에 둔 듯, 11월 22일 미국 내셔널 프레스 클럽에서 행한 연설에서 "과거의 많은 신문이 금전에 좌우되고 부패했으며, 공산주의 색채를 띠었다"고 주장했다.[58] 그러니 탄압을 하더라도 이해하라는 뜻이었을 게다.

제3장

5·16과 지식인:
소외된 그룹들의 만남

65세 정년을 60세로 인하하다

당시 한국 사회는 빈곤의 수렁에 빠져 있던 사회였지만, 빈곤 그 자체가 '폭발'을 낳진 않는다. 어느 사회에서건 늘 중요한 건 '상대적 박탈감'이다. 아무리 가난하다 해도 모든 게 공정하다면 그게 삶이겠거니 하고 견뎌낼 수 있겠지만, 아무리 잘 살아도 자신이 부당한 대접을 받는다고 생각하면 분노하는 게 인간이다.

군의 소장파 장교들은 자기들이 가진 능력과 해온 일에 비추어 한국 사회에서 소외된 집단이라는 강한 의식을 갖고 있었다. 이들은 도시 중심의 권력구조에서 소외된 농촌 출신으로 강한 신분 상승 욕구도 갖고 있었을 것이다. 쿠데타에 참여한 주체세력의 71%가 농촌 출신 중하층이었다.[59]

그 정도에 미치진 못했을망정, 신진 지식인들도 그런 소외 의식을 갖고 있었다. 여기엔 세대 문제가 자리 잡고 있었다. 예컨대, 문단의 경우를 보자. 임헌영의 증언이다. "전후파 문인들이 불행했던 것은 자기가 아무리 소설을 잘 써도 결국은 매체에서 선배에게 묻혀야 하는 거예요. 아무리 싫어도 문협에 나가야 하고, 아무리 싫어도 선배나 스승으로 모셔야 하는 그런 세대였거든요."[60]

장면 정권은 이승만 정권에 비해 지도자층이 좀 젊어졌는지는 몰라도, 두 정권 모두 노장파들의 정권이었다. 쿠데타 주체세력은 30대와 40대로서 이전 정권들의 주체세력에 비해 20년은 젊은 사람들이었다. 1960년 기준으로 이승만 85세, 이기붕 65세, 허정 64세, 윤보선 63세, 장면 61세였던 반면, 박정희 43세, 송요찬 42세, 장도영 37세, 김종필 34세였다.

『민족일보』의 발행인 조용수가 1960년 7·29 총선에서 경북 청송에 사회대중당 후보로 출마해 민주당 후보들을 "노후하고 무능하고 석두石頭 같은 고령자들"이라고 비난한 것은 세대교체 열망이 혁신계 쪽에도 강하게 자리 잡고 있었다는 걸 시사해준다.[61] 30~40대의 쿠데타 주체세력이 '혁명'이라는 이름하에 사회 각 분야에 대한 전면적 물갈이를 시도함으로써 엄청나게 많은 '기회'가 창출되었다. 군사정권은 대학에 대해서도 특례법 제15조의 정년 규정으로 기존 65세 정년을 60세로 인하했다.

'군인의 정치'와 '대학교수의 정치'

수많은 신진 지식인이 자의로 또는 '자의반 타의반'으로 그 기회를 향해 몰려들었다. 나름의 우국충정憂國衷情도 가세했겠지만, 권력을 행사하는 재미와 보람이라는 건 금력金力 이상의 마력을 갖는 것이라는 점도 무시할 수는 없었을 것이다. 이상우는 『박정권 18년: 그 권력의 내막』(1986)에서 5·16 군정은 '군인의 정치'인 동시에 '대학교수의 정치'였다고 말해도 과언이 아닐 정도였다며 다음과 같이 말했다.

"군정 동안은 군인과 대학교수라는 두 개의 아마추어 그룹이 이 나라의 정치를 좌우했던 시기였다. 군인들은 앞장을 서고 그 뒤에서 교수들이 머리를 제공했다. 대소의 국가정책으로부터 정당 조직, 새 헌법 제정 등 모든 작업이 '고문', '자문', '기획위원', '정책위원' 등등의 타이틀로 층층이 구축된 대학교수 그룹들에 의해 이루어졌다. 군인과 교수들의 아마추어 세력에 의해 추진된 국가 정책은 많은 실적과 함께 시행착오를 남겼다. 그리고 '어용'이라는 달갑잖은 풍조를 낳기도 했다."[62]

흥미로운 건 "4·19에 적극 참여했던 교수들의 상당수가 쿠데타 정권에 적극 참여하거나 비판적이지 않았다"는 사실이다.[63] 서울대 교수 김증한은 쿠데타 정권에서 문교부 차관을 맡았으며, 이항녕도 쿠데타에 협조적이었다. 김준엽은 국가재건최고회의 의장 고문으로 3개월간 참여했다. 장준하와 상의해 나라를 구해야 한다는 생각에서 참여했다는 것이다.[64] 미국 대사 새뮤얼 버거Samuel Berger, 1911~1980는 훗날(1966년) "깜짝 놀랄 만큼 많은 지식인들과 언론인, 그리고 정치인들이 쿠데타가 불가피한 것이었으며, 모든 것을 고려해볼 때 좋은 일이었다고 느꼈다"고 썼다.[65]

지식인의 '선건설 후민주론' 동조

이즈음 많은 지식인이 경제개발을 위해서는 어느 정도 개인의 자유가 희생될 수 있다는 군사정권의 '선先건설 후後민주론'에 동조하고 있었다. 홍승직의 여론조사에 따르면, 지식인의 33%가 찬성했고, 이런 견해를 적극 반대한 지식인은 24%에 지나지 않았다.[66] 5·16 주체세력 중 법제 분야를 맡은 이석제는 5월 18일 서울대 교수 한태연과 변호사 이병두에게 임시헌법(국가재건비상조치법)의 기초를 부탁했는데, 이들은 "맥줏값이나 두둑이 놓고 가시오"라며 흔쾌히 응했다.[67]

군사정권은 5월 22일 국가재건최고회의 자문단체로 기획위원회(위원장 육군 중장)를 발족시키고 여기에 5개 분과위원회를 두고 교수들을 발탁했다. ① 정치분과위원회에 고려대 교수 윤천주(나중에 서울대 총장과 문교부 장관 역임), 오병헌, 동국대 교수 김운태 ② 경제분과위원회에 고려대 교수 조기준, 중앙대 교수 최호진, 탁희준 ③ 사회-문화분과위원회에 서울대 교수 이해영, 박종홍 ④ 재건-기획분과위원회에 서울대 교수 이만갑, 현신규, 우병규 ⑤ 법률분과위원회에 서울대 교수 김증한, 국민대 교수 박일경 등이었다.[68] 이 기획위원회라는 조직에 참여한 학자, 언론인 등 지식인의 수는 470여 명으로 대부분의 저명한 교수를 망라했다.[69]

이어 군사정권은 6월 말 대학교수들을 최고회의 의장 고문으로 정식 임명했다. 서울대의 박희범, 김성희, 이한기, 박동묘, 고려대의 성창환, 숙명여대의 유형진 등이었다. 이들 외에 비공식 자문을 맡은 교수도 많았다. 예컨대, 서울대 총장 최문환이 그런 경우였다.[70]

교수들은 국가재건최고회의의 고문, 자문위원, 기획위원 외에도 국

군사정권은 국가재건최고회의 자문단체로 분과위원회를 두고 교수들을 발탁했다. 국가재건최고회의에서 손영수에게 수여한 임명장. (대한민국역사박물관 소장)

민재건운동본부, 중앙정보부의 정책연구실, 민주공화당 등 다양한 영역에 대거 참여했다.[71] 군정 기간 중 지식인의 자문과 참여 분야는 크게 보아 5개 영역이었다. ① 과도적인 비상입법과 새 헌법의 제정을 위해 유진오, 한태연, 박일경 ② 최고회의 의장 고문으로 박희범, 김성희, 이한기, 성창환, 박동묘, 유형진 ③ 중앙정보부의 정책연구실에 윤천주, 정범모 ④ 국가재건최고회의 국가기획위원회에 조순승, 황병준, 박종홍, 이만갑, 이종국 ⑤ 민주공화당에 이호범, 신기석, 백남억, 예춘호, 정태성 등이 참여했다.[72]

"지식인은 기회주의자"

쿠데타 세력은 자신들의 취약점을 보완하고 세력의 저변 확대를 꾀하기 위해 지식인들을 적극 동원했지만, 모든 지식인이 다 쿠데타에 대해 긍정적인 자세를 취한 건 아니었다. 그래서 군사정권은 지식인들에 대해 이중적 자세를 취했다. 자신들에 대해 우호적인 지식인은 참된 지식인이고, 비판적인 지식인들은 나라 망칠 사람들이라는 극단적인 이분법 논리였다. 이는 박정희의 평소 소신이기도 했지만, 다른 쿠데타 주체들도 지식인에 대해 그런 생각을 갖고 있었다.

박정희 측근인 이낙선은 『최고회의보』 제3호(1961년 12월)에 쓴 「행동하는 지식인」이란 글에서 혁명정부가 군인 주동이라는 이유만으로 비난받는 것에 대해 분개해 "한국적 프티 인텔리의 생태"를 조롱하면서도 한편으로 지식인들의 적극적 참여를 촉구했다. 그는 "행동이 없고 말만 하는 인간은 정원의 잡초에 불과하다"고 주장했다.

이어 이낙선은 "구급제로서 5·16 즉 '군인에 의한 국민의 혁명'이 왔다. 그러나 (지식인들은) 매그루더 장군의 국군 복귀 명령과 그린 미 대리대사의 장면 정부 지지 성명에 쥐 죽은 듯이 고요했다. 외국인의 명백한 오판에 대해서는, 진실로 이 길이 우리의 살 길이라면 과감히 나서야 할 것이 아닌가"라면서 다음과 같이 주장했다.

"그 후 인텔리는 통 말이 없다. 행동이 없다. 심지어는 반응도 없다. 흡사 인텔리는 다 죽어 사라진 것 같다. 강풍이 스쳐 정국이 무풍의 상태로 안정되니깐 사사건건 냉소적인 논지로 일관하고 군의 실책을 동정으로 커버하는 듯하면서 이면으로 멸시와 야유를 몽매한 국민에게 이유

없는 반감을 양성케 하고서 정권 이양 시기의 단축을 위해 압력을 가한다는 형식으로만 일주逸走하고 혁명 과업의 완수에 대하여서는 성의가 보이지 않는다.……인텔리들이여! 가슴을 열어 사회와 민족, 그리고 국가를 받아들여라."[73]

그러나 군사정권이 허용하는 지식인의 역할은 어디까지나 군인들의 '보조'에 지나지 않았다. 예컨대, 참여 교수들이 농어촌고리채법의 문제점을 지적하자 한 군인 실세는 "정책적인 문제는 우리가 걱정할 문제이고, 교수들은 법조문과 체계가 제대로 짜져 있는지 여부만 봐주면 된다"고 핀잔을 주었다.[74]

쿠데타 주체세력의 지식인에 대한 인식은 기본적으로 지식인은 기회주의자라는 것이었다. 훗날(1964년 6·3 사태 시) 한 장성은 어느 대학의 학장·처장들이 모인 자리에서 방문 인사를 하던 중 "여러분들은 국회의원이 되어가지고 정계에 나갈 수가 없었으니까 지금까지 교수 노릇만 하고 있는 것이 아니냐"고 주장했다.[75]

이 발언이 시사하듯이, 군사정권은 모든 걸 위계질서과 계급 중심으로 파악했다. 군사정권이 꿈꾼 병영사회에서 다양성 존중은 불가능했다. 군사정권에 다양한 가치를 존중한다는 건 계급이 없는 병영처럼 여겨졌다. 그건 그들에겐 꿈에서조차 상상할 수 없는 혼란과 무질서였을 것이다.

박정희의 강한 연고 의식

박정희는 개인적으로는 5·16 직후 이병도, 이선근 등 역사학자들과 접촉했으며, 문인들과 자주 어울렸다. 김팔봉, 장덕조, 이은상, 모윤

박정희는 동류의식과 연고의식이 매우 강한 사람이었다. 국가재건최고회의 의장 박정희가 집무실에서 서류를 보고 있다. (대한민국역사박물관 소장)

숙, 최정희, 박종화, 구상 등이 바로 그들이다. 이들은 박정희와 같이 수유리에 있는 김팔봉의 집에서 자주 만나 이들을 가리켜 '수유리 문인그룹'이라고 불렀다.[76]

박종화는 박정희와 이야기를 나눌 때에 조선 말엽의 풍운아 흥선대원군을 곧잘 찬양했다. 박종화는 나라의 지도자는 일부의 반대 의견을 무릅쓰고 강권을 행사할 만큼 힘 있는 인물이 되지 않으면 안 된다고 역설했다(박종화는 박정희 시절 오랫동안 한국문인협회 이사장을 하다가 1978년

에는 통일주체국민회의 대의원이 되었다).[77]

박정희는 왕학수, 황용주, 조증출, 서정귀, 김병희 등 대구사범학교 동기들과도 자주 만나면서 이들을 민심을 듣는 창구로 활용했다. 조증출은 의사였는데 병원 일을 다른 사람에게 맡기고 지방으로 돌아다니면서 여론을 수집해 일주일에 한 번씩 박정희에게 보고했다.

고려대 교수였던 왕학수는 국가재건최고회의 의장 자문위원이란 직함으로 자문을 해주면서 주로 학계 인사들을 군정에 천거해 연계시켜주는 역할을 맡았다. 자유당 말기부터 민주당 국회의원이었던 서정귀는 정치자금 조달을 담당했다. 쿠데타 당시 수학자로 한양대 문리대학장이었던 김병희는 국가재건최고회의의 학생 문제 담당 상임자문위원을 맡아 활동했다(조증출은 황용주에 이어 1964년 12월 MBC 사장이 되었다. 왕학수는 1970년에 영남텔레비전 사장, 1971년 대구MBC 회장, 1973년부터『부산일보』사장이 되었다. 서정귀는 정치자금 조달 과정에서 그 자신도 부자가 되었다는 설도 있다. 그는 1964년『국제신보』사장이 되었다가 흥국상사 사장·회장을 거쳐 1970년엔 호남정유 사장이 되었다).[78]

이때만 해도 박정희는 자신에게 좋은 소리를 하는 사람보다는 직언을 해주는 사람을 더 좋아했다. 그러나 시간이 흐를수록 직언을 하는 사람을 멀리하게 된다. 박정희는 동류의식과 연고의식이 매우 강한 사람이었다. 이상우는 박정희가 "학교 동창, 군대 시절의 상관과 부하, 동향관계 등등 어떤 인연으로 맺어진 '관계'에 남다른 애착과 신의를 지니는 타입이었다"고 말했다.[79]

그러나 박정희 자신은 아름답게 여겼을 자신의 그런 '애착과 신의'가 다른 사람들에게 나타날 때엔 그건 반드시 척결해야만 할 대상으로 간주했다. 이제 곧 보게 되겠지만, 박정희는 연고와 정실을 기반으로 한 한국의 파벌주의 문화에 저주라고 할 독설을 퍼부으면서 쿠데타를 정당화하는 주장을 맹렬히 하게 된다.

제4장

장준하는 왜
5·16 군사쿠데타에 협조했는가?

장준하는 김구의 판박이

　박정희의 최대 정적政敵 또는 앙숙이라고 하면 장준하를 떠올리는 것이 자연스럽지만, 5·16 군사쿠데타 당시 장준하는 쿠데타에 협조했다. 물론 협조한 기간은 짧았지만, 훗날 보여주게 될 '민주화 투사'의 이미지로 보자면 장준하와 같은 인물들조차 쿠데타에 협조했다는 건 흥미로운 일이다.

　'극단적인 반공주의자'에서 '민족주의자'로 전환이라고 하는 점에서 보자면, 장준하는 김구의 판박이였다고 해도 과언이 아니다. 장준하가 『사상계』 1960년 11월호에 쓴 권두언 「이데올로기적 혼돈의 극복을 위하여」를 보자. 그는 이 글에서 평화공존론이나 '중립국의 진영'을 '소련의 세계 적화 야욕'과 결부시켜 매우 부정적으로 보았다.

　"소련의 입장에서 본다면, 자본주의 국가의 사람들이 향락생활에 눈이 팔리어 정신을 차리지 못하게 되면 될수록 그만큼 더 그들은 평화 공존론의 노예가 되어 미국으로부터 이탈하여 소위 중립국의 진영에 가담하게 되리라는 계산이 나오게 되는데, 이러한 관계로 마약이나 주색, 기타의 방법을 사용하여 국민정신을 비도덕적인 방향으로 이끌어가는 것은 소련의 세계 적화의 목적 달성을 위하여는 가장 호적의 보조수단이 된다고 하지 않을 수가 없다."[80]

1960년 11월 1일 서울대 민족통일학생연맹(민통련) 발기모임은 "정부는 적극 외교로 전환해 장면이 미국과 소련을 방문하고 남북 간의 서신 교류를 시행하라"고 주장했다. 또 이들은 "기성세대는 남북 분단의 책임을 통감하고 통일에 대한 젊은 세대의 발언을 억압하지 말라"고 주장했다.

장준하는 이런 주장에 대한 응답으로 『사상계』 1960년 12월호 '권두언'에서 중립주의가 우리의 '자유와 인권'을 침해할 가능성이 있다고 경고했다. 또 그는 학생들의 '기성세대' 비판을 염두에 두고 경륜과 이론을 갖지 못한 학생들이 단편적 지식과 소박한 애국 정열만을 가지고 구국을 외치지만, 그것은 국가 이익을 돌보지 않고 국가 형태야 어찌 되든지 덮어놓고 통일하고 보자는 환상적 논리라고 비난했다.[81]

장준하는 『사상계』 1961년 4월호 권두언에선 "이 혼란기를 틈타서, 북한을 점거하고 있는 공산 도당들은 간첩의 남파, 절망 의식의 살포, 치열한 선전 공세의 전개 등 상투적 수법으로 제2공화국의 민주주의적 건설과 부흥을 방해하기 위한 흉책을 백방으로 농하고 있는 것이다"고 경고했다. 그러면서 그는 장면 정부에 대해 단호한 반공 정책의 실시를 촉구했다.[82]

장준하의 기회주의인가?

5·16 군사쿠데타가 일어나자, 장준하는 『사상계』 1961년 6월호 권두언 「5·16 혁명과 민족의 진로」를 통해 "누란의 위기에서 민족적 활로를 타개하기 위하여 최후 수단으로 일어난 것이 다름 아닌 5·16 군사혁명이다"는 정의를 내렸다. 그는 "4·19 혁명이 입헌정치와 자유를 쟁취하기 위한 민주주의 혁명이었다면, 5·16 혁명은 부패와 무능과 무질서와 공산주의의 책동을 타파하고 국가의 진로를 바로잡으려는 민족주의적 군사혁명이다"는 주장을 펴면서 사실상 쿠데타를 지지했다(이는 무기명 권두언이었으나, 그 중요한 시점에서 장준하의 뜻에 반하는 권두언이 나갔을 리는 만무하므로 장준하가 쓴 걸로 간주해도 무리는 없을 것이다).[83]

일부 논자들은 장준하가 '혁명공약'대로 '민정 이양'을 해야 한다고 말한 대목에만 주목해 장준하가 쿠데타에 대해 '거부 반응'을 보였다고 주장하지만,[84] 장준하는 쿠데타의 협력자였다. 장준하의 이런 태도는 그 자신이 민주당 정부에 참여해 국토건설사업을 주도했던 사람이었다는 점을 감안할 때에 기회주의로 비판받을 소지가 다분했다.

장준하는 7월호 권두언 「긴급을 요하는 혁명 과업의 완수와 민주정치에로의 복귀」에서는 공산당의 전체주의 세력을 분쇄할 수 있는 최대의 사상적 무기는 민주주의적 자유의 선용善用에 있음을 지적했다. 그의 주된 관심은 시종일관 '반공'이었다. 그는 "우리는 군사혁명 지도자들의 용기와 총명과 견실을 높이 사려 하며, 한편 그들의 관용성을 기대하는 바이다"고 말했다.[85]

그러나 7월호엔 동시에 쿠데타를 비판하는 함석헌의 글이 실렸다.

함석헌은 「5·16을 어떻게 볼까?」라는 글에서 "민중만이 혁명을 할 수 있다. 군인은 혁명 못 한다"고 비판했다. 함석헌은 4·19와 5·16을 다음과 같이 비교평가했다.

"그때는 믿은 것이 정의의 법칙, 너와 나 사이에 다 같이 있는 양심의 권위, 도리였지만, 이번은 믿은 것이 탄알과 화약이다. 그만큼 낮다. 그때는 민중이 감격했지만, 이번은 민중의 감격이 없고, 무표정이다. 묵인이다. 그때는 대낮에 내놓고 행진을 했지만, 이번은 밤중에 몰래 갑자기 했다. 그만큼 정신적으로도 낮다.……혁명은 민중의 것이다. 민중만이 혁명을 할 수 있다. 군인은 혁명 못 한다. 아무 혁명도 민중의 전적 찬성·지지, 전적 참가를 받지 않고는 될 수가 없다.……그러므로 민중을 내놓고 꾸미는 혁명은 참혁명이 아니다. 반드시 어느 때에 가서는 민중과 버그러지는 날이 오고야 만다. 즉 다시 말하면, 지배자로서의 본색을 드러내고야 만다. 그리고 오래 속였으면 속였을수록 그 죄는 크고 그 해는 깊다."[86]

장준하의 대미 로비

그러나 함석헌의 글도 쿠데타에 대한 전면 부정은 아니었다. 장준하의 글과 함석헌의 글은 접근 방법은 각기 달랐지만, 두 글 모두 조속한 군정 종식과 민정 이양을 촉구하는 데 중점을 둔 글이었다. 임대식은 「1950년대 미국의 교육원조와 친미 엘리트의 형성」(1998)이라는 글에서 장준하가 7월호에 함석헌의 「5·16을 어떻게 볼까?」라는 글을 실었지만 그 이후에도 상당 기간 쿠데타의 불가피성을 인정했다고 말한다.

장준하는 5·16 군사쿠데타 당시 『사상계』에 쿠데타를 지지하는 글을 썼으며, 심지어 쿠데타의 주역들과 미국의 관계 개선을 도모하기 위한 파티를 주선하기도 했다.

"심지어 장준하는 쿠데타의 주역들과 미국의 관계 개선을 도모하기 위한 파티를 주선하기도 했다. 박정희를 비롯한 쿠데타 주역들은 대부분 군대 내 소외된 비주류 세력이었고 따라서 미국 특히 현지 관계자들과의 관계가 원만하지 못했다. 미국이 쿠데타를 현실로 인정했지만 쿠데타 직후에도 양자의 관계가 좋지 않았다. 그래서 미국통인 장준하는 사상계사의 이름으로 7월 2일 창경원 파티를 통해 양측의 핵심 인사들을 초대하여 관계 개선을 시도하기도 했다. 또 일부 인사들(이정환, 박동묘)을 쿠데타 주체들에게 추천하기도 했다."[87]

장준하의 쿠데타 지지는 그의 박정희에 대한 뿌리 깊은 경멸을 감안할 때에 의외의 태도였음이 틀림없다. 임대식은 "장준하의 쿠데타 인정은 5·16 쿠데타가 친미 반공 체제에 배치되지 않는다는 판단을 했기 때문"으로 보고 있다. 이후 『사상계』 관계자들 중 정권 편에 선 이들이 적지 않았던 것도『사상계』가 갖고 있었던 성격을 말해주는 것으로 보아야 한다는 것이다.

"『사상계』편집위원의 경력을 가진 김상협, 현승종, 강영훈, 유창순 등의 총리 경력자는 물론 한태연과 엄민영 등의 경우는 박정희 정권의 이데올로그가 되었다. 1960년대 초반까지의 장준하와 박정희 정권은 기본노선에서 큰 차이가 있었던 것은 아니었다. 양측 모두 친미-반공의 종속적 자본주의 근대화 노선이었던 것이다. 단지 그 노선을 관철하는 수단과 방법상 차이가 있었을 뿐이었다. 또 하나의 그러한 사례로『사상계』가 '육당의 밤'과 '춘원의 밤'이라는 행사를 가졌고, 1956년부터 동인문학상을 제정한 것을 들 수 있다. 최남선, 이광수, 김동인은 악질적 친일파로 지목되고 있지만 종속적 근대화 노선의 상징적 인물들이었다."[88]

그런가 하면 박정희보다는 장도영과의 관계에 주목하는 시각도 있다. 장준하가 주선한 창경원 파티엔 미국 대사 새뮤얼 버거Samuel Berger, 1911~1980와 장도영은 참석했지만, 박정희는 나오지 않았다. 장준하의 파티 주선엔 박정희보다는 평안도 학병 출신인 장도영과의 개인적인 관계 때문일 수도 있으며, 그로부터 일주일 후 장도영이 제거된 것이 쿠데타에 대한 장준하의 생각을 바꾸는 데에 영향을 미쳤을 수도 있다는 것이다.[89]

박정희 정권의 『사상계』 탄압

게다가 『사상계』에 대한 탄압까지 가해졌으니 장준하로선 쿠데타를 계속 지지하기도 어려웠을 것이다. 함석헌의 글이 실린 7월호가 시중에 나간 지 4~5일 후 장준하는 중앙정보부장 김종필에게 불려가게 된다. 박경수는 『장준하: 민족주의자의 길』(2003)에 다음과 같이 썼다.

"4·19 후 국내 하극상 사건의 주역이었으며 비상한 두뇌의 정보 장교 출신으로 알려진 김종필의 나이는 36세, 거기에 만고풍상을 다 겪고 앞에 불려와 앉은 장준하는 44세로서 최고 실권자 박정희보다 한 살이 아래였다. 순간 장준하는 국토건설본부에서 일할 당시 자기 책상 서랍에 들어 있던 예비역 중령 김종필의 이력서를 떠올렸다. 그리고 그때 자기가 조금만 일찍 서둘러 이 사람을 불러다 면접했더라면 어떤 모양이었을까를 상상해보았다."[90]

김종필은 함석헌의 글을 장준하에게 내밀며 호통을 쳤다. "정신분열자 같은 영감쟁이의 이 따위 글을 도대체 무슨 저의로 여기에 실었소? 성스러운 혁명 과업 수행에서 당신은 우리 군사혁명을 모독하자는 거요? 이걸 싣게 된 경위와 목적을 말하시오."[91](나이가 좀 들어보이긴 했지만, 함석헌은 1901년생으로 당시 60세에 불과했다.)

그래도 이런 정도의 추궁은 약과였다. 이주일쯤 지나 이번에는 장준하에게 부정축재처리위원회에서 출두 명령서가 떨어졌다. 장면 정권 때 재무부 장관 김영선이 『사상계』의 빚을 갚으라고 변통해준 것을 트집 잡은 것이었다. "그렇지만 그해 연말까지 쿠데타 세력에 대한 『사상계』의 논조는 온건한 편이었고, 비판적 지지를 하는 것 같은 인상도 주었다".[92]

그다음 해도 마찬가지였다. 민주주의로 복귀하는 것이 5·16 주체의 '관용과 선의'에 의해서가 아니라 민중의 주체적 투쟁에 의해서만 이룰 수 있다는 인식이 『사상계』 지면에 나타나기까지는 꼭 만 2년이 걸려야 했다.[93]

제5장

중앙정보부는
정부 위의 비밀 정부

정치를 낭비로 간주한 '지방의회 해산'

군사정권은 1961년 5월 16일 오후 8시를 기해 각급 지방의회를 해산했다. 1952년 4월 정략적 음모로 탄생하긴 했지만 그래도 걸음마 단계의 민주주의가 뿌리를 내리는 데에 필수적이었던 지방의회가 탄생 9년 1개월 만에 완전히 사라져버린 것이다.

군사정권은 6월 6일 비상조치법 제20조에 의거해 도지사와 서울특별시장, 인구 15만 이상인 시의 장은 국가재건최고회의의 승인을 얻어 내각이 임명하고 기타 지방자치단체장은 도지사가 임명하도록 했다. 9월 1일자로 공포된 지방자치에 관한 임시조치법은 읍·면제를 폐지했다.

군사정권은 지방자치뿐만 아니라 농협이나 농지개량조합의 조합적 선거 등 자치적인 성격이 있는 것은 모조리 폐지했다. '정치의 죽음' 바로 그것이었다. 이는 박정희와 그 일행의 확고한 소신에 근거한 것이었다. 그들은 정치를 낭비로 간주했다.

빈자리의 상층부는 모두 군인들로 채워졌다. 5월 20일 현역 군인들로 내각이 구성되고 서울시장(윤태일)이 임명되었으며, 5월 24일 군인으로 각 시도지사가 교체되었다. 이들의 계급은 중령에서 준장, 나이는 34세에서 41세까지 새파랗게 젊은 '청년'들이었다. 이들은 '혁명'의 열기로 들뜬 가운데 병사들을 지휘하던 방식으로 행정을 주무르기 시작했다.

기존의 정치를 대체한 중앙정보부 창설

기존의 정치를 대체한 건 중앙정보부였다. 1961년 6월 10일 '혁명과업'을 완수하기 위해서라는 미명하에 중앙정보부법 공포와 함께 중앙정보부가 공식으로 창설되었다. 중앙정보부의 산파 역을 맡아 초대 부장이 된 김종필은 부훈部訓을 지었다. 김종필 회고록에 따르면, "미국 CIA 표어는 '진리를 알지니, 진리가 너희를 자유롭게 하리라'다. 성경 구절에서 인용한 모토다. 나는 정보기관이 무엇을 하고 어떤 곳인지를 간결하게 표현하기로 했다. 그래서 만든 부훈이 이것이다. '우리는 음지陰地에서 일하고 양지陽地를 지향한다'".[94]

중앙정보부법은 "그 후의 이 나라 역사에 헌법만큼이나 중대한 의미를 갖는 법"[95]으로서 대형大兄이 지배하는 병영국가 건설의 출발점이 되었다. 병영국가란 반공을 국시로 삼는다는가 하는 식으로 국가안보를 최우선 목표로 삼아 그 목표 완수를 위해 "폭력의 전문가들이 대거 국가의 전략적 엘리트로 등장"하는 체제를 의미한다.[96] 중앙정보부는 그런 '폭력의 전문가'들이 모인 집단으로 그들은 폭력의 기획에서부터 행사까지 모든 걸 전담하는, 정부 위에 존재하는 비밀 정부로 군림하게 되었던 것이다.

박정희와 김종필이 합의한 구상에 따라 창설된 중앙정보부는 부장 김종필을 비롯해 쿠데타 주체인 육사 8기생의 독무대였다. 부장, 차장, 국장, 과장 등 4계급을 8기들이 독식하다시피 휩쓸었다. 이게 나중에 중앙정보부 자체가 치열한 권력 투쟁의 무대로 변질되는 주요 이유가 되었다. 중앙정보부 요원들은 방첩대, 정보국, 첩보부대, 헌병대, 경찰 등 수사기관에서 뽑아왔는데, 이들의 배경은 다양했다. 나중에 제3대 중앙정보부장을 맡게 되는 김형욱은 "중정의 직업수사관들의 전직은 사찰계 형사, 방첩부대 문관, 헌병 하사관 심지어 일제치하에서 설치된 조선인 헌병과 밀정 등 형형색색이었다"며 다음과 같이 말했다.

김종필은 '우리는 음지에서 일하고 양지를 지향한다'는 중앙정보부의 부훈을 만들었는데, 이때부터 중앙정보부는 정부 위에 존재하는 비밀 정부로 군림하게 된다.

"그중 어떤 사람은 일제치하에서는 일본 순사로서 독립운동가들을 때려잡다가 한때 공산당이 서울을 점령했던 시절에는 우익 민주인사를 때려잡다가 나중에는 공산당 간첩을 때려잡은 '천의 얼굴'을 가진 사나이도 있었다. 그들에게는 소위 이데올로기란 하나의 겉치레에 불과했다. 그들은 어떤 이데올로기의 이름으로 어떤 사람들도 때리고 고문할 수 있는 천부적인 재능을 가진 무정부주의자들이었다. 그들은 누구든지 증오할 수 있고 어떤 고문술도 개발할 수 있으며 피의자를 학대함으로써 자신을 확인하는 새디스트들이었다."[97]

중앙정보부는 '한국 위의 한국'

중앙정보부는 1964년에 이르면 4만여 명에 가까운 부원을 거느림으로써 "한국 속의 한국이기보다 한국 위의 한국"으로 군림하게 된다.[98] 당시 미 대사관 문정관이었던 그레고리 헨더슨Gregory Henderson, 1922~1988은 "중앙정보부는 고전적인 모호성을 현대적인 비밀로 대체했고, 국내외에서 조사, 체포, 테러, 검열, 대대적 신원조사, 그리고 수천 명의 요원, 밀고자, 스파이 등을 추가했다"며 다음과 같이 말했다.

"(한국) 역사상……어처구니없을 정도로 그 기능이 팽창된 시기에 중앙정보부는 정부를 폭넓게 고문顧問·감시하고 숱한 정부 기획을 입안했으며, 입법부의 발의와 그 근거가 되는 연구 결과의 대부분을 산출했으며, 신임 정부기관 요원들을 모집하고 일본과의 관계를 고무했으며, 기업체를 후원하고 백만장자들한테 돈을 빼앗았으며, 학생들을 감시하고 조직했으며……극단, 무용단, 관현악단 및 (워커힐) 같은 대규모 관광

센터를 후원했다."[99]

1964년 중앙정보부의 요원 수는 37만 명에 달했다는 주장도 있다. 남한 인구의 10% 정도가 중앙정보부와 직간접으로 관계를 맺고 생업에 종사하면서 주민들과 지역의 동태를 감시하고 정보를 수집하는 한편 신분을 위장하고 여론을 조성하는 활동을 했다는 것이다. 과장된 것일 망정, 중앙정보부가 모든 다방과 술집까지 그 촉수가 미쳤을 정도로 국민의 모든 영역의 삶에 침투한 건 분명했다.[100]

중앙정보부의 최대 무기는 폭력 사용의 무한대 보장, 행정력 동원의 무한대 보장, 자금력 동원의 무한대 보장이었다. 이제 곧 드러날 중앙정보부의 화려한 공작의 일면에 대해 김정원은 「군정과 제3공화국: 1961~1971」(1984)이라는 글에서 다음과 같이 말했다.

"물리력 대신 돈이 반목을 통제하는 새로운 수단으로 등장하였다. 문제성이 있는 학생 지도자들은 감옥에 갇히는 대신 장학금을 받고 해외 유학을 떠났다.……민감한 문제에 대한 토론은 사라져버렸고, 남의 눈치를 살피는 것은 전국적인 신경과민 증상의 특징이 되어버렸다."[101]

그런 침투와 공작을 위해 중앙정보부의 각 지역 분실은 부흥공사니 뭐니 하는 회사 이름을 쓰면서 무역회사로 위장했다. 나중엔 치안국 서울시경 분실들까지 '남일무역', '삼일무역', '신한공사' 등과 같은 이름으로 위장했다. 중앙정보부는 공포의 대상이었다. 그곳에 한 번 다녀온 사람들은 몸서리를 쳤다. 장면의 공보비서관이었던 송원영은 30여 년 후에도 중앙정보부가 악몽으로 나타났다고 한다. 그의 부인 윤금중은 『국회의원 마누라가 본 이 나라의 개판정치』(2000)에 다음과 같이 썼다.

"남편은 암으로 세상을 떠나기 얼마 전에 맹장염 수술을 받은 일이 있다. 그 수술은 성공적으로 끝나서 남편은 중환자실로 옮겨진 직후에 마취에서 깨어났는데 그 깨어난 뒤의 첫 마디가 섬뜩했다. '여기가 정보부요?' 하고 묻길래 나는 조심스럽게 '여기는 서울대학병원인데……' 하고 대답했더니 남편은 이렇게 되받았다. '아냐. 명칭만 그럴 거야.'"[102]

중앙정보부는 부정부패의 총본산

중앙정보부가 브레인과 신경절 기능을 수행하면서 구축하고자 했던 병영국가가 적어도 초기에는 애국적 의지로 충만해 있던 건 분명했다. 오히려 너무 극성스러워 문제일 정도였다. 그러나 그건 오래가지 않았다. 5·16 주체들은 인간적으론 서서히 타락해 갔겠지만, 중앙정보부는 군사정권을 성공시키기 위한 수단으로서 부패를 필요악으로 간주하고 처음부터 적극적인 부정부패에 뛰어들었다. 돈이 필요했기 때문이다. 그 와중에서 5·16 주체들도 탐욕으로 물들어가고 있었다. 훗날 5·16 주체들 중에선 수백 억대 재산가들마저 나오게 된다.

제5사단장을 하던 채명신은 쿠데타에 열성적이었을망정 개인적으론 청렴한 군인이었다. 그는 박정희의 강권으로 국가재건최고회의 감찰위원장을 맡았다. 박정희도 5·16 주체들의 부패가 너무 심하다는 판단을 했던 건지도 모르겠다. 감찰위원장 채명신은 부패의 난무에 경악했다.

"난 국영기업체장으로 나가 있는 군인들의 비행이나 비위를 캐내도록 지시했다. 첫 번째로 걸려든 사람은 당시 가장 큰 국영기업체의 장으로 나가 있던 혁명 주체의 이모 중령이었다. 그는 근무 시간에 여비서를 데리고 산장에 가서 노는 등 사생활이 문란해 부하직원들로부터 지탄을 받고 있었다. 난 그를 가차 없이 파면토록 조치했다. 그러나 최고회의에 관계하고 있는 군인들까지 부패가 판치고 있는 데엔 나도 기가 질렸다."[103]

채명신의 말을 더 들어보자.

"내가 평생을 존경해 마지않았던 유림 선생의 아들인 유모 대령도 마찬가지였다.……유 대령은 혁명위원회 재정위원을 맡고 있었는데, 돌아가신 선친의 묘를 크게 개수한다며 각 금융기관에 초청장을 보내 돈을 긁어모으는 등 유림 선생이 돌아가신 후까지 선생의 명예에 먹칠을 하고 있었다."[104]

채명신이 군사정권은 썩은 구석을 열심히 들춰내자 부정부패의 총본산이라 할 중앙정보부장 김종필이 채명신을 찾아왔다. "선배님. 선배님께서 우리 혁명 동지들을 감싸주셔야지 자꾸 목을 자르시면 불안해서 일을 할 수가 없습니다. 우린 선배님의 비호 아래 있다고 생각하는데……." 채명신은 이렇게 호통을 쳤다.

"우리가 혁명한 건 마적단처럼 약탈한 재물을 나눠먹으려 한 게 아니오. 부정부패를 뿌리 뽑겠다는 사명감에서였소. 그러나 이게 뭐요? 마치 전리품 나누듯 나눠 갖곤 부패에 앞장서니 무슨 꼴이오. 이런 혁명은 역사 앞에 죄악으로 전락시키는 것밖에 되지 않아요."[105]

채명신은 중앙정보부를 어떻게 보고 있었던가?

"5·16 후 혁명정부의 권력 실세는 김종필 씨의 중앙정보부였다. 당시 '지나가는 여자들의 옷차림까지 관여한다'는 막강한 중앙정보부는 무소불위의 권력기관으로 자만에 빠져 있었다. 게다가 정당 창당을 계획하고 있던 김종필 부장은 사회적 비판을 최소화할 목적으로 비밀리에 돈을 챙기는가 하면, 주가를 조작해 한탕하곤 빠져나가 일반 투자자들을 골탕 먹이는 등 소위 말하는 증권 파동 같은 4대 의혹 사건으로 정당 창당자금을 조달하고 있었다."[106]

"우리는 음지에서 꾸미고 양지를 장악한다"

4대 의혹 사건이 얼마나 파렴치한 '마적단식 약탈'이었는지에 대해선 나중에 살펴보겠지만, 여기서 한 가지 짚고 넘어갈 것은 김종필의 그런 자금 조달이 없었더라면 군사정권은 채 1960년대를 넘기지 못하고 무너졌으리라는 점이다. 이제 곧 탄생할 민주공화당의 모태는 중앙정보부였다. 바로 그런 이유 때문에 5·16에 대한 '저작권'은 박정희가 아닌 김종필에게 있다는 주장도 나오는 것이다. 예컨대, 최상천은 『알몸 박정희』(2001)에서 다음과 같이 주장했다.

"군사반란 이후 얼마간 한국 정치는 김종필의 원맨쇼나 다름없었다. 그의 이런 활동이 민주주의를 파괴한 반국가 범죄임에 틀림없다. 그러나 김종필은 박정희한테만은 '하늘보다 더 높은 은혜'를 베풀어준 은인이다. 중앙정보부를 만들어서 '천황대로'까지 닦아주지 않았던가. 박정희는 반란 대장을 맡았을 뿐이지 세운 공이 거의 없다.……박정희는 정말이지 검은 안경 끼고 사진 찍은 공로밖에 없다."[107]

세상에 그 모습을 드러낼 때까지 민주공화당은 중앙정보부가 잉태하고 산파역을 맡은 '지하地下 공화당'으로 존재했다. 임신은 1961년 말부터 1962년 1월 사이에 이루어진 것으로 보인다. 『신동아』 1964년 1월호에 실린 「민주공화당 사전 조직」이라는 글을 보자.

"충무로 1가 카네기홀 2층엔 보기에 건장한 30대 안팎의 청년들이 무엇인가 열심히 작업을 진행시키고 있었다. 4명의 육군 소령과 2명의 육군 대위 그리고 1명의 공군 상사로 된 이 7인의 첫 번째 일은 위장 넘버를 단 지프차로 어디엔가 부산히 내왕하는 것으로 시작되었다. 강상원(당시 중앙정보부 연구실 행정관, 현재 농장 경영), 정지원(당시 중앙정보부 관리실장, 현재 이민) 씨 등 전원이 당시 중앙정보부에 적을 두고 있었다. 카네기홀의 7명에게 주어진 한 계획서의 첫머리는 포섭 대상자 선정이란 과제로부터 시작되어 있었다."[108]

카네기홀 사무실에는 '동양화학주식회사'란 위장 간판이 내걸렸다. 이처럼 중앙정보부는 정부 위에 존재하는 비밀 정부로 한국의 역사를 새로 쓰고 있었다. 박정희와 김종필 모두 정보 장교 출신이었다는 점이 그런 비밀 정부의 탄생에 큰 영향을 미쳤을 것이다. 앞서 언급했듯이 김종필은 스스로 "우리는 음지에서 일하고 양지를 지향한다"는 부훈을 만들었지만, 그건 어느새 "우리는 음지에서 꾸미고 양지를 장악한다"로 바뀌어가고 있었다.

목적이 수단을 정당화하는 가치관, 그건 바로 '병영국가'의 존립 근거였다. 워낙 비상한 상황이었기 때문에 불가피했다는 변명과 그것에 근거한 또 다른 실천들은 향후 20년 가까이 계속된다. 박정희의 삶은 늘 송두리째 비상 상황이었다.

제6장

논공행상과
토사구팽

장도영을 무력화하기 위한 비상조치법

5·16 주체세력이 초기에 가졌을 나름의 우국충정憂國衷情을 의심할 필요는 없다. 그러나 동시에 그 우국충정의 이면엔 각자 자신의 기여에 대한 논공행상論功行賞을 바라는 기대심리가 높았다고 하는 점도 분명한 사실이었다. 논공행상이 매끄럽게 이루어질 리는 만무했다. 평상시에 먹을 걸 좀 나누어갖는 일에도 불평불만이 나오기 마련인데, 모두 다 목숨 걸고 한 일에서 불평불만이 나오지 않는다면 그게 더 이상한 일이었을 것이다. 그런 불평불만은 헤게모니 투쟁과 뒤섞여 분출되기 마련이었고, 그 와중에서 애초에 누가 의도했건 의도하지 않았건 결과적으로 토사구팽兎死狗烹이 일어나게끔 되어 있었다.

토사구팽. 토끼 사냥이 끝나면 사냥개는 삶아 먹힌다는 뜻이다. 쿠데타가 성공하기까지엔 절대적으로 필요한 역할을 수행한 사람이라도 쿠데타 성공 후엔 다른 입지에 처하게 되었다. 5·16 군사쿠데타에서 수많은 사람이 박정희에 의해 토사구팽을 당했지만, 가장 대표적인 인물을 들라면 그건 단연 장도영이었다.

장도영의 거세는 김종필의 중앙정보부가 맡았다. 중앙정보부는 6월 1일 장도영의 측근인 전 대령 김일환 등 3명을 구속했다. 김일환은 육사 5기 출신으로 신의주동중학교를 졸업한 장도영의 후배로 김종필이 박정희에게 그러하듯이 장도영의 브레인 역할을 한 인물이었다. 김종필은 다음 날 카터 매그루더Carter Magruder, 1900~1988를 만나 장도영의 '기회주의적 행동 사례'를 20분간 자세히 설명하는 등 매그루더의 양해를 얻기 위해 애썼다.[109]

박정희 측은 6월 3일 국가재건최고회의 의장의 타직 겸직을 제한하는 조항을 담은 국가재건비상조치법을 발의해 6월 6일 공포했다. 이것은 장도영의 권한을 약화시키기 위한 것이었다. 국가재건최고회의 의장은 내각 수반 이외의 다른 직무를 겸직할 수 없다는 이 조항에 따라, 그간 국가재건최고회의 의장, 내각 수반, 국방부 장관, 육군참모총장, 계엄사령관 등 5개의 직책을 갖고 있던 장도영은 완전히 무력화되었다. 당시 육군참모차장 장창국의 증언이다.

"비상조치법이 발의된 날이라고 기억되는데, 장 의장이 기자회견을 하며 민주당 각료들에 대해서 가택연금만 할 뿐 구속 등은 없을 것이라고 말했다. 기자회견이 끝난 후 1시간이 채 지나지 않아 민주당 전 각료가 체포되는 일이 벌어졌다. 박 부의장과 김종필 씨를 위시한 8기생의 단독 행동이었던 것이다."[110]

허수아비로 전락한 장도영

6월 6일 국방부 장관 서리엔 신응균, 육군참모총장엔 김종오가 임명되었으며, 국가재건최고회의 상임위원회 의장직은 박정희에게 넘어갔다. 6월 12일 국가재건최고회의는 7명의 상임위원장을 임명했다. 법제사법위원장에 중령 이석제, 내무위원장에 대령 오치성, 외무각방위원장에 소장 유양수, 재정경제위원장에 소장 이주일, 문교사회위원장에 준장 송찬호, 교통체신위원장에 해병 준장 김윤근, 운영기획위원장에 해병 소장 김동하 등이었다.

또 이날 박정희 측은 미국에 유학 중이던 송요찬을 국방부 장관에 임명했다. 송요찬의 출현은 참 묘한 일이었다. 송요찬은 미국에 있을 때 미국 방문 중인 외무부 장관 정일형에게 "군부 내 박정희라는 공산당 놈이 쿠데타를 모의하는 중이다"고 정보를 알려준 인물이었는데, 막상 쿠데타가 일어나자 미국에서 5·16 지지 성명을 발표해 그 자리에까지 오르게 되었으니 말이다.[111] 정일형은 회고록에서 "그도 일말의 수치심은 있는지 우리 내외를 만나게 될 적이면 차마 얼굴을 들지 못했다"고 썼다.[112] 박정희의 '미국 콤플렉스' 때문에 송요찬이 미국과 가깝다는 이유로 그를 서울로 불렀다는 주장도 있다.[113](송요찬이 미국에 있을 때 문명자의 남편인 최동현에게 "최 기자는 장도영이하고 같은 평안도 출신인데 무슨 닿는 선이 없는가"라고 물었다는 말도 있다.)[114]

반면 장도영은 졸지에 허수아비로 전락하는 비참한 처지에 놓이게 되었다. 6월 3일 국가재건비상조치법 작전을 주도했던 이석제는 훗날 『각하, 우리 혁명합시다』(1995)에서 "이 조치로 인해 모든 권력이 상임 박정희는 국가재건비상조치법을 공포해 장도영의 권한을 약화시켰다. 이로써 장도영은 종이호랑이 신세로 전락하고 말았다. 장도영이 국군 지휘부에 전달한 5·16 선언문. (대한민국역사박물관 소장)

위원회에 집중되면서 장도영 의장은 종이호랑이 신세로 전락하고 말았다"며 다음과 같이 말했다.

"그러나 장 의장은 이러한 일련의 과정이 무엇을 뜻하는지 그 본질을 헤아리지 못하는 것 같았다. 상임위원회가 열릴 때마다 출석권도 없는 장 의장은 회의실에 나타나 자기 자리가 어디인지 기웃거리곤 했다. 애석하게도 상임위원회 의장석은 박 장군이 차지하고 있었다. 장 의장은 의자를 가져다 박 장군 옆에 앉아서 우리가 회의하는 장면을 물끄러미 지켜보곤 했던 것이다."[115]

5·16 주체세력의 파벌과 '진급 잔치'

박정희를 비롯한 5·16 주체세력은 기성 정치의 파벌과 분열을 저주해 마지않으면서 그걸 쿠데타를 정당화하는 이유의 하나로 삼았지만,

그 점에 관한 한 쿠데타 주체세력도 전혀 다를 게 없었으며, 오히려 한 수 위였다. 쿠데타의 조직부터가 바로 그런 연고와 정실 중심의 한국형 패거리주의를 모태로 삼은 것이었다. 그래서 "5·16 주체세력은 이념적 결속이 없이 도당적 이해관계로 영합된 파당적 무리에 불과"하다는 평가가 나오는 것이다.[116]

쿠데타군은 박정희를 중심으로 각기 다른 여러 인맥으로 구성되어 있었다. 크게 보아 ① 만주군에 복무할 당시 군 동료와 후배였던 이주일·김동하·김윤근, ② 경비사관학교 중대장 시절 생도였던 박치옥·문재준·채명신·박춘식, ③ 육군본부 정보국에서 같이 근무했던 김종필·길재호 등이었다.

쿠데타 직후 만들어진 군사혁명위원회도 ① 장도영 등 서북 출신, 이주일 등 동북 출신, 박정희 등 중남부 출신의 육군 장성들, ② 김동하·김윤근 등 해병대 출신들, ③ 박치옥·문재준 등 경비사관학교 5기생들, ④ 길재호·박원빈 등 육사 8기생 등 지역별, 출신별, 계급별로 다양한 인적 구조를 갖고 있었다.[117]

쿠데타 후 한동안은 논공행상 잔치판의 와중에서 넝쿨째 굴러들어 온 호박에 감격하느라 갈등이 표면화되진 않았다. 장관에서부터 각 시도 지사에 이르기까지 현역 군인들이 한자리씩 차지했으니, 그들이 군으로 돌아오지만 않는다면 적체된 군 인사에도 큰 숨통이 트일 건 분명했다. 바로 이 한 가지 이유만으로도 쿠데타군이 처음에 내세웠던 '민정 이양'은 기대하기 어려운 것이었다(쿠데타의 핵심 주체 가운데 나중에 장관급 16명, 국회의원 24명이 나온다).[118]

5월 26일부터는 쿠데타에 반대했거나 그럴 가능성이 있었던 군 지휘관들이 교체되기 시작했다. '혁명'은 하기가 어려워서 그렇지 참 편한 것이었다. 일시에 우수수 목을 쳐도 그 누구 하나 항변하는 사람들이 없었으니 그 이전 장면 정권이 겪어야 했던 그 온갖 어려움에 비추어볼 때에 이 얼마나 간단한 일인가?

5월 31일 대법원 감독관이 임명되었고, 6월 1일 심계원(감사원)과 감찰위원회 장악, 혁명재판소와 감찰부 설치, 내무부 치안국장에 헌병감 출신 육군 준장 조흥만 임명 등 일련의 인사가 이루어졌다. 6월 16일 각도 경찰국장에 현역 군인(중령)들이 임명되었으며, 7월 25일엔 각도 경찰국 정보과장에 현역 소령이 임명되었다.[119]

군부 내 진급 적체를 해결해주는 숨통은 계속 트여 나갔다. 7월 4일 장성급이 대거 예편했는데, 육군에서만 24명이었다. 7월 30일 국방부와 육해공군, 해병대 장교 1만 201명이 전역을 했다. 8월 15일 논공행상격의 진급 잔치판이 벌어져 쿠데타에 가담한 자들은 모두 한 계급씩 진급했다. 가장 화끈한 진급은 박정희의 몫이었다. 그는 8월 10일 중장으로 진급하더니, 중장 82일 만인 11월 1일 대장으로 진급했다.[120] 장성의 계급장을 달아주는 건 대통령의 몫이다. 김용관은 "윤보선은 대통령으로서 박정희에게 계급장을 달아주는 일만 했다"며 "그는 '숙명적인 들러리'라고 자탄했다"고 말했다.[121]

노영기는 「5·16 쿠데타 주체세력 분석」(2001)이라는 글에서 쿠데타 주체세력의 논공행상 잔치를 포함해 쿠데타 성공 직후에 나타난 현상은 그들이 내세웠던 명분이 얼마나 맞지 않는지를 잘 보여준다며 다음과 같이 말했다.

"진급 대상자들은 쿠데타를 일으켰던 세력에 한정되었을 뿐(이고)⋯⋯자신들이 정군의 직접 대상자로 지목했던 송요찬을 내각 수반으로 군정에 참여시켰고, 최영희는 외국 대사에 임명했다. 결과적으로 쿠데타 주도세력이 이루려 했다는 국가의 개조나 정군은 한낱 겉으로 내세우기 위한 명분이었을 뿐이었다. 실제로 5·16은 1950년대에 정치화되었던 한국 군부 내에서 권력으로부터 소외되었던 권력지향적 세력들이 결집하여 일으킨 쿠데타였으며, 이를 계기로 우리 역사에서는 '군부 통치의 시대'가 열리게 되었다."[122](과거 '정군'과 하극상 사건의 당사자였던 최영희가 주튀르키예 대사에 임명된 건 1962년 4월 4일이다.)

'육사 8기' 대 '육사 5기'의 갈등

이런 논공행상 잔치판이 벌어지고 있는 가운데 박정희와 장도영의 갈등은 점점 더 심화되어갔다. 그 갈등은 상당 부분 기수로 보아 쿠데타 주체의 양대 산맥이라 할 '육사 8기' 대 '육사 5기'의 갈등이기도 했다.

육사 8기 출신은 대부분 1922년생에서 1928년생 사이, 즉 33세에서 39세의 나이였다. 징병령이 실시된다는 소문 때문에 지원자가 몰려 입교 시 경쟁률도 10대 1을 넘었기 때문에 자신들이 타 기수에 비해 우수하다는 강한 엘리트 의식을 갖고 있었다. 이들은 1949년 5월 23일에 소위로 임관해 대부분 일선부대의 소대장으로 활동하다가 1950년 5월경 중위로 진급했다. 이들은 6·25 전쟁이 발발하자 소대장으로 전투에 참가해 다른 기수에 비해 희생자가 많았다. 군사영어학교에서부터 육사 8기까지의 전사자는 총 835명이었는데, 이 중 8기 출신이 절반이 넘는 441명이었다. "8기생은 소모품"이란 말이 나올 정도였다. 이들은 긍지와 더불어 생사를 같이했다는 공동운명체적 결속감으로 뭉쳐 있었다. 다른 기수들과는 달리, 지연과 학연보다도 육사 8기 출신이라는 의식이 우선이었다.[123]

8기의 가장 큰 불만은 진급 문제였다. 앞서 지적했듯이, 전쟁으로 인해 빚어진 인사 구조의 근본적인 결함 때문이었다. 육사 1기생은 절반쯤이 입대 5년 만에 별을 달았는데 그들보다 4년 늦게 시작한 8기생들은 12년이 지나도록 준장 자리에 오르지 못하고 있었다. 대령 숫자도 10%가 채 안 되었고 대부분 중령을 달고 있었다. 김종필과 장도영을 놓고 보더라도 나이 차는 겨우 세 살이었지만, 계급은 '중령 대 중장'이었다.[124]

8기 출신이 정군운동과 쿠데타 모의에 대거 참여한 가장 큰 이유는 바로 그런 불만이었을 것이다. 게다가 8기생의 많은 수가 육군본부에 근무하고 있었다는 것도 또 다른 이유가 되었다. 4·19를 전후한 시기 육군본부에는 8기 출신이 120명이나 근무했다. 대부분이 중령이나 대령으로 각 참모부의 핵심 실무 역할을 맡고 있었다. 이들은 자주 모여서 좌절감과 불만을 토로했다. 때론 피도 한 방울 흘리지 않은 기수가 별을 독식하고 있는 것에 대해 분개하면서 술을 마실 때마다 뒤엎어야 한다는 주장을 해가면서 상호 결속감을 다져 나갔다.[125]

5기 출신은 미군정기에 순수 민간인을 대상으로 뽑은 최초의 기수였다. 나이는 30대 중후반에서 40대 초반에 이북 출신으로 우익청년단체에서 활동한 인물이 많았다. 쿠데타 참여자들은 경기 김포 출신 김재춘을 제외하고 모두 이북 출신이었다. 이들의 계급은 준장(박춘식과 채명신)이나 대령이었다. 전쟁 전까지는 1년에 한 계급씩 올라갔는데 전쟁 이후 늦어져 이들도 진급 적체에 강한 불만을 갖고 있었다.[126]

합동참모본부 의장 출신 정치인인 장창국은 "종전과 함께 7~8년씩 대령에 머무는 상황에 직면하게 된 5기생들은 수시로 모여 진급 문제를 논의하게 되었고, 이것이 자연스럽게 기존 민군관계 역전을 위한 논의로 발전되었던 것이다. 특히, 5·16 당시 공수단장으로 5·16의 성공적 집행에 핵심적 역할을 했던 인물의 하나인 5기생 박치옥 대령은 이 문제에 더욱 예민하게 반응했던 대표적 경우이다"며 다음과 같이 말했다.

"박치옥 대령은 거사를 위해 공수단장 자리를 자청해 맡았다고 한다. 6·25 때 '육군본부 근위사단'이란 별칭이 붙었던 정예 10연대의 대대장으로 활약했던 박 대령은 휴전 전 대령이 된 뒤 진급을 못하고 연대장만을 3번이나 옮겨 다녀야 했다는 것. 같은 처지의 동기생들이 모이면 군 상층부가 물러나야 한다는 성토로 울분을 토하고는 했는데, 박 대령은 '힘만이 문제를 해결할 수 있다'고 역설했다는 것."[127]

5기생들은 대부분 사단장 또는 참모장의 직위에 있었기 때문에 쿠데타 때 주력부대를 지휘하는 임무를 맡았다. 쿠데타가 성공하기까지엔 5기생들이 더 큰 기여를 했지만, 성공 이후엔 '총'보다는 '머리'가 더 필요했기 때문에 중앙정보부를 장악하고 있는 김종필을 비롯한 8기생들이 압도적 우위를 점하게 되었다. 5기 출신은 김종필의 독주에 강한 불만을 품게 되었다.

"장도영 일파 반혁명 사건"

그런 상황에서 6월 27일 국가재건최고회의 장성 예편심사위원회가 열렸다. 쿠데타 때 6군단 포병단 병력을 이끌고 맨 처음 서울로 들어왔던 대령 문재준은 이제 헌병감으로서 육군참모총장 김종오의 비행을 열거하면서 그의 예편을 강력히 주장했다. 표결 결과 김종오의 예편이 결정되었는데, 박정희가 문재준을 불러 재고를 요구했다. 둘이 말싸움을 하다가 박정희가 "혁명은 너 혼자 했나!"라는 그 유명한 말을 내뱉으면서 문재준에게 재떨이를 집어 던지는 사태까지 벌어졌다.[128]

문재준은 사무실로 돌아와 박정희가 자신의 충정을 몰라주는 것이 억울해 엉엉 울었다. 그는 5기 동기생인 박치옥을 만나 '김종필의 모략'을 비판하고 김종필을 혼내주자는 데에 합의했다. 7월 3일 새벽 2시를 기해 헌병대를 동원해 김종필을 체포하는 계획을 수립했다. 그러나 이 계획은 문재준이 신윤창에게 사전 누설함으로써 김종필과 8기 출신이 주류를 이룬 중앙정보부의 반격으로 좌절하고 말았다. 이는 장도영을 추종한 5기 출신과 박정희를 추종한 8기 출신의 대립이었기에, 장도영도 이 투쟁의 소용돌이에서 자유로울 수는 없었다.[129]

7월 3일 오후 4시 30분 라디오에서는 긴급뉴스가 터져 나왔고 서울 시내에는 신문 호외가 뿌려졌다. 국가재건최고회의 의장 겸 내각 수반인 장도영의 사임 성명이 발표되었다는 뉴스였다. 이로써 박정희가 국가재건최고회의 의장을 차지했고, 내각 수반엔 국방부 장관 송요찬이 임명되었다.

그걸로 끝이 아니었다. 7월 9일 국가재건최고회의는 장도영을 중심으로 한 44명의 장교와 민간이 정부 전복 음모와 주체세력을 암살하려 했다는 이른바 '장도영 일파 반혁명 사건'을 발표했다. 국가재건최고회의 최고위원이었던 문재준·박치옥·송찬호·노창점 등도 연루되었으며, 이로써 장도영과 그를 추종했던 '이북 출신의 육사 5기'들이 권력에서

장도영의 국가재건최고회의 의장과 내각 수반직 사임에 대한 『한국일보』 1961년 7월 3일자 호외 기사. (대한민국역사박물관 소장)

밀려났다.

장도영은 7월 9일 집에 연금되었으며, 8월 22일 예편되었다. 장도영은 10월 27일부터 재판을 받았으며, 12월 2일 법정 구금되어, 1962년 1월 10일 사형을 언도받았다. 그는 3월 10일 2심에서 무기징역을 선고받고, 5월 2일 형 면제로 출감했다. 그는 미국의 주선으로 8월 29일 미국 망명을 떠났다.

장도영, "박정희가 나를 배신했다"

장도영은 훗날 자신의 회고록에서 박정희의 '배신'을 비판했으며,

MBC 〈이제는 말할 수 있다〉('장도영과 5·16', 제31회[2001년 5월 11일])
에선 "박정희가 나를 배신했다"고 원망하면서 눈물을 흘리기까지 했
다.[130] 이에 대해 박태순과 김동춘은 이런 평가를 내렸다. "참모총장 장도
영은 스스로의 기회주의성과 우유부단성 때문에 쿠데타가 성공적으로
이루어지는 데 결정적인 역할을 하였다. 결국 쿠데타는 미시적으로 보면
한국 지배층의 친미 일변도의 사상 또 그것과 결부되어 있는 무사안일
주의가 만들어낸 걸작품인 셈이다."[131]

이른바 '한국조폐공사 사장 반혁명 사건'은 장도영의 작품이었다.
장면의 측근이자 한국조폐공사 사장인 선우종원은 쿠데타 직후 장면을
찾아 헤매다 답답한 나머지 5월 17일 장도영을 찾아간 적이 있었다. "불
쑥 방으로 들어선 그는 나를 보자마자, 지휘봉과 모자를 내던지더니 돌
아앉아 큰 소리로 우는 게 아닌가." 선우종원은 그 자리에서 장도영의 잘
못 세 가지를 지적했다고 한다. "우선 민주정부를 무력으로 전복시켰으
니, 반민주적 행위를 했고, 더불어 반민족적인 행위에, 임명권자를 배신
한 행위까지 세 가지요."[132]

선우종원은 그 이전에 쿠데타 정보를 장면에게 준 것까지 더해 이
발언으로 인해 장도영에게 미운 털이 박히게 되었다. 아니나 다를까, 장
도영은 헌병들을 보내 선우종원을 5월 24일에 구속시키고 '한국조폐공
사 사장 반혁명 사건'이라는 걸 만들어냈다(선우종원은 9월 11일 사형을 구
형받았으며, 17일 1심에서 5년형을 선고받았다. 그는 항소심에서도 5년형을 확정
받아 2년여 감옥살이를 했다. 선우종원은 1963년 8월 14일, 구속된 지 2년 3개월
만에 8·15 광복절 특사로 풀려났다. 그는 1967년 말 중앙선거관리위원회 위원으
로 박정희 정권에 참여해 1971년 국회 사무총장을 지냈다).

선우종원은 얼마 후 서대문교도소에서 장도영을 만났다.

"그는 나를 잡아넣은 뒤 한 달가량 지난 후에 장도영과 그의 일파 44명의 '반혁명 사건'에 연루되어 들어온 것이다. 사실 그는 나를 잡아 넣기는 했지만, 군인치고는 상당히 순수하고 여린 사람이었다. 워낙 착하다 보니, 김종필을 비롯한 육사 8기와의 권력 싸움에서 밀려 수갑을 차지 않았던가. 게다가 그는 눈물이 많았다. 전에 내가 그를 만나러 갔을 때도 이유 없이 울었지만, 막상 수감되고부터는 끄덕하면 눈물을 보여 '군 출신'이란 점이 믿기지 않을 정도였다. 그는 부인이 면회 오는 날이면 엉엉 울다가 들어왔고, 감방에 들어와서도 뭐가 그리 서러운지 계속 울기만 했다."[133]

권력 중독의 길로 나선 박정희

이제 국가재건최고회의 의장이 된 박정희는 명실상부한 최고 실권자로서의 '권위'를 획득해갔다. 3개월 전 박정희에게서 밑도 끝도 없이 "나 쿠데타 할 거요. 그런데 그러면 미국이 어떻게 나올 것 같소?"라는 질문을 받았던 이동원은 7월 어느 날 박정희를 만난 소감에 대해 이렇게 말했다.

"그날의 박 의장은 전혀 다른 사람으로 변해 있었다. 사실 전에 이학식당서 박 의장을 처음 대했을 때 난 그를 무척 초췌하고 볼품없게 봤었다. 그러나 경호원에 둘러싸인 그날의 박 의장은 당당하고 위엄 있는 모습이었다. 군인에겐 역시 군복이 날개였다. 그가 전에 볼품없이 보였던 건 순전히 사복 때문이었던 것이다. 게다가 공관에 들어오며 경호원들에

국가재건최고회의 의장이 된 박정희는 최고 실권자로서의 권위를 획득해가면서 '철권 통치자'로서의 이미지를 구축해 나가게 된다. (대한민국역사박물관 소장)

게 몸수색을 받을 때부터 느낀 위압감이 박 의장을 내 눈엔 더욱 당당하게 보이게 했다."[134]

　문제는 속까지 달라지고 있었다는 점일 것이다. 강원용은 박정희가 국가재건최고회의 의장이 되어 권력의 전면에 부상하면서 최고 권력자로서의 자신의 지위를 즐기기 시작하는 모습이 눈에 보이기 시작했다고 말한다. 그는 『빈들에서: 나의 삶, 한국 현대사의 소용돌이』(1993)에서 "박 장군은 최고회의 의장이 된 후 거처를 신당동의 자기 집에서 우리 교회 가까이에 있던 장충동의 국회의장 공관 자리로 옮겼다. 그러면서 그 일대에 사는 사람들의 신원조사가 철저하게 실시된 것까지는 그렇다 쳐도 그가 나고 들 때마다 길을 막고 사람들의 통행을 통제하는 것은 지나친 일이 아닐 수 없었다"며 다음과 같이 말했다.

"그 때문에 그가 자주 다닌 우리 교회 앞길은 수시로 통행이 금지되어 사람들에게 많은 불편을 끼쳤다. 한번은 그가 차를 타고 지나가기에 유심히 내다봤더니 어느새 차도 지프차에서 고급 외제차로 바뀌어 있었다. 원래 권력과 멀던 사람이 한번 권력에 맛을 들이면 아주 쉽게 부패하는 법이다. 그런 것은 돈이나 성性에서도 마찬가지인데, 마치 아편과도 같아서 일단 맛을 들이면 좀체로 끊기가 힘들다. 나는 박정희가 점차 권력의 맛에 빠져 변해가는 것을 보고 걱정이 되었다."[135]

장도영의 몰락은 토사구팽 시리즈의 예고편에 불과했다. 앞으로 계속 수많은 토사구팽이 일어나게 되어 있었으며, 그 과정을 거치면서 박정희는 더욱 '철권 통치자'로서의 이미지를 구축해 나가게 된다. 그런 '권위'를 위해서도 박정희가 대하기 껄끄러운 선배 장성들은 모두 외국으로 보내졌다. 쿠데타에 반대했거나 토사구팽 당하는 장성들은 미국의 친미파 육성 차원에서 미 국방부의 자금으로 미국 유학을 가게 되었다.[136]

미국 유학을 간 장성들은 한곳에 모여선 안 된다는 이유로 뿔뿔이 흩어지게끔 분리되었다. 강영훈은 뉴멕시코대학에, 이한림은 산타바바라, 최석은 아이다호주, 장도영은 미시간에 배치되었다.[137] (문명자는 강영훈은 한동안 백악관 앞에서 5·16 반대시위를 벌인 '백악관 시위 동지'였지만 나중에 달라졌다고 말한다. "강영훈도 초기에는 깨끗하고 꿋꿋하게 생활했다. 강영훈의 부인은 미장원에서 일했는데 독한 파마액 때문에 손가락이 다 헐 지경이었다. 이 같은 생활고 때문이었던지 결국 1970년대 들어 강영훈은 중앙정보부의 돈으로 한국문제연구소라는 것을 설립해 미국 언론계·학계 등에 친박정희 세력을 심는 역할을 담당했다.")[138]

다른 선배 장성들에겐 대사 자리가 주어졌다. 만주군 출신 선배인 정일권은 주미 대사, 백선엽은 주프랑스 대사로 보낸 데 이어 7월 6일 군의 정신적 대부였던 이종찬은 주이탈리아 대사로 내보냈다. 이후 해외 대사직은 거의 모두 퇴역 장성들의 몫이 되었다. 반면 평소 군사쿠데타의 필요성을 역설했던 김홍일은 외무부 장관을 맡았다.[139]

제7장

'부정축재 처벌'에서
'부정축재 이용'으로

이병철의 일본 출장 또는 도피

1961년 5월 17일, 쿠데타가 일어난 다음 날로 주요 기업인 17명이 체포되었다. 몇 명의 청년 장교가 부정축재자들을 총살형에 처해야 한다고 겁을 주는 가운데 10명의 기업인은 전 재산을 국가에 헌납하겠다고 각서를 썼다.[140]

화신산업 사장 박흥식은 5월 23일 서울 가회동 자택에서 연행되어 구속되었다. 그는 구속 43일 만인 7월 5일에 석방되었는데, 국가재건최고회의 산하 부정축재처리위원장인 육군 소장 이주일은 박흥식을 석방하면서 이런 지시를 내렸다. "정차 예상되는 수도 서울의 인구 증가에 대비한 주택건설계획을 민간 기업인 입장에서 구상하여 제출하라."

이에 박흥식은 한강 이남인 송파동과 가락동에서 삼성동, 역삼동, 서초동, 반포동, 방배동을 거쳐 경기도 과천시에 이르는 광활한 부지에 이상적인 전원도시를 개발한다는 파격적인 계획안을 수립했다. '남서울 계획안'이라 명명된 계획안은 미개발된 한강 이남의 2,400만 평 부지에 30만 명 이상을 수용하는 신도시를 건설한다는 내용이었다. 이 계획안에 대해 국가재건최고회의는 정부가 이 사업을 직접 추진하는 것은 불가하므로 제안자 박흥식이 개인사업으로 추진하라고 발을 뺐다. 이후 우여곡절 끝에 이 계획안은 수포로 돌아가고 만다.[141]

당시 대표적인 기업인 이병철은 어디에 있었는가? 조갑제는 "이병철 씨는 경제정책에 관한 박정희의 개인 교사였다"고 말한다.[142] 의미심장한 주장이다. 다른 기업인들이 줄줄이 감옥으로 끌려갈 때에 이병철은 일본에 가 있었다. 『한국일보』 외신부 기자였던 정경희의 증언이다.

"(1961년 5월 초) 야근하던 날 출근했더니 칠판에 사장의 지시가 씌어 있었다. '이병철 씨 도일渡日 보도하지 말 것.' 이 지시로 이병철 씨가 일본에 갔다는 걸 알았지만, 필자는 무심코 지나쳤다. 아마 그 1주일쯤 뒤인 5월 16일 박정희의 쿠데타가 터졌다. 각 신문의 도쿄 특파원들과 만난 이병철 씨는 말했다. '조국으로 달려가겠다'는 것이다. 필자는 그 뒤 5·16 쿠데타를 전후한 이병철 씨의 움직임이 우연한 일은 아니었을 것임을 깨달았다. 그는 적어도 쿠데타의 움직임을 미리 알고 있었을 것이다. 뿐만 아니라 쿠데타 직후 그가 서슴없이 '달려가겠다'고 말한 것으로 미루어볼 때 아마도 쿠데타 집단과 기맥을 통했을 수도 있겠다는 심증을 갖게 됐다."[143]

삼성은 이병철 대신 부사장 조홍제가 구속되어 있었다. 이미 투옥된 기업인들은 "제일 거목은 동경에 있고 그저 피라미 같은 우리만 잡혀 있다"고 불평이 대단했다. 버티는 데도 한계가 있어 이병철은 5월 26일 귀국해 치안국 부근의 명동 메트로호텔로 연행되었다.[144] 그곳에서 박정희를 만났다.[144](이맹희는 박정희가 호텔로 찾아왔다고 증언한 반면, 조갑제는 이병철이 국가재건최고회의 사무실로 박정희를 찾아갔다고 말한다.)[145]

박정희와 이병철의 회동

이병철은 경제인들을 구속하는 것은 국가의 경제발전을 위해서도 도움이 되지 않는다고 주장했다. 이병철이 장남 이맹희에게 한 말에 따르면, "내가 이런 말을 하니까 그 사람이 이해하더라. 작년에 우리 삼성이 낸 세금이 국가 전체 세금의 3%쯤 된다. 바꿔서 말하면 이런 삼성 같은 회사 30개만 있으면 국가가 세금 걱정은 안 해도 될 정도다. 그리고 지금 부정축재로 몰아서 경제인들을 전부 다 잡아넣는데, 그러면 누가 경제활동을 할 것인가? 내 생각에는 이 사람들을 다 풀어주고 대신 이 사람들이 낼 벌금 대신 그 돈으로 국가와 국민을 위한 사업을 하도록 하는 것이 좋겠다. 그래서 나중에 그 회사의 주식을 정부가 가지게 하면 될 것 아니냐. 그랬더니 국민 감정이 있으니 당장은 어렵지만 곧 그렇게 하자고 하더라".[146] 이병철은 박정희와 다음과 같은 대화를 나누었다고 한다.

> **이병철** 사회가 혼란한 것은 근본적으로 우리나라가 빈곤한 데 이유가 있으며 그 빈곤을 퇴치하려면 경제를 살려야 한다. 경제를 살리려면 기업인들을 활용하여 새로운 국가 재건에 이바지할 기회를 주어야 한다. 나를 비롯하여 13명의 대표적인 기업가를 부정축재자로 잡아넣었는데, 그럼 그 사람들만 부정축재를 하고 다른 사람들은 안

했느냐. 과거의 정치나 세법 등 각종 법규가 탈세를 안 할 수 없게 되어 있다. 다른 사람들이 양보해서 14등 기업 이하로 처진 것이 아니라 노력은 했지만 그때의 상황이 그렇게 돌아갔다는 점을 이해해야 할 것이다. 경영을 열심히 해 기업을 잘 키워놓은 사람은 부정축재자가 되고 기업을 망친 사람은 괜찮다면 너무 불공평하다. 앞으로 국가 재건을 하려면 공장도 짓고 해야 할 텐데 그때에 역량 있는 기업인들을 잘 활용해야 한다.

박정희 이 사장 말을 들으니 참 속이 시원합니다. 학자들 보고 경제재건 방안을 내라 해도 하루 종일 회의만 하니 결론이 안 나와요.······부정축재자들은 어떻게 하면 좋겠습니까?

이병철 풀어주고 활용하는 게 좋겠습니다.

박정희 그럼 국민들이 납득하겠습니까?

이병철 그걸 납득시키는 것이 정치 아닙니까.[147]

이 회동 이후 이병철은 얼마간 더 조사를 받은 후 연금에서 풀렸고, 다른 기업인들도 모두 풀려났다. 그게 6월 29일이었다. 그날 이석제는 국가재건최고회의 회의실에 기업인들을 모아놓고 차고 있던 리볼버 권총을 뽑아 들어 책상 위에 쾅 소리가 날 정도로 내려놓고는 이렇게 말했다.

"나는 여러분들을 석방시키는 일에 반대했습니다. 그런데도 박 부의장께서 내놓으라고 하니 내놓습니다. 그러나 앞으로 원조 물자, 국가 예산으로 또다시 장난치면 내 다음 세대, 내 후배 군인들 중에서 나 같은 놈들이 나와서 다 쏴죽일 겁니다."[148]

그러나 기업인들로 하여금 계속 그런 '장난'을 치게끔 요구한 사람들이 바로 박정희를 비롯한 쿠데타 주체들이라는 건 곧 밝혀질 일이었다.

한국경제인협회의 탄생

감옥에서 풀려난 13명의 기업인을 중심으로 1961년 7월 17일 경제재건촉진회가 조직되었다. 한편으론 군사정권의 경제정책을 돕기 위해 만들어진 단체였지만, 다른 한편으론 재벌들의 이익을 보호하기 위한 이익단체였다. 한 달 후인 8월 16일 임시회장이던 이정림의 뒤를 이어 박정희가 지명한 이병철이 초대 회장으로 취임하면서 한국경제인협회로 명칭이 바뀌었다.[149]

김종필은 회고록에서 자신이 이병철의 귀국을 종용했으며, 이병철이 김포공항을 통해 귀국하자마자 명동 메트로호텔로 데려와 대화를 나누면서 다음과 같은 요청을 했다고 밝혔다. "사장님께서 실업인들을 전부 모아 경제인협회를 만들어서 회장을 맡아주십시오. 우리나라 경제재건에 앞장서 주십시오."[150]

한국경제인협회는 1968년 3월 28일에 전국경제인연합회(전경련)로 이름을 바꾸게 되는데, 훗날 이병철은 자신의 묘석에 다른 이름이나 단체의 일을 한 것은 다 쓰지 않더라도 이 단체의 회장을 지낸 것은 새기도록 미리 밝혀두었을 정도로 이 단체에 대해 강한 애착을 보였다.[151]

한국경제인협회의 첫 번째 과업은 군사정권이 부과한 벌금에 대한 협상이었다. 이병철은 박정희를 만나 벌금을 현찰로 납부하는 대신 그 돈으로 공장을 지어 주식으로 납부하게 하는 것이 좋겠다고 건의했고, 이게 받아들여졌다. 군사정부는 1961년 10월 21일 부정축재자에 대한 처리 방법을 대폭 완화한 '부정축재처리법 중 개정법률'과 '부정축재 환수절차법'을 공포했다. 그 내용은 부정축재자가 국가재건에 필요한 공장을 건설해 정부에 그 주식을 납부할 수 있도록 하는 것이었다.[152]

이는 군사정권이 '부정축재 처벌'에서 '부정축재 이용'으로 돌아섰다는 걸 의미하는 것이었다. 할당된 각 공장 건설을 위해 13명의 기업인은 두 그룹으로 나누어 미국과 유럽으로 외자 교섭 여행을 떠났다. 정부에서 여비까지 받아가면서 떠난 여행이었다. 이들은 해외 순방에서 돌아온 뒤 울산에 공업단지를 만들 것을 건의했다. 이 건의 또한 받아들여졌다.

그러나 나중에 공장 헌납은 당초 금액의 5%에 불과한 벌금 지불로 둔갑했다.[153] 벌금은 깎이고 또 인플레이션 때문에 무의미하게 되었다.

기업인 13명은 정부에서 여비를 받아 미국과 유럽으로 외자 교섭 여행을 떠났다. 1961년 11월 해외차관교섭단 기업 대표들이 출국하고 있다.

벌금은 내나마나한 수준으로 내고 각종 특혜를 받아가며 종국엔 공장도 먹게 되었으니 재벌들로선 그야말로 '꿩 먹고 알 먹기'였다. 이제 곧 드러나겠지만, 군사정권하에서도 기업들은 정치자금만 잘 내면 만사형통이었다.[154]

이맹희의 증언에 따르면, "기성 정치인들의 부정부패를 척결한다고 시작한 혁명정부는 출범 직후부터 여기저기서 기존의 정치세력보다 더한 부정을 일삼기 시작했다. 당연히 기업들에게도 과다한 정치자금을 요구하고 있었는데 그중에 제일 심한 것이 각종 사업의 인허가를 싸고 정부에서 은밀히 손을 벌리는 것이었다. 즉, 어떤 사업을 하거나 공장을 새로 건설하려면 그때마다 정치자금을 바쳐야 했다".[155]

군사정권은 '부정축재 처벌'에서 '부정축재 이용'으로 돌아섰을 뿐만 아니라 그 와중에서 자신이 부정부패의 수렁으로 휘말려 들었다. 이걸 잘 보여준 것이 '부정축재 조사단 부정사건'이었다. 재계의 지연地緣에 따른 밥그릇 싸움은 국가재건최고회의 내부로 번졌다. 이 싸움은 함경도 재벌을 대변한 이주일이 패배하고, 영남 재벌을 대변한 김종필과 유원식의 승리로 끝났다. 그 결과 부정축재 통고액과 벌과금에서 이병철, 정재호 등 영남 재벌은 크게 줄고, 설경도, 이양구 등 함경도 재벌은 크게 늘었다.[156]

경제기획원 발족, 어용노조 조직

군사정권은 7월 22일 경제기획원을 발족시켰다. 경제기획원은 민주당의 5개년계획안을 참고해 '종합경제재건계획'을 만들고, 이를 기초로 제1차 경제개발 5개년계획을 1962년 1월 13일에 공표했다. 방식은 좀 달랐겠지만, 쿠데타가 일어나지 않았더라면 장면 정권도 곧 그런 일을 추진했을 것이다. 1961년 7월로 예정된 장면과 존 F. 케네디John F. Kennedy, 1917~1963의 정상회담은 제1차 5개년계획 소요 재원의 지원을 요청하기 위한 것이었다. 이에 앞서 1961년 5월 재무부 예산국장(이한빈), 부흥부 기획국장(이기홍), 재무부 이재국장(김영록) 등 3인의 실무자단이 미국에 파견되었고, 이들은 이 예비접촉을 통해 미국 정부가 5개년계획 소요 재원을 지원하겠다는 뜻을 확인했다.[157]

똑같은 경제개발을 하더라도, 장면 정권과 군사정권의 차이는 아마도 노동정책에서 두드러졌을 것이다. 군사정권은 쿠데타 발발과 동시에 '노동 탄압'으로 들어갔으니 말이다. 1961년 5월 1일 한국노동조합연맹은 '빼앗긴 메이데이'의 원상회복을 요구하며 독자적으로 메이데이 기념행사까지 개최했지만, 보름 후의 쿠데타로 모든 게 물거품이 되고 말았다. 5월 23일 한국노동조합연맹은 강제 해체되었고 수백 명의 노동조합 간부와 노동운동가가 구속되었다. 군사정권은 2개월 후인 8월 5일 노조를 재조직하게 해준다며 9명의 간부를 지명해 '노동단체재건조직위원회'를 발족하게 했다. 관제 어용 노동단체였다. 정권이 기피하는 인물은 노조 지도자가 되지 못하게 했고, 관제 노동운동 이외의 다른 노동운동은 일체 못하게 했다.[158]

1961년 8월 30일 한국노동조합총연맹(한국노총)과 그 산하의 14개 산업별 노동조합이 결성되었다. 한국노총은 결성대회에서 "국가와 민족의 번영을 기약하는 군사혁명의 성스러운 봉화를 선두로 우리들 노동자는 견고한 단결과 피 끓는 동지애로써 민주주의 원칙하에 산업 부홍의 주도성을 확립하고 국가 재건에 전력을 다하겠다"고 선언했다. 또 "5·16 군사혁명을 전폭 지지하며 혁명 과업 완수에 총력을 경주한다"는 결의도 나왔다.[159]

노동을 억누른 가운데 재벌 위주의 경제정책을 실시하겠다는 걸 굳이 좋게 해석하자면, 군사정권이 정당성 문제로 인해 신속성과 가시적 성과가 필요했기 때문일 것이다. 재벌체제는 총동원 체제였으며, 그건 군대식과 잘 맞아떨어졌다. 재벌 자체가 총수의 명령에 절대 복종하는 조직이었던바, 그건 군사조직의 속성과 같은 것이었다.[160]

부정부패는 사소한 문제가 되었다. 누가 축재하건 국가적 부가 증대한다면 그걸로 족한 것이었다. 그건 어떤 사단이 승전勝戰을 했다면 그걸로 족한 것이지 사단 내부의 정의의 실현이란 있을 수 없는 이치와 마찬가지였다. 이게 바로 병영국가 체제가 자랑하는 효율성이었다.

제8장

박정희의
미국 방문

"박정희 의장 대장 진급식"

1961년 7월, 1년 전 수상직에서 물러난 일본 정계의 실력자인 기시 노부스케岸信介, 1896~1987는 박정희의 친한 친구인 신영민을 박정희에게 파견해 한일 국교 정상화 가능성을 타진했다. 1961년 8월 박정희는 호의적인 답장을 보냈다.[161] 한일 국교 정상화는 미국의 뜻이기도 했다. 그것도 아주 강력한 뜻이었다. 11월 4일 미 국무부 장관 딘 러스크Dean Rusk,1909~1994가 한국을 방문했고, 박정희-케네디 정상회담이 11월 14일로 잡혔다.

방미 일정이 결정된 직후 박정희는 청와대로 대통령 윤보선을 방문했다. 비서관 김준하는 "그날따라 박 의장은 좀처럼 보기 드물게 만면에 미소를 지으면서 비서들과 일일이 악수도 하고 대통령을 만나러 들어갔다. 비서들은 모처럼의 외국 여행에 앞서 인사차 온 것으로 생각했다. 그러나 박 의장의 방문 목적을 듣고 고소苦笑를 금할 수 없었다"며 다음과 같이 말했다.

"그의 말에 따르면 미국에 대해서 권위를 보이기 위해 자신의 군 계급을 중장에서 대장으로 승진해야 되겠다는 요지였다. 7개월 만에 소장에서 2계급 특진하자는 것이다.……박 의장은 방미에 관한 여러 이야기가 끝날 무렵 '대통령께서 직접 계급장을 달아주셨으면 고맙겠습니다'라고 직설적으로 요청했다. 박 의장에게나 있을 법한 일이구나라고 생각했다. 옆에 서 있었던 비서들은 웃음을 참느라고 애를 먹었다."[162]

며칠 후 청와대 대회의실에선 국가재건최고회의 출입기자들이 참석한 가운데 성대한 '박정희 의장 대장 진급식'이 열렸다. 훗날 윤보선은 자신이 대장 계급장을 박정희의 어깨에 달아준 것에 대해 "숙명적인 들러리를 서게 됐다"고 자탄했다.[163]

미국의 박정희 '기 죽이기'

그러나 대장 계급장을 달면 무엇 하겠는가? 미국은 박정희와 군사정권의 약점을 꿰뚫어보고 그들을 얕잡아 보고 있었는데 말이다. 이미 박정희의 방미訪美 사전교섭 과정에서 미국 측은 박정희가 비공식으로 방문한다는 이유로 워싱턴에서의 숙박과 교통편을 일절 제공하지 않는다고 통보했다. 예약과 비용 지불도 모두 한국의 몫이었다. 국무부와 백악관 보좌진들은 케네디에게 보고한 문서에서 "군사교육을 위해 짧게 미국에 체류한 경험밖에 없는 박 의장에게 미국의 힘과 능력을 보여줄 것"을 건의했다. 박정희 '기 죽이기'였다.[164]

신문의 부패에 대해 큰 반감을 갖고 있던 군사정권은 박정희의 미국 방문 수행 취재단을 부패하지 않은 기자들만으로 선발하도록 했다. 그 덕분에 선발 인원 5명 중 한 명으로 합동통신을 대표해 들어간 기자 리영희로선 틀림없이 기쁘게 생각할 일이었지만, 기분은 썩 유쾌하지 않았다고 말한다.

"나는 박정희 의장의 케네디 대통령 방문에 수행하면서 마치 이조 왕조의 조공朝貢 사신을 따라가는 통신원 같은 기분이 들었다. 태자 책봉 때마다 '대국大國'의 승인을 얻으러 연경燕京 가던 사대주의 행사의 목적지가 워싱턴으로 바뀐 것뿐이 아닌가! 나는 민족의 현실에 대해서 짙은 모멸감을 떨쳐버릴 수가 없었다."[165]

박정희는 미국에 가기 전 일본 도쿄에 들러 일본 수상 이케다 하야토池田勇人, 1899~1965와 회담을 갖게끔 되어 있었다. 당시엔 아무도 몰랐지만, 리영희에 따르면, "여기서 훗날의 파란 많은 한일 국교 정상화 회담의 스케줄이 합의된 것이다. 박은 일본 정부와의 이 합의를 케네디 대통령과의 회담 선물로 들고 가게 돼 있었다. 미국 정부는 이승만의 반일적 고집에 골치 앓고 민주당 정부의 우유부단에 속을 태운 터라, 군인 독재권력으로 하여금 기어이 매듭을 짓게 하려는 정책이었다. 일본 정부와의 이 사전 합의가, 새로 취임한 케네디 대통령이 박을 워싱턴으로 초대하는 외교 시나리오의 가장 중요한 동기이고 목적이었던 것이다."[166]

다카키 마사오로 돌아간 박정희

박정희는 일본에 도착하자마자 공항에서부터 수만 명이나 되는 대

규모 시위대의 비난에 부딪혔다. 시위대는 "살인마 박정희를 타도하자", "군대깡패 두목 물러가라"를 외쳤다. 조용수에게 내린 사형선고에 대한 항의 시위였다. 박정희는 조총련이 항위 시위를 주동하고 있다는 보고를 받자 "돌아가면 빨갱이를 더 잡아넣어야 되겠구먼"이라고 말했다.[167]

박정희는 일본 정관계 인사들을 만나 '반공 유대 강화'를 외쳤다. 일본 정부가 간절히 원하던 바였다. 11월 12일 박정희와 이케다의 회담은 순조롭게 진행되었다. 케네디 참모들은 케네디에게 "한일 정상회담은 성공적이었으며 이번 회담은 공산주의자들에게 치명적인 타격을 입힌 역사적인 성취"라고 보고했다.[168]

박정희는 이케다에게 "나는 메이지유신을 지도한 일본 지사들의 기개를 본받아 앞으로의 행동을 결정하겠다"고 말했다.[169] 그건 박정희의 진심이었다. 그의 정신적 뿌리는 그의 만주군 시절에 닿아 있었다. 박정희는 이케다가 주최한 공식만찬에 특별한 손님을 초청해줄 것을 요청했는데, 그는 박정희의 만주군관학교 시절 교장이었던 나구모 주이치南雲忠一, 1887~1944였다. 박정희는 그를 만나자 만주군관학교 생도 시절의 다카키 마사오高木正雄로 돌아가 큰절을 올리고 술을 따랐다.[170]

이는 인간적인 의리 차원을 넘어선 상징적인 의미를 담고 있는 '사건'이었다. 개인적으로 따로 만날 수도 있었던 사람을 굳이 공식적인 만찬 자리에 초청해 그런 일을 벌여야 할 이유가 무엇이었겠는가? 박정희의 대對일본 창구는 그의 만주군 인맥이었다. 박정희는 미국뿐만 아니라 일본의 지도자들에게도 자신을 입증하고 싶었던 것이다. 무엇을 입증하고 싶었던 걸까? 나구모가 박정희를 아꼈던 이유에 그 답이 들어 있을지도 모르겠다. "다카키 생도는 태생은 조선일지 몰라도 천황폐하에 바치는 충성심이라는 점에서 그는 보통의 일본인보다 훨씬 일본인다운 데가 있다."[171]

박정희의 베트남 파병 제의

박정희는 미국에 가서 자신과 동갑내기인 케네디를 만났다. 어떻게 해서든 미국의 환심을 사고 싶었던 박정희는 케네디에게 한국군의 베트남 파병을 제의했다. 아직 미국이 본격적으로 베트남에 뛰어들기도 전에 그런 제의를 했으니, 박정희에게 선견지명先見之明이 있었다고 해야 할까? '필요없다'고 답한 케네디는 자신이 죽은 후 본격화된 베트남전쟁이 그렇게까지 미국을 괴롭힐 것이라고 꿈에도 생각하지 못했을 것이다(이후에도 군사정권의 베트남 파병 의지는 집요했다. 김종필은 1962년 2월 베트남을 방문해 직접 파병 의지를 밝혔으며, 주미 대사 김현철도 한국 정부의 파병 의지를 계속 미국 정부에 전달했다. 미국은 박정희의 파병 제의를 삭제한 상태로 외교문서를 공개했다가 1996년에서야 삭제했던 걸 복원시켰다).[172]

케네디-박정희 회담의 공동성명은 요란했다. 거기에 더하여 국내에선 '전면적 성공' 운운해대는 엄청난 과장 기사가 양산되었다. 그러나 삐딱한 기자가 한 명 있었다. 리영희였다. 리영희는 4·19 때 기사를 기고했던 자신의 『워싱턴포스트』 인맥을 이용해 정밀 취재에 들어가 박정희-케네디 회담의 실무책임자였던 국무부 관리를 인터뷰하는 데에 성공했다.

다른 수행 기자들은 "한국이 뭐든지 달라는 대로 주기로 약속하다"는 식으로 뻥튀기를 해서 송고했지만, 케네디 정부의 태도는 유보적이라

박정희-케네디 회담은 신문에 보도된 것처럼 '전면적 성공'이 아니라, 과장과 뻥튀기로 보도된 것이었다.

는 것을 알아냈다. ① 조속한 시일 내의 총선 실시 ② 민정 이양 조건의 정치적 승인 ③ 경제원조의 일시유보 ④ 제1차 5개년경제계획에 대한 자금 22억 달러 지원 요청 거부 ⑤ 조속한 시일 내의 한일관계 정상화, 국교 수립 및 일본 경제권 내 남한 편입식 경제발전전략 ⑥ 경제계획을 자본집약 방식에서 노동집약적 방식으로 개편 ⑦ 베트남전쟁에 대한 군사적 협력 등 7개 조건을 내세웠던 것이다.[173]

　리영희는 15일에 그걸 밝힌 기사를 보냈는데, 리영희의 기사는 전국의 모든 신문에 대서특필되었다. 그러나 리영희는 18일에 본사에서 전보를 받았다. "취재 중지, 즉시 귀국." 일정이 아직 나흘 남았는데 중간에 귀국하라는 것이었다. 회사에서는 2시간의 회의 끝에 기사를 내보내

는 대신, 정부에 대한 회사의 입장을 고려해 리영희에게는 그런 전보를 보낸 것이었다.[174]

그러나 그런 이면의 문제에도 박정희는 "큰 희망과 용기를 주는 메시지를 갖고 귀국한다"는 성명을 발표했고, 미국 측이 이와 유사한 성명들을 내놓음으로써 박정희의 방미는 성공적인 것으로 평가 받았다.[175] (역사 산책 2: 박정희와 선글라스 참고)

박정희와 선글라스

　　박정희는 5·16 때부터 검은 선글라스를 끼고 대중 앞에 모습을 드러냈다. 황병주는 박정희의 선글라스가 스스로는 보이지 않으면서 수인을 감시할 수 있는 원형 감옥처럼, 스스로를 감추면서 지배를 관철시키고자 하는 파시즘을 상징한다고 말한다.[176] 그런 이유 때문이었는지, 박정희의 트레이드마크가 된 선글라스는 풍성한 화제를 낳았고, 또 그 때문에 곤욕을 치른 사람들도 적지 않았다.

　　박정희는 케네디와의 정상회담에서도 검은 안경을 썼다. 국내에서 끼던 것보다는 색이 좀 엷은 것이긴 했지만 말이다. 입 바른 소리를 잘하기로 유명한 기자 문명자(당시엔 『조선일보』 워싱턴 특파원)는 박정희를 만나자 "색안경을 쓰고 다른 나라 국가원수를 만난 것은 큰 실례인데요. 자신감이 없어서 그렇게 한 것 아닙니까?"라고 물었다.[177]

　　박정희는 답을 얼버무렸지만, 박정희가 검은 안경을 쓰는 건 부끄러

움과 불안감 때문인 것으로 알려졌다. 눈빛이 너무 매서워서 그걸 커버하기 위해서라는 설도 있지만, 박정희가 부끄러움을 잘 타는 성격을 가진 건 분명했다. 그 후에도 박정희를 몇 차례 만난 적이 있는 문명자는 『내가 본 박정희와 김대중』(1999)에 다음과 같이 썼다.

"대화 중에도 자기를 과시하며 으스대는 법이 없었고 면전에서 아첨하는 말을 들으면 면구스러워서 얼굴이 붉어지는 사람이었다. 약간 어색해하면서 씩 웃는 수줍은 웃음은 그의 최대 매력이라 할 것이다. 그처럼 독하고 잔인한 사람이 어떻게 그런 순진한 미소를 띄울 수 있는지는 의문이지만 말이다."[178]

박정희는 미국 방문 중인 11월 21일 샌프란시스코에서 이한림을 만났다. 이한림은 3개월간 감옥살이를 하다가 풀려나 로스앤젤레스 근교에 있는 산타바바라의 캘리포니아대학에 유학 중이었다. 이한림은 박정희를 만나자마자 "야 이 새끼야, 나를 이 꼴로 만들어놓고 속이 시원하지?"라고 외쳤다.

차분한 대화가 좀 오고 간 뒤에 이한림이 박정희에게 "왜 검은 안경을 끼고 다니는가"라고 묻자, 박정희는 "너무 고단하게 뛰어다니다가 보니까 눈이 항상 벌겋게 충혈되어 있어 끼는 거야"라고 답했다.[179] 박정희가 선글라스를 착용하는 또 하나의 이유가 제시된 셈이다. 검은 안경 때문에 박정희의 초기 별명은 '박곰보', '박코프'였다. 기자들은 박정희가 검은 안경을 낀 것을 보고는 "아마도 곰보일 거야"라고 하여 '박곰보'라고 부르다가 이것이 '박코프'로 바뀌었던 것이다.[180]

1962년 6월 14일에 창립된 방송윤리위원회 위원장을 맡은 강원용이 MBC의 〈화제의 벤취〉라는 프로그램에서 서양인들의 선글라스 사용을 이야기한 뒤 한국에서 무분별한 선글라스 착용을 이렇게 비판한 적이 있었다. "그런데 지금 우리나라에서는 아무런 이유도 없이 아무데서나 항상 선글라스를 끼고 다니는 사람들이 있다. 이런 사람들은 자신을 숨기고 돌아다니면서 엉큼한 짓이나 하는 사람들로 볼 수밖에 없다."

강원용은 당시 유행처럼 선글라스를 끼고 다니던 정보기관 관계자들을 염두에 두고 했던 말인데, 엉뚱하게도 그 프로그램의 담당 PD가 관계기관에 붙들려 들어가 곤욕을 치르고 나왔다.[181] 도둑이 제 발 저린다고, 그 말을 박정희 비판으로 여겼던 것이다.

야당의 당보나 선거홍보 만화에 등장하는 박정희 얼굴엔 어김없이 검은 선글라스가 씌워져 있었다.[182] 박정희가 워낙 선글라스를 애용했던 탓에 시비를 걸기도 어려웠을 것이다. 그러나 세상이 좀 깨이면서 연예인도 아닌 주제에 대낮에 선글라스를 쓰는 게 얼마나 우스꽝스러운 일인가 하는 게 사회적 상식으로 자리 잡아가기 시작했다. 훗날(1966년 5월 9일) 『동아일보』의 '고바우영감'은 색안경을 낀 박정희를 그려 대통령의 모습을 비하했다는 이유로 청와대에서 직접 경고를 받았다.[183]

제1장

정치활동정화법:
윤보선 사임, 장면 구속

박정희에게 버림받은 윤보선

1961년 3월 22일 혁신계 30여 단체가 서울시청 앞 광장에서 개최한 궐기대회에선 "미국놈들 물러가라" 등의 반미 구호가 공개적으로 표출되었다. 이런 반미 구호엔 여러 이유가 있었지만, 그중 하나는 주한미군의 횡포였다. 1957~1960년간 미군의 총격으로 사망한 민간인이 70여 명에 달할 정도로 미군은 한국인의 목숨을 가볍게 여겼는데, 이에 대해 누적된 분노가 만만치 않았다.[1] 그런 상황에서 1962년 1월에 일어난 '미군의 파주 나무꾼 사살 사건'은 많은 사람을 분노하게 만들었지만, 국가재건최고회의는 이에 신경쓸 겨를조차 없이 군부의 권력 기반을 다지는 데에만 몰두하고 있었다.(역사 산책 3: 미군의 파주 나무꾼 사살 사건 참고)

1962년 3월 16일 국가재건최고회의는 정치활동정화법을 발표해 "참신한 정치 도의를 정립하기 위해"서라는 명분을 내걸고 4,369명의 정치활동을 금지했다. 정치활동을 하려면 국가재건최고회의에 설치된 정치정화위원회의 적격 심사를 받아야만 했다.

3월 21일 이 문제로 청와대에서 박정희와 윤보선 사이에 논쟁이 벌어졌다. 윤보선은 자신의 '구파' 동료들 대부분을 정치 참여에서 배제시킨 이 법에 단호히 반대했다. 그러나 박정희는 윤보선에게 두 번씩이나 "나는 목숨을 걸고 하겠습니다"는 말을 하면서 강행 의지를 굽히지 않았다.[2]

다음 날인 3월 22일 윤보선은 대통령직을 사임했으며, 박정희가 대통령 권한대행의 자리를 차지했다. 김대중의 말마따나, "윤 대통령도 장도영 장군과 마찬가지로 박정희 장군에게 완전히 이용만 당하고, 그 가

1962년 3월에 공포된 정치활동정화법은 구정치인의 정치활동을 적극적으로 통제하기 위한 것이었다. (『동아일보』, 1962년 3월 17일)

치가 없어지자 버림받았던 것이다".[3] 그러나 윤보선은 정치활동정화법에 서명을 하고 퇴진했다. 나중에 이 서명이 그의 정치활동에 멍에로 작용하게 된다.[4] 그는 왜 서명했을까?

윤보선은 자신의 회고록에서 "하야의 명분을 찾고 있던 나에게는 정치정화법이 좋은 기회일 수 있었다. 다만 하야에 앞서 요식 행위로나마 서명을 하느냐, 아니면 반대 의사 표시로 서명을 거부하고 하야하느냐가 문제였다. 나는 곧 법률 전문가들로부터 자문을 구해보았으나 그들의 의견은 한결같았다"며 다음과 같이 말했다.

"그 법에 반대한다는 것은 윤보선 개인의 의견이고 대통령으로서는 서명을 해야 한다고 했다. 그렇지 않으면 대통령 스스로 헌법을 어기는 결과를 초래한다는 결론이었다.……결국 대통령 공인公人으로서 부득이하게 결재하기는 했지만 정치정화법에 불복하는 자연인의 강력한 의지의 표현으로 대통령직에서 용퇴함으로써, 대의명분도 세울 수 있고 도의적인 양심도 살릴 수 있다는 법리적 해석에 따라 공公과 사私의 양립이 가능하다고 보았다. 이렇게 해서 가까스로 서명을 했다."[5]

5·16 주체의 청와대 점령 자축식

총칼로 민선 정부를 전복시킨 쿠데타 세력이 그 불법의 연장선상에서 저지른 일에 대해 '헌법'이니 '법리적 해석'이니 하는 걸 따지는 게 무슨 의미가 있다는 걸까? 그럼에도 윤보선의 법률고문인 고려대 교수 윤세창은 윤보선에게 "대통령이 최고회의에서 이송된 법률안에 대해 인준 결재를 하는 것은 법률의 효력 발생과는 아무런 관계가 없지만 정당한 이유 없이 인준 날인을 거부할 경우 위헌의 소지가 발생할 수 있다"는 의견을 제시했다. 그래서 윤보선은 정치정화법을 인준하는 서류에 서명을 했을 뿐만 아니라 윤세창의 건의에 따라 대통령 사임서도 국가재건최고회의 앞으로 제출했다는 것이다.[6]

정치활동정화법 발표 6일 전인 3월 10일 윤보선은 "신문이 건설적 비판을 하지 않고 있다"고 말했지만, 이제 윤보선은 이 발언이 자신에게 부메랑으로 돌아갈 운명을 맞이하게 되었다.[7] 그는 이후 박정희에게 걸었던 모든 기대를 접고 반反군사정권 투쟁에 앞장서게 된다. 윤보선은 3월 22일 오후 3시 하야 기자회견을 가진 뒤 안국동 자택으로 떠났다. 윤보선이 청와대를 떠난 지 3시간 후 박정희를 위시한 쿠데타 주체세력이 밀어닥쳤다.

김준하는 『대통령과 장군: 윤보선 대 박정희』(2002)에서 "현관에 들어서자 그중 한 사람이 '이봐, 위스키 있어?'라며 우리를 향해 큰소리로 말했다.……'이봐 비서관, 돗자리를 몇 장 구해오라구.' '바깥 잔디 위에 돗자리를 깔고 술상을 준비하라구.' 명령조로 말하는 장교를 바라보면서 나는 기가 찼다. 적지를 점령한 승전 장교를 보는 것 같은 느낌마저 들었다"며 다음과 같이 말했다.

"나는 그들이 술 마시고 희희낙락하는 꼴을 보고 있을 만큼 마음의 여유가 없었다. 나는 곧장 청와대 안에 있던 관사로 귀가해버렸다. 다음 날 아침 술자리 시중을 들었던 비서들에게 물어보니 박정희 의장을 비롯한 혁명주체들이 자정 무렵까지 술잔을 기울이며 청와대 점령을 자축했다는 것이다.……박 의장이 최고회의에서 정식으로 '대통령 권한대행'으로 추대를 받고 국민에게 선서를 하고 나서 당당하게 청와대에 입성을 했더라면 얼마나 보기가 좋았을까?"[8]

'구민주당 반혁명음모사건' 조작과 제5차 헌법 개정

1962년 6월 1일 중앙정보부장 김종필은 '구舊민주당 반혁명음모사건'을 적발해 41명을 구속했다고 발표했다. 이들이 6월 13일을 기해 무력 쿠데타를 일으켜 8월 15일에 민정 이양을 한다는 음모를 꾸며왔다는 내용이었다. 7월 15일 장면도 반혁명사건에 관련된 것으로 발표되었다. 장면이 4·19 후에 등장해 곧 사라진 정당인 이주당二主黨 간부에게 100만 환의 자금을 제공했다는 내용이다. 쿠데타 후 가택연금되었다가 6개월 만에 풀려났던 장면은 8월 28일 군법회의에서 무기징역을 구형받고 곧장 구속되었다.

장면은 1심에서 징역 10년을 선고받고, 48일 만에 보석 출감해 2심에서 징역 3년 집행유예 5년을 선고받았다. 장면에 대한 연금은 1961년 11월 10일에서야 해제되었다(장면은 1966년 6월 4일 67세의 나이에 간질환으로 사망했으며, 슬하에 5남 2녀를 두었다). '구민주당 반혁명음모사건'은 황당한 조작극이었다. 장면에 대한 '확인 사살'이었을까? 아니면 '정치활동정화법'의 순조로운 기능을 위해 공포 분위기를 조성할 필요가 있었던 걸까?

이제 군사정권의 주된 관심은 헌법 개정이었다. 대한민국 건국 이래 제5차 헌법 개정이었다. 박정희는 미국 측이 헌법 개정의 방향을 궁금하게 생각하고 있다는 걸 알았다. 국가재건최고회의 법사위원장 이석제가 "미국 사람들을 안심시켜줄 겸해서 미국 헌법학자들을 초청해 자문역으로 씁시다"고 제안하자, 박정희는 이를 받아들였다. 그래서 하버드대학 교수 루퍼트 에머슨Rupert Emerson, 1899~1979과 뉴욕대학 교수 길버트 플랜츠Gilbert Plants가 초빙되었다.[9]

대통령 중심제를 채택한 새로운 헌법안은 1962년 9월 23일부터 30일까지 전국 도청 소재지에서 공청회를 거친 뒤, 10월 31일 국가재건최고회의를 통과했다. 제3공화국의 헌법은 4년 임기 대통령 중임제, 단원제 의회제, 정당 중심의 정치 제도를 핵심으로 한 것이었다. 국민투표를 앞두고, 5·16 군사쿠데타 이후 계속 실시되어온 계엄령은 1962년 12월 6일에 해제되면서 언론에 대한 당국의 사전 검열이 사라졌다. 새 헌법안은 12월 17일에 실시된 국민투표에서 79%의 찬성을 받아, 12월 26일에 공포되었다.

이제 1963년엔 '민정 이양' 문제가 불거지게 된다. 그러나 애초부터 미얀마와 튀르키예식 쿠데타를 염두에 두고 있었기 때문에 '민정 이양'을 하건 하지 않건, 어떤 식으로 하건, 그건 크게 중요한 문제는 아니었다. 박정희는 설사 정치는 민간에게 넘겨준다 하더라도 군부가 '빅브라더'의 역할을 맡는 방식을 꿈꾸고 있었기 때문이다.

1962년 12월 17일 헌법 개정을 위한 국민투표를 홍보하기 위해 제작된 표어다. '마련하자 새 헌법 참가하자 국민투표' 문구가 인쇄되었다. (대한민국역사박물관 소장)

박정희와 김종필: 야심의 충돌

그런데 군부는 과연 박정희가 저주해 마지않았던 기성 정치인들의 분파주의에서 자유로울 수 있었던가? 전혀 아니었다. 군부도 이미 기성 정치인들 이상의 분파주의를 보여주고 있었다. 군인들 역시 박정희가 경멸했던 '조센징'이었던 것이다. 미국 대사 새뮤얼 버거Samuel Berger, 1911~1980가 미 국무부 장관 딘 러스크Dean Rusk, 1909~1994에게 올린 1962년 7월 23일자 한국 정세 분석 보고서는 군부의 분파주의에 대해 이렇게 썼다.

"박 의장은 지금 아주 전통적인 분파주의와 직면하고 있다. 이 분파주의는 지연, 학연에 뿌리를 두고 있으며 개인적인 감정에 좌우되고 있다. 분파주의는 관료적 이기주의를 확대시키고 있다. 최고회의, 내각, 정보부는 자신들의 업무 관할권 문제를 놓고 싸우고 있어 이것이 분파주의를 더 부채질하고 있다. 당파 싸움은 한국인의 민족성에 뿌리를 박고 있으며 박정희와 그의 정권에 계속 악영향을 끼칠 것이다."[10]

분파주의가 한국인의 민족성에 뿌리를 두고 있다는 건 박정희의 신념이기도 했다. 그러나 진실은 꼭 그런 것만은 아니었다. 그간 과거 불행했던 역사의 후유증이자 '비용'이었던 것이지 분파주의가 한국인들이 유전자에까지 새겨져 있는 건 아니었다. 오히려 문제는 기성 정치권이나 군부나 모두 개개인의 과도한 야심이었다. 군부의 분파주의도 바로 그 지점에서 발생하고 있었다. 새뮤얼 버거의 보고서는 중앙정보부의 권력 비대화를 지적하면서 이렇게 말했다.

"김종필 부장은 지난 3월 나와 만난 자리에서, 또 한 번은 7월에 우리 대사관 직원과 만난 자리에서 말하기를 '나는 혁명(그는 혁명을 자신의 권력과 동의어로 쓰고 있음)을 보위하는 것이 꼭 필요하게 된다면 박정희를 쓰러뜨리는toppling 일을 포함해서 무슨 일이든지 할 것이다'고 말한 적이 있다."[11]

이 보고서 내용을 전적으로 신뢰할 수는 없다 하더라도, 분명한 사실은 이후 박정희와 김종필은 끊임없는 견제와 갈등을 벌이면서 권력투쟁의 길로 나아가게 된다. 그건 두 야심의 충돌이었지만, 겉으로 드러난 건 박정희의 일방적인 '김종필 이용'이라고 해도 과언이 아니었다.

미국의 '박정희 길들이기'

박정희는 미국 대사 새뮤얼 버거와 가까워지려고 애를 썼다. 기독청년운동 지도자인 강원용은 윤보선의 대통령 사임 후 박정희의 비서실장이 된 이동원, 미 대사관의 정치 담당 참사관 필립 하비브Philip Habib, 1920~1992와 같이 만난 자리에서 두 사람이 서로 속삭이는 걸 듣게 되었다고 말한다.

"자리가 좁아서 내게도 하는 소리가 다 들렸다. 그런데 그 들리는 게 '버거 미 대사와 박정희가 서로 만난 같은 남자로서 즐거운 시간을 가졌는데, 둘 다 좋아하니 앞으로 그런 자리를 또 만들자'는 등 희희낙락하는 소리였다. 나는 그 소리를 듣고 '이 정권이 미인계까지 써가며 추잡하게 미국에 접근하려 하고 있구나' 하는 것을 알게 되었으며 그런 짓에 동조하는 하비브를 보고 '내가 박정희에 대해 해준 얘기가 있는데, 어쩌면 저럴 수가 있을까' 하고 실망을 느끼지 않을 수 없었다."[12]

강원용이 하비브에게 해준 말은 박정희의 사상이 의심스럽다는 내용이었다. 투철한 반공주의자인 강원용은 쿠데타로 인해 남한이 적화되는 게 아닌가 하고 불안하게 생각했던 것이다. 1960년대 후반 하비브는 월남 대사로 임명되어 떠나기 직전 뒤늦게나마 강원용이 느꼈을 실망감을 위로해주기 위해 강원용을 만나 이런저런 이야기를 들려주었다.

하비브는 "당신은 종교인이고 순진한 민주주의 신봉자라 정치가 뭔지 잘 모르는 것 같아요. 그래서 이렇게 말을 해주는 겁니다. 사실 그때 당신이 박 대통령의 배경에 대해 우리에게 알려준 정보는 상당히 유익했습니다. 그때 우리들이 내린 결론도 그가 좌익사상을 가지고 있는 것이 틀림없다는 것이었어요"라면서 다음과 같이 말했다.

"그런데 가만히 그의 사람됨을 살펴보니까 이념보다는 권력에 더 철저한 사람이더군요. 그래서 처음에는 그를 배척하려다가 정책을 바꾸게 되었지요. 그에게는 계속 권력욕을 만족시키도록 하고 대신 그 밑에 믿을 만한 사람들로 벽을 쌓아 불순한 세력을 차단하기로 한 것입니다.……예를 들면 이후락 공보실장이나 정일권 총리 같은 사람들이죠. 그들을 박정희 둘레에 울타리로 세우고 박 정권의 좌경화를 막아온 겁니다."[13]

김종필의 미국 방문

1962년 10월 23일 김종필은 미국을 방문했다. 그는 7일 동안 국무부 장관 딘 러스크, 법무부 장관 로버트 케네디Robert F. Kennedy, 1925~1968, 상무부 장관 루터 하트웰 호지스Luther Hartwell Hodges, 1898~1974, 국무부

정책기획위원회 의장 월트 로스토Walt Rostow, 1916~2003, 미국 국제개발처 AID 처장 포울러 해밀턴Fowler Hamilton, 1911~1984, 국무부 차관보 윌리엄 번디William Bundy, 1917~2000, 합동본부 의장 맥스웰 테일러Maxwell Taylor, 1901~1987 등과 일련의 회담을 가졌다.[14] 미 국무부가 주한 미국대사관으로 보낸 전문은 김종필의 야심에 대한 평가를 담고 있었다.

"그는 미국에 도착한 뒤에도 미국 고관들과의 추가적인 면담 약속을 요구하거나 실제로 면담하곤 했다. 그는 늘 사진사를 데리고 다녔다. 선전 활동에 대단한 신경을 쓴 것으로 미루어 서울에 돌아가면 이를 정치적으로 이용할 것 같다. 그는 특히 로버트 케네디 장관과 함께 사진을 찍지 못했다는 점을 아쉬워했다. 우리는 법무장관이 사인한 사진을 주한 미국 대사관을 통해서 보내주기로 했다."[15]

김종필과 박정희 사이의 갈등은 이미 쿠데타 직후부터 시작된 것이었다. 1961년 6월 5일 중앙정보부장 김종필이 처음 언론 앞에 공식 등장했는데, 그는 쿠데타 비화를 설명하면서 모든 걸 8기생 중심으로 이야기했다. 그는 "박정희, 장도영 장군은 올해 3월에 가담했"으며, "혁명공약, 초기의 포고령, 국가재건최고회의란 명칭은 내가 기초하여 박정희 장군의 수정을 받은 것"이라고 밝힌 바 있었다.[16]

1970년대까지 내내 지속되는 박정희의 김종필 견제와 박해는 상호 권력 투쟁과 더불어 바로 이런 '인정 투쟁'의 문제로 인해 생겨난 것이었다. 총으로 잡은 권력은 총으로 지켜야 했다. '정치정화'는 총으로 잡은 권력을 정당화하기 위해 끌어다댄 명분이었을 뿐, 한국의 정치는 그 누가 주도권을 잡건 하루아침에 달라질 수는 없는 일이었다.

미군의 파주 나무꾼
사살 사건

1962년 1월 8일 유엔군사령부는 "유엔군은 비무장지대에 들어온 한국인 차림의 민간인 2명을 순찰병이 발견, 정지 명령을 내렸으나 불응하고 도주했기 때문에 발포, 1명은 현장에서 사망하고 1명은 중상을 입어 야전 병원에 이송했으나 사망했다"고 발표했다. 신문들은 이걸 1단 기사로 가볍게 처리했다. 그러나 유가족들의 진정이 이어지면서 사건의 진상이 드러나게 되었다.

1월 6일 경기도 파주군 임진면 운천2리의 마을 사람들은 땔나무를 마련코자 우거진 억새풀과 갈대를 베려고 얼어붙은 임진강을 건넜다. 강을 건너면 미군 부대가 있는 출입금지 구역이지만 땔감이 식량 못지않게 귀한 이곳 주민들은 갈대를 베려고 들어갔다. 주민들이 일을 다 끝내고 떠나려고 할 즈음 미군들이 나무꾼들을 포위하고 발포했다. 주민들은 혼비백산해서 도망쳤는데, 임진강을 건너와 보니 8명 중 2명이 안 보였다.

나무꾼들이 침입한 곳은 비무장지대가 아니라 미군 부대 주변의 출입금지 구역이었다. 미군은 그들이 나무꾼들이라는 걸 뻔히 알고 있었으면서도 정지 명령을 어기고 도주한다고 포위 사격을 했던 것이다. 오리 사냥을 방불케 하는 사격이었다. 그럼에도 미군은 유가족들에 대한 위자료 배상금 문제에 대해서는 일체 언급 없이 장례 날에 각각 100만 환씩 조위금 형식으로 가져오는 것으로 사건을 마무리 지으려고 했다.

『조선일보』 법조 출입 기자 김천수는 그런 내용으로 2월 7일자에 이 사건을 특종 보도했다. 그런데 이후 조사에서 더욱 놀라운 사실이 밝혀졌다. 임신 3개월의 유복자를 잉태한 아내가 보관하고 있던 한 사망자의 옷을 살펴보았더니 이게 웬일인가. 바지나 잠바는 피도 묻지 않았고 멀쩡했다. 속옷과 팬티에만 몇 군데 피가 묻어 있을 뿐이었다. 이는 영하 10도의 날씨에 나무꾼을 발가벗겨 놓고 쏘았거나 발가벗긴 채 도망치는 사람을 향해 총을 쏘았다는 걸 의미하는 것이었다. 시체 검진 결과, 사격을 가한 총도 카빈총이나 M1 소총이 아니라 사냥용 엽총이라는 것이 밝혀졌다. 이 사실은 『조선일보』 2월 9일자에 보도되었다.[17]

미군의 파주 나무꾼 사살 사건에 이어 파주와 양주 등 경기도 일원에서 미군의 사살과 가혹 행위 사건이 잇따라 발생했다. 1962년 2월 12일 미군 초병이 무단 침입자를 사살한 사건, 2월 24일 미군에 폭행당한 임신부가 낙태한 사건, 5월 16일 '양공주'를 데려다 윤간하고 머리를 깎은 사건, 5월 29일 미군 장교가 부대 안의 한인 종업원을 모아놓고 절도 혐의자를 전신주에 거꾸로 매달아 가혹한 매질을 한 사건, 6월 1일 부대 근처를 배회한다 하여 중년 남자를 텐트 속으로 끌고 들어가 발가벗겨서 거꾸로 매달고 매질을 한 사건 등 끝이 없었다.[18]

1962년 6월 6일 고려대 학생 2,000여 명이 이런 일련의 사건을 계기로 한미행정협정 체결을 요구하는 데모를 벌였다. 학생들은 "린치 사건을 철저히 규명하고 책임자 엄단하라"는 구호를 외치면서 안암동 로터리와 미 대사관 앞까지 진출해 다음과 같은 대정부 건의안을 낭독했다. "피원조국의 입장을 떠나서 주권 평등을 적극적으로 구체화하라. 미국의 미사여구적 외교 지연을 수긍치 말라. 미국의 신뢰를 받을 수 있는 준비와 증거를 보여주라."

그러나 내각 수반 송요찬은 담화를 발표하고 학생들의 동기와 정신에 대해서는 충분히 이해가 가나 그 방법에서는 법으로 금지되어 있을 뿐더러 학생의 신분을 벗어난 행동이기 때문에 이 같은 무질서한 행동에 대해서는 "엄격히 다스리겠다"고 말했다.

『조선일보』 1962년 6월 7일자는 "미국의 시민 및 군인들이 6·25 이후 자발적으로 이 땅과 한국인에게 베푼 인간적 온정은 헤아릴 수 없이 숱한 것"은 당연시하고 불상사만 언급한다면 이는 공정성을 상실한 것이고, 또한 "그러한 불상사로 말미암아 한미 양국의 우의에 금이 가게 될 뿐 아니라 나아가 공산 진영이 자유 진영의 단결을 파괴하려는 선동에 선전자료를 제공하는 결과를 초래한다는 데" 대한 우려를 나타냈다.[19] 6월 8일에는 서울대 학생 1,000여 명이 "우리는 인간이다!"는 플래카드를 앞세우고 "고려대생 석방하라"는 구호를 외치면서 미군 만행을 규탄하는 데모를 벌였다.

제2장

경제개발:
'자력갱생'에서 '수출'로

'보릿고개'와 '잘 살아보세'

1961년 11월 12일 한국은행은 세계 40개국의 국민소득을 비교 분석한 자료를 발표했다. 1인당 국민소득(1959년 기준)에서 세계 1위는 미국 2,250달러, 2위는 캐나다 1,521달러, 3위는 스웨덴 1,387달러, 4위는 스위스 1,299달러로 나타났다. 영국은 8위로 1,023달러, 일본은 25위로 299달러였다. 한국은 끝에서 다섯 번째로 78달러를 기록했다.[20]

그러나 1960년대 초의 한국 사회는 그런 통계수치가 시사해주는 것보다 더 가난했다. 여전히 험준한 '보릿고개' 산맥이 버티고 있었다. '보릿고개'란 가을에 추수한 식량이 다 떨어져 보리가 수확되기 직전까지 굶주려야 하는 춘궁기를 의미한다. 어떤 고개보다 넘기 힘들다고 해서 보릿고개라는 이름이 붙었다. 황금찬은 「보릿고개」라는 시에서 그 고개의 높이가 해발 9,000미터라고 했다.

"에베레스트는 아시아의 산이다/몽블랑은 유럽/와스카라는 아메리카의 것/아프리카엔 킬리만자로가 있다/이 산들은 거리가 멀다/우리는 누구도 뼈를 묻지 않았다/그런데 코리아의 보릿고개는 높다/한없이 높아서 많은 사람이 울며 갔다/굶으며 넘었다/얼마나한 사람은 죽어서 못 넘었다/코리아의 보릿고개/안 넘을 수 없는 운명의 해발 구천 미터."[21]

5·16 군사쿠데타 세력은 '보릿고개' 등정을 전유했다. 1962년 어느 날 쿠데타 1주년을 맞아 민족예술제를 개최하는데, 많은 사람이 함께 부를 수 있는 큰 노래를 하나 지어달라는 부탁이 한운사에게 들어왔다. 쿠데타 세력의 실세인 김종필의 요청이었다. 한운사 작사에 경희대 교수 김희조가 작곡한 이 노래는 이후 1960~1970년대를 지배한 '시대 정신'이 되었다.[22]

"잘 살아보세 잘 살아보세/우리도 한번 잘 살아보세/금수나 강산 어여쁜 나라/한마음으로 가꾸어가면/알뜰한 살림 재미도 절로/부귀영화도 우리 것이다/잘 살아보세 잘 살아보세/우리도 한번 잘 살아보세."

박정희의 일본 공부

그토록 가난한 나라에서 쿠데타를 일으켰으니 군사정권이 해야 할 일은 무엇인지 너무도 자명했다. 그건 바로 경제를 일으켜 세우는 것이었다. 박정희는 일본을 바라보았다. 그의 삶과 가치관의 궁극적인 지향점은 일본이었다. 박정희는 술 마시다 분위기가 무르익으면 일본의 한시 漢詩를 읊었다. 사무라이 한시였다. "말채찍 소리도 고요히 밤을 타서 강을 건너니/새벽에 대장기大將旗를 에워싼 병사떼를 보네." 박정희가 준장 시절에 술자리에 동석했던 한 소장이 "그, 일본 것 되게 좋아하네"라고 두어 번 빈정대자, 박정희는 벌떡 일어나 술자리를 뛰쳐나간 적도 있다.[23]

이제 일국의 대통령 권한대행이 된 박정희는 한시 대신 일본 경제를 바라보았다. 윤보선의 대통령직 사임 후 박정희의 비서실장으로 들어간 이동원의 증언이다.

"그는 특히 일본 공부에 열심이었다. 어떤 땐 일본 신문을 스크랩해가며 연구하기도 했고, 자신이 직접 『일본경제사』 등을 밤늦게까지 읽기도 했다. 때문에 사실 박 대통령의 근대화 정책을 보면 대부분 일본을 모방한 게 많았다. 70년대까지도 그는 자주 우리의 경제 상황을 '일본의 어느 때가 이랬는데……' 하는 말로 표현하곤 했다."[24]

제1차 경제개발 5개년계획

군사정권이 경제개발을 위해 1961년 7월 22일에 발족시킨 경제기획원은 1962년 1월 13일 제1차 경제개발 5개년계획(1962~1966)을 발표했다. 이 계획에 따라 1962년 2월 3일 울산공업단지 기공식이 열렸다. 박정희는 이 기공식에서 이렇게 말했다.

"울산의 건설은 빈곤의 역사를 떨치고, 민족의 숙원인 부귀를 마련하기 위한 의지가 깃든 우리나라 공업화라는 거대한 작업의 첫 출발입니다. 서독 루르의 기적을 초월하고 신라의 영성榮盛을 재현하려는 것이며, 이것이 곧 민족 부흥의 터전을 닦는 것이며, 국가 백년대계의 보고를 마련하고, 자손만대의 번영을 약속하는 민족적 궐기인 것입니다."[25]

'신라의 영성'을 어떤 방식으로 재현하겠다는 것일까? 군사정권의

경제기획원은 제1차 경제개발 5개년계획을 발표하고, 1962년 2월 3일 울산공업단지 기공식을 개최했다.

방식은 군사작전식이었다. 이는 경제기획원의 탄생 단계에서부터 적나라하게 드러났다. 부흥부가 건설부로 이름을 바꾸고 이것이 확대·개편된 것이 바로 경제기획원이었는데, 이 과정도 군사작전이었다. 5·16 직후 부흥부 장관으로 임명된 대령 박기석(2군사령부 공병참모)은 조사과장 정재석을 불렀다.

"방금 군사혁명위원회로부터 내일 아침 8시에 열리는 회의에 부흥부를 획기적으로 확대·개편하는 방안을 보고하라는 긴급 지시를 받았으니 어찌 하면 좋겠소?"

정재석은 내심 "이런 중요한 안건을 밤새에 만들어내라니 혁명위원회란 데가 참으로 무지막지하구나"라고 생각했다.[26] 그러나 그 '무지막지'가 나쁜 것만은 아니었다. 경제와 사회를 군사작전의 대상으로 삼는 군사문화엔 명암明暗이 있었다. 군사문화는 '명령의 효율성에 대한 과신'과 더불어 '정치의 전쟁화'를 꾀하는 특성을 갖고 있었다.[27]

그건 그 어떤 부작용에도 화끈하고 신속하다는 장점을 갖고 있었다. 군사문화는 한국 사회 곳곳에 스며들기 시작했다. 예컨대, 군사정권은 군대식 브리핑 문화를 선보였다. 1962년 경제기획원 종합기획국 경제조사과 사무관으로 일하던 조경식은 국가재건최고회의에 가서 매월 경제 동향 보고를 했다.

"지금도 기억이 나는데, 첫 브리핑을 무사히 끝내고 국장실로 들어왔는데 갑자기 전화벨이 울렸다. 정재석 국장이 전화기를 들더니 이렇게 응답했다. '네, 감사합니다.……앞으로 주의하겠습니다.' 왜 그러시는지를 물었더니 운영위원장의 전화라고 했다. 운영위원장의 지적은 이랬다. '오늘 브리핑은 참 잘했소. 그런데 한 가지 주의할 것이 있는데 보고할 때 짚은 막대기의 끝이 의장을 똑바로 가리키는 때가 몇 번 있었소. 앞으로 주의하시오.' 브리핑 막대가 군대식으로 절도 있게 딱딱 움직이지 못했다는 것이다."[28]

군사문화는 힘에 민감했다. 쿠데타로 인해 군의 위계질서는 큰 손상을 입었지만, 그 대신 누가 '실세'냐 하는 것에 따라 태도를 달리하는 새로운 군사문화가 뿌리를 내리게 되었다. 박정희의 비서실장 이동원의 고민은 자신의 나이가 너무 젊다는 것이었다. 37세였다! "나이가 지긋한 장관들까지 내게 꾸벅꾸벅하는 덴 거북해 미칠 지경이었다."[29]

한국은행 총재도 모른 화폐개혁

군사정권에서 군사문화의 특성이 잘 드러난 것 가운데 하나가 바로 통화개혁이었다. 군사정권은 1962년 6월 9일 밤 0시를 기해 긴급통화 조치법을 의결, 10일 0시를 기해 3차 화폐개혁을 단행했다. 9년여 동안 사용되던 '환화'는 '원화'로 바뀌었다. 옛날 돈 10환은 새 돈 1원으로 평가절하되었다.

화폐개혁은 1961년 8월부터 극비리에 추진해온 것이었다. 당시 재무부 장관 천병규를 비롯한 5명의 화폐개혁 준비반은 "기밀을 누설할 경우, 총살형도 감수한다"는 선서를 하고 업무를 추진했다. 새 돈은 보안 유지를 위해 영국의 민간 화폐 제조회사에 의뢰했으며, 영국제 새 돈은 정기 화물선에 실려 1962년 4월 28일 부산항에 도착했다. 아직 44일 간의 시간이 남아 있어 이 돈은 폭발성 화학물질로 위장된 채 군함에 옮겨져 한동안 바다에 떠 있어야 했다(1차 화폐개혁은 6·25 전쟁 중 조폐 공장이 북한군 치하에 들어가는 바람에 실시되었다. 북한군이 약탈한 조선은행권을 남발했기 때문이다. 이때엔 일본에서 지폐를 인쇄해 1950년 8월 28일부터 1953년 1월 16일까지 5번에 걸쳐 기존의 조선은행권을 한국은행권으로 바꿔주었다. 2차 화폐개혁은 1953년 2월 15일, 100원을 1환으로 교환해주는 방식이었으며, 이때엔 미국에서 인쇄된 화폐를 사용했다).[30]

새 화폐는 전국으로 수송하기 위해 군대의 삼엄한 경비하에 부산 부두창고로 옮겨졌다. 화폐를 담은 나무상자는 '화공약품', '화학기계' 등으로 표시되었으며, 조금만 잘못 건드려도 폭발한다며 접근을 금지시켰다. 통화개혁 공포를 이틀 앞둔 6월 7일 중앙정보부는 한국은행에 검사

1962년 6월 10일 실시된 화폐개혁은 군사작전식으로 단행되었다. 화폐개혁 준비반은 "기밀을 누설할 경우, 총살형도 감수한다"는 선서를 했다.
(대한민국역사박물관 소장)

경험이 많은 사람 13명을 차출하라는 지시를 내렸다. 중앙정보부 요원 13명을 더해 26명이 수송을 맡기로 했는데, 한국은행 직원들은 소령, 중령, 대령 계급장을 달고 군인 행세를 했다. 진짜 군인들은 내용물을 몰라 쩔쩔매기도 했다.

"까딱 잘못하면 폭발한다는 경고를 받고 있는 군인들은 상자 속의 화공약품이 터진 것 같다고 걱정스럽게 보고를 했다. 은행 검사역은 내용물이 화폐라는 것을 이미 알고 있었지만 그렇다고 안 가볼 수가 없어서 가서 냄새를 맡아보는 시늉을 하고 괜찮다고 호언장담함으로써 어설픈 군인 행세 가운데서 그나마 대령 계급장의 위신을 세웠다는 이야기이다."[31]

놀라운 사실은 한국은행 총재마저도 화폐개혁을 전혀 몰랐다는 점이다. 군사정권은 6월 9일 저녁 7시 30분에서야 한국은행 총재 민병도에게 설명을 해주었다. 훗날 민병도는 "회의실에 들어서자 벌써 최고회의 의원들은 모두 제자리에 앉아 있고, 분위기는 착 가라앉아 있었다. 의장이 착석하자 곧 재정경제위원인 유원식 장군이 통화개혁에 대한 제안 설명을 했다. 혹시나 했던 예감이 적중하자 나는 마치 쇠망치로 뒤통수를 크게 얻어맞은 기분이었다"며 다음과 같이 말했다.

"아닌 밤중에 홍두깨 격이란 이를 두고 한 말일까. 졸지에 당하는 통화개혁, 한 나라의 중앙은행 총재가 이 통화개혁의 제안 설명을 듣는 광경, 이는 매우 아이러니컬한 모습이 아닐 수 없었다. 결국 이날 회의에서 통화개혁안은 만장일치로 통과되었다. 그리고 나에게는 앞으로 한은 총재로서 해야 할 중요한 임무가 부여되었다. 이것이 내가 맞는 일생일대의 큰 사건인 통화개혁의 전부였다. 나는 무척 기분이 나빴다. 나쁜 정도가 아니었다. 화가 났다."[32]

화가 난 건 민병도만이 아니었다. 경제기획원 장관 김유택도 까맣게 몰랐다. 이젠 '혁명 주체'가 아니라 '통화개혁 주체'라는 말이 나올 정도로 관련 분야의 '혁명 주체' 중에서도 소외된 이들이 있었다. '통화개혁 주체'는 국가재건최고회의 재정경제위원장이었던 김동하에게도 사전에 통화개혁을 알리지 않아 큰 반발을 불러일으켰다.

실패로 돌아간 화폐개혁

그러나 그런 반발이 아무리 크다 해도 통화개혁의 성패를 좌우할 정도는 아니었다. 가장 큰 문제는 미국이었다. '통화개혁 주체'는 미국에도 통화개혁을 사전에 알리지 않은 것이다. 미국은 불쾌감과 더불어 통화개혁이 사회주의적 정책이라는 이유로 강하게 반발했다.[33] '통화개혁 주체'가 이토록 유별나게 군 것은 기밀 누설보다는 반대론을 꺼렸을 가능성이 높았다. 그런데 바로 이게 문제였다. 반대론을 꺼려 꼭 의논해야 할 당사자들을 배제시키다 보니 심각한 판단 착오를 저지른 것이다.

막상 뚜껑을 열어보니 기대했던 돈이 나오질 않은 것이다. 이석제는 『각하, 우리 혁명합시다』(1995)에서 "통화개혁은 혁명정부가 경제 사정을 너무 안이하게 판단한 데서 기인한 뼈아픈 실수였다. 극비리에 단행된 통화개혁의 주된 목적은 사회에서 퇴장하여 장롱에 숨겨진 현금을 실물경제로 끌어들이기 위한 포석이었다"며 다음과 같이 말했다.

"특히 화교들은 철저하게 잉여자금을 은행에 넣지 않고 자신들의 금고에 쌓아두고 있었다고 믿었다. 이러한 퇴장자금을 끌어내 경제 건설에 투입하려는 의도는 보기 좋게 실패로 막을 내리고 말았다. 생각한 만큼 현금이 나타나질 않았던 것이다. 나타나지 않았다기보다는 국민들이, 가진 돈이 없었다는 표현이 더 정확할 듯싶다. 혁명정부는 국민들 장롱에 돈이 있느냐 없느냐의 상황 판단을 잘못해서 일을 그르치게 된 것이다."[34]

미국은 통화개혁 실시 48시간 전에서야 통고를 받은 데 대해 분노했다. 미국의 엄청난 원조를 제공받는 나라가 '멋대로' 행동하는 것에 대해 배신감까지 느꼈다는 것이다.[35] 미국은 예금 동결을 용납할 수 없었다. 미국은 기한 1년 미만짜리 예금의 일부를 동결한 것은 부당하다며 해제를 요구했고, 이어 원조 중단을 무기로 삼아 모든 봉쇄 계정의 해제를 요구했다.[36]

군사정권은 미국의 요구를 뿌리칠 수 없었다. 나올 돈도 없는데 버틸 이유도 없었다. 7월 13일 봉쇄 예금이 전면 해제되었다. 국가재건최고회의는 통화개혁 실패의 책임을 물어 재정경제위원장 김동하를 외무국방위원장으로 돌리고 통화개혁의 발상자인 유원식을 사임시켰다. 유원식은 군으로 복귀했다. 유원식과 같이 일했던 서울대 교수 박희범도 정책 라인에서 퇴장했다. 그전에 내각 수반 송요찬과 재무부 장관 천병규는 증권 파동의 책임을 지고 물러났다. 그리고 통화개혁에 반대했던 김정렴이 중용되었다.

먼 훗날(1987년) 유원식은 자신이 해임을 당한 게 아니라 미국의 압력에 굴복한 박정희는 "배신자이니 더이상 함께 일할 수 없다"고 말하면서 자진사퇴했다고 주장했다. 그는 통화개혁의 실패는 '배신자' 박정희의 선택에 의한 것이었으며, 이에 따라 자립경제를 지향하던 기본 방향에서 식민지 경제, 즉 종속경제의 반향으로 전환되는 계기가 된 동시에

혁명의 시대는 끝나고 반동의 시대로 나아가게 되었다고 주장했다.[37]

'내자 동원'에서 '외자 도입'으로

1962년 12월 17일 박정희는 1년 만에 처음으로 공식 기자회견을 갖고 "화폐개혁은 확실히 실패했습니다.……내자 동원을 위해 화폐개혁을 하긴 했는데 뚜껑을 열어보니 뜻대로 되지 않았습니다"고 말했다.[38] 그러나 박정희가 한 가지 밝히지 않은 게 있었다. 화폐개혁은 다목적이었다. 앞으로 있을 선거를 염두에 두고 야당의 정치자금줄을 봉쇄하겠다는 것도 부수적인 목적이었다.[39]

이 사태 이후 군사정권은 자력갱생 노선을 버리게 되었다. 유원식과 박희범의 퇴장은 '내포적 공업화 전략' 또는 '자립경제를 지향하는 자주적 공업화 전략'의 폐기를 의미했다.[40] 통화개혁 실패는 내자內資 동원에 의한 민족주의적 경제개발 전략이 어렵다는 걸 보여주었다고 판단했기 때문이다. 이후 군사정권의 경제정책은 외자 도입, 보세 가공무역, 수출 입국 같은 대외 개방 노선으로 선회하게 되었다.[41]

5·16 군사쿠데타 후의 첫 경제백서인 『1962년』이나 『제1차 경제개발 5개년계획서』에는 수출은 국제 수지 개선을 위한 수단으로만 언급되었을 뿐 큰 무게는 주어지지 않았다.[42] 이제 곧 나타날 전면적인 '수출 전쟁'은 그런 시행착오를 겪은 후에서야 나온 결과였다.

그러나 그 시행착오엔 미국의 뜨거운 입김이 가세했음을 간과할 수 없다. 미국은 미국 방식과 다르면 무조건 '사회주의적'이라고 몰아치는 못된 버릇을 갖고 있었다. 군사정권의 초기 '균형성장 전략'은 미국의 관

미국과 경제 관료들마저도 모르게 추진되었던 통화개혁은 실패했다. 이를 계기로 군사정권은 내자 동원을 포기하고 외자 도입이라는 대외 개방 노선을 취하게 된다.

변 교수 로버트 스칼라피노Robert Scalapino, 1919~2011에 의해 사회주의적 이란 비판을 받았다.[43] 일단 이런 평가가 내려지면 미국의 지원은커녕 방해를 당하다가 실패로 갈 수밖에 없었다. 그게 한국의 현실이었다.

"덮어놓고 낳다 보면 거지꼴을 못 면한다"

'보릿고개'를 넘어서기 위한 '잘 살아보세' 운동에 인구 문제가 빠질 수 없었다. 일제 말기에 일제는 "낳아라! 불려라! 길러라!"는 표어를 내걸고 10명 이상의 자녀를 낳은 가정에 대한 표창식을 거행하며 출산을 장려했다. 해방 후 이승만 정권도 다산多産 여성에 대한 표창을 계속했다.[44] 그러나 1961년에 이르러선 가족계획 사업이 국가 시책으로 채택되었고, 1962년부터 실시되었다. 국가 시책으로서 가족계획 사업 채택은 인도와 파키스탄에 이어 한국이 세 번째였다. 해외 이주가 국가의 공식정책으로 수립된 것도 1962년에 해외이주법이 제정되면서부터였다. 1962년 최초로 17가구 92명의 농업 이민이 브라질로 떠났다.[45]

1962년 1월 보건사회부는 '1962년 가족계획 사업'의 청사진을 밝혔다. 전국의 183개 보건소(1962년 설치 예정 85개 포함)에 '가족계획상담소'를 병설하고, 극빈자용 피임약 4만 명분을 무료 배분하겠다는 게 주요 내용이었다.[46] 1962년은 한국 가족계획 실시의 '원년'이 되었다. 가족계획의 최대 목적은 '빈곤으로부터의 탈출'이었다. 이 원년에 등장한 "덮어놓고 낳다 보면 거지꼴을 못 면한다"는 슬로건이 그걸 잘 말해준다.

여성단체들도 가족계획 사업에 동참하겠다고 나섰다. 1962년 3월 서울YWCA는 피임법 무료강좌를 개시했으며, 대한어머니회는 피임법을 지도하는 무료상담실을 열었다.[47] '가족계획 지도원'이 신종 직업으로 떠오르기 시작했다. 1962년 5월부터 보건소에 배치된 지도원은 조산원 자격을 가진 사람으로 시험을 거쳐 기초교육을 받고 현장에 투입된 국가공무원이었다.

『조선일보』 1962년 9월 12일자는 "5·16 혁명은 '다복 다남'이란 옛날의 동양적인 행복의 개념을 밑바닥에서부터 뒤집어 놓고 말았다"며 "여하간, 낳고 죽기도 퍽 어려운 세상이 되었고 과학의 이름을 빌린 이 새 시대의 '삼신 아주머니'의 인기도 두고두고 높아갈 것 같다"고 했다.

1962년 12월 보사부 장관은 '가족계획 10개년 계획'을 통해 인구증가율을 3분의 1로 줄이겠다고 장담했다.[48]

"한국 인구, 현재와 같이 계속 증가하면 100년 후엔 5억 명이 된다!" 1963년 여름에 등장한, 최초로 수입 판매된 독일산 먹는 피임약 '아나보라' 광고의 첫 문장이다. 당시 인구증가율 연 2.28%로 세계 5위 인구 팽창국이던 한국의 현실을 내세워 '충격 요법'으로 산아제한의 필요성을 부각시켰다. 1963년 9월 군사정권은 경제개발 5개년계획의 보완책에 관한 6가지 기본방침을 확정하면서 가족계획의 과감한 추진을 포함시켰다.[49] 더 세게 밀고 나가겠다는 의지의 천명이었다.

노인들의 반발이 만만치 않은 게 가장 큰 문제였다. "제 먹을 것은 제가 타고 난다"는 속설을 신봉한 노인들은 가족계획 사업에 대해 "몹쓸 것을 배운다"며 강력 반대하고 나섰다.[50] 가족계획 사업 초기에 경북 경산군에선 가족계획 지도원으로 임명된 한 부인이 몇 대 독자로 내려오는 어느 집 며느리를 상대로 피임을 권하다가 그 집 시아버지에게서 곰방대로 호되게 머리를 맞고 쫓겨난 일이 발생하기도 했다.[51]

이건 아주 흔한 일이었다. 지도원들은 마을 할아버지들이 지팡이를 들고 쫓아나와 도망나오기 일쑤였다. 이렇게 보수적인 분위기 때문에 여성들은 남편이나 시부모 몰래 피임을 하는 경우가 많았는데, 이런 관행은 이후 10년 넘게 지속된다. 1973년까지도 남편 몰래 피임한 여성들이 57.4%나 되며, 시부모가 모르는 경우가 55.4%나 된다.[52]

제3장

대학망국론:
우골탑을 분쇄하라!

병역 기피와 국토건설단

1960년 12월 말 정부는 제대군인이 150만 명에 병역 기피자 10만 명, 탈영자를 12만 명으로 추산했다. 정부는 21세 이상 30세 이하 공무원들의 병역 사항을 조사해 1961년 3월 21일까지 모두 2,746명을 해임했지만, 5·16 군사쿠데타 이후에도 3,000명의 병역 기피 공무원이 적발되었다.[53]

병역 기피는 한국 사회가 해방 후부터 역사 청산을 제대로 하지 못해 '만인에 대한 만인의 투쟁' 사회로 바뀌면서 수단과 방법을 가리지 않는 기회주의가 판을 친 데에 가장 큰 원인이 있었다. 하지만 동시에 군의 부패와 폭력도 무시 못할 이유였다. 1960년 한 해에만도 복무 중 각종 사고로 죽은 군인은 1,347명이었으며, 탈영자는 1만 6,787명에 이르렀다.[54] 군사정권은 1961년 6월 9일 내각 공고 제1호로 병역의무 불

이행자 자수 신고기간을 설정해 10일간 24만 5,000여 명의 신고 접수를 받았다. 이듬해 2차 신고기간에 나타난 자수자까지 합해 모두 41만 명이 신고를 했다.[55]

군사정권은 병역 미필자를 처리하겠다고 큰소리쳤지만 그 수가 워낙 많아 어디서부터 어떻게 손을 대야 할지 당황하지 않을 수 없었다. 그래서 만든 것이 1962년 2월 10일에 창단된 국토건설단이었다. 이는 일정 기간 노력 봉사 후 군 미필자들의 병역을 면제해줌으로써 노동력도 확보하자는 '1석2조 전략'이었다.

국토건설단의 인기는 높았다. 1만 6,000명을 선발하는 데 5만 명이

국토건설단은 군 미필자들의 병역을 면제하면서 노동력도 확보하자는 전략이었는데, 1만 6,000명을 선발하는 데 5만 명이나 지원할 정도로 인기가 높았다. '3·1 정신으로 국토건설과 멸공통일 이룩하자!'라는 국토건설단의 홍보 포스터. (대한민국역사박물관 소장)

나 지원했다. 병역 미필이라는 딱지를 뗄 수 있는 절호의 기회였기 때문에 서로 들어가려고 빽을 쓰기도 했다. 그러나 건설단원 대부분이 노동에 익숙하지 않은 대학교수, 공무원, 언론인, 교사 출신이어서 생산성이 매우 낮아 1962년 10월경에 해체되고 말았다.[56]

대학은 병역 기피자의 소굴

병역 문제는 대학 문제와 연결되어 있었고, 대학 문제는 농촌 문제와 연결되어 있었다. 쿠데타 직후, 군사정권은 이른바 '중농정책'을 실시했다. 1961년 5월 25일 농어촌고리채법, 6월 27일 농산물의 적정한 가격 유지를 위한 농산물가격유지법, 7월 29일 농업 금융과 영농활동을 효과적으로 지원하기 위한 종합농협의 설립을 위한 농업협동조합법 제정 공포 등이 그런 정책 노선을 잘 말해주는 것이었다. 그러나 이런 중농정책은 그 자체의 어려움도 컸지만 군사정권이 공업화와 수출입국 노선으로 선회하면서 곧 상징적인 제스처에 지나지 않는 것으로 전락하고 말았다.[57]

그러나 특히 농어촌고리채법의 선의는 평가할 만한 것이었다. 이 법은 우골탑牛骨塔으로 표현되던 '대학망국론'의 연장선상에서 입안된 것이었다. 농민들이 소를 파는 건 물론 고리채를 얻어가면서까지 자식들을 대학에 보내고 있는 현실을 더는 방관할 수는 없었던 것이다. 대학 교육이 제대로 된 교육도 아니었기에 문제는 더욱 심각했다. 대학 교육은 우선적으로 병역 기피의 수단이었다. 대학은 병역 기피자의 소굴임을 사립대학 관계자들도 인정할 정도였다.[58] 여기에 "너도 가니까 나도 간다"는

식의 유행까지 가세했다. 그래서 1961년 총인구 대비 대학생 수는 한국이 영국을 앞섰다.[59]

수많은 '대학 장사꾼'이 생겨났다. 한마디로 이야기해서, 엉망진창이었다. 명문 사립대학인 연세대마저도 고액의 기부금을 낸 사람의 자녀들을 입학시키는 등 뒷구멍 입학이 난무했다.[60] 1961년 국가재건최고회의 감찰위원장을 맡았던 채명신의 증언이다.

"대학의 부정에도 손댔다. 어느 지방 대학의 경우는 4년간 한 번도 얼굴을 내밀지 않은 학생에게 졸업장을 주는 등 가관이었다. 그것도 의과대학이라 기가 막혔다. 결국 엉터리 의사를 양산해내고 있는데 이는 인간의 생명과 관계되는 것이었다."[61]

군사정권은 5·16 직후 4차에 걸쳐 대학정비법을 공포했다. 정원외 입학 장사에 손을 대 우골탑을 분쇄하겠다는 취지였다. '학사자격고사'까지 도입했다. 문교부는 1961년 10월 '학사자격고사' 시행 요강을 발표해 12월 22일 첫 고사를 실시했다. 졸업 예정자의 72%인 1만 8,346명이 응시해, 84.7%인 1만 5,628명이 합격했다. 그러나 객관식 선다형 출제 방식이 사고력의 함양과 심오한 학문 연구를 목적으로 하는 대학 교육의 이념에 배치되고, 특히 대학마다 교수마다 차이가 분명한 전공고사의 획일적 처리는 학문의 자유와 권위를 해칠 우려가 있다는 비판이 대두되었다. 그래서 이 시험은 2회 시행 끝에 폐기되었다.[62]

대학들의 생존 로비

군사정권은 대학 정원을 대폭 감축하는 정책을 집행했다. 해병대 대령으로 문교부 장관을 맡은 문희석은 대학 교육이 폭리를 추구하는 허울뿐인 곳으로 전락해 쓸데없는 학사들을 배출하는 결과를 초래하고 있다고 지적했다.[63] 그래서 1961년에 9만 1,920명이었던 전국 대학생 정원을 6만 2,040명으로 감축시켰다. 그러나 대학 정비를 단행한 직후인 1962년에도 대학생 수는 정원의 175%에 이르렀다.

살아남기 위한 대학들의 로비는 집요했다. 당시 감찰위원장인 채명신은 『사선을 넘고 넘어: 채명신 회고록』(1994)에서 "한 번은 당시 혁명 정부에서 문교부 장관을 하고 있던 해병대 출신의 문희석 대령이 나를 찾아온 적이 있었다. 그는 군인 같지 않게 박식한데다 인격도 훌륭해 문교부 장관으로 적임자였다. 그러나 그는 얼굴을 찌푸리며 내게 말했다. '채 장군님, 제발 날 문교부 장관에서 그만두게 해주십시오.' 난 의아했다. 그는 사실 감사가 필요 없는 잘하고 있는 군인이었다. '아니, 무슨 일이 있습니까?' '엊그제 최고회의 의원인 손모 장군이 만나자기에 나갔었습니다. 그런데 가보니 어느 대학 총장이 자리를 함께하고 있더군요. 그런데 손 장군 말이 대학 운영에 어려움이 많다며 나보고 잘 도와주라더군요. 그리곤 그날은 헤어졌는데 다음 날이었습니다'"라면서 다음과 같이 말했다.

"그는 한숨을 쉬며 말을 이었다. '그 대학 총장이 집으로 케이크를 하나 가져왔습니다. 전 깜짝 놀랐죠. 5·16 후라 이런 일은 안 된다며 거절했습니다. 그런데 그분이 겨우 케이크라며 억지로 떠넘기길래 일단 받고 나중에 열어보니 돈이 들어 있는 봉투가 끼워져 있었습니다. 물론 다음 날 난 그 총장을 불러 크게 혼내고 돌려줬지만 도대체 전 기분이 나빠 장관 못해먹겠습니다. 그러니 제발 박 의장께 잘 말씀드려 장관 좀 그만

하도록 해주십시오.' 그의 말을 들은 난 암담한 생각이 들었다. '도대체 이럴 수가 있나? 혁명한 지 얼마나 됐다고⋯⋯. 지금 함께 혁명을 한 동지들은 반혁명으로 형무소에 들어가 있는데도 불구하고 남아 있는 놈들은 부정이나 해대고 있으니⋯⋯."[64]

신임 문교부 장관 김상협의 급선회

그러나 1962년 1월 9일 문교부 장관에 임명된 고려대 교수 김상협은 대학 문제에 대해 생각을 달리 했다. 그는 쿠데타 주체들이 '대학망국론'과 '농촌 고리채 문제'를 동일선상에서 이해하는 것에 반기를 들고 오히려 정반대의 방향으로 나아갔다.[65] 김상협 전기편찬위원회가 출간한 『남재 김상협: 그 생애/학문/사상』(2004)은 "예컨대 이화여대의 경우, 군정은 이 대학이 '유한마담을 만들어내는 대학'이라는 이유로 죽지 않을 만큼 학생수를 줄여 명맥만 남겨놓았다고 한다. 또 연세대는 설립자가 미국인이니 '미국 대학'이라고 학생 정원을 마구 줄여놓고 고려대는 이와는 대조적으로 '민족의 대학'이라고 마구 늘려주는 식이었다"며 다음과 같이 말했다.

"이런 지경이니, 당시 사활의 기로에 선 대학들이 신임 장관을 만나려고 아우성을 치는 것은 당연한 일이었다. 이화여대의 경우도 가정학과의 남재(김상협)가 알 만한 여교수들을 총동원하여 저녁식사에 초대하여 놓고는 학교가 죽게 생겼으니 살려내라고 야단들이었다고 한다. 남재는 그때까지도 일면식이 없었던 총장 김옥길을 그때 비로소 만나게 되었고, 그녀의 부탁을 흔쾌히 받아들여 정원을 꼭 두 배로 늘려놓았다고 한다.……연세대학도 그렇게 줄여서는 안 된다고 판단하고 고대와 똑같은 수준으로 조정해놓았다."[66]

『이화 100년사』(1994)는 이렇게 기록하고 있다. "학생 정원 감소에 수반되는 재정난을 완화하기 위하여 1962년 2월 말일부로 교수 39명을 해임하였고, 조교도 30명이나 감원하였다. 또한 부속병원의 운영난을 타개하기 위하여 신촌병원을 동대문병원에 편입시키고 임상의사 21명과 직원의 대폭 감원이 있었다."[67]

대학과 농어촌 고리채

대학 정원을 원래 정비안의 2배로 늘려준 김상협에 대해 5·16 실세들을 불만을 터뜨렸다. 『남재 김상협: 그 생애/학문/사상』은 "대학 정비 상황이 이렇게 돌아가자, 이것을 개혁의 후퇴라고 생각한 5·16 실세들이 가만히 있을 리가 없었다. 그들은 웬만한 대학은 차제에 다 없애려고 했는데 도로 다 살려놓았으니 '혁명을 망쳐놓았다'는 것이다. 남재는 최고회의에 불려나가 '반혁명'이라는 공격을 받았다"며 다음과 같이 말했다.

"군정기이니만큼 최고회의 군 현역위원들은 권총을 차고 회의장에 들어와 떠들어대는 상황이었다. 무서울 것이 없었던 김형욱 같은 사람은 권총으로 책상을 내리치며 '예잇! 망쳤네! 망쳤어!……이상한 문교부 장관이 들어와 가지고 (없어져야 할 대학을 도로 살려놓았으니) 농촌 고리채만 더 생기지……' 하면서 투덜댔다고 한다. 남재는 그저 바보처럼 아무 소리도 못하고 당하기만 하고 돌아왔다고 회고했다."[68]

그러나 김상협은 군사정권의 이미지 개선용이자 막강한 고려대-『동아일보』세력에 대한 추파 차원에서 박정희의 간청에 의해 영입된 케이스였으니, 김상협도 실세라면 실세였다. 그래서 그는 재임 시 욕을 먹으면서도 자신의 소신대로 밀어붙일 수 있었던 것이다(김상협은 박정희에게 사정하다시피 해서 재임 9개월 만인 1962년 10월 15일자로 문교부 장관을 그만두었다).

김상협은 훗날(1979년) 사우디아라비아에 갔을 때 17년 전 자신의 소신이 옳았다는 걸 확인할 수 있었다고 한다. "건설 현장의 책임자들, 브리핑을 하고 있는 야무진 사람들 대부분이 남재 장관 재임 시에 퇴출 운명에 놓여 있던 대학의 공대 출신이었다. 특히 ○○대학 공대 출신이 가장 많았는데, 남재는 그때 '반혁명'이라고 군인들로부터 비난을 받으면서도 대학을 마구 없애지 않고, 또 정원도 마구 줄이지 않았기 때문에 훗날 나라의 경제 건설 역군을 길러낼 수 있었다고 자부하면서……."[69]

불량 대학 퇴출과 대학 정원 축소는 김상협의 반대로 폐기된 반면, 농어촌 고리채 정리는 기존 인습이라는 벽에 부딪혀 성과를 거둘 수 없었다. 이석제는 이렇게 말한다. "농어촌고리채정리법은 수백 년 내려오는 한국 사회의 폐습을 법으로 해결하려는 데서 파생된 과잉 의욕이었다. 강력한 법은 준비되었지만 인정과 인습의 사슬로 얽힌 현실 사회에서는 전혀 법의 힘이 먹혀들지 않았던 것이다."[70]

이후 농어촌의 자식들은 '우골탑'을 거쳐 서울에서 한자리를 차지하게 되면 서울 중심의 생각을 하게 된다. 그들에게 농어촌은 설과 추석에 자신의 성공적인 변신을 보고하거나 과시하기 위한 공간으로서 의미를 갖게 된다. 한국인들은 그런 변화를 '사회 발전'으로 자축하게 된다.

마포아파트와 주거혁명의 시작

1962년 7월 2일 대한주택공사가 창립되었다. 1년 전인 1961년 7월에 세워진 '대한주택영단'의 이름을 바꾼 것이었다. 총재는 군사쿠데타를 주도한 육사 8기생 중의 한 명인 육군 중령 장동운(32세)이었다. 국가재건최고회의 의장 박정희는 창립식 훈시를 통해 "주택사업에 힘을 기울여 국민 생활의 안정을 기하라"고 말했다.[71]

그러나 아파트 건설이 국가재건최고회의 주도세력의 지지를 받은 건 아니었다. 1953년 미국 공병학교 고등군사반에서 교육을 받던 중 읽게 된 아파트에 관한 잡지 기사에 감명을 받았던 장동운 개인의 신념과 추진력이 주요 동력이었다. 그의 회고다. "국가재건최고회의 주도세력들은 아파트 건설에 대부분 반대했어요. 아파트에 대한 개념 자체가 없었어요. 육사 동기생 중 한 명이 '야, 아파트에 어떤 놈이 살겠냐'고 그래요. 제가 '임마, 앞으로 젊은 사람들은 전부 아파트에 살 거야. 모르는 소리 하지 마' 했죠."[72]

1962년 12월 1일 마포아파트(현재 서울 도화동 삼성아파트 자리)가 준공되었다. 대한주택공사가 안양으로 이전한 마포형무소 채소밭 자리에 건설한 것으로 6층에 6동 350가구였다. 원래 10층으로 지을 계획이었지만 건설 과정에서 전력난과 기름 부족 등이 문제가 되어 6층으로 낮아졌고 엘리베이터도 사라졌으며 중앙난방 대신 세대별 연탄보일러 난방으로 변경되었다.

인기가 없어 11월 21일 입주 신청시 전체 세대 수의 3분의 1인 160세대 신청에 머물렀다. 임대료가 비싸다는 이유도 작용했지만 아파트의 삶이 불편하다는 것이 주된 이유였다. 당시 사람들은 온돌도 없고 장독대를 둘 데가 없다는 등 아파트의 단점만 지적하기에 바빴다. 우선 당장 가장 큰 문제는 연탄가스 중독에 대한 불안이었다. 장동운의 회고다.

"'연탄가스 중독으로 몇 명이 죽었다'는 게 당시 신문 사회면의 중요 기사였어요.……급기야 주공 건축부장 등 간부들이 '죽더라도 내가 생체실험 대상이 되겠다'고 나서서 '가스가 샌다'는 방에 들어가서 잠을 잤어요. 다들 다음 날 아침 아무 이상 없이 일어났어요. 연탄가스 문제가 해결되자 입주자들이 빠르게 늘기 시작했습니다."[73] (역사 산책 4: '검은 사신'으로 불린 연탄가스의 공포 참고)

그러자 이젠 범죄 문제가 골치를 썩였다. 『한국일보』 1963년 11월 30일자는 "서울 시내에서 가장 화려한 마포아파트. 그러나 방범 조직과 시설이 '제로'이어서 벌써 두 건의 강도 살인 사건이 여기서 일어났다"며 "이젠 무서워 못 살겠소"라는 주민의 말을 제목으로 뽑아 보도했다.[74]

마포아파트는 최초의 단지형 아파트로 아파트단지 전체의 완공은 1964년에 이루어졌다. 대지 1만 4,141평에 8~18평형 10개동, 642가구가 건설되어 건폐율과 용적률이 각각 11%, 67%에 불과했다. 용적률 200%를 넘기 일쑤인 요즘과 비교하면 쾌적하기 이를 데 없는 저밀도 아파트였던 셈이다.[75] (마포아파트는 1994년 삼성아파트로 재건축되었다.)

수시로 아파트 건립 과정을 체크했던 박정희는 마포아파트단지 완공식에서 '아파트 거주'와 '시대에 뒤떨어진 과거의 청산'을 연결시켰다. 그는 "우리나라 구래의 고식적이고 봉건적인 생활양식에서 탈피하여 현대적인 집단 공동 생활양식을 취함으로써 경제적인 면으로나 시간적인 면으로 다대한 절감을 가져와 국민 생활과 문화의 향상을 이룩할

1962년 12월에 준공된 마포아파트는 최초의 단지형 아파트로, 건폐율과 용적률이 각각 11%, 67%에 불과해 쾌적하기 이를 데 없는 저밀도 아파트였다.

것을 믿어 의심치 않기 때문입니다"고 말했다.[76]

　마포아파트를 배경으로 한 영화가 제작되는 등 아파트에 대한 인상을 바꾸려는 시도가 이루어졌지만, 라이프스타일을 하루아침에 바꾸긴 어려운 일이었다. 당시 직접 아파트 내의 생활 실태를 시찰했던 장동운은 "신문지를 휴지처럼 쓰고 생리대를 변기통에 처놓고 하다가 보니까 양변기가 막히는 등 첫 경험인 아파트 생활에 희비극도 많았습니다"고 회고했다.[77] 장동운은 '마포아파트가 가져온 사회·경제적 파급효과'에 대해 다음과 같이 말했다.

　"침대 생활과 입식 생활이 시작됐다는 점이지요. 주택산업의 혁명을 가져왔습니다. 변기와 싱크대 등 주택 생활산업의 발전을 가져왔지요. 물론 웃지 못한 에피소드가 많았어요.……양변기를 공용으로 사용하

다 보니 '시아버지와 며느리가 볼기짝을 맞닿을 수 없다'고 불만을 털어

놓는 노인이 많았어요."[78]

　　마포아파트는 아주 나쁜(그러나 당시 한국적 상황에서 당연하게 여겨진)

전통을 한 가지 만들어냈으니, 그건 바로 아파트 주변에 담장을 두르는

것이었다.[79] 이후 모든 단지형 아파트는 외부와의 격리가 제1의 사명인

양 아파트 주변에 담장을 세웠다.

'검은 사신'으로 불린
연탄가스의 공포

1960년대 들어 연탄 사용이 늘면서 신문엔 연탄가스 중독 사망 사고를 알리는 기사가 끊이지 않고 등장했다. 당시엔 단칸방 살림이 많아 연탄가스 중독으로 일가족이 다 사망하는 경우가 많았다.[80] 신문은 연탄가스 중독 사망 사고가 빈발하는 건 '공업과학계의 수치'라며 과학자들의 분발을 촉구했다.[81]

그러나 답이 있을 리 만무했다. 신문은 계몽에 주력했다. 1961년 「한파를 타고 오는 "연탄 비극"의 걱정」,[82] 「조심! "만성중독" 동 단위로 계몽 계획」,[83] 「'연탄가스'를 예방하려면 배기 경로 알아두자: 굴뚝엔 갓 씌우고 쥐구멍은 막고」[84] 등과 같은 제목의 기사들이 등장했다.

서울시경의 집계에 따르면, 1961년 9월 1일부터 1962년 8월 말까지 1년간 서울 시내에서 연탄가스 중독 사고는 212건에 81명이 사망한 것으로 나타났다. 그러나 『조선일보』는 "경찰에 보고된 숫자가 그렇지 이밖에도 무수한 사고가 발생하였을 것이다"며 "6·25 전란을 치른 관계도 있고 해서 이 땅에서는 하도 인명을 허수룩하게 여기기 때문에 그렇지 외국 같으면 큰 소동이 일어나고 당장에 대책을 요구할 것이다"고 말했다.[85]

1965년 12월 20~21일 이틀 사이에 서울 시내에서만 17건의 연탄가스 중독 사고로 16명이 죽고 20명이 중태에 빠졌다. 『조선일보』 말마따나, "살기 어려운 연탄 기근 소동에 뒤이은 가스 중독사의 슬픈 기록으로 시민들은 연탄공포증에 걸릴 정도"였다.[86] "연탄가스 참사를 없앨 국가적 대책을 요구"하는 신문 사설까지 등장하지만, 대책은 없었다.[87]

1967년 가을 또 연탄가스 중독 사고라는 연례 행사가 시작되었지만, 이전에 비해 우려의 목소리가 한결 높아졌다. "연탄 중독 사건 빈발은 근대화 시대의 수치"라는 제목의 신문 사설까지 등장했지만 뾰족한 답이 있을 리 없었다.[88] 그저 조심하라는 계몽이 유일한 대안이었다.

1967년 서울 시내 교통사고 사망자는 179명인 반면 연탄가스 중독 사망자는 242명이었다. 연탄은 '검은 사신死神'이란 별명을 얻었다. 1968년엔 1967년의 2배가량 되는 사고가 발생했다.[89] 언론은 연탄업자들에게 연탄의 유독가스를 제거할 수 있는 품질개선을 요구했지만, 그들에게 그런 기술이 있을 리 없었다.[90]

1968년 11월 서울시는 학계와 연구자들의 분발을 호소하면서 연탄가스의 완전 제독제를 발명한 사람에게 1,000만 원의 현상금을, 그리고 유효하게 가스중독을 방지할 수 있는 간접적인 제독기구 연구자에겐 200만 원의 현상금을 내걸었다.[91] (1968년 월 신문구독료는 180원이었다.)

발표 5일 만에 290건, 연말까지 2,000건의 제안이 쏟아졌지만, 거의 상식 수준의 것이었다.[92] 결국 '조심하자'는 캠페인 이외엔 답이 없다는 게 재확인되었다. 범시민운동이 전개되었다. 연탄업자들에게 확실하게 요구할 수 있는 건 "말려서 팔아라"였다. 중독자를 많이 낸 업체는 공개하겠다는 간접 제재 방안이 등장했다. 경찰과 통반장은 가정방문으로 주의를 환기시켰고, 학생들에겐 매주 작문과 그림 그리기 숙제가 떨어졌다.[93]

제4장

언론:
안하무인의 역전

『한국일보』'쫓겨난 관광' 필화 사건

박정희가 2군 부사령관 시절 대구 주둔 공병부대 대대장인 중령 장동운이 모 신문사 기자가 기름 유출과 관련된 약점을 잡고 따지고 들자 구타해 중상을 입힌 사건이 일어났다. 박정희는 이 사건의 보고를 받고 껄껄 웃어대면서 "그거 잘했어! 젊은 장교들은 그런 기백이 있어야 해. 요즈음 신문기자 놈들 정말 안하무인이거든. 잘했어, 정말 잘했어"라고 흐뭇해했다.[94] 기자에게 중상을 입힌 사건을 흐뭇하게 생각하는 박정희의 태도는 비판받아 마땅한 것이었지만, 5·16 군사쿠데타 이전의 신문이 문자 그대로 안하무인眼下無人이었다는 걸 부인하긴 어렵다. 그러나 쿠데타 이후 이젠 그 관계가 역전되어 정반대의 안하무인이 벌어지게 되었다.

『한국일보』 1962년 4월 16일자 사회면엔 「쫓겨난 관광」이라는 제목의 머리기사가 실렸다. 기자 정범태가 쓴 이 기사는 "전등사 주변의 잃어버린 휴일/폭력배가 난무/부녀 등 200명의 놀이 훼방"이라는 부제를 달고 군인들을 등에 업은 강화도 깡패들의 행태를 고발했다. 2장의 사진을 곁들인 이 기사는 이렇게 보도했다.

"자리를 펴고 앉은 곳곳마다 그 고장에서 판을 친다는 5~6명의 폭력배들이 뛰어들어 음식을 가로채 먹고 술을 빼앗아 먹으면서 욕지거리를 퍼붓고 훼방을 놓은 바람에 마음먹고 나선 봄놀이 대신 싸움판만 벌이다가 모두 쫓겨 돌아와 버리고 말았다. 강화도에서는 모르는 사람이 없다는 진 모씨를 우두머리로 하는 그들 폭력배 5~6명은 우리 한국 사람들의 봄놀이 판에만 뛰어들어 훼방을 한 것이 아니라 이날 전등사를 찾아와 술을 마시고 있는 미군들 틈에까지 뛰어들어가 되지 않은 영어를 지껄이면서 미군들의 술을 빼앗아 마시다가 먹살을 잡고 싸웠다."

이 기사가 나가고 난 뒤 정범태와 사회부장 이목우가 '반공법과 특례법 3조' 위반 혐의로 구속되었다. 구속 사유는 사진이 사실과 다르다는 것이었다. '관광하기 위해 절간으로 올라가는 사진'을 불량배에게 쫓겨 내려오는 것처럼 설명했고, '미군과 해병대의 사소한 말다툼을 말리는 진 모'를 미군에게 시비를 거는 패거리인 양 묘사했다는 게 문제가 되었다. 또 5·16 혁명 후 깡패를 말끔히 소탕했는데도 여태껏 '폭력배가 난무'한다고 했으니 국가기관의 위신을 손상시켰을 뿐 아니라 한미간의 친선도 해쳤다는 것이었다.

치안국장 이소동은 20일 "국가와 사회 이익과 배치된 허위 보도에는 단호한 조치를 취할 것"을 다짐하는 담화와 함께 관계 기자의 구속 사유 전문을 발표했다. 안병찬은 "이 필화 사건은 사진 설명의 내용이 잘

못된 명백한 오보에서 비롯됐으나, 쿠데타로 집권한 군사정권이 신문에 대한 본보기로 힘을 시위示威한 경우로 볼 수 있다"고 말했다.[95] 가혹한 '힘의 시위'였다. 이목우는 공소가 기각되었으나 정범태는 이 기사로 징역 2년을 선고받았다. 정범태는 1년여 간의 옥고를 치른 뒤 1963년 4월 16일 형집행정지로 석방되었다.[96]

부패 언론인 단속과 단간제 실시

신문에 대한 '힘의 시위'에 박정희도 나섰다. 박정희는 1962년 4월 29일 기자회견 석상에서는 "자율적 정화가 불가능하다고 생각될 때에는 부패 언론인의 명단을 공개하겠다"고 경고했다.[97] 5·16 군사쿠데타 이후 1962년 6월 22일까지 기자의 신분으로 체포되거나 재판에 회부된 인원은 960명에 이르렀다. 이 가운데 신문·통신의 제작 과정에서 문제를 일으킨 위반자, 즉 포고령·반공법·기타 법을 어겼다고 해서 구속된 인원은 141명에 달했다.[98]

1962년 6월 28일 군사정권은 새로운 '언론정책'을 내놓았다. 이 정책은 언론자유와 책임, 언론인의 품위와 자질, 언론기업의 건전성, 신문체제의 혁신, 언론정화 등 5개 항의 기본 방침과 20개 항의 세부 지침으로 구성되어 있었다. 군사정권은 입법 과정을 거치지 않은 채 '권장'이라는 이름으로 이 같은 정책을 강요했다.

이 정책으로 인해 신문 발행 요건이 까다로워져 사실상 신규 언론사의 출현이 불가능하게 되었으며 하루에 두 번을 내던 조석간제가 조간 또는 석간 가운데 하나를 택해 하루에 한 번 신문을 내는 단간제單刊

군사정권은 6·28 언론정책을 통해 언론과 언론인에 대한 직접적인 통제에 나섰다. 특히 하루에 두 번을 내던 조석간제를 하루에 한 번 신문을 내는 단간제로 바꾸었다.

制로 바뀌었고 일요일자 신문 발행이 금지되었다. 8월 4일 당국의 조정 아래 6대 중앙지는 조간이냐 석간이냐를 정했는데 8월 20일부터『동아일보』,『서울신문』,『경향신문』,『대한일보』등 4개사가 석간을,『조선일보』,『한국일보』등 2개사가 조간을 택했다. 최고회의 공보담당 위원 강상욱은 단간제 실시 이유에 대해 "지나치게 정치 기사가 많아 국민의 정치의식이 과도히 민감하게 되었으며, 지면에 정서가 부족하고, 종업원이 혹사당하며, 따라서 신문이 재미없게 되어 독자가 늘어나지 않는다"고 설명했다.[99]

6·28 언론정책에 대한 평가

김해식은 『한국언론의 사회학』(1994)에서 단간제가 신문의 정보량을 대폭 축소하는 결과를 가져왔으며 뉴스의 속보성과 정론성도 후퇴하게 만들었다고 말한다. 또 단간제는 신문의 비판적 기능을 약화시킨 반면 지면의 잡지화·상업화 현상을 두드러지게 만드는 결과를 초래했다는 것이다.[100]

그러나 송건호는 좀 다른 평가를 제시했다. 그는 『민주언론 민족언론』(1987)에서 "신문이 조석朝夕으로 나가야 하기 때문에 기자들은 무엇인가 뉴스를 취재해야 되고 일단 사회에 물의를 일으킨 '뉴스' 같으면 궁금히 여기는 독자들에게 그 후 소식을 알리기 위해서 이런 이야기 저런 이야기 추측기사라도 쓰지 않으면 안 되었다. 일반 독자라면 사회의 흥미 있는 사건의 그 후 소식을 아침저녁으로 전해주니까 재미가 날지 모르나 사건의 당사자 입장에서 보면 신문처럼 횡포가 심한 것이 없다는 비난이 충분히 나올 수 있다"며 다음과 같이 말했다.

"그런데 문제의 뉴스가 만약 정치적 기사라면 단편적으로 마구 전해지는 이런 보도 때문에 사건의 올바른 '이미지'가 국민에게 그릇 알려지는 경우가 없지 않고 게다가 기사가 흔히 '누가 어디에 갔다', '어디에서 왔다', '누가 누구하고 만났다'는 따위의 '인간적' 차원에서 쓰는 기사가 많기 때문에 인기에 무관심할 수 없는 국회의원들은 신문의 '가십' 등에 의해 일희일우一喜一憂하는 경향도 있었다. 단간제가 된 후로 조석간 신문들의 기사가 대개 비슷비슷하다고 독자들이 불평하게 된 것은 기실 사건을 좀더 신중히 다루자면 뉴스라는 것이 그렇게 조석으로 변하거나 또는 마구 쏟아져 나오는 것이 결코 아니라는 것을 알려주는 것이다."[101]

또 송건호는 『한국현대언론사』(1990)에서 군사정권의 6·28 언론 정책이 모두 다 나쁜 결과만 가져온 건 아니었다며, 서울 중앙지는 하루 12면 이상으로 증면增面하게 하고 기자 보수의 기준을 정한 걸 긍정적으로 평가했다. 서울 시내에 본사를 둔 일간신문과 통신사의 중견 기자의 봉급을 월 1만 원 이상으로 한 건 당장 지켜지지는 않았으나 그때까지만 해도 소위 '무보수 기자'들이 적지 않았던 만큼 기자들의 보수 기준을 설정한 것은 크게 잘한 일이었다는 것이다.[102]

반면 김영호는 『한국 언론의 사회사』(2004)에서 기자의 급료 수준을 끌어올리도록 한 것은 신문사의 차입금 규모를 크게 늘어나게 했으며, 이는 신문사 경영이 처음 권력에 기대게 되고 권력의 눈치를 보게 만드는 결과를 초래했다고 말한다. 또 부패 언론인 숙청은 지방의 작은 조무래기들을 단속하는 데에만 그쳤으며, 미담 기사를 강조하는 지침은 언론의 비판 기능을 크게 쇠퇴하게 했다는 것이다.[103] 1962년 10월 13일 신문들은 한국신문발행인협회를 만들어 신문 면수나 구독료, 광고료 등을 담합 결정하는 카르텔을 형성했다.

'국민투표'·'사회노동당' 필화 사건

『동아일보』는 1962년 7월 28일 「국민투표는 결코 만능이 아니다」는 사설을 게재해, 1963년 여름으로 예정된 민정에 앞서 군사정부가 새 헌법을 기초해 이를 국민투표에 부치는 것은 부당하다는 주장을 펼쳤다.

『동아일보』가 「국민투표는 결코 만능이 아니다」는 사설을 게재하자 군사정권은 주필 고재욱과 논설위원 황산덕을 반공법 등의 위반 협의로 구속시켰다. (『동아일보』, 1962년 7월 28일)

이에 군사정권은 『동아일보』 주필 고재욱과 논설위원 황산덕의 구속으로 대응했다. 반공법 등 위반 혐의로 구속된 고재욱은 8월 14일 기소유예로 석방되었고 황산덕은 12월 7일 공소 취하로 석방되었다.

　『한국일보』는 1962년 11월 28일 1면 톱으로 5·16 혁명 주체세력이 영국 노동당과 비슷한 정당 창당을 추진 중에 있다고 보도했다. 이 기사의 일부 내용은 다음과 같다.

"민정에 집단적으로 참여하기 위하여 혁명 주체세력과 그 동조자들이 모체가 될 이른바 신당의 당명은 가칭 '사회노동당'으로 내정하고 발기 준비를 서두르고 있다. 27일 알려진바 그동안 정강·정책과 당명 등 발당發黨에 필요한 일련의 문안 초안을 완료한 혁명 주체세력은 정강·정책은 대체로 영국 노동당의 것을 채택하고 당명은 가칭 '사회노동당'으로 내정했다고 하는데, 한때 '재건당' 또는 '신정당' 등의 당명이 입에 오르내렸으나 정강과 정책은 후진성을 탈피한 진보적인 것으로 해야 하므로 당명도 그것을 집약해서 표현할 수 있는 '사회노동당'으로 내정했으며 당명에 뚜렷하게 국가 목표를 집약적으로 표현하기 위해 상당히 부심한 것으로 알려졌다."[104]

이 기사가 나가자마자 국가재건최고회의 대변인 이후락은 "이 기사는 근거 없는 것"이라고 부인하는 한편, "그 취재 경위와 보도 진상을 규명할 것"이라는 내용의 담화를 발표했다. 공보담당 최고위원 강상욱도 이 기사가 "반공을 국시의 제1의로 하여 목숨을 걸고 구국 혁명을 한 혁명 주체세력에 대한 모독이며 국민에게 용공적인 오해를 주기 쉬운 것"이라고 말했다. 박정희는 28일 오후 이 기사의 취재 보도 경위를 철저히 조사해서 규명하고 한국일보사에 대해 응분의 조처를 취하라고 지시했다.[105]

『한국일보』 사주이자 사실상의 편집국장인 장기영은 위기의식을 느끼고 박정희를 직접 찾아가 취재 경위를 밝히면서 관용을 베풀어 달라고 빌었지만, 박정희의 반응은 냉담했다.[106] 박정희는 미국의 의심을 의식하고 있었을 것이다. 『한국일보』는 큰일 났다 싶어 다음 날인 29일자 1면 머리기사로 「작일 보도 본보 '사회노동당' 운운은 잘못」이라는 정정보도를 냈다.

이 기사는 "혁명정부 이념으로 보아 말도 안돼/주체세력이 구상하는 신당은 범국민보수정당/서구식 사회주의 정당이라도 우리 실정엔 좌경할 우려"라는 소제목들을 내걸고 전일 기사와 같은 분량으로 당국과 국민에게 사과한 것이다.[107] 이는 정정보도와 사과라기보다는 언론계에 그 전례가 없는 '자폭 같은 사죄'였다.[108]

그러나 그런 최후의 수단마저 통하지 않았다. 바로 그날로 사장이자 발행인인 장기영, 편집국장 홍유선, 정치부장 김자환, 기자 한남희 등 4명이 구속되었다. 군사혁명위원회 포고 등의 위반 혐의였다. 『한국일보』는 군사정권의 압력에 따라 12월 2일부터 사흘간 자진 휴간했다. 장기영은 12월 6일 사장직에서 인책引責 사퇴하겠다고 밝힘으로써 그날 밤 두 간부와 함께 석방되었다. 장기영은 사장 퇴임 43일 만인 1963년 1월 17일에 사장직에 복귀했다.

군사정권의 '『사상계』 죽이기'

군사정권은 쿠데타 초기의 호의적 자세에서 돌아서 서서히 비판의 칼날을 세우기 시작한 『사상계』에 대해선 이른바 '반품 공작'으로 탄압했다. 군사정권은 『사상계』가 출간되면 대량으로 주문해 가수요를 창출한 다음 3개월 뒤 구입한 서점을 통해 고스란히 반품으로 되돌려 보내는 방식으로 『사상계』의 재정에 큰 타격을 입혔다.[109]

또 군사정권은 1962년 3월 16일 장준하를 '정치활동정화법'으로 묶어 그에게 부패 언론인의 이미지를 덧씌우는 수법까지 동원했다. 박경수는 『장준하: 민족주의자의 길』(2003)에서 "본시 직접 정치에 뛰어들 생각을 못해 본 장준하로서 정정법이 무슨 상관이냐 싶겠지만 그가 부패 언론인으로 지탄의 대상이 되어 정정법에까지 묶였다는 사실이 신문에 나자 가장 민감한 반응을 보이는 것이 『사상계』의 독자였다"며 다음과 같이 말했다.

"그리하여 판매 부수가 눈에 띄게 떨어졌다. '부패 언론인', 이것이야말로 장준하에게 가장 치욕적인 멍에인데 그게 사실이 아니라고 누가 독자들에게 해명해줄 것이며 또 해명한들 한 번 난 소문인데 쉽게 생각을 바꾸려고 할 것인가. 『사상계』의 편집 방향이 정치적 성향으로 급선회한 것은 바로 이때부터이다."[110]

『사상계』 1962년 7월호 권두언은 「군정의 영원한 종말을 위하여」였으며, 또 이게 특집이었다. 장준하는 1962년 8월 필리핀의 수도 마닐라에서 '막사이사이상 언론 문화 부문'에 한국인으로는 최초로 수상자로 선정됨으로써 부패 언론인이라는 오명을 씻을 순 있었지만 군사정권의 탄압은 더욱 거세졌다.

나날이 심해지는 군사정권의 '반품 공작'과 싸운 1962년을 두고 장준하는 "무원의 고군孤軍이 대적을 상대로 피투성이의 혈전을 한 해였다"고 표현했다.[111] 그러나 그게 끝이 아니었다. 군사정권의 '반품 공작'은 1965년까지 계속되어 『사상계』를 경영 위기의 수렁으로 몰아넣게 된다.

제5장

4대 의혹:
증권 · 워커힐 · 새나라 · 파친코

1963년 대선을 겨냥한 4대 의혹 사건

군사정권이 언론을 강력 통제하는 데엔 그만한 이유가 있었다. 김종 필의 중앙정보부는 1963년에 치러질 대선을 염두에 두고 1962년 1월 부터 비밀리에 정당을 조직하는 작업에 착수했다. 정치자금을 어떻게 조 달할 것인가? 그건 바로 '부정부패'였다. 증권 · 워커힐 · 새나라 · 파친코 등 이른바 4대 의혹 사건이었다. 이건 언론이 침묵해야만 성공할 수 있 는 일이었다. 그래서 신문의 입에 재갈을 물렸던 것이다.

군사정권의 신당인 민주공화당은 1963년 2월 26일에 창당되지만, 4대 의혹 사건이 불거지게 된 건 1962년부터였다. 워낙 가공할 부정부 패라 덮는 데엔 한계가 있었던 것이다. 4대 의혹 사건은 박정희와 김종필 의 합작품이었지만, 그 모든 책임은 김종필에게 돌아가게끔 되어 있었다. 나중에 김종필은 이 사건에 책임을 지고 외유를 떠나게 되고, 그가 떠난

지 2주일 만인 1963년 3월에 수사결과를 발표해 15명을 구속하지만, 그건 '정치 쇼'였다. 정작 구속해야 할 장본인은 박정희와 김종필이었다.

증권 파동, 즉 주가조작 사건

4대 의혹 사건의 첫 번째인 증권 파동은 중앙정보부가 개입해 장난을 친 주가조작 사건이었다. 국가재건최고회의 감찰위원장으로 감사를 했던 채명신은 『사선을 넘고 넘어: 채명신 회고록』(1994)에서 "증권 파동은 육군 소령인 강모와 통일·일흥증권의 윤모 사장이 합작해 벌인 조작극이었다. 윤 사장은 강 소령의 전폭적인 지원 아래 1962년 2월부터 5월까지 주가를 엄청나게 올려놓고 개미군단이 몰려들자 상투에서 팔아 30억 환을 모았다는 소문이 파다했었다"며 다음과 같이 말했다.

"이뿐만이 아니다. 강 소령의 압력에 의해 윤 사장은 기관들이 보유하고 있던 한전주를 주당 1만5천813환70전에 불하받아 6만 환까지 치솟았을 때 팔기도 했다. 게다가 증권거래소는 액면가 50전에도 미달되는 38전짜리 대중주大衆株(인기 있는 주식)를 폭발장세를 틈타 액면가의 29배인 14환 50전에 공모증자를 하기도 해 공화당 창당 멤버들의 주머니를 두둑하게 채워주었다. 이런 판국이니 일반 투자자들도 미친 듯 달려들었고, 급기야 그해 5월부터 7월까진 수도受渡 결제 불능이란 사상 초유의 사태를 초래해 5천여 명의 선량한 투자자들이 피해를 입었다."[112]

구체적인 사기 수법은 가격만 형성시켜놓고 실질적 매매는 이루어지지 않는 일종의 변태적인 거래 방법인 '불성不成'이었다. 김준하의 『대통령과 장군: 윤보선 대 박정희』(2002)에 따르면, "예를 들면 8전 하던 주식 수백만 주를 권력을 이용해서 증권사에서 빌려다가 1원20전까지 올려서 팔아치우고 증권거래를 불성으로 몰고 간 다음 8전으로 주가를 떨어뜨려 놓고 빌려온 주수株數만큼 싸게 시장에서 구입해서 빌려온 곳에 반환했다는 것이다. 그러니까 예를 들면 1원20전에서 8전 사이에 발생한 주당 1원12전이 고스란히 소득이 된 이치였다. 군사정권이 아니면 도저히 생각할 수 없는 만행蠻行이었다."[113]

그러나 증권 파동의 최고 책임자인 김종필은 그걸 '만행'으로 생각하지 않았다. 나중에 최고위원들이 증권 파동에 대해 추궁하자 김종필은 대수롭지 않다는 듯 이렇게 말했다. "새 정당을 조직하려니까 돈이 많이 듭니다. 정당을 만드는 데 국고금을 쓸 수는 없지 않습니까. 그래서 증권시장에서 조달하여 쓴 것입니다. 원래 증권시장은 투기꾼들이 모이는 곳 아닙니까. 재미 보는 사람도 있고 손해 보는 사람도 있게 마련이지요. 이 방법은 제2차 세계대전 중 미국 CIA가 부족한 공작비를 보충하는 방법으로 썼는데 우리도 그 방법을 모방해 보았습니다."[114]

원래 증권시장은 투기꾼들이 모이는 곳이다? 그렇지 않았다. 군사정권은 전국의 공무원, 특히 교육공무원에게 증권 구매를 장려했다.[115] 증권을 잘 모르는 사람들까지 뛰어들게끔 분위기를 조장해 패가망신하는 건 물론이고 자살하는 사람들도 속출했다.[116]

피해액에 대해선 여러 설이 있다. 선의의 투자자 5,242명이 138억 원의 피해를 입었다는 설이 있다.[117] 1963년 3월 28일 미 안보회의가 케네디에게 올린 한국 정세보고서엔 "김종필이 한국 역사상 최대 규모의 증권 조작을 통해서 2~3천만 달러를 벌었다"고 썼다. 증권 파동의 실무 총책인 중앙정보부 행정관 강성원은 "그때 약 20억 원을 벌어 재건동지회 조직에 썼다"고 증언했다. 20억 원을 1998년 기준 화폐가치로 따지면 약 2,000억 원이다.[118]

워커힐 공사 자금 횡령 사건

워커힐 사건은 무엇인가? 군사정권은 1961년 9월 성동구 광장동 부지 60만 제곱미터(약 18만 평)를 수용했다. 워커힐을 짓기 위해서였다. 전 미8군 사령관 월튼 워커Walton Walker, 1889~1950의 이름을 따서 지은 워커힐은 마땅한 휴양지가 없어 일본으로 떠나는 주한미군의 달러를 잡아두기 위해 구상되었다.

1962년 봄 일본의 주간지들은 앞다퉈 "한국의 군사정권이 미군 장병을 끌어들이기 위해 술과 여자와 도박판 위주의 위락 시설을 짓고 있다"고 보도했다. 미국 언론도 1962년 10월 "이 시설은 매춘굴, 카지노, 미인 호스티스 등을 갖추고 있다"고 보도했으며, 이에 미국 부인단체가 유엔군사령부와 한국 정부에 강력 항의하기도 했다. 그러나 워커힐은 원래 목적인 미군 장병 유치엔 실패해 적자경영을 면치 못했으며, 그 대신 박정희가 기생 파티를 위해 자주 이용했다.

워커힐은 공사 착공 11개월 만인 1962년 12월 26일에 준공되었다. 1963년 4월 8일 개관식엔 워커의 아들인 미8군 소속 중령 샘 워커 Sam Walker, 1925~2015가 참석해 아버지를 기렸고 세계적인 재즈 연주자 루이 암스트롱Louis Armstrong, 1901~1971도 초청되었다. 미국의 환심을 사기 위해 호텔과 함께 들어선 빌라의 이름에도 유엔군 사령관이나 미8군 사령관 이름이 붙여졌다.[119]

⑤ 워커힐 건립

도시의 모습이 정치와 깊은 관계가 있다면 언뜻 이해하기 어려울 수도 있지만, 세계사를 살펴보면 대부분의 도시는 정치와 밀접하게 연결돼 있다. 조선왕조가 한양(서울)으로 천도한 것부터가 정치적인 결정이었다.

한국전쟁으로 황폐해진 서울이 느리지만 조금씩 복구되고 있던 시기에 4·19, 5·16 등 엄청난 정치적 변화를 가져온 사건이 잇따랐다.

미국 정부는 처음에는 5·16을 달갑지 않게 여겼다. 이에 5·16 주역이었던 김종필씨는 미국 정부의 인식을 바

워커힐의 영문 이름 머리글자인 W자를 상징하는 기둥.

5·16 군사정권, 美 환심 사려 몰래 추진
日주간지 "음주·도박 시설" 비난에 들통

꾸기 위해 여러가지 방안을 내놓았다. 그 중 대표적인 것이 '주한미군과 외국인 관광객을 위한 위락시설을 갖춘 대규모 호텔 건설'이다. 위락시설을 만들면 주로 일본으로 휴가가는 주한미군이 서울에서 휴가를 보내며 돈을 쓰게 하는 동시에 군사정권에 대한 이미지를 개선할 수 있을 것이란 계산이었다.

이에 따라 1961년 하반기 대규모 호텔을 조성할 곳으로 이승만 대통령의 한강변 별장터가 선정됐다. 부지 면적은 19만1천여평. 李대통령은 가끔 이곳에 들러 낚시를 즐겼다고 한다. 울창한 아차산을 등진 이곳은 한강의 흐름과 넓은 들녘이 한눈에 들어오는 절경이었다.

새 호텔에는 '워커힐(Walker Hill)'이란 이름이 붙여졌다. 주한미군과 유엔군의 휴가 장병을 유치하기 위해 짓

는 호텔인 만큼 한국전쟁 중 의정부에서 교통사고로 사망한 미8군사령관 워커 장군의 이름을 딴 것이다. 호텔과 함께 들어설 빌라의 이름도 더글러스(맥아더)·머슈즈(리지웨이) 등 미군이나 유엔군 장군의 이름을 붙였다.

비밀리에 추진되던 워커힐 건립 계획은 62년 봄 일본의 주간지들이 앞다퉈 "한국의 군사정권이 미군 장병을 끌어들이기 위해 술과 여자와 도박판 위주의 위락시설을 짓고 있다"고 보도하면서 알려졌다. 미국의 AP·뉴스위크도 62년 10월 "이 시설은 매춘굴·카지노·미인 호스티스 등을 갖추고 있다"고 보도했다. 이에 미국 부인단체가 유엔군 사령부와 한국 정부에 강력 항의하기도 했다.

워커힐의 주 설계는 김수근씨가 맡았다. 그는 서울대 공대 재학 중 한국전쟁이 터지자 부산에서 일본으로 밀항한 뒤 도쿄(東京) 예술대 건축과, 도쿄대 건축과 석사과정을 마쳤다. 워커힐 설계에는 김수근 외에 김희춘·나상진·엄덕문·이희태·강명구 등 여러 명의 건축가가 참여했다.

63년 4월 워커힐이 문을 열자 박정희 대통령은 이곳을 자주 찾았다. 그러자 서울시장들은 워커힐 가는 길을 정비하고 도로변에 건설공사를 벌였다. 이는 朴대통령에게 열심히 일하고 있다는 것을 보여주기 위한 가장 쉬운 방법이었기 때문이다.

한양대 앞 성동교는 64년부터 2년간 확장공사를 벌였다. 또 뚝섬지구의 토지구획 정리사업이 시작되고, 성동교에서 워커힐에 이르는 광나루길은 폭 10m에 불과했으나 66년에 30m로 넓어졌다.

결국 워커힐은 당초 건립 목적인 많은 미군 장병 유치에는 실패해 적자경영을 면치 못했지만, 서울 동부지역 개발에는 큰 역할을 한 셈이다.

정리=신혜경 전문기자

워커힐은 주한미군을 유치하려고 "술과 여자와 도박판 위주의 위락시설"로 지었지만, 적자경영을 면치 못했다. (『중앙일보』, 2003년 9월 5일)

그러나 개관 전에 중앙정보부가 공사자금 가운데 상당 부분을 횡령해 민주공화당 정치자금으로 사용했다는 의혹이 제기되었다. 채명신에 따르면, "공사자금을 조달할 길이 없자 중앙정보부의 담당 국장은 재무부에 압력을 가해 산업은행으로 하여금 융자를 해주도록 했고, 각군 병력 3만여 명과 4,000여 대의 장비를 동원해 공사를 벌였으며, 이는 각종 법규가 무시되고 불법으로 이뤄진 것이었다. 시공업자와 발주자 사이에 거액의 커미션이 오갔고 건축 자재 또한 공화당사 보수 자재와 같아 온갖 의혹이 끊이지 않았다".[120] 또 무대장치부터 시멘트에 이르기까지 일본 제품을 수입하면서 중앙정보부 명의로 무관세·무검사로 도입해 150만 달러의 부당이득을 취했다.[121]

새나라자동차와 파친코 사건

새나라자동차 사건은 1961년 10월 중앙정보부장 김종필이 대만을 방문하고 거기서 자동차산업의 발전상을 목격한 것에서부터 비롯되었다. 12월 김종필은 일본에 가서 재일교포 사업가 박노정을 만났다. 박노정은 자기 회사 전무인 안석규를 한국에 파견했다. 안석규는 중앙정보부 차장보인 석정춘의 도움으로 새나라자동차공업주식회사를 설립했다. 정부는 관광용 자동차 400대를 수입할 계획을 세우고 그 대행업무를 안석규에게 맡겼다. 수입과 공장부지 건과 관련해 중앙정보부는 상공부와 인천시에 압력을 행사했다.[122]

1962년 5월 국가재건최고회의는 '자동차공업보호법'을 제정해 향후 5년간 자동차 부품 수입을 무관세로 했고, 이런 바탕 위에 새나라자동차 조립 공장이 건설된 것이다. 그러나 실제로는 완성된 일본산 소형 자동차 2,000여 대를 관세 없이 수입해 시중 업자에게 팔아넘겨 이익을 취하는 방식이었다. 수입 가격은 1대에 13만 원인데 25만 원으로 팔아 약 2억 5,000만 원의 이익을 취했다. 물론 이 돈은 민주공화당 창당 자금으로 사용되었다.[123]

이 새나라 사건이 자동차 산업에 미친 부작용도 컸다. 오원철의『한국형 경제건설 1』(1996)에 따르면, "자동차 공업도 수공업적으로나마 버스나 '시발'차가 국산화되어 사용되고 있었으니, 이것을 기초로 해서 서서히 발전시켜나가야 했을 것이다. 그런데 일본차를 완제품으로 들여왔으니, 국내에는 일감이 없어져 버렸다. 이름은 '새나라'라고 했지만 이 것은 일본차가 새나라(한국)에 들어왔다는 것이지 국산품은 하나도 쓰지 않았다. 이 일로 우리나라 자동차 시장은 완전히 일본에게 내주어야 했

1962년 5월 새나라자동차 조립 공장이 건설되었지만, 실제로는 일본산 소형 자동차를 수입해 시중 업자에게 팔아넘기는 방식이었다. 새나라자동차공업주식회사를 시찰하고 있는 박정희.

고, 우리나라는 상당 기간 자동차 공업의 볼모지가 되어버렸다".[124]

파친코pachinko 사건은 중앙정보부가 자유당, 민주당 때 금지되었던 도박 기구 파친코를 500대나 수입하게 하고 영업 허가를 내주는 대신 돈을 챙긴 사건이다. 파친코 2,527대가 도입되었다는 주장도 있다. 그래서 한동안 파친코 열풍이 불었다.[125] 국민을 도박에 빠지게 만들면서까지 챙긴 정치자금으로 도대체 무슨 정치를 하겠다는 것이었을까?

'구악을 뺨칠 신악'

이병주는 「5·16 혁명 '공약空約'」(1985)이라는 글에서 4대 의혹 사건은 군정시대에 저질러진 부패상의 빙산의 일각일 뿐이라며 이렇게 말했다. "몇몇 특정인은 군정의 비호 아래 엄청난 치부를 했다는 것은 세상에 널리 알려진 일이고 5·16 사태의 주동자 가운데도 어마어마한 축재자가 있었다는 것도 이미 밝혀진 사실이다. 그런 까닭에 구악舊惡을 뺨칠 신악新惡이 등장했다고 모두들 말하고 있는 것이다. 민주당의 부패상을 군사정부는 치밀하고도 철저하게 추궁했지만 태산명동에 쥐 한 마리의 격이 되고 말았다는 것도 알아둠직하다."[126]

그러나 4대 의혹 사건을 비롯한 쿠데타 주체들의 부정부패는 아직까지도 그 전모가 다 드러난 건 아니지만 그걸 자유롭게 말할 수 있는 시절부터 밝혀진 것이다. 당시의 일반 국민에겐 막연한 의혹 정도로만 인식되었기 때문에 쿠데타 주체들은 한편으론 부정부패를 저지르면서도 다른 한편으론 부정부패 척결을 외치는 이중적인 행동을 계속할 수 있었던 것이다.

제6장

KBS-TV의 탄생:
"TV는 가정불화의 유행병"

'근대화 상징'으로서의 TV

1962년부터 단기檀紀 대신 서기西紀를 공용연호로 사용하게 되었으며, 미터법이 공식 단위로 사용되었다. 이와 더불어 1961년 12월 31일 KBS-TV의 개국은 군사정권의 '근대화' 작업과 '박력'의 상징으로 여겨졌다. 이 중 가장 강력한 상징이자 실체는 텔레비전 방송의 시작이었다.

국가재건최고회의는 1961년 8월 TV 방송국 설립을 계획했다. 당시 공보실장 오재경은 이 계획이 자신의 아이디어에서 출발했다고 말했다. "여론을 만드는 서울 시민의 병든 마음을 성하게 고치기 위해서 나는 TV국 세우기를 원했다. 또한 새로워지는 나라와 겨레의 모습을 구체적인 것으로 만들어서 이것을 눈으로 보고 그들의 생활로 삼게 하기 위해서였다. 그리하여 혁명정부의 크리스마스 선물로 삼고 싶었던 것이다. 50일 낮밤 동안에 만들어낸 TV국은 확실히 하나의 혁명이었다."[127]

그 결과 탄생한 방송국이 바로 오늘날의 KBS-TV다. 그러나 KBS-TV가 오재경이 말하는 것처럼 그렇게 순수한 뜻만으로 만들어진 건 아니었다. 언론을 '혁명'을 위한 도구로 간주한 군사정권이 TV의 도구적 효용에 눈을 돌렸다고 보는 것이 더 옳을 것이다. 훗날(1966년) 박정희가 텔레비전을 "혁명정부의 문화시책에 있어서의 빛나는 실적"으로 평가하게 된 것도 TV의 홍보 기능을 염두에 두고 한 말로 보는 것이 옳을 것이다.[128]

KBS-TV의 개국은 군사정권의 군사작전식 일 처리 방식을 상징적으로 잘 보여주었다. 11월 6일 텔레비전 방송국 기공식이 거행되었고, 11월 8일 공보부에서 공모한 제1기 텔레비전 방송 요원들이 배속되었고 12월 10일 방송 기자재가 도착했다. 남산에 방송국사를 짓는 공사는 밤낮을 가리지 않고 이루어졌으며 날씨가 추워지자 콘크리트가 얼까봐

1961년 12월 31일에 개국한 KBS-TV는 군사정권의 '혁명'을 위한 도구로 간주되었다. 미국의 RCA 텔레비전. (대한민국역사박물관 소장)

소금을 섞어가며 강행군을 했다. 노정팔의 증언이다.

"정말로 번갯불에 콩 구워 먹는 속도보다도 더 빨랐다. 창설 계획을 세운 것이 그해 8월 14일, 건축 공사를 시작한 것이 10월 10일이니 2개월 남짓 걸린 셈이다. 기재는 미국 RCA 기계를 발주하여 12월 10일에 비행기로 실어 날랐고, 그때부터 설치 공사가 강행군되었다. 아마 기네스북에 오를 만한 일이요, 세계적인 기록일 것이다. 남들 같으면 아무리 빨리 해도 2~3년은 걸려야 했을 일을 우리는 불과 3개월도 안 걸려 해치운 것이다. 자랑해야 할지 졸속이라고 비난해야 할지 모르겠다."[129]

졸속을 수반하긴 했지만, 그런 속도전은 군사정권의 장점이기도 했다. 1963년 대선 과정의 '색깔 전쟁' 때에 밝혀진 사실이지만, KBS-TV의 건설 자금은 1961년 8월 남파공작원 이만희가 가져온 20만 달러로 충당되었다는 것도 바로 그런 속도전을 말해주는 것이었을까? 당시 박정희가 가장 좋아했던 노래가 당시로선 빠른 템포의 〈노란 샤쓰 입은 사나이〉였다는 건 우연이 아니다.[130](역사 산책 5: 노란 샤쓰 입은 사나이 참고)

TV 수상기를 갖기 위한 경쟁

1961년 12월 24일 KBS-TV는 채널 9를 통해 5시간의 실험방송을 했으며, 12월 31일 오후 7시, 국가재건최고회의 의장, 내각수반, 공보부 장관이 참석한 가운데 국영 KBS-TV가 개국했다. 세계적으론 이미 70여 개 나라가 TV 방송을 실시하고 있던 때였다. KBS-TV는 12월 31일부터 1일 4시간의 정규방송을 개시했다. 당시엔 모든 걸 생방송으로 처리해야 했으니 프로그램을 대는 게 이만저만 어려운 일이 아니었다. 이병주의 증언이다.

"스튜디오 카메라는 단 한 대뿐이고 필드 카메라를 스튜디오에서 함께 사용했으나 그나마 두 대만 가지고는 '커팅'이 제대로 될 수가 없었다. 게다가 화면 안엔 붐 마이크가 잡히는 일도 다반사였다. 등장인물이 실수로 넘어지면 그대로 방송되는 해프닝도 가끔 벌어지는 상황이었다. 모든 프로가 사전에 '녹화, 편집'을 거쳐서 방송되는 현재의 완벽한 방송 시스템과 비교하면 너무나 거리가 먼 옛이야기이다. 그런데 불행 중 다행이었다고 할까? 당시에 TV 수상기 보급대수가 5,000대를 넘지 않는 수준이었던 탓으로 TV 방송이 그저 신기할 뿐 항의하는 시청자는 없었다."[131]

KBS-TV는 1962년 1월 14일까지 2주 동안 영화 필름을 주축으로 하루 4시간의 임시 방송을 했으며, 1월 15일부터 오후 6시부터 10시 30분까지 방송 시간을 30분 늘려 방송했다. 그러다가 2월 2일부터 방송 시간을 1시간 앞당겨 오후 7시 30분부터 9시 30분까지 정규 방송을 했다.

1962년 1월 25일 KBS-TV는 제1기 탤런트를 공채했다. 박병호, 최정훈, 김난영, 박주아, 정혜선, 태현실 등 26명이었다. 5월엔 2기생을 뽑는 등 1962년 한 해에만 모두 세 차례에 걸쳐 탤런트를 선발했다(2기생은 강부자, 3기생은 김민자, 이일웅 등). 이는 본격적인 오락매체로서 텔레비전의 성장을 예고하는 것이었다.

당시 국내엔 TV 수상기가 얼마나 있었을까? 이병주는 5,000대 미만이라고 했지만, 유병은은 약 1만 대로 추정했다. "부산에서 일본 TV가 선명하게 보이자 상인이 서울에 올라와 TV 수상기를 부산으로 수집해가는 현상이 나타났으며, 여행자의 반입 및 동두천 등 미군 PX를 통한 음성적인 유통으로 인한 TV 수상기의 상당량 증가로 KBS-TV가 개국할 무렵에는 약 1만 대의 수상기가 있는 것으로 추정되었다."[132]

그러나 1만 대론 모자라 군사정권은 1962년 2월부터 총 2만 대의 TV를 미국과 일본에서 긴급 도입해 월부로 배포했다. 당시 이렇게 수입된 TV 수상기를 갖기 위한 경쟁은 매우 치열했다. "TV 수상기 신청서 1장에 100원씩 팔았는데, 신청서를 사러 온 시민의 운집으로 세종로와 정동 방송국 부근은 인산인해를 이루는 대혼잡으로 교통 순경까지 출동하였다. 신청서를 판매한 대금이 무려 650만 원에 달했다고 하니 대단한 경쟁이었다."[133]

'가정불화의 유행병 TV'

『사상계』1962년 4월호에 실린 유성의 「가정불화의 유행병 TV」라는 글은 당시 텔레비전에 대한 열광의 수준이 어느 정도였는지 아주 실감나게 보여주고 있다. 다음과 같은 내용이다.

지난 1월 초순, 옆 주인집에서 텔레비를 설치했으니 구경을 오라는 것이었으며 그 당시만 하더라도 아내는 비교적 TV에 대한 관심이 별로 없었었다. 그리고 주인집과는 한 울안에 있어도 각각 별채로 되어 있는 집이기에 다행이었다.

그 후 며칠이 지나서의 일이다. 일찍이 퇴근하여 보니 집에는 식모 아이만이 있었다. 식모의 말에 의하면, 가까이 있는 언니 집에 어린아이와 같이

TV 방송을 보러갔다는 것이다. 마음이 꺼림칙했다. 아내가 돌아왔기에 구경을 잘하였느냐고 물어본즉, "우리는 어느 때나 텔레비를 사느냐"는 반문이었다. 우리의 환경을 이해하는 아내로부터 의외의 반문이었다. "돈 벌어서 사지……", "당신이 언제 돈을 벌겠어요?"라고 아내는 또 말을 하는 것이었다. 기약할 수 없는 실정이기 때문이다.

그다음의 일요일이었다. 오랜만의 휴일이기에 책이나 보려는 심사로 집에 있으려니까 아내의 친구들이 약속이나 한 듯 모이더니 TV 스크린에 나타난 영화가 어떻다느니, 출연 배우가 누구누구더라는 것과, 행여 질세라 우리네도 어제 테레비의 구입 신청서를 제출했다느니 등등 본격적인 TV 붐의 꽃을 피우는 것이었으나 그동안 아내의 말소리는 전혀 들리지 않았다.

앉아 있을 수가 없어 옷을 꺼내 입고 문을 소리 없이 열고 나왔다. 앞으로 TV 없는 가정주부들은 벙어리가 될 것 같기도 했다. 아내의 친구들 중에는 부유한 집안도 있으려니와 셋방살이의 가정도 있었다. 텔레비 붐은 마치 전국에 유행되고 있는 A-2형 독성 이상의 위력을 가지고 있는 모양이다.……

회사 직원들 간의 이야기다. 주변의 경쟁적인 가설에 가정불화가 생기곤 하며, 울며 겨자 먹는다는 식으로 TV를 신청한다는 것이다. TV의 이야기에 집에서 작전상 후퇴한 나로서도 아내의 TV 유행병에 대한 치료의 대책을 강구할 도리밖에 없었다. 한국방송문화협회에서 발행한 구입 신청서를 사가지고 집에 돌아와 말이 없는 아내에게 용지를 보였더니 믿지 못하겠다는 표정이었다.……

다음 날 서류를 작성해 가지고 퇴근을 일찍이 서둘렀다. 접수처인 효창공원운동장의 매표구에는 많은 사람이 줄을 지어 서 있었으나 가벼운 표정보다는 추운 날씨임에도 몸에 걸친 코트가 무거워 보이는 사람이 오히려 많았다.……

효창공원에서 멀지 않은 곳에 셋방살이나마 집이 있건만 바로 들어갈 용기가 나지를 않았었다. 아내에게 거짓말을 하게 될 것이기 때문이다. 비록 TV 신청을 했을망정 TV를 살 계획은 없었다. 또한 배당이 되는 경우에도 같은 회사의 직원에게 양도할 의도였다. 아내의 체면을 그의 친구로부터 최소한도라도 되찾아주고 유지시켜 보겠다는 것이다.[134]

'무분별한 광란의 붐'

그런 과도한 열기 때문인지 텔레비전에 대한 부정적인 의견도 만만치 않았다. 『동아일보』 1962년 2월 18일자와 27일자는 텔레비전에 대한 뜨거운 관심을 인플레이션을 야기시킬 수 있는 '무분별한 광란의 붐'으로 비판했다.[135]

문형선은 『사상계』 1962년 4월호에 쓴 「이견: TV 시비」라는 글에서 '텔레비전 붐'에 대해 "혁명이라는 '역사의 기관차'는 우리나라에 세 가지의 '붐'을 가져왔다. 서울시청 앞에 때 아닌 장사진을 이루게 한 '텔레비 붐'이 그 하나이며, 한동안 명동 일대를 들끓게 한 증권 '붐'과 보세가공무역까지를 포함한 외자 도입 '붐'이 바로 그것이다"며 다음과 같이 말했다.

"그러나 우리가 맞은 '붐' 가운데는 기형적인 것이 없지 않은 성 싶다. 예컨대 '텔레비 붐'이다.…… 해마다 2~3억 불에 달하는 국제수지의 적자가 외원外援(외국의 원조)에 의해서 가까스로 메워지고 있는 우리 살림에 160여 만 불에 달하는 텔레비의 수입은 지나친 외화의 낭비가 아닐까?……올해만도 2천3만여 KW의 전력 부족이 예상되고 있는 터에 텔레비 보급으로 발전 단위가 8천KW나 소모케 되니 너무나 엄청나는 소모가 아닐까? 8천KW이면 큰 공장이 10개 이상이나 쓰고 남는 전력이기 때문이다."[136]

전력 걱정 문제가 나올 만도 했다. 1961년 7월 1일 조선전업, 경성전기, 남선전기로 나뉘어져 있던 전력회사가 한국전력주식회사(현재 한국전력)로 통합되면서 발전소와 송배전망 건설이 시작되지만, 아직 갈 길이 멀었다. 1961년 북한의 전력 생산량은 110만 킬로와트였던 반면, 남한은 5개년계획이 끝나는 해의 목표가 103만 킬로와트였다.[137] 당시 한국은행에 근무했던 한규훈은 『실록 한국은행』(1986)에 다음과 같이 썼다.

"밤에 작업하다가 창밖을 내다보면 길 건너 남대문시장 편으로 금은방이 있는데 촛불을 켜놓고 장사하고 있었다. 한국은행은 특수기관이라고 해서 전기가 들어왔지만 그것도 가끔 정전이 되어 때로는 촛불을 켜놓고 작업하는 형편이었다. 1960년의 우리나라 전력 평균 출력은 19만 킬로와트였다. 지금(1986년) 포항제철 한 곳에서 쓰고 있는 전력만 하더라도 10만 킬로와트는 될 것이다. 우리나라 전체가 19만 킬로와트를 가지고 쪼개 썼으니 무슨 공업화가 되겠는가?"[138]

'농어촌 라디오 보내기 운동'

군사정권은 부산, 대구, 광주, 대전, 전주 등 전국 주요 지방도시에 방송국을 증설해 전국적인 네트워크를 구성하겠다는 5개년계획을 발표했다. 아직은 텔레비전보다는 더 주력 매체인 라디오의 확산을 위해 '농어촌 라디오 보내기 운동'도 전개했다. '농어촌 라디오 보내기 운동'은 다 죽어가던 금성사를 살려냈다. 당시 금성사는 라디오 생산을 시작해 전자공업 개척에 나섰으나 범람하는 외제품에 밀려 존폐의 기로에서 방황하고 있었다.

국가재건최고회의는 '특정외래품 판매금지법'을 공포했는데, 이 법안은 애초 4·19로 집권한 민주당 정부가 1961년 4월 마련한 '국산 가능한 라디오 부품의 수입금지 및 특정외래품 판매금지법안'을 기반으로 한 것이었다. 민주당 정부가 어렵게 빛을 본 금성사의 국산 라디오를 보호함으로써 전자산업을 적극 육성하겠다는 의지를 담았던 이 법은 이후, 밀수품 단속에 적극 활용되었다.[139]

군사정부가 밀수금지와 밀수품 단속령을 강력 집행함에 따라 외제

군사정권은 라디오의 확산을 위해 '농어촌 라디오 보내기 운동'도 전개했다. 이 운동으로 다 죽어가던 금성사가 살아났다. 1960년 10월 금성사에서 생산된 진공관식 전기 라디오 'A-502'. (대한민국 역사박물관 소장)

라디오가 사라졌고, 이어 '농어촌 라디오 보내기 운동'이 벌어짐으로써 금성사는 라디오 재고를 순식간에 해결했다. 5·16 전까지 판매한 라디오는 모두 1만 7,420대였지만, 라디오 보내기 운동을 전개한 이후 농어촌에만 20만 대가 넘게 보급되었다.[140]

군사정권의 문화방송 강탈

KBS-TV가 탄생하기 29일 전 서울엔 새로운 민간 라디오 방송국이 문을 열었다. 1961년 12월 2일 서울에서 부산문화방송과 네트워크를 형성한 한국문화방송주식회사HLKV가 바로 그것이다. 그런데 사주인 김지태는 1962년 5월 한국문화방송은 물론 부산문화방송과 『부산일보』의 경영권을 재단법인 5·16장학회에 넘기고 물러났다. 『문화방송 30년사』는 그걸 단 한 줄로 가볍게 기록하고 넘어갔지만,[141] 그건 김지태가 5·16 군사쿠데타에 협조하지 않았다는 이유로 군사정권이 강탈한 혐의가 짙다.

김지태의 큰아들 김영구는 "(1962년) 5월 25일 부산 군수기지 사령부 법무관실에서 아버지가 수갑을 찬 상태로 운영권 포기 각서에 서명하고 도장을 찍었다"며 "내가 장남이라 인감 도장을 가지고 가, 현장을 똑똑히 목격했다"고 말했다.[142]

김지태는 1962년 3월 재산 해외 도피 혐의 등으로 중앙정보부에 체포되어 두 달 정도 구금 생활을 하다가 부산일보사 등의 운영권 포기 각서를 쓴 며칠 뒤 공소 취하로 풀려났다. 후일 김지태는 자신의 결백을 토로했다. 그는 "혁명 후 10개월 만인 1962년 3월 27일 국내 각 신문들

김지태는 1961년 12월 2일 한국문화방송주식회사를 설립했지만, 5·16 군사쿠데타에 협조하지 않았다는 이유로 한국문화방송을 군사정권에 빼앗겼다.

은 큼직큼직한 활자로 '부정축재 처리위반법, 국내 재산 해외 도피 등의 혐의로 김지태 씨 입건'이라는 제목 아래 소상한 기사를 썼다.……내가 끝까지 결백을 주장하고 맞서는 경우를 생각해보니 나 개인보다는 우선 산하 기업체 간부들이 희생을 당하는데다가 기업 경영이 엉망이 되어 수천 종업원이 실직하게 될 것이 안타까웠다"며 다음과 같이 말했다.

"신문사나 방송국은 공영사업이므로 누가 경영하든 이 나라 매스컴 발전에 이바지할 수만 있으면 된다는 심정으로 협상에 응할 심산이셨다. 그러나 구속된 조건 아래 그런 서류를 작성한다는 것은 옳지 못하니 석방된 연후에 약속을 이행하겠다고 버티었으나, 막무가내로 어느 날 작성해온 양도서에 강제로 날인이 이루어진 것이다. 이렇게 되자 며칠 안 되어 경남 고등군재(고등군사재판소)는 '피고인들은 자기의 죄과를 뉘우치고 국가 재건에 이바지할 뜻이 농후하다'는 이유를 들어 나를 비롯한 전원에 대하여 공소 취하를 선고했다. 이렇게 하여 1948년 4월 이해 14년간 애지중지 가꾸어놓은 『부산일보』와 만 4년 동안 막대한 사재를 들여 궤도에 올려놓은 문화방송과 부산문화방송은 1962년 5월 25일, 5·16 재단으로 넘어가고 말았다. 이 기본 재산을 토대로 하여 '5·16장학회'는 그해 7월 14일에 발족을 보게 되었다. 그리고 이와 동시에 '부일장학회'의 기본 재산인 부산 시내 토지 10만 평을 헌납했다."[143]

"박정희는 언론사를 원했다"

그렇다면 5·16 이전에 무슨 일이 있었던 것일까? 1961년 4월 말로 접어들면서 박정희는 거사 자금 문제로 고민을 하고 있었다는 점에 주목할 필요가 있다. 이에 대해 '박정희 연구자'라고 해도 좋을 조갑제의 말을 들어보자. 그는 "5월 3일 박정희는 부산으로 내려가서 대구사범 동기 황용주 『부산일보』 주필을 송도 덕성관에서 만났다. 군수기지사령부의 참모장 김용순 준장을 데리고 온 박정희는 황용주를 옆방으로 불러내더니 거사 계획을 설명하고는 이렇게 부탁하는 것이었다. '급히 김지태 사장에게 부탁하여 500만 환만 융통해줄 수 없겠나.' 황 주필은 난감했다. 『부산일보』 김지태 사장에게 자신이 그런 부탁을 할 처지가 아닐 뿐만 아니라 김 사장이 과연 성공이 불확실한 쿠데타 계획에 돈을 댈 것인지 자신을 가질 수도 없었다"며 다음과 같이 말했다.

"박정희는 대답을 망설이는 황용주에게 이런 말을 덧붙였다. '김 사장에게는 서울의 모 장성이 요청한다고 말하든지 그래도 반응이 없을 때는 쿠데타 계획을 약간만 비쳐주어도 괜찮다.' '가능성이 희박하지만 어떤 계기를 만들어서 이야기해보지.'……황용주 주필이 김 사장에게 그 뜻을 전하지 못하고 있는 사이 쿠데타가 발생했다. 김지태가 그런 부탁을 전달받았다면 어떤 태도를 취했을지는 알 수 없다. 김지태 사장은 5·16 직후 밀수 혐의로 구속되고 『부산일보』와 문화방송의 운영권을 빼앗긴다. 협조해주지 않은 데 대한 혁명주체들의 보복이란 주장이 있다. 협조 요청을 받은 적이 없는 김지태 측으로선 할 말이 많을 것이다."144

한홍구는 「그는 언론이 탐나서 몸부림쳤다」는 글에서 "황용주는 박정희의 부탁을 김지태에게 전하지 않았고 뒤에 그 사실을 박정희에게 해명했기 때문에 이 사건이 박정희가 김지태에게 앙심을 품었기 때문에 벌어졌다고 보는 것은 너무 단순한 해석이 아닐까 한다"며 다음과 같이 말했다.

"이 사건의 본질은 박정희가 김지태에게서 빼앗아 5·16장학회로 넘긴 재산의 성격을 보면 잘 나타난다. 김지태는 그 당시에 수십억 대의 막대한 재산을 소유한 사람이었다. 그런데 김지태가 구속됐다가 풀려나는 과정에서 왜 하필이면 언론 3사(『부산일보』, 한국문화방송, 부산문화방송)의 주식을 '헌납'하였는가? 바로 박정희가 언론사를 원했기 때문이다."145

5·16장학회 재단의 정체는 모호했다. 훗날 야당은 그것이 박정희 개인의 것이라고 공격했다. 박정희가 문화방송과 『부산일보』 사장 자리에 내내 황용주 등과 같은 자신의 동창생들만 앉힘으로써 그런 혐의를

짙게 만들었다(2007년 5월 29일 진실 화해를 위한 과거사위원회는 5·16 군사 쿠데타로 집권한 정부가 정수장학회[옛 부일장학회] 재산을 강탈했다고 결론내렸다. 과거사위원회는 국가가 김씨 유족에게 사과하고 헌납받은 재산도 반환하라고 권고했다. 김씨의 유가족들은 2010년 6월에 법원에 정수장학회와 국가를 상대로 낸 주식양도 등 청구소송을 냈지만 부산에서 진행된 소송에서 1·2심 재판부는 모두 "김씨가 강박으로 인해 스스로 의사결정을 할 수 있는 여지를 '완전히' 박탈당한 상태에서 토지를 헌납했다고 보기는 어렵다"며 "증여의 의사표시는 강박을 이유로 취소할 수 있지만 김씨가 주식을 증여한 1962년 6월 20일부터 10년이 경과할 때까지 증여 행위를 취소했다고 볼 증거가 없으므로 취소권은 이미 소멸했다"고 밝혔다. 대법원은 2014년 2월 13일 김지태 장남 김영구를 비롯한 유가족 6명이 정수장학회와 국가를 상대로 낸 주식양도 등 청구소송 상고심에서 심리불속행 審理不續行 기각 결정을 내렸다).[146]

김지미와 최은희의 대결

5·16 군사쿠데타는 영화계도 얼어붙게 만들었다. 육사생도들의 쿠데타 지지 시위에 이어 공사생도들이 지지 시위를 하더니, 그다음엔 '연예봉사대'란 이름으로 대중연예인들도 '혁명공약 완수 지지'를 내걸고 가두시위 행진을 벌여야 했다. 가요계는 〈5월의 메아리〉, 〈5월의 북소리〉 같은 노래들을 내놓고 '혁명'을 찬양해야 했다.

반면 암울한 사회현실을 다룬 작품엔 탄압이 가해졌다. 탄압을 당한 대표적인 영화가 바로 1961년 봄에 상영된 유현목 감독의 〈오발탄〉이었다. 소설가 이범선의 원작을 각색한 이 영화는 평론가들에게서 호평을

1961년 영화계는 김지미와 최은희의 대결이자 영화감독 홍성기와 신상옥의 대결로 뜨거웠다. 이들은 각각 〈춘향전〉과 〈성춘향〉을 제작했다.

받았으며 흥행에도 성공했다.[147] 그러나 5·16 군사쿠데타 후 군사정권은 재검열을 이유로 〈오발탄〉을 상영 중지시켰다. 군사정권이 〈오발탄〉의 내용 중 문제를 삼은 건 정신착란의 실향민 노모가 외치는 "가자, 가자" 하는 절규였다. "가자"가 북한을 암시하는 게 아니냐는 트집이었다.[148]

이봉래 감독의 〈삼등과장〉도 전쟁 직후 한국 사회에 팽배해 있던 권위와 비합리성의 억압 상황을 풍자했다는 이유로 쿠데타 직후 상영정지 처분을 받았다. 쿠데타 주체세력은 그 누구보다 더 이전의 정권들을 비난했으며 그 시절이 절망적이었다고 주장하면서도, 이제 쿠데타가 일어난 이상 밝은 메시지만을 전파시켜야 한다는 식으로 대응했던 것이다.

영화 제작 편수 79편을 기록한 1961년 영화계의 가장 큰 화제는 김지미와 최은희의 대결이었다. 이는 영화감독 홍성기와 신상옥의 대결이기도 했다. 홍성기는 아내인 톱스타 김지미를 춘향으로 하여 컬러영화 〈춘향전〉을 만들었고, 신상옥 역시 아내인 톱스타 최은희를 춘향으로 내세운 컬러영화 〈성춘향〉을 만들어 설날 흥행작으로 맞대결을 벌인 것이다.

이 맞대결엔 배급업자인 지방 흥행사들까지 〈춘향전〉과 〈성춘향〉으로 나뉘어 치열한 경쟁을 벌였다. 개봉 전에는 홍성기와 김지미의 〈춘향전〉이 지방 흥행업자의 관심을 더 끌었으나, 막상 개봉이 되고 난 후엔 75일간 36만 명의 관객을 동원한 신상옥과 최은희의 〈성춘향〉이 완승을 거둔 것으로 나타났다. 〈성춘향〉의 완승엔 〈성춘향〉에서 방자 역을 맡은 허장강과 향단 역을 맡은 도금봉의 연기 덕이 컸다는 평가도 나왔다.[149]

당시 신필름의 제작부장이었던 박행철의 회고다.

"〈성춘향〉은 서울도 그랬지만 지방 흥행도 대단했지. 그때 지방에서는 입장권 같은 거 없는 데가 많았으니까. 입장 수입 감시하라고 신필름 직원을 전국 8도로 다 내려보냈거든. 난 광주로 내려갔었는데. 쌀 포대 있잖아. 거기다 돈을 막 주워담았다니까. 극장 앞에 서서 입장객 돈을 받아 쌀 포대에 담는 그 생활을 8개월을 했지. 그러고 나서 서울로 올라와 회사에 나갔더니 웬 여자가 어디서 오셨느냐고 묻는 거야. 그래서 내가 내 집에 왔는데 그게 무슨 소리냐고 했지. 그사이에 신 감독이 여비서를 둔 거라. 이대 영문과를 나온 엘리트를 비서로 뒀더라구."[150]

군사정권이 1962년 1월 20일에 제정한 영화법은 기존 영화사와 군소 프로덕션 71개를 16개로 통폐합했다. 군사정권은 영화 자본 형성, 제작 질서 확립, 영화의 질적 향상 도모 등과 같은 명분을 내세웠지만,

다음과 같은 '잿밥'에 더 큰 뜻이 있다는 건 말하지 않았다.

"정부는 이 법을 근거로 영화계에 대해 여러 가지 주문을 많이 했는데 크게 요약하면 북한보다는 남한이 모든 면에서 앞서고 살기 좋은 곳이며 그 같은 사회를 만드는 정치지도자는 위대하다는 것을 강조하는 것이다. 이에 따라 북한의 실상을 묘사한다든지 체제를 미화하는 내용, 우리 사회를 비판적인 시각으로 표현하거나 정치지도자의 권위에 손상을 주는 것이라고 판단되는 내용들은 절대로 영화에 담을 수 없었다."[151]

노란 샤쓰 입은 사나이

1950년대의 대중가요는 사회 현실에 관한 곡이 많았으며 주로 분단에 관한 노래가 많이 불렸다. 이 시기에는 사랑이나 인생, 고향에 관한 노래는 상대적으로 줄었다. 그러나 1960년대 들어서면서 차츰 사랑이라는 주제가 두드러지기 시작했으며 경제 부흥의 시기에 발맞춰 희망적인 건전가요풍의 노래가 많이 등장했다.[152] 밝은 분위기는 말할 것도 없고 우선 속도감이 빨라졌다. 가장 대표적인 히트곡이 손석우 작사·작곡, 한명숙 노래로 나온 〈노란 샤쓰 입은 사나이〉였다. '샤쓰'로 강하게 발음해야 맛이 사는 노래였다.

"노오란 샤쓰 입은 말 없는 그 사람이 어쩐지 나는 좋아 어쩐지 맘에 들어/미남은 아니지만 씩씩한 생김생김 그이가 나는 좋아 어쩐지 맘에 들어/아아 야릇한 마음 처음 느껴본 심정 아아 그이도 나를 좋아하고 계실까/노오란 샤쓰 입은 말 없는 그 사람이 어쩐지 나는 좋아 어쩐지 맘에 들어.”

1961년에 나온 이 노래는 5·16 군사쿠데타를 일으킨 주체의 젊음을 상징했다. 아니 사람들이 그렇게 믿고 싶어했다. 5·16 당시 중학교 3학년이었던 소년 조갑제는 이렇게 회상한다.

“이승만 대통령의 느릿느릿한 몸놀림과 말투에 익숙해 있던 나로서는 박정희 의장이 꼿꼿한 자세와 스타카토식 걸음걸이가 좋았다. 빨라진 걸음걸이만큼 그때부터 우리 사회도 활기차게 돌아가기 시작했다.······ 곧 국토건설, 농어촌 고리채 정리, 울산공업센터라는 말이 나오고 국민복이 유행하더니 〈단장의 미아리 고개〉를 누르고 〈노란 샤쓰 입은 사나이〉의 명랑한 리듬이 길거리에 깔리기 시작했다. 사회가 무엇인가를 향해서 팔딱팔딱, 꿈틀꿈틀 거리는 것을 느낄 수 있었다.”[153]

〈노란 샤쓰 입은 사나이〉는 히트곡으로 장수해 1962~1963년에도 대중의 큰 사랑을 받았다. 아니 1960년대 내내 인기곡으로 불렸다. 막상 쿠데타는 일으켰지만 영 경제가 돌아가지 않는 탓에 답답해하던 박정희가 특히 이 노래를 좋아했다. 자신을 ‘노란 샤쓰 입은 사나이’로 생각하고 싶었는지도 모르겠다. 박정희는 1963년 대선 시 첫 유세를 끝내고 『조선일보』 사주 방일영의 집에서 벌인 기생 파티에서도 이 노래를 불렀다.[154]

어린아이들도 이 노래를 좋아했다. 1964년에 베스트셀러가 된 대구 명덕초등학교 4학년생 이윤복의 『저 하늘에도 슬픔이』를 보면 그의 1963년 10월 28일자 일기에도 이 노래 이야기가 나온다.

“둘째 시간이 끝나고 선생님이 잠깐 직원실로 가셨을 때입니다. 병길이가 교단 앞에 나와서 노래를 불렀습니다. 부른 노래는 전부터 유행한 〈노란 샤쓰 입은 사나이〉였습니다. 한참 신나게 부르는데 장식이가 따라 부르고 조금 후 우리 반 아이들이 모두 이 노래를 불렀습니다. 앞에 나가 부르던 병길이와 장식이는 신이 났던지 트위스트 춤인지 맘보 춤인가를 추면서 궁둥이를 흔들며 야단이었습니다.”[155]

밝고 경쾌한 분위기에서 매사를 긍정하라는 건 군사정권이 간절히 바라는 주문이었다. 군사정권은 이전의 민간정권들을 욕하고 저주하면서 자신들을 정당화했지만, 시간이 점점 흐르면서 신악이 구악을 뺨칠 정도라는 게 드러나기 시작했다. 그래서 군사정권은 밝은 분위기를 띄우는 동시에 대중문화 영역에 비판적 메시지가 스며드는 걸 강력히 통제했다.

제1장

민주공화당
창당

2배로 커진 서울, '정치정화법' 해제

　박정희 정권은 서울의 인구 폭증에 대응해 강남개발을 하는 동시에 서울의 판자촌 빈민들을 경기도로 이전시키는 일을 추진했다. 1963년 1월 1일 경기도 광주군과 시흥군의 일부 지역이 서울로 편입되었는데, 바로 이 지역 중 일부가 훗날 강남으로 불리게 되었다. 이로써 서울시의 행정구역은 기존의 268제곱킬로미터에서 2배가 넘는 596.5제곱킬로미터로 확대되었다(현재의 서울시 면적이 605제곱킬로미터이니, 사실상 이때 대강의 면적이 정해졌다고 볼 수 있다).

　새로 서울로 편입된 지역은 모두 농촌이었는데, 서울 시민에게 채소와 과일을 공급하기 위해 이 지역 일대의 논은 과수원과 채소밭으로 바뀌기 시작했다. 한종수·강희용·정병옥의 『강남의 탄생』(2024)에 따르면, "뽕밭이었던 잠원동은 무가 자라기 좋은 모래 토질이어서 무 농사가 잘되었고, 서초동은 미군과 서울 사람이 사가는 화초를 키우는 꽃동네였다. 압구정은 배나무 과수원골이었고, 도곡동은 도라지 특산지였다. 청담동은 이름처럼 물 맑은 청수골이었다. 가장 기름진 땅인 개포동, 일원동 일대에서 난 과일과 채소들은 품질이 상급인데다 산지가 가깝기까지 해서 서울 사람들에게 매우 인기가 있었다."[1]

1963년 1월 1일을 기해 또 하나의 큰 변화가 일어났으니 그건 정치 분야에서 이루어진 것이었다. 민간 정치인에 대한 정치활동 규제법인 '정치정화법'이 해제되면서 사회 분위기가 활기를 되찾은 것이다. 즉, 그간 금지되었던 정당 활동이 허용되었다. 이미 닷새 전인 1962년 12월 27일 박정희는 대통령 출마 의사를 밝혔으며, 이에 발맞춰 중앙정보부장 김종필은 1월 5일 박정희를 찾아가 사임서를 제출하고, 이틀 뒤 육군 준장으로 예편하면서 사임했다. 이제 그가 할 일은 정당을 만드는 일이었다.

창당준비위원장을 맡은 김종필은 1월 10일부터 창당 작업을 공개하고 본격적으로 발기인을 선정했다. 처음 당명은 가칭 '재건당'이었지만, 1월 18일 김종필의 제안에 따라 미국의 양대 정당인 민주당과 공화당 이름을 모두 다 따다 쓴 '민주공화당'으로 결정되었다. 당의 상징은 미국 민주당의 당나귀와 공화당의 코끼리를 흉내내 소로 정했다. 소처럼 헌신적으로 일해서 국가와 국민들에게 봉사하는 정당이 되자는 뜻이었다.[2]

중앙정보부의 정치인 스카우트 작전

제2대 중앙정보부장엔 최고위원인 소장 김용순이 임명되었지만,

그의 임명 전부터 이미 중앙정보부의 강력한 정치인 스카우트 작전이 전개되고 있었다. 중앙정보부는 스카우트를 용이하게 하고 '개혁' 이미지를 강화하기 위해 혁신계에도 손을 뻗었다. 예컨대, 혁신계 인사인 신창균은 같은 고향 선배인 정구영에게서 민주공화당은 진보적 혁신정당이니 입당하라는 권유를 받았다. 신창균은 확인을 위해 박정희를 직접 만나게 해달라고 했는데, 만나보니 박정희도 똑같은 말을 했다. 박정희는 대통령 선거가 끝나면 혁신계 인사들을 단계적으로 모두 석방·복권해주겠다는 약속까지 했다. 그래서 신창균은 다른 여러 명의 혁신계 인사들과 같이 민주공화당에 입당했다.[3]

신창균 일행은 나중에 대선과 총선이 끝난 후 속은 걸 알고 집단 탈당하게 되지만, 선거 전엔 중앙정보부가 추진하는 민주공화당이 혁신정당이라는 믿음이 제법 널리 퍼져 있었다. 1962년 11월에 벌어졌던『한국일보』의 '사회노동당 필화 사건'도 사실은 바로 그런 스카우트 작전을 사실상 폭로했기 때문에 가혹한 응징을 당한 것이었다고 보아야 할 것이다.

민주공화당의 포섭은 점 조직으로 한 명씩 추천해나가는 방식이었다. 한동안이나마 합동통신 기자 리영희가 민주공화당 사전조직에 가담한 것은 이들의 포섭 방식의 일면을 보여주는 '사건'임이 틀림없다 하겠다. 통역장교 출신으로 영자신문『코리안 리퍼블릭』기자로 일하던 박일영은 합동통신 외신부 기자 장한철을 추천했다. 장한철은 합동통신 외신부에서 같이 일한 리영희를 추천했다. 리영희는 포섭 대상 리스트에 올랐다. 어느 날 합동통신에서 일하다가 동양통신으로 옮겨간 기자 고명식이 리영희를 찾아와 점심을 같이하자면서 북창동 부근 재건동지회 조직 사무실로 데려갔다.

이에 대해 조갑제는 『내 무덤에 침을 뱉어라 5』(1998)에서 "황성모 교수 등 아는 사람 얼굴들도 있었다. 이들은 리李 기자에게 조직에 합류할 것을 강권했다. 리 기자가 거절하고 나오려고 하니 누군가가 '리 선생께서 우리 이야기를 다 듣고도 들어오시지 않으면 신상에 어려운 일들이 많이 생길 겁니다'라고 위협조로 말했다고 한다. 리영희는 그 뒤로도 끈질긴 입회 요청을 받아 재건동지회 사무실에 나가게 되었다"며 다음과 같이 말했다.

"『뉴욕타임스』 서울특파원 서인석(뒤에 민주공화당 국회의원)은 그곳에서 조사부장으로 일하고 있었다. 서인석은 리영희의 경성공고 선배였다. 재건동지회 요원들은 리영희에게 '국제관계 분석' 임무를 주었다. 리영희는 공화당 사전조직의 책임자인 육사 8기 김동환과는 11사단에서 장교로 함께 근무한 인연이 있었다. 리 기자는 부탁받은 논문을 써준 뒤 김동환에게 '정치에는 적성이 맞지 않는다'면서 조직을 떠났다고 한다."[4]

민주공화당은 군사조직 같은 정당

민주공화당은 김대중과 같은 민주당 정치인까지도 포섭의 대상으로 삼았다. 김대중은 쿠데타 후 두 차례에 걸쳐 4개월간 감옥살이를 했으며, 실업자 시절이던 1962년 5월 10일 이희호와 결혼했다. 김대중은 1월 1일 해금 대상자에서 누락되었는데, 1963년 2월경 중앙정보부의 모 국장은 김대중을 만나 민주공화당 창당에 참가하면 정치활동 금지조치를 해제해주겠다고 유혹했다. 그는 "이 기회를 놓친다면 앞으로 8년

1963년 2월 26일 민주공화당 창당대회에서 총재에 정구영, 의장에 김정열이 지명되었다. 또한 구여권 인사와 학계 인사까지 다수 참여했다.

간은 정치활동을 못 한다"는 협박까지 곁들였다. 김대중은 그 유혹과 협박을 거절했다.[5]

중앙정보부의 스카우트 작전이 심혈을 기울인 대상은 '새 얼굴'과 더불어 '젊음'이었다. 창당 멤버 70명 가운데 9명만이 옛날 정당 생활의 경험을 가진 사람이라는 것이 그 점을 잘 말해준다.[6] 그러나 민주공화당은 그 점에서만 신선한 게 아니라 그 유례를 찾기 어려울 정도로 고도로 중앙집권화된 정당, 또는 군사조직 같은 정당이라는 점에서도 과거와는 달랐다.

군사정권의 정당인 민주공화당은 이미 1년 전부터 부정부패로 끌어모은 엄청난 정치자금으로 조직화에 착수했으니 이건 원초적으로 불공정한 게임이었다. 그것뿐만이 아니었다. 군사정권은 정당 등록 요건 강화, 무소속 출마 금지, 정당 공천 필수 등을 내세웠다. 말로는 양당제 구현을 내걸었지만 구정치인에 대한 통제를 강화하기 위한 것이었다. 전국비례대표제도 지역 기반이 약한 군부 출신 정치인들을 위한 것이었다.[7]

김상협은 『사상계』 1963년 3월호 좌담에서 "우리나라에서 정당을 한다는 사람들의 대부분은 고등실업자들이고 정당 활동이 곧 먹고사는 길이니 직업정치인 비슷하게 되어버린다.……무소속의 입후보 불허는 나쁜 후유증만을 낳을 것이다. 공천권을 행사할 수 있는 일부 정당 고위 실세들의 공천 조작 행태로 불미스런 상황이 전개될 것이다. 민주주의를 한다면, 특히 보수정당을 한다면 정당 선택과 이탈의 자유를 허용해야 한다"며 다음과 같이 말했다.

"정당 공천자가 아니면 입후보할 수 없게 만든 법 조항은 간접적으로 정당에 돈이 많이 굴러들어가도록 조장하는 결과가 될 것이다.……지금 야당은 2류, 3류 정치인만 나오게 하고 1류들은 정치정화법에 여전히 묶여 있다. 자유민주주의는 평화적 정권교체가 최후의 안전판인데 헌법에 그 가능성만 규정해놓았다고 그것이 실현되는 것은 아니다."[8]

5·16 주체세력의 반발

김종필을 비롯한 육사 8기가 장악한 중앙정보부는 1962년 5월 민주공화당의 사전조직인 재건동지회를 중앙과 지방에 결성했다. 재건동지회는 교수 출신 윤천주, 김성희, 황성모, 이호범, 박동윤 등이 중심이 되어 결성했다. 윤천주는 재건동지회의 훈련원장을 맡아 혁명이념의 계승 의의, 정당조직의 원리 등에 관한 강의를 담당했다. 윤천주 외에도 한태연, 문홍주, 이종국 같은 교수들이 재건동지회 사무국 요원의 합숙훈련 강사로 참여했다. 이미 이때에 사무국에서 창안한 말이 '조국 근대화'와 '민족 중흥'이었다.[9]

김종필은 지방 대의원과 사무국 요원 등 1,300여 명을 확보해 훈련을 종료하자 1962년 12월 23일 워커힐에서 5·16 주체세력들에게 민주공화당 조직 계획의 브리핑을 했다. 비밀 창당 작업을 지휘해온 중앙정보부 차장 이영근에게서 브리핑을 들은 5·16 주체들은 크게 분노했다. 무엇보다도 그 중요한 일이 자신들도 모르는 사이에 이루어졌다는 것에 대한 배신감과 소외감 때문이었다.[10]

최고위원들과 쿠데타 주체들을 흥분시킨 건 자기들이 소외되었다는 점과 더불어 사무국이 대의기구를 통제한다는 이원조직이었다. 최고위원들이 정당에 가입할 경우 그건 곧 김종필 밑으로 들어간다는 걸 의미하는 것이었다. 그래서 재떨이가 날아가고 접시가 허공을 가르는 등 일대 난장판이 벌어졌다.[11]

그 난장판 속에서도 제기된 논리적 주장은 이런 것이었다. 김동하, 김재춘, 오정근, 강상욱 등은 재건동지회를 국가재건최고회의와 상의 없이 조직한 점, 중앙정보부의 김종필계가 중심이 된 점, 조직체계를 이원화시킨 점, 자금 염출捻出과 관련된 4대 의혹 사건이 파급된 점 등에 강한 불만을 표출했다.[12]

송요찬·유원식·김동하의 비판

1963년 1월 8일 송요찬은 "박 의장의 출마 번의(飜意)를 촉구하면서 야당의 대동단결을 호소한다"는 성명을 발표했다. 송요찬은 1962년 6월 16일 내각 수반직을 물러났는데, 그 사임은 자의가 아니었다. 이후 계속되는 그의 주장은 다분히 감정적인 대응의 성격이 강했으며, 이는 그의 최종 처신에 의해 입증된다.[13]

박정희는 민주공화당 사전조직에 대해 불만을 표출한 김동하, 김재춘, 오정근, 강상욱 등이 민주공화당 발기위원회에 참여토록 하는 선에서 분쟁을 수습하고자 했다. 그리하여 1월 10일 민주공화당 발기대회가 개최되었다.[14] 이때까지도 가칭 재건당이었으며, 민주공화당이란 당명이 결정된 건 1월 14일 제4차 발기회 상임위원회에서였다.

김재춘은 김종필을 정점으로 한 사전 정당 조직이 북한의 간첩과 연결되었다고 박정희에게 보고할 정도로 재건당은 사상적으로 의심을 받았다. 물론 미국 측의 의심도 만만치 않았다. '민주공화당'이란 당명은 그런 의심을 불식시키기 위해 어설프게 급조된 것이었다. 그건 미국의 민주당과 공화당을 합한 당이라는 의미였다. 즉, 미국 냄새를 피웠으니 더는 의심하지 말아달라는 뜻이었다고나 할까?[15]

그러나 5·16 주체세력의 반발은 끝난 게 아니었다. 1월 12일 준장으로 예편한 유원식은 15일에 "지금 김종필이 조직하고 있는 정당은 내가 보기에는 다수 국민의 지지를 받고 있는 것이 아니라 김종필과 그 추종자들이 모인 한 파당에 불과하다"면서 "군사정부는 대의정치의 절차를 밟아서 집권한 정부가 아니고, 민정 이행을 약속한 정부였다는 주의를 환기한다"고 말했다. 그는 "우리의 과업이 성취되면 참신하고도 양심적인 정치인들에게 언제든지 정권을 이양하고 우리들 본연의 임무에 복귀할 준비를 갖추겠"다고 했던 혁명공약 6항은 지켜져야 한다고 역설했다(그러나 유원식은 1963년 3월 6일 4대 의혹 사건에 관련되어 구속된다).[16]

김동하는 예편한 지 8일 만인 1월 21일 "5·16 주체세력의 한 사람으로 국민에게 맹세한 혁명공약을 이행하지 못해 죄송하다"며 최고위원직과 발기위원직 사의를 표명했다. 그는 민주공화당의 조직 방식이 공산당 체제와 유사해 민주주의에 위협이 된다, 민주공화당의 관료 구조는 막대한 비용을 필요로 하기 때문에 정치적 부패는 불가피하다, 민주공화당은 김종필의 사당私黨이다 등의 비판을 제기했다.[17]

김종필은 1월 24일 민주공화당발기위원장직에 대한 사의를 표명했다. 2월 10일 송요찬은 민주공화당은 불법정당이므로 해체되어야 한다고 주장했다. 송요찬은 "박정희 의장과 최고위원들은 민정 참여를 포기하고 예편해야 하며 국가는 이들의 공을 인정하여 우대해야 한다"는 말도 했다.[18]

박정희의 민정 불참 선언, 김종필의 외유

2월 18일 새벽 2시 국방부 장관 박병권과 3군 참모총장 등은 장충동 국회의장 공관으로 박정희를 찾아가 무조건 군으로 돌아가야 한다고 요구하면서 김종필의 퇴진을 건의했다. 이런 일련의 공세에 직면해 박정희는 그날 정오 국가재건최고회의 본회의실에서 눈물까지 흘리며 민정 불참을 선언했다. 박정희는 자신이 제의한 9개 항이 각 정당에 수락된다면 대통령 출마를 포기하겠다고 밝혔다. 9개 항 중 주요한 내용은 군의 정치적 중립과 민간정부 지지, 5·16 혁명의 정당성 인정, 한일 문제에 대해서는 정부 방침에 협력 등이었다. 이 2·18 선언은 모든 정당과 언론의 전폭적 지지를 받았다.[19]

김종필로선 죽을 맛이었다. 그는 훗날 이렇게 회고했다. "긴박한 상황이었다. 나는 이 혼란을 수습하려면 내가 잠시 해외로 떠나는 수밖에 없다고 결심했다. 원대 복귀파의 공격 목표는 결국 나였고, 내가 물러나면 박 의장에 대한 압박이 줄어들 것이라고 생각했다. 민정 불참 성명 이틀 뒤인 2월 20일 나는 민주공화당 창당준비위원장을 비롯한 모든 공직에서 물러난다고 밝혔다."[20]

김동하와 함께 정당에 참여하겠다고 예편한 김재춘은 김종필이 공직을 떠난 다음 날인 21일에 제3대 중앙정보부장으로 임명되었다. 제2대 중앙정보부장 김용순은 45일 만에 물러났는데, 그는 중앙정보부의 전 영역을 장악한 김종필 인맥 때문에 아무 일도 할 수 없었다(김용순이 물러나기 며칠 전 중앙정보부 감찰실에 소속되어 있던 공수부대원들이 패싸움을 벌인 사건에 박정희가 노발대발해 중앙정보부장을 교체했다는 설도 있다).[21] 주류파의 지도자가 김종필이라면, 비주류파의 지도자라 할 수 있는 김재춘은 2월 23일 김종필계 간부 31명을 전격 경질함으로써 중앙정보부를 자신이 직접 장악하고자 했다.

2월 25일 김종필은 외유길에 올랐다. 이른바 '자의반 타의반' 외유였다. 미국의 압력도 작용했다. 미국 대사 새뮤얼 버거Samuel Berger, 1911~1980는 이미 1월 24일 미 국무성에 보낸 전문에서 박정희가 김종필을 일체의 공직에서 사임시켜 외국에 내보내겠다는 연락을 해왔다고 보고했으며, 이에 국무성은 버거의 노고를 치하하는 답신을 보냈다.[22] 정구영은 김종필의 외유뿐만 아니라 박정희의 민정 불참 선언도 원조를 중단하겠다는 미국의 압력 때문이었다고 회고했다.[23]

그러나 김종필이 만든 민주공화당은 건재한 만큼 그는 곧 다시 돌아오게 되어 있었다. 그가 떠난 다음 날인 2월 26일 민주공화당 창당대회가 열렸다. 총재엔 재야 법조계의 원로인 정구영이 선출되었고, 당의장엔 김정열이 지명되었다. 민주공화당엔 쿠데타 주체세력뿐만 아니라 윤치영·이효상·박준규·민관식·백남억 등 구여권 인사와 학계 인사들까지 다수 참여했다. 최규남, 고광만, 신기석, 조효원, 예춘호, 정태성, 정병조, 박판암 등과 같은 교수들에 뒤이어 나중엔 백남억, 박준규, 이효상 등과 같은 교수들이 추가로 참여했다.[24] 김종필은 외유를 떠날 땐 50일 정도를 생각했지만, 돌아오기까진 8개월이 걸린다.

제2장

번의 정치:
"변덕스러운 박씨"

박정희의 2·27 대통령 불출마 선언

박정희는 눈물이 많은 사람이었다. 유약하게 보이는 사람이 흘리는 눈물은 사람을 감동시킬 수 없지만, 강인하다 못해 표독스럽게까지 보이는 박정희의 눈물은 많은 사람을 감동시켰다. 그러나 박정희의 눈물은 그 수명이 길지 않았다. 그는 눈물이 많은 것만큼이나 번의에 능했다. 박정희는 10·15 대선 때까지 번의에 번의를 거듭함으로써 "변덕스러운 박씨"라는 별명까지 얻게 된다. 그의 거취를 묻는 질문을 쉼없이 해댔던 기자들을 두고 '거취 기자'라고 부르는 우스갯소리도 생겨났다.[25]

민주공화당 창당대회 다음 날인 2월 27일, 국가재건최고회의 의장 박정희는 정치를 민간인에게 넘기고 대통령 출마를 않겠다는 이른바 2·27 선서라는 것을 하여 많은 사람을 또 한 번 감동시켰다. 박정희는 2월 27일 시민회관에서 3군 참모총장과 재야 정치인 앞에서 자신의 민정 불참을 선언하는 이른바 2·27 선서식을 거행했다. 3,000여 명의 방청객이 현장에서 지켜보고 방송으로 중계된 선서식에서 박정희는 또 눈물을 흘렸고, 언론이나 정치인들은 군정이 종식되는 것처럼 흥분했다.

"그는 몇 번이고 흐르는 눈물을 손수건을 꺼내 닦기도 했다. 그의 목소리는 떨리고 있었다. 누가 보더라도 박정희 의장의 언동은 진실하게 보였으며 어느 한구석에서도 거짓은 찾아볼 수가 없었다. 그가 주연배우의 역을 완벽하고 훌륭하게 해낸 것이다. 후손들에게 두고두고 보여주고 싶었던 사상 최대의 정치 쇼이기도 했다."[26]

박정희의 눈물이 처음부터 의도된 '정치 쇼'였는지 그건 단언하기 어렵다. 그러나 20일이 지난 후에 '군정 4년 연장'이 나왔기 때문에 그리 의심하는 것도 무리는 아니었다. 2·27 선서 직후 국가재건최고회의의 김동하, 중앙정보부의 김재춘 등이 민주공화당을 해체하도록 압력을 행사했지만, 정구영은 "공화당은 최고회의의 산하기관이 아니라 정당법에 의한 정당이다"고 주장하면서 버텼다.[27]

함경도파를 제거한 '알래스카 토벌작전'

3월 5일 박정희가 강원 지역을 시찰했다. 기자들도 따라 나섰다. 1군 사령관 민기식은 『동아일보』 기자 이만섭에게 "정치가 안정돼야 군도 안정이 되고 안보에도 허점이 없을 텐데……. 일단 정부에 나갔던 군인들은 그대로 민정에 참여하는 게 낫지, 군에 복귀한다면 군 지휘 체계에 복잡한 문제가 발생할 것 아닙니까"라고 발언했다. 『동아일보』는 이 발언을 1면에 크게 보도했다.

3월 6일 박정희는 원주의 한 부대에서 영관급 장교들이 모인 자리에서 이렇게 말했다. "이 나라는 몇몇 정신 차리지 못한 정치인들을 위해 있는 나라가 아닙니다. 정치인들이 국민에게 한 약속을 이행하지 않아 정치적 위기가 도래한다면 이를 못 본 체하는 것이 애국적 행동인지, 아니면 방관하지 않는 것이 애국적 행동인지 나는 묻지 않을 수 없습니다."[28]

박정희의 이 발언은 모든 신문이 1면 톱기사로 다루었다.

3월 11일 오전 10시 중앙정보부장 김재춘은 김동하 등에 의한 쿠데타 음모 사건의 수사 내용을 발표했다. 이 쿠데타 음모 사건으로 인해 김동하는 물론 건설부 장관 박임항, 혁명검찰부장 박창암, 전 치안국 정보과장 방원철 등이 일거에 숙청되었다. 이는 만주군관학교 출신이자 함경도 출신들(김동하, 김윤근, 박임항, 박창암)의 제거를 의미하는 것이었다. 이 사건은 '알래스카 토벌작전'으로 불렸다. 주요 제거 대상자들이 서울에서 멀리 떨어진 함경도 출신이라는 뜻에서였다.[29]

김종필이 국내에 있을 때 김재춘과 '알래스카 팀'은 반反김종필이라는 점에서 같은 편이었지만, 이제 김종필이 외국으로 떠난 이후엔 전혀 다른 양상의 권력 투쟁이 벌어진 것이다. 요컨대, 박정희는 만주군·함경도파의 요구에 따라 김종필을 중앙정보부장직에서 해임하고 외유를 내보낸 후, 반反김종필 계열의 육사 5기 출신 김재춘을 중앙정보부장에 앉힌 뒤 만주군·함경도파를 거세한 것이라는 주장도 있다.[30]

이정석은 『분단과 반민주로 본 한국 정치 이야기』(1997)에서 김재춘이 "중앙정보부장으로 취임한 지 19일 만에 그때까지 뜻을 같이하며 예편한 김동하 등의 쿠데타 음모 사건을 수사했다고 하는 것은 웃기는 일이었다"고 말한다.[31] '웃기는 일'은 한두 가지가 아니었다. 구속 수배

된 21명 중 육군 전투부대를 지휘할 수 있는 지휘관은 단 한 명도 없었다. 도대체 무슨 병력으로 쿠데타를 음모했다는 것인지 도무지 말이 안되는 이야기였다.[32]

그러니 재판도 '웃기는 일'이 될 수밖에 없었다. 중앙일보 특별취재팀의 『실록 박정희』(1998)에 따르면, "재판부는 '사건 아닌 사건'을 처리하면서 골머리를 앓아야 했다. 결국 이 사건은 피의자들이 기소 사실을 시인하는 대신 곧이어 보석, 사면, 복권시킨다는 '협상 재판'을 거쳐 정식으로 처리됐다".[33]

박정희의 '군정 4년 연장' 선언

쿠데타 음모 사건 발표 후 이상한 시위들이 벌어지기 시작했다. 3월 13일 '국민자유연맹'이라는 유령단체가 '쿠데타 음모를 처벌하라!', '구정치인 몰아내라', '매국노 송요찬을 엄중히 처벌하라!'는 삐라를 살포하면서 데모를 했다.[34] 3월 15일엔 수도방위사령부 장교 80여 명이 국가재건최고회의 건물 앞에 모여 박정희의 민정 불참선언 철회와 군정 연장을 요구하는 시위를 벌였다. 사상 최초의 군인 데모였다. 이는 박정희의 경호실에서 조직한 것이었다.[35]

3월 15일 저녁 미국 대사 윌리엄 버거의 관저에선 쿠데타 주체들이 참석한 만찬이 열렸다. 박정희의 2·27 민정 이양 선언에 고무된 미국이 3,000만 달러 원조계획을 조기 실행하겠다며 미 국무성 관계자 일행을 한국에 급파했던바, 이 일행과 함께 민정 이양을 축하하는 자리였다. 윌리엄 버거가 박정희에게 "그만두시면 앞으로 뭘 하시지요?"라고 묻자,

박정희는 "초야에 묻혀 살면 되는 것 아니겠소"라고 답했다. 미국 측 관계자들은 "과거 역사적으로 볼 때 군사혁명을 일으켜 이렇게 빠른 시일 내에 민정 이양을 하는 전례가 없었다"며 박정희를 칭찬했다.[36]

그러나 그들의 칭찬은 너무 성급한 것이었다. 만찬이 끝났을 때 박정희는 버거에게 잠깐만 보자며 독대를 요청했다. 두 사람은 버거의 침실로 들어가 밀담을 나누었다. 박정희는 이 밀담에서 '군정 4년 연장'을 밝혀 버거는 말할 것도 없고 이후 많은 사람을 깜짝 놀라게 만들었다. 오연호는 『우리 현대사의 숨은 그림 찾기: 미국의 한반도 정치공작』(1994)에서 이 침실 밀담에서 박정희가 버거에게서 "군복 벗으면 대통령 만들어주겠다"는 밀약을 받아냈다며 '침실 쿠데타'라고 주장했다.[37]

박정희는 3월 16일 '군정 4년 연장'을 전격적으로 제의한 뒤 이를 국민투표에 부치겠다고 발표해 많은 사람을 놀라게 했다. (『동아일보』, 1963년 3월 16일 호외)

박정희는 다음 날인 3월 16일 오후 2시 군정 4년 연장을 전격적으로 제의한 뒤 이를 국민투표에 부치겠다고 발표했다. 돌이켜보건대, 2·18 성명을 통해 '전술적 후퇴'를 한 박정희는 김재춘으로 하여금 반反김종필계를 치게 해 3월 15일 그들을 구속한 뒤 3월 16일 군정 연장 성명을 발표하는 일련의 수순에 따라 움직인 건 아니었을까?[38]

박정희는 군정 연장론을 펴면서 정치활동 금지, 언론·출판 집회를 제한하는 '비상사태 수습을 위한 임시조치법'을 발표했다. 『동아일보』와 『조선일보』는 15일간 사설 중단으로 항의 표시를 했다. 박정희의 군정 연장 성명에 대해 미국 측은 즉각 반대 성명을 발표했다.

3월 20일 야당 지도자인 윤보선과 허정도 미 대사관이 있던 시청과 을지로입구 사이에서 산책을 하면서 군정 연장에 대한 항의의 뜻을 표했다. 기자들이 뭐 하느냐고 묻자 윤보선이 "나, 산책 중이야"라고 답변해, '산책 시위'라는 말이 생겨났다. 윤보선은 산책 시위를 벌이다 20분 만에 기관원들에 의해 연행되었고, 허정은 5분 만에 연행되었다. 군정 당국은 이들의 산책 시위를 "외세에 의존하려는 비겁한 행동"이라고 비난했다.[39]

'민주구국선언대회' 대 '스타들의 대행진'

3월 22일 12시 종로구 백조그릴호텔에서 윤보선, 변영태, 박순천 등 재야 정치지도자들은 민주구국선언대회를 통해 군정 연장 분쇄를 결의하고 가두시위를 벌였다. 이 시위는 유진산의 양동陽動 작전 덕분에 가능했다. 유진산은 파고다공원에서 시위를 할 것처럼 야당 당원들을 그곳에 모이게 했다. 여기서 80여 명의 야당 인사가 연행되었다. 그렇게 정부의 관심을 파고다공원으로 돌려놓고 백조그릴에서 모여 다음과 같은 내용의 민주구국선언문을 발표한 것이다.

"그네들은 국민에 대한 배신만이 아니라 국제적으로 우리의 국가 위신을 추락시켰다. 그네들의 치하에 살고 있음이 원통하고 이 나라 국민 됨이 부끄럽다. 4·19의 젊은 사자들은 우리에게 민주주의의 꽃송이를 던져주고 갔다. 우리는 이 선물을 다시 다음 세대에 길러주어야만 한다. 우리는 민주주의 탈환의 전선으로 행군한다. 만일 우리가 또다시 입과 그리고 귀가 가리운 채 살아가야만 한다면 우리는 차라리 죽어가는 민주주의와 운명을 같이할 것이다."[40]

야당을 중심으로 군정 연장 반대 시위가 벌어지는 바로 그 시각에 군부는 후암동 국방부 청사에서 박병권의 후임인 국방부 장관 김성은 주재로 비상지휘관 회의를 열고 군정 연장 지지를 결의했다. 이 회의에 모인 116명의 장성은 별판이 달린 장군용 지프를 몰고 청와대로 몰려가 '군정 연장 지지 결의서'를 박정희에게 전달한 뒤 세종로를 거쳐 국방부로 돌아오는 이른바 '별판 시위'를 벌였다. '스타들의 대행진'이었다.

3월 23일 미 국무부는 "합리적 민정 이양 절차안 제출을 기대한다"는 성명을 발표했다. 박정희의 비서실장 이동원은 훗날 이 성명의 '온건성'은 자신이 미 대사관의 정치 담당 참사관 필립 하비브Philip Habib, 1920~1992에게 로비를 한 덕분에 가능했다고 말했다.[41] 3월 29일 서울대 문리대생 300여 명은 군정 연장에 반대하는 자유수호 궐기대회를 열었다. 민주공화당 당무회의에서 결의한 군정 연장 지지안을 비토하고 있던 총재 정구영의 중재로 3월 30일부터 4월 1일까지 세 차례에 걸쳐 박정희, 윤보선, 허정, 장택상의 4자 회담이 열렸다. 그러나 아무런 성과도 얻지 못했다.(역사 산책 6: 리영희와 그레고리 헨더슨 참고)

2·18, 2·27, 3·16, 4·8 성명

4월 초 어느 날 미국 대사 윌리엄 버거가 케네디 친서를 갖고 청와대를 방문했다. "민정 이양을 조속히 하라"는 내용이었다. 비서실장 이동원은 박정희의 폭발을 걱정해 버거, 하비브와 짜고 박정희 앞에서 쇼를 하기로 했다고 회고했다. 이동원이 박정희에게 "각하, 기분 나쁘시죠?"라고 묻자, 박정희는 "이건 기분 나쁜 정도가 아니야! 나라에 대한 모욕이야!"라고 말했다. 이동원은 "각하, 일단 자리 좀 비켜 주십시오. 각하 대신 제가 호통을 좀 치겠습니다"고 말했다는 것이다.

그러자 박정희는 못 이기는 척 창가로 가서 새 담배를 꺼내 물고 창 너머로 시선을 돌리고 있었다. 이동원은 각본대로 버거에게 삿대질을 하면서 소리를 질렀다는 것이다. "버거 대사, 이건 마피아들이나 하는 짓이오. 한국에 '깡패'란 말이 있는데 당신 하는 짓이 바로 그렇소. 우리는 미국의 내정간섭 행위를 도저히 묵과할 수 없소!"

박정희는 놀라서 자리로 돌아와 이동원의 옷깃을 슬쩍 잡아당겼다고 한다. "각하, 이번 사태는 제가 책임지겠으니 혹시 문제가 생기면 제 사표를 받아주십시오." 그러자 박정희는 버거에게 "내 케네디 대통령의 뜻은 알았으니 나가서 이 실장하고 논의해보시오"라고 말했다는 것이다. 버거가 돌아간 뒤 이동원은 다시 대통령 집무실로 갔는데 박정희의 표정은 무척 밝았다고 한다. "임자, 오늘 잘했어! 미국 애들 앞에서 덮어놓고 고개만 숙이면 안 되지."[42]

박정희는 4월 8일에 발표한 성명에서 국민투표를 9월까지 보류하겠다고 한 걸음 물러섰다. "3·16 성명에서 제의한 헌법의 개정을 위한 국민투표는 9월 말까지 보류하고 정부는 9월 중 각 정당 대표들과 모든 정치 정세를 검토하여 공고된 개헌국민투표를 실시하든지 개정헌법에 의한 대통령과 국회의원의 선거 실시 여부를 협의하여 결정하며 정치활동을 다시 허용하고 임시조치법은 폐기한다."

김준하는 『대통령과 장군: 윤보선 대 박정희』(2002)에 이렇게 썼다. "2·18, 2·27, 3·16, 4·8 성명으로 이어지는 군사정부의 성명聲明 정치는 번의의 번의를 거듭하는 기형적인 명령형 정치 형태이기도 했다. 하도 많은 성명이 쏟아져 나왔던 관계로 일반 국민들은 뭐가 뭔지 헷갈릴 정도였다."[43]

리영희와
그레고리 헨더슨

1963년 어느 날 합동통신 기자 리영희는 개인적으로 친근한 사이였던 미국 대사관의 정무참사관 그레고리 헨더슨Gregory Henderson, 1922~1988을 방문했다(그레고리 헨더슨은 1948년부터 1950년까지 서울의 주한 미국 대사관 문정관, 1958년부터 1963년까지 역시 주한 미국대사관 정무참사관을 지냈다). 헨더슨은 박정희와 그 측근들의 '사상 검증' 업무를 맡고 있었기 때문에 그들과 사이가 좋지 않았다.[44] 그런데 리영희는 무엇이 궁금했을까?

1961년 7월, 1937년의 대홍수 이래 최대 규모의 수해가 발생했는데, 그 여파로 1962년과 1963년은 최악의 식량난에 시달리고 있었다. 미국 정부는 1961년 의회에서 한국에 대한 1962년 잉여농산물 기금으로 2,200만 달러를 승인 책정했으나 2년이 넘도록 집행을 지연하고 있었다. 박정희는 민정 이양을 조건으로 미국의 승인을 얻어냈음에도

1962년과 1963년에 걸쳐 민정 이양과 군정 연장의 공약을 네 번이나 번복했다. 둘 사이에 무슨 상관관계가 있는 걸까?

마음대로 상상은 할 수 있겠지만, 상상을 기사로 쓸 수는 없는 일이었다. 리영희는 헨더슨에게 "이미 미국 의회의 승인까지 난 잉여농산물 제공이 2년씩이나 보류되는 이유와 배경이 뭐냐?"는 질문을 던졌다. 추측할 수 있는 힌트나 얻고자 했던 것이지 답을 기대했던 건 아니었을 것이다. 그러나 헨더슨은 놀랍게도 핵심을 말해주는 게 아닌가? "박정희 군사정권이 미국 정부에 약속한 민정 이양을 몇 번씩이나 백지화하고 번복하면서 군정을 연장하려는 태도로 나왔기 때문이다."

리영희에게서 이 기사를 받은 정치부장과 편집국장은 '100년에 한 번 나올 특종'이라며 기뻐했다. 그런데 기사가 나간 지 몇십 분이 되지 않아 헨더슨에게서 전화가 왔다. 그는 기사 취소를 요구했다. 나중엔 제발 자신의 이름을 빼고 대사관 주변의 '어떤 소식통'으로 바꾸어 달라고 간청했다. 거의 애원하다시피 사정했지만 리영희는 매정하게 거절했다.

리영희는 40년 후에 쓴 「인간적 죄책감 안겨준 그레고리 헨더슨」이라는 회고담에서 "특종도 보통 특종이 아닌 이런 국가적인 최고 외교 기밀 같은 것을 기사화하지 않을 수 없다는 젊은 기자로서의 야심과 욕심이 나를 지배하고 있었다. 그러나 한편으로는 헨더슨과 통화하면서 나의 기사로 말미암아 그에게 어떤 큰 불행이 닥칠 수 있을 것 같다는 괴로운 마음이 들기도 했다"며 다음과 같이 말했다.

"사실 앞으로 미국 대사관을 통해 한미 간의 큼직한 기삿거리를 꾸준히 취재할 수 있었을 나로서는 차라리 이 큰 특종을 양보하고 나의 기자 생활의 장기간에 걸친 특종 기사들을 선택할 것이냐 하는 선택의 기로에 섰다. 이 같은 마음의 갈등과 기자로서의 직업적 선택이 몇 번이고 나의 뇌리에서 각축을 벌인 끝에 나의 계산은 이번 초대형 특종을 양보할 수 없다는 '공명심' 쪽으로 기울었다. 결국, 기사는 나갔다. 전국의 신문과 방송은 그것으로 가득 메워졌다."

다음 날 리영희에게 헨더슨의 짧은 메시지가 전달되었다. "펜은 검보다 강하다는 말이 있는데, 너의 펜은 나의 직업 인생을 파멸시켰다."[45] 헨더슨은 미국 국무부에서 48시간 이내 본국 소환 명령을 받았다. 이게 바로 1963년 3월 말이었다. 그런데 당시 민정 이양을 위해 온갖 수단을 다 동원했던 미국이 그 정도의 일로 헨더슨을 소환했을까 하는 의문이 든다. 그 사건이 계기가 되었을망정 막후에 또 다른 무슨 일이 있었던 건 아닐까?

당시 미국은 박정희의 군정 연장을 철회시키기 위해 경제원조 중단이라고 하는 압력 이외에 군사정권을 아예 민간정권으로 교체해버리는 마지막 카드까지 구상하고 있었다. 그래서 미국 대사관 측은 한국 내 재야 민간 정치인들과 접촉했다. 이상우는 『박정권 18년: 그 권력의 내막』(1986)에서 그 접촉 창구가 바로 헨더슨이었다며 다음과 같이 말했다.

"그는 군정 종식을 목표로 하여 허정이 추진하고 있던 야당통합운동을 배후에서 지원했다. 그는 필요한 자금 제공을 대사에게 요구하는 단계에까지 이르렀으나 작업이 성숙되기 전에 군정 당국에 체크되어 그해 3월 말 한국에서 쫓겨났다. 미국의 노골적인 압력에 박정희는 울분을 삭이지 못했다고 한다. 가까운 측근들을 만나서는 미국 사람들이 들었을 때 '심히 모욕적으로 받아들였을' 저주의 말을 자주 내뱉기도 했다 한다."[46]

그러나 앞서 보았듯이 박정희의 비서실장 이동원이 미 대사관 정치

담당 참사관 필립 하비브에게 로비를 한 덕분에 미 국무부는 3월 23일 "합리적 민정 이양 절차안 제출을 기대한다"는 온건한 성명을 발표했고, 양측의 협상 결과 한결 누그러진 박정희의 4·8 성명이 나오게 된다. 즉, 헨더슨은 미국 측이 최악의 경우에 대비한 카드를 전담한 인물이었기 때문에 협상 국면이 무르익은 시점에서 박정희 측을 달래기 위해 소환했을 가능성이 있다는 것이다.

미국으로 돌아가 정치학 교수가 된 그레고리 헨더슨은 1968년 『소용돌이의 한국 정치』라는 명저를 출간했다. 그는 1988년 10월 16일 페인트칠을 하기 위해 지붕에 올라갔다가 사다리에서 실족해 사망했다. 리영희는 『한겨레신문』(1989년 1월 1일)에 쓴 「25년 전의 마음의 빚」이라는 칼럼에서 다음과 같이 말했다.

"지금 나도 이 나이가 되고 보니, 25년 전 그때 그 기사를 취소했으면 좋았을 것을 하는 괴로움을 금할 수가 없습니다.……25년 전의 불행했던 일에 대한 나의 심정을 당신의 부음을 듣고서야 당신에게 털어놓게 된 나의 옹졸함을 용서하십시오. 머지않아 당신이 먼저 가 있는 곳에서 만나면 머리 숙여 사죄할 기회가 있기를 바랍니다. 명복을 빕니다."[47]

5·16 주체세력의 이전투구

제3장

민주공화당 대 자유민주당

1963년 4월 초 중앙정보부장 김재춘은 말썽 많은 민주공화당 대신 범국민정당을 만들자고 박정희에게 건의했다. 김재춘은 민주공화당은 해체해야 하며 "자유민주세력이 뭉친 범국민적 정당이 필요하다"며 박정희를 설득했다. 박정희는 김재춘의 제안을 승인했다.[48]

4·8 성명 후 박정희는 공보실장 이후락에게 "재야 정치인과 혁명 주체가 결속하는 '범국민의 당'이 정국을 이끌어야 한다"고 주장하게 하고, 중앙정보부장 김재춘에게 '범국민의 당'을 지원하도록 했다.[49] 박정희가 말한 '범국민의 당'은 곧 자유민주당으로 그 모습을 드러낸다. 민주공화당과 '범국민의 당'에 참여하지 않은 5·16 주체세력의 모임인 '5월동지회'가 지방조직 건설에 나섬으로써 민주공화당은 와해 위기에 직면하게 되었다.

박정희는 4월 중순 국가재건최고회의에서 민주공화당 해체를 결심했다. 민주공화당 해체안을 통과시키려고 의사봉을 막 집어들 무렵 외무·국방위원장인 김희덕이 제지했다. 그는 국가재건최고회의 내부에 야당 정치인 김준연과 김도연을 대통령 후보로 추대하는 작업이 진행되고 있다고 발언했다. 이 발언에 분노한 박정희는 주먹으로 책상 위의 유리가 박살날 정도로 책상을 꽝 내리치고 "공화당 해체 안 해"라고 외치면서 퇴장했다.[50] (반면 조갑제는 박정희가 민주공화당 해체 결심을 번복한 건 1963년 4월 8일이었다고 주장한다.)[51]

민주공화당과 자유민주당을 저울질하던 박정희가 민주공화당으로 기울어진 건 6월 말경부터였다. 6월 27일 증권 파동 판결이 무죄로 발표된 게 적잖은 영향을 미쳤다. 이 판결은 육사 11기생들의 친위 쿠데타 음모를 불러일으켰으며, 이 또한 박정희가 민주공화당 쪽으로 더 기울어지는 계기가 되었다. 그 사건의 전말은 이렇다.

육사 11기생 친위 쿠데타 음모 사건

1963년 6월 말경 박정희의 전속부관인 소령 손영길과 방첩대 대위 노태우가 중앙정보부장 김재춘을 찾아왔다. "몇몇 동지들과 함께 의분을 참을 수 없어 4대 의혹 관련자와 부패분자들을 우리 손으로 제거해버리자는 이야기를 했는데 어떻게 생각하십니까?" 이들은 영악하게도 김재춘과 김종필의 앙숙 관계를 알고 찾아온 것이었다. 김재춘의 주장에 따르면, 김재춘은 그러면 안 된다고 달래서 돌려보냈고 7월 초에 또 찾아왔길래 그러지 말라고 호통을 쳤다고 한다.[52]

육사 8기의 불만이 많은 게 쿠데타를 일으킨 한 이유가 되었지만, 육사 11기는 또 그들 나름으로 기존 질서에 강한 불만을 갖고 있었다. 정규 육사 출신이라는 강한 자부심을 갖고 있는 11기는 8기와 나이 차이가 많이 나는 것도 아닌데 계급 격차는 크게 벌어진 게 불만이었다.

11기에서 소령은 전두환·김복동·손영길·최성택 등 4명뿐이었고, 나머지는 모두 대위였다. 나이는 김종필 1926년생, 전두환 1931년생, 노태우 1932년생이었다. 갈수록 세도가 커지는 박종규는 1930년생, 차지철은 1934년생이었다. 11기는 모이기만 하면 진급 불만을 털어놓았다. 이들은 그러다가 6월 27일 증권 파동 피고인 10명에게 무죄판결이 내려지자 이제는 가만히 두고 볼 수 없다며 구체적인 거사 계획을 논의하게 된 것이었다.[53]

11기는 거사일을 7월 6일로 정하고 제거 대상자는 민주공화당 사전조직의 핵심 40명으로 선정했다. 그런데 이 정보가 새나가고 말았다. 김재춘은 7월 5일 밤 이 사실을 즉각 진해에 내려가 있던 박정희에게 보고했다. 박정희는 일정을 취소하고 서울로 돌아와 방첩대장 정승화에게 수사를 지시했다. 김재춘은 정승화와 수사회의를 하는 자리에서 구체적으로 거사하기 위한 작업을 진행시킨 게 없으니 그만 덮어두는 게 좋겠다고 제안해 그렇게 하기로 했다.

김재춘은 박정희에게도 그렇게 보고했다. 그런데 며칠 후 박정희가 김재춘을 부르더니 김종필 쪽이 크게 반발한다는 이유를 들어 구속을 지시하는 게 아닌가? 이걸 신임의 문제로 간주한 김재춘은 사의를 표명했다. 그는 증권 파동 문제를 거론하면서 "저로서는 모든 증거를 갖추어 기소 의견을 붙여서 검찰에 넘겼는데 관련 피의자 전원이 무죄 석방되었으니 저로서는 체면이 서지 않습니다"고 말했다. 그는 그러면서 11기를 책임지고 설득해 앞으로 문제를 일으키지 않도록 할 테니 11기를 봐달라고 부탁했다.[54]

7월 12일 중앙정보부장은 김형욱으로 교체되었으며, 김재춘은 무임소장관으로 옮겼다. 김형욱은 8기 중에서도 강경파였다. 김재춘은 김형욱의 임명에 강력 반대하며 박정희에게 이렇게 말했다. "헐뜯는 이야기 같지만 그 사람 큰일 저지를 사람입니다. 같은 최고위원끼리 다툴 때보면 수류탄을 꺼내 안전핀을 뽑고 너 죽고 나 죽자면서 막 나오는 사람입니다. 다시 생각하시지요."[55] 그러나 박정희에겐 바로 그런 '막가파'가 필요했다. 권력 투쟁은 사실상 8기의 승리로 끝났다. 김재춘은 한 달 뒤박정희·민주공화당과 결별선언을 하고, 송요찬·김준연 등과 손잡고 자유민주당을 만들기 위해 나갔다.

박정희의 용인술의 특성 가운데 하나는 이간질이었다. 박정희는 김형욱에게 김재춘이 김형욱을 비판한 내용을 그대로 이야기해주었다. '막가파'인 김형욱이 김재춘에 대해 이를 가는 게 필요하다고 생각했기 때문일 것이다. 김형욱은 공보실장 이후락과 합작으로 자유민주당 무력화 작전에 돌입했다.[56](역사 산책 7: 박정희의 '정치 군인' 육성 참고)

송요찬의 폭탄선언, 김재춘의 외유

함석헌은 『조선일보』 1963년 7월 16일자에서 7월 24일자까지 7회에 걸쳐 연재된 「3천만 앞에 울음으로 부르짖는다」, 『동아일보』 8월 16일자에 「정부 당국에 들이대는 말」 등의 글을 통해 군정을 혹독하게 비판했다. 이에 대해 신사훈, 박달수, 양우정, 이낙선 등이 "노망한 노인의 헛소리"라며 인신공격을 퍼붓는 등 치열한 지상紙上 논전論戰이 펼쳐졌다.[57]

8월 8일 송요찬은 『동아일보』 광고면에 실은 공개장을 통해 박정희의 민정 참여는 공약 위반이며, 박정희가 380억 원을 부정 대출해서 증권 파동을 일으켰다는 폭탄선언을 했다. 또 그는 "군인은 국방에만 전념해야 한다", "부패도 밉지만 독재는 더욱 밉다", "나 아니면 안 된다는 사고방식은 위험하다", "박 의장은 물러서는 것이 애국이다"고 주장했다. 이에 이후락은 "송씨의 말은 재임 시에 군정을 10년간 연장하라던 말과는 딴판이며, 그는 3·15 부정선거 관련자이다"고 맞비난을 퍼부었다.[58]

박정희 측의 보복은 즉각적으로 이루어졌다. 8월 11일 송요찬은 살인과 살인교사 혐의로 구속되었다. 13년 전인 1950년 9월 중순 수도사단장으로 있을 때 17연대 2대대장인 중령 조영구가 허위보고와 전장 무단이탈을 했다는 혐의로 즉결처분을 했다는 것이 살인 혐의였고, 4·19 때 계엄사령관으로 이기붕 집 앞 사건에서 발포 명령을 내렸다는 것이 살인교사 혐의였다. 송요찬이 구속되자 미 국무성은 '깊은 관심'을 표명했고 야당도 공포 분위기 조성이라고 비난했다. 이런 분위기에 힘입어 송요찬은 구속된 지 7일 만인 8월 18일 구속적부심사로 석방되었다.[59]

8월 30일 박정희는 강원도 지포리에서 퇴역식을 가졌다. 그는 "다시는 이 나라에 본인과 같은 불행한 군인이 있어서는 안 된다"는 고별사를 끝으로 군에서 예편했다. 퇴역식 현장을 취재했던 일본 『아사히신문』 기자 니시무라 도시오西村俊男는 이렇게 썼다.

"퇴역식을 마치고 부인과 함께 연회장으로 향하는 차에 오르자마자

宋堯讚前首班拘束

11日 낮 自宅서 殺人嫌疑로

4·19 景武臺 앞 發砲와
6·25 때 趙榮九 中領 殺害

◇拘束된 宋堯讚씨

嫌疑內容

송요찬이 박정희가 증권 파동을 일으켰다고 폭탄선언을 하자, 박정희 측은 송요찬을 살인과 살인교사 혐의로 구속시켰다. (『경향신문』, 1963년 8월 11일)

박 예비역 대장이 하얀 손수건을 얼굴로 가져가는 것을 보았다. 박정희 의장은 울기를 잘했다. 반년 전인 2월 27일, 시국수습을 위한 선서식에서 민정 불참을 서약했을 때에도 넘쳐흐르는 눈물을 어쩌지 못하고 하얀 손수건을 꺼냈었다."[60]

아직도 박정희가 울 일은 많이 남아 있었다. 박정희는 퇴역 후 곧바로 민주공화당에 입당했다. 8월 31일 민주공화당 전당대회에서 박정희는 민주공화당 총재직과 대통령 후보 지명을 수락했다. 졸지에 김재춘과 자유민주당은 설 자리를 잃게 되었지만, 그래도 9월 3일 자유민주당 창당대회가 개최되었다. 대표최고위원에 김준연, 최고위원엔 소선규·김봉

제·송요찬·김재춘 등이 선출되었다. 다음 날 박정희 측은 석방 11일 만에 송요찬을 재구속했다. 자유민주당은 그다음 날 송요찬을 대통령 후보자로 지명해 옥중 등록했다.

9월 5일 저녁 이후락은 김재춘을 납치해 숙명여고 뒤에 있던 어떤 요정으로 데리고 갔다. 두 사람은 거기서 밤새도록 술을 마셨다. 김재춘은 다음 날 아침 장충동 코리아하우스에서 열린 특별기자회견에서 건네준 성명서를 읽어 내려갔다. 자유민주당을 탈당하고 정치적 혼란과 혁명 동지들 간의 비극과 알력을 막기 위해 한국을 떠나며 박정희에 대한 충성에는 변함이 없다는 내용이었다. 그는 송요찬의 석방을 희망한다는 말을 덧붙였다. 김재춘은 미리 준비된 여권으로 가족과 제대로 작별 인사조차 못한 채 그 길로 김포공항으로 인도되어 미국행 비행기에 태워졌다. 그는 하염없이 눈물만 흘리고 있었다.[61]

'구악'에서 '구악'으로

민주공화당 사전조직의 실무 지휘자였던 강성원(당시 소령)은 훗날 이렇게 주장했다. "지금 사람들이 그때 왜 공화당을 최고회의 위원들에게도 비밀로 하여 조직했느냐고 비판하는데, 만약 알리고 했더라면 당이 되지도 않았을 것이다. 서로 주도권을 잡으려 싸움박질을 했을 것이고 그러다가 보면 악화가 양화를 구축하고 구태의연한 정치꾼들 차지가 되었을 것이다. 비밀로 조직에 착수했기 때문에 깨끗하고 유능한 인재들을 많이 모을 수 있었다. 점 조직이라 하는데 끈이 달리지 않은, 즉 파벌이 없는 순수한 인물이란 점에서 점 조직이었다."[62]

개발도상국가에서 개발독재를 긍정하거나 불가피하다고 보는 미국 하버드대학 교수 새뮤얼 헌팅턴Samuel Huntington, 1927~2008은 『변화하는 사회에서의 정치질서』(1968)에서 민주공화당을 찬양했다. 급격한 산업 발전을 겪는 나라들은 '사회적으로 동원된' 시민들을 새롭게 끌어들이고 수용할 수 있는 정치적 기구가 필요한데 민주공화당이 그런 기구인 듯하다는 것이다.[63] 그러나 이병주는 『월간조선』(1985년 5월)에 기고한 「5·16 혁명 '공약空約'」이라는 글에서 다음과 같이 말했다.

"군정 말기에 '사전조직'이라고 해서 말썽이 많았던 '민주공화당'의 성립 과정은 그들이 비방했던 이승만이 제2대 대통령 선거를 앞두고 피난지 부산에서 조직한 자유당의 성립 과정과 대동소이했으며, 민정 복귀를 위한 총선거에선 5·16 당사자가 '부패한 기성정치인'이라고 규정했던 인사들을 대폭 공천하지 않으면 안 될 상황에 말려들었다. 정치 현상의 패턴으로 본다면 2년여의 의정 공백기를 사이에 두고 '구악舊惡'에서 '구악舊惡'으로 되돌아간 셈이다. 그러니 부패와 구악은 일소되기는커녕 그대로 남았다고 단언할 수밖에 없다."[64]

'구악'에서 '구악'으로 되돌아간 쿠데타 주체가 이전의 구악을 가장 빼박은 건 내부 파벌 싸움이었다. 당시 내무부 장관 박경원의 증언처럼, "기별로 파벌이 있어서 서로 싸웠다. 최고회의에서도 무시무시하게 싸웠다".[65] 기수별 싸움을 포함해 모든 싸움이 "감정과 보복, 보복과 감정이 톱니바퀴처럼 물려가는 감정전이자 신경전이었으며, 치졸한 싸움이기도 했다".[66]

박정희의 '바람둥이 수법'

1962~1963년의 주류·비주류 싸움에 지친 박정희는 "넌덜머리가 난다. 어디에 농장이나 만들어 조용히 쉬고 싶다"고 말할 정도였다.[67] 그러나 박정희는 구舊정치인들에 대해 밤낮 싸움만 한다고 저주를 퍼부었던 자신의 판단에 대해선 아무런 성찰도 하지 않았다. 그저 명태처럼 두들겨 패는 것만이 답이라는 평소의 소신을 재확인했을 뿐이다.

군부의 파벌 싸움엔 박정희 특유의 '점 조직' 방식이 사태를 악화시킨 점도 있었다. 그는 쿠데타를 계획하면서 자신이 점찍어 놓은 인물에 대해선 스스로 직접 접촉해 포섭했다. 거의 다 성공을 거두었는데, 그 비결은 "당신 밖에 없다"는 일종의 '바람둥이 수법'이었다. 박정희는 누구에게건 이런 식으로 말했다. "우리 둘이서 손을 잡고 나라를 바로잡아보자. 이 일은 당신과 나만이 아는 일로서 다른 사람에게는 일체 비밀에 붙여두자. 거사가 성공하는 날, 당신은 나라를 구한 일등공신이 될 것이오."[68]

이는 듣는 이로 하여금 자신이 아니면 쿠데타가 절대 안 될 것처럼 상대방의 자부심을 한껏 키워주는 방식이었다. 이는 수많은 2인자를 낳는 결과를 초래했다. 여러 쿠데타 주체가 각자 자신을 제2인자로 간주하는 착각을 범했다는 뜻이다. 그건 착각이었지만 점 조직이었기 때문에 그걸 확인할 길은 없었고 그래서 모두 다 억울하게 생각하는 경향이 있었다. 박정희의 포섭술은 말이 쉽지 아무나 할 수 있는 일은 아니었다. 박정희의 인간적 매력과 눈물이 많은 체질이 큰 도움을 주었겠지만, 그런 수법은 부메랑이 되어 군사정권을 뒤흔드는 내부 이전투구를 낳았던 것이다.

박정희의
'정치 군인' 육성

　　여러 책이 김재춘은 친위 쿠데타를 꾸민 육사 11기들을 비호하다가 중앙정보부장직에서 물러나게 되었다고 기록하고 있다. 타당할망정, 그것만으론 진실의 모든 실체가 다 드러나진 않는다. 직접적인 인과관계는 없을망정 7·6 친위쿠데타 시도에서 드러난 11기들의 공격적인 정치 지향성은 박정희가 평소 부추겨온 것이기 때문이다. 박정희는 김재춘의 요청대로 11기를 눈감아주었다. 그러나 김재춘이 옹호해주지 않았다 하더라도 박정희는 결코 11기들을 버리지 않았을 것이다. 육사 8기가 육사 5기를 쳐 성공을 거둔 이상, 육사 8기의 독주를 무슨 수로 견제할 것인가? 박정희는 그걸 견제할 또 다른 친위 세력이 필요했기 때문이다.

　　박정희는 8기 세력이 커지자 그들보다 더 어려 믿을 만하고 4년제 육사를 나온 영남 출신 중심의 11기 몇 명을 충복처럼 귀여워하며 그들을 '정치 군인'으로 키웠다.[69] 박정희에게서 귀여움을 가장 많이 받은 11기

군인은 전두환이었다. 훗날 대통령이 된 전두환이 1987년 4월 12일 수석 비서관들과 점심을 먹는 자리에서 회고한 이야기를 들어보자.

전두환은 "내가 옛날에 박정희 대통령이 최고회의 의장 할 때 나보고 국회의원 나가라고 하는 걸 안 나갔어요. 장도영 사건이 끝나고 얼마 안 됐을 때인데 사무실에 오라고 해서 갔어요. 나보고 '전 대위, 국회의원에 한 번 출마 안 하겠느냐'고 그래. 내가 깜짝 놀라 '제가 어떻게 국회의원을 합니까' 하자 '하면 하는 거지 왜 못해' 하더군. 그래서 나는 '아닙니다. 저는 군대에 있는 게 더 좋습니다' 했어. '군인 하려고 사관학교에 갔지, 국회의원 하려고 간 게 아닙니다'라고 했지"라면서 다음과 같이 말했다.

"박 대통령은 거듭 '자네가 필요하다'고 하더군. 나는 시간을 조금 주시면 의논도 해봐야겠다고 했더니 '남자가 하는 일에 상의는 무슨……' 하더니 이틀 후 다시 오라고 해서 윤필용 비서실장과 의논도 했지. 그 후 박 대통령과 다시 독대하는 자리에서 '저는 돈도 없고, 군대에도 충성스러운 사람이 있어야 하지 않겠습니까' 했는데 그때부터 나를 특별한 사람으로 보는 거야. 가끔 내가 어디를 가 있어도 골치 아픈 일이 있으면 부르곤 하셨지. 아마 국회의원 출마를 거절한 게 인상적이었던 것 같고 또한 참신한 육사 출신으로 본 것 같아."[70]

11기인 이상훈은 1961년 8월 미 육군고등군사반의 1년 교육과정을 수료한 뒤 1962년 7월에 귀국해 다시 국가재건최고회의 경호실에 근무했는데, 이때 이미 박정희를 받드는 사조직인 하나회가 결성되고 있었다고 회고했다. 그는 "내가 미국에서 돌아와 최고회의 경호실에 근무하면서 전두환 대위와 다시 만나 그가 근무하는 비서실에 자주 놀러가

기도 했다"며 다음과 같이 말했다.

"어느 날 하나회를 결성한다는 얘기를 들었다. 그런데 대부분 영남 출신들이라는 점에서 나는 우려를 표명했다. 전체의 육사 단결을 위해서는 바람직하지 못하다는 의견을 전했다. 그러자 전 대위는 '국가든 조직이든 어차피 소수의 엘리트가 움직인다'고 말하는 것이었다. 그러면서 '지금부터 엘리트 그룹을 형성해야 된다'고 강조를 했는데 나와는 견해가 좀 달랐다."[71]

1963년 2월 18일 국가재건최고회의 의장 박정희가 민정 불참 선언을 한 직후 원대 복귀를 만류하기 위해 전두환, 노태우, 권익현, 손영길, 박갑룡 등이 의장 공관을 찾아갔을 때, 박정희는 그들에게 앞으로 자신을 도와달라며 사실상 조직 결성을 지시했다.[72] 그렇게 해서 결성된 조직인 하나회가 4대 의혹 사건이 사실상 박정희의 작품인 걸 모르고(알았다 하더라도 박정희는 보호해야 한다는 생각으로) 그 책임을 묻고자 민주공화당 요인 40여 명을 제거하는 7·6 쿠데타를 시도하고자 했던 것이다. 그러니 박정희로선 내심 그들이 얼마나 사랑스러웠겠는가 말이다.

여기엔 영남 지역주의가 가세했다. 박정희는 7·6 쿠데타 사건시 자신의 전속 부관인 11기 대위 손영길이 11기를 옹호하자 "그들이 그렇게 혁명에 적극적인가?"라고 물었다. 하신기의 『박정희: 한국을 강국으로 이끈 대통령』(1997)에 따르면, "'네, 영남 출신자는 각하를 향토의 영웅으로 추앙하고 있습니다.' 전두환 그룹은 향토의식이 강했고, 전부 영남 출신이었다. 8기생은 충청도인 김종필을 비롯하여 영남 출신자가 거의 없어 그것도 그들 그룹이 8기생에게 적대의식을 가진 하나의 요인이었다. '알았다. 그들에게 쓸데없는 것을 생각하지 않고 주어진 임무에 전념

하도록 하라고 전하시오.' 이후 부정 의혹에 대한 수사도 7·6 음모의 조사도 중지되었다."[73]

　　이런 묘사를 그대로 다 믿을 수는 없다 하더라도, 박정희가 영남 연고 중심으로 '정치 군인'을 육성한 건 결과로 입증된다. 11기 하나회는 이때 익힌 쿠데타 음모 솜씨를 16년 후인 1979년에 유감없이 발휘하게 된다. 그게 바로 12·12 쿠데타다. 박정희는 죽었지만, 12·12 쿠데타는 박정희를 위한 친위 쿠데타였다. 16년 전 11기의 쿠데타 음모 사건을 수사했던 방첩대장 정승화는 이때엔 그들의 제거 대상이 된다.

제4장

'국가와 혁명과 나'

민주주의를 비판한 '행정적 민주주의'

박정희는 군정 기간 중 자신의 이름으로 모두 3권의 책을 냈다. 1961년 6월 16일에 나온『지도자의 도道: 혁명 과정에 처하여』(국가재건 최고회의), 1962년 3월 1일에 나온『우리 민족의 나갈 길: 사회재건의 이념』(동아출판사), 1963년 9월 1일에 나온『국가와 혁명과 나』(지구촌)가 바로 그것이다.

『지도자의 도』는 책이라기보다는 팸플릿이었다. 박정희는 이 팸플릿에서 자유민주주의를 받아들인 한국의 상황을 설명한 후 "우리의 민주주의는 장구한 시일을 두고 자각과 자율과 자유정신이 뿌리를 깊이 박고 피어난 것이 아니라, 다른 나라로부터 돌연히 받아들인 것이었기 때문에 자율정신과 자각과 책임감이 따르지 못했다"고 진단했다. 그는 서구식 민주주의를 한국에 적용하려면 민족의 고질痼疾을 치유해야 하는

데 이것은 오랜 시일과 노력이 필요한 과업이라고 주장했다.[74]

박정희는『우리 민족의 나갈 길』의 '머리말'에서 "이 민족의 걸어온 길과 걸어 나갈 길을 생각하며 잠 못 이루는 밤에 내키는 대로 몇 줄씩 메모하여 정리한 것이 이 책으로 되어 나왔다"고 밝혔지만,[75] 이 책은 각 분야별로 전문가들이 총동원되어 집필한 것으로, 이론적이고 분석적인 책이었지만, 3만 부가량이 팔려나갔다.[76] 이 책은 5·16을 다음과 같이 찬양했다.

"5·16 군사혁명은 우리나라 근대화 사상 8·15에서 비롯한 민주혁명과 자립경제 건설의 민족적 과제가 4·19 학생혁명으로 각성이 촉구되어 그 기초공사를 시작하는 기점으로 이해되어야 하는 동시에, 동학농

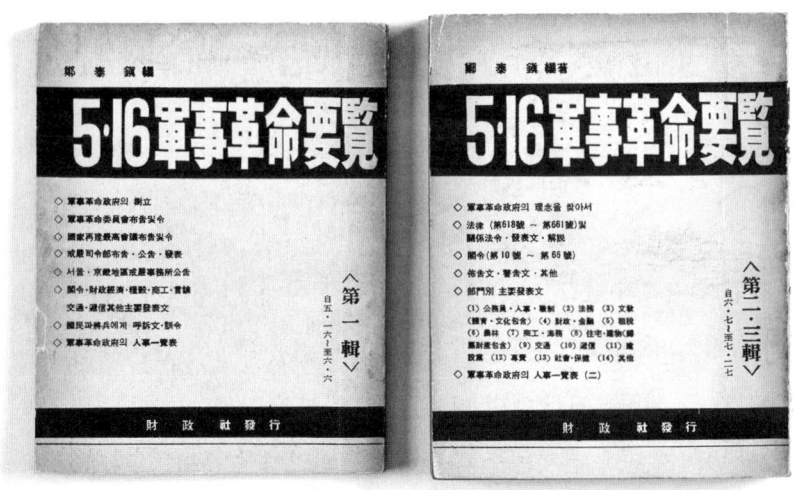

박정희는 5·16 군사혁명이 8·15 광복, 4·19 혁명, 동학농민혁명, 3·1 독립선언 등 대한민국 건국이념을 관통해 흐르는 민족사의 거류의 일환이라고 자화자찬했다. 1961년 출간된 정태진 편저의 『5·16군사혁명요람』. (대한민국역사박물관 소장)

민혁명, 3·1 민족독립선언, 대한민국 건국이념을 관통해 흐르는 한 가닥 민족사의 거류의 일환……."[77]

이 책은 "혁명 기간에 지향하는 민주주의는 서구적인 민주주의가 아니라 우리의 사회적·정치적 현실에 맞는 민주주의를 해나가야 할 것인데, 그러한 민주주의는 다름 아닌 행정적 민주주의administrative democracy"라고 주장했다. 이는 부패 일소, 민생고 해결, 사회정의 실현을 위한 과도기 단계에선 민주주의를 정치적으로 달성할 것이 아니라 행정적으로 구현해야 한다는 주장이었다.[78]

'행정적 민주주의'는 '민주주의의 한국화', '한국적 민주주의'와 교체 가능한 용어였다. 박정희는 "민주주의라는 빛 좋은 개살구는 기아와 절망에 시달리는 국민 대중에게는 너무 무의미한 것"이라고 단언하면서, 종국적으로 "경제개발계획을 어느 정도 성공적으로 달성할 수 있는가는 비단 한국뿐만 아니라 아시아에 있어서 진정한 민주주의의 성패와 장래를 결정하게 될 유일한 관건이 될 것"이라고 주장했다.

민족성 개조를 위한 인간혁명

『우리 민족의 나갈 길』은 여러 사람이 참여해 쓴 책이긴 하지만, 이 책에 박정희의 평소 소신이 전혀 없는 건 아니다. 다음과 같은 주장들은 박정희가 늘 입버릇처럼 하던 말이었다. "자파와 사적 이익의 추구에만 급급한 나머지 민족 전체는 언제나 버림을 받았다." "우리는 한 민족, 한 동포이면서도 이기애와 파당에의 충성과 정열은 지나칠 정도로 강렬했지만 민족에 대한 정열은 너무나 냉랭했다. 이기와 당리가 민족 이익이

나 국가 이익보다 우선했고, 투표와 선거가 이기와 당리를 위해 희생되었던 것이다."

늘 목숨을 거는 것과 죽느냐 사느냐 양자택일 논리를 좋아하는 박정희의 버릇이 빠질 리 없었다. "오늘날 우리는 역사상 일찍이 경험하지 못한 최대의 민족적 위기에 직면하고 있다는 사실을 깨닫지 않으면 안 된다. 사느냐 죽느냐, 흥하느냐 망하느냐 하는 실로 민족 사활의 판가름을 짓는 엄숙한 순간에 놓여 있다.……오늘 우리 민족은 사생결단의 순간에 놓여 있다고 하겠다."

박정희는 그렇게 '목숨 걸고'를 역설해대더니, 한국인에겐 "살아도 같이 살고 죽어도 같이 죽는다"는 운명공동체로서 민족적 자의식이 너무도 결여되어 있다고 질타했다. "정당의 당원이라는 작자들은 다만 마키아벨리즘의 강습생이었으며, 국회란 파쟁을 위한 합법적 무대이었던 것이다. 국회의사당이 시장과 별다를 것이 없고, 소위 국회의원들이란 정상배, 정치 브로커의 별명에 불과했다. 선거 때엔 양의 가면을 쓰고, 일단 당선만 되면 민중을 배신하는 이리의 정체를 드러내는 것을 예사로 하였다."

박정희는 '특권·특수의식'도 비판했다. "동문의식, 지연, 혈연, 기타 어떤 연고관계를 계기로 하여 어떤 집단이 형성되면 그것이 친목의 범위를 벗어나 곧 특수·특권의식의 집단체로 변모하고 만다. 그리하여 자파와 타파를 가르고 적과 아방을 조작하는 소위 배타정신이 되고 마는 것이다. 그리하여 우리 동창, 우리 고향 사람, 우리 파가 아니면 모두 밉다, 네가 미우니까 너의 처자도 부모도 형제도 밉다는 식의 배타정신으로 흐른다. 이것이 오늘 우리 한국의 실정이다."

박정희는 한국 사회가 "사회 정의의 아나키즘적 상황에 있다"고 진단했다. "정실인사, 엽관운동, 탐관오리, 부정축재가 당연시되고, 그러한 짓을 못 하는 사람은 천대"받으며, "법보다 주먹이 센 놈이 이기는 세상, 빽 있고 돈이 있는 사람만이 살 수 있는 세상"이라고 했다.

그러나 이후 나타날 박정희의 개발독재는 이 점에 관한 한 마찬가지였다. 아니 훨씬 더했다. 박정희는 자주 민족주의를 역설했지만 그건 국가주의였다. 그것도 인간성 개조를 전제로 한 국가주의였다. 박정희는 "이지러진 민족성을 고치"기 위한 '인간혁명'을 역설했다. 그는 "일제 식민지 노예근성"을 깨끗이 청산해야 한다고 주장했지만, 그 말은 자신에게도 적용될 수 있다는 걸 박정희는 말하지 않았다.[79]

"악의 창고 같은 우리의 역사"

이제 선거를 앞두고 필요한 건 유권자들의 심금을 울려줄 책이었다. 1963년 1월 중순 박정희는 박상길을 불러 도와달라고 요청했다. 언론인 출신으로 나중에 청와대 대변인을 지내게 되는 박상길에게 박정희는 이렇게 푸념했다. "혁명인가 뭔가 했는데 국민들도 그렇고, 심지어 다리를 같이 넘은 자들까지도 정확하게 내 심정을 몰라주니 미국 놈들도 그렇고…… 접장인가 교수라는 자들도 무어 알아듣지 못할 소리들만 하고…… 가슴속에 있는 생각을 시원하고 정확하게 털어놓을 방법이 없을까요."[80]

박정희는 박상길에게 자못 흥분한 표정으로 메모지를 내밀고 손가락으로 짚어가면서 설명했다. "이북의 경제력: 전력 우리의 5배, 석탄

2배, 시멘트 5배, 면포綿布는 남한의 40%, 철광석 7배, 선철銑鐵 60배, 조
강粗鋼 생산능력은 64만 1,000톤이나 남한 무無, 어획량 2배, 벽돌 5배,
발전發電 모터 5배, 기계공구 10배, 변압기 3배, 비료는 이북은 연 56만
1,000톤을 생산하나 남한 무無, 트랙터 역시 이북은 연 3,000대를 생산
하나 남한 무無, 자동차도 이북은 연 3,000대를 생산하나 남한 무無, 목
재 25배."

박정희는 답답함을 토로하면서 뭔가 국민에게 속 시원히 설명을 해
야겠다며, 책이 그 방향으로 나아가 줄 것을 요청했다.[81] 박상길에 따르
면, "나는 회현동 한 여관방에 진을 치고 20여 차례 넘게 주로 자정 이후
의 심야심방을 통하여 박정희 장군과 마주앉아 정해진 메뉴-풋고추, 생
된장, 소주-를 들며 담론하고 혹은 토론하며 수집된 자료를 놓고 의견을
취합해 한 권의 책을 퇴고하였다".[82]

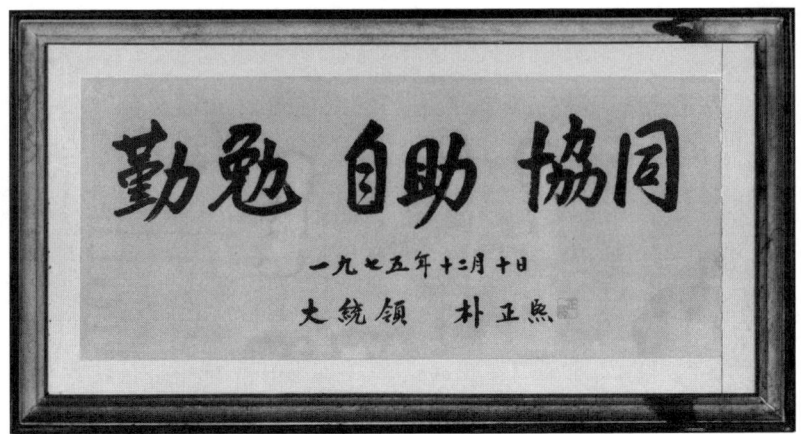

박정희는 한국인의 민족성에 문제가 있다고 보고, '국민성을 근본적으로 개조'하는 것만이 '강력한 민
족국가 건설'을 이룰 수 있다고 역설했다. 박정희의 '근면, 자조, 협동' 휘호 액자. (국립민속박물관 소장)

그게 바로 1963년 9월 1일에 나온 『국가와 혁명과 나』였다. 이미 여러 차례 지적했듯이, 박정희는 한국인의 민족성에 근본적인 문제가 있다는 일제의 식민통치 선전을 그대로 신봉한 인물이었다. 그뿐만 아니라 그는 일본 극우세력의 지지자였다. 그는 쿠데타를 일으키기 전부터 일본 군부의 천황 절대주의와 국수주의를 찬양하는 주장을 했으며, 한국의 독립운동가들을 전부 '엉터리'로 몰아붙이면서 독립운동의 가치를 인정하지 않는 인식을 드러냈다.[83]

박정희는 『국가와 혁명과 나』에서 "5천 년의 역사는 개신改新되어야 한다"고 외쳤다. 그는 "우리의 반만년 역사는 한마디로 말해서 퇴영과 조잡과 침체의 연쇄사"라고 단언했다. 그는 "이 모든 악惡의 창고 같은 우리의 역사는 차라리 불살라버려야 옳은 것이다"는 심판을 내린 후, '국민성을 근본적으로 개조'하는 것만이 '강력한 민족국가 건설'을 이룰 수 있는 유일한 길임을 역설했다.[84]

"고운 손은 우리의 적"

박정희는 당파 싸움을 "세계에서도 드물 만큼 소아병적이고 추잡한 것이었다"고 비판했으며, "장면 정권은 민주당이란 가면을 쓴 내면상의 자유당 정권"으로 규정했다.[85] 그러면서 자신은 소외된 민중의 대변자인 양 묘사했다. 이를 위해 다음과 같은 시詩 한 편이 동원되었다. "땀을 흘려라!/돌아가는 기계 소리를 노래로 듣고/……이등 객차에/불란서 시집을 읽는/소녀야/나는, 고운/네/손이 밉더라."

박정희는 이 시를 인용해놓고 이렇게 논평했다. "우리는 일을 하여야 한다. 고운 손으로는 살 수 없다. 고운 손아, 너로 말미암아 우리는 그만큼 못 살게 되었고, 빼앗기고 살아왔다. 소녀의 손이 고운 것은 미울 리 없겠지만, 전체 국민의 1% 내외의 저 특권 지배층의 손을 보았는가? 고운 손은 우리의 적敵이다. 보드라운 손결이 얼마나 우리의 마음을 할퀴고, 살을 앗아간 것인가. 우리는 이제 그러한 정객에 대하여 증오의 탄환을 발사하여주자."[86]

그러나 군정 기간은 그런 증오의 탄환을 맞아야 할 주범은 박정희와 그 일행이기도 하다는 걸 원 없이 보여주고 말았다. 군정 기간 동안 새로 정권을 잡은 군인들 일부는 민간 정치인들이 상상도 못 했던 규모의 부정과 부패를 서슴지 않았기 때문이다. 이상우는 『박정권 18년: 그 권력의 내막』(1986)에서 "이른바 '구악을 뺨치는 신악'이 횡행하는 가운데 기성 정치인들마저 혀를 내두를 정도의 고도로 기교화된 정치술수가 군인들에 의해 베풀어지기도 했다. 주체세력 가운데 한 사람이 스스로 실토했던 것처럼 '군인답지도 않고 정치인답지도 않은 마키아벨리즘'이 판을 쳤던 것이다"며 다음과 같이 말했다.

"민정 이행으로 넘어가는 고빗길인 군정 말기는 가히 '먹자판'이었다. 원대 복귀의 공약을 무시하고 민정 참여까지를 내다본 5·16 세력의 일부와, 재빨리 군정 권력에 기생한 일부 지식인 그룹은 불우했던 시절의 기아 상태를 한꺼번에 채워 보려는 듯, 겁 없이 부정을 저질렀다. 그 부정 사실들은 군정의 종막과 함께 깨끗이 베일에 가려져 버렸다. 그러나 그때 부정으로 치부한 많은 사람들이 지금도 그때의 축재로 생활을 즐기고 있다."[87]

끈처럼 얽힌 '끈'의 사회

앞서 지적했듯이, 박정희와 김종필은 물론 군사정권의 브레인이 정보장교들 출신이라 군사정권은 구정치인들 이상으로 기존 정치에 밝았다. 대선 직전에 나온 야당 정치인 김도연의 증언이다. "정말 놀랐습니다. 군인들이 그렇게도 정치 기술이 능할 줄은 상상도 못했어요. 구정치인들이 권모술수의 화신처럼 평가받고 있지만 이번에 군인들이 하는 것 보니 오히려 순진하기 그지없어요. 내 자신 해방 이후 한민당에 참여한 이래 지금까지 20년 가까이 정치인 생활을 하고 있지만 그들의 정치하는 기술에는 도저히 못 따라가겠습니다."[88]

이상우는 그 무렵 많은 구정치인이 5·16 핵심 그룹의 '정치 기술'에 혀를 내둘렀다고 말한다. "원대 복귀를 다짐한 혁명공약 제6항을 슬그머니 없애버리고, 쿠데타로 집권한 지 불과 3개월 되던 때부터 민정 참여를 구상하여 공화당을 사전 창당한 일이라든지, 시민회관에 각계 인사들을 모아 놓고 눈물로써 민정 불참을 선언했던 해프닝, 그리고 전무후무한 군인 데모와 '별들의 행진'을 연출하여 다시 민정 참여를 결의한 일 등. 그 당시 국민들은 자유당이나 민주당 정부하에서는 볼 수 없었던 드라마틱한 일련의 정치 연출을 관람할 수 있었다. 그것은 단순한 권력 게임이 아니라, 일단의 정치세력이 치밀하게 계산된 각본에 따라 권력이라는 최종 결승점에 도달해가는 하나의 무서운 작품이었던 것이다."[89]

물론 모든 게 다 완전한 사전 각본에 따른 건 아니었겠지만, 이전보다 더 심해진 부정부패는 그런 의심을 지울 수 없게 만들었다. 독재를 하더라도 부정과 부패만큼은 없애야 할 것 아닌가? 아니 독재의 목적이 그게 아니었는가? 그러나 그건 우문愚問이었다. 군사정권의 독재와 부정부패는 동전의 양면과도 같은 것이 되어버렸다.

이어령은 1963년 3월 20일에 펴낸『흙 속에 저 바람 속에』라는 책에 있는 「'끈'의 사회」라는 글에서 이렇게 말했다. "이 땅의 인간관계나 정치적 풍토를 생각하면 끈처럼 얽힌 사회 구조가 어떠한 것인지 짐작할 수 있을 것이다. 사회를 개조하기도 힘이 든다. 서로 얽혀 있기에 한 곳이 잘리어도 사회 전체가 허물어지고 마는 것이다."[90] 군사정권도 그 '끈'을 벗어날 수는 없었다. 아니 쿠데타의 성공 자체가 '끈'에 의한 것이 아니었던가?

제5장

황태성 사건:
왜 '밀사'를 '간첩'으로 조작했는가?

박정희를 긍정적으로 평가한 북한

5·16 군사쿠데타가 일어나자 북한에선 김일성의 지시로 박정희를 포함한 쿠데타 주요 간부 8명에 대한 신상 자료가 긴급회의에 제출되었다. 회의 참석자 70%는 박정희를 긍정적으로 평가했다(이는 전 북한 고위 관리 황일호의 증언에 따른 것이다).[91] 7월경 육군 첩보부대HID 서해지구 파견대는 대북 공작 차원에서 북쪽에 '정치회담'을 제의했다. 이 공작에 참여했던 한 인사의 증언이다.

"정치회담이란 발상을 누가 했는지는 잘 모르겠는데 첩보부대가 대북 공작 차원에서 생각해낸 거라고 보면 됩니다. 혁명 직후라 아무래도 북한의 동향에 신경을 곤두세우면서 정보를 수집하려고 애쓸 때였습니다. 여러 차례 첩보원들을 북으로 침투시켜도 모조리 붙잡히는 등 차질을 빚고 있을 때였습니다. 그래서 안전하게 저들과 접촉하면서 우리가 북침 의사가 없고 평화통일을 원한다는 뜻도 전하면서 혁명정부가 안정될 때까지 시간을 벌자는 계산도 있었을 겁니다."[92]

남북 양쪽은 영화 필름도 교환했다. 남에선 〈성춘향〉을 보냈고, 북에선 〈꽃피는 평양〉을 보냈다. 박정희는 첩보부대에서 가져온 북한 영화 〈꽃피는 평양〉을 장관들과 같이 보면서 "우리도 빨리 저 이상으로 발전해야 하는데" 하면서 부러워했다.[93]

7월 북한 노동당 정치위원회는 "박정희가 반공을 표방하고 있고 혁신계를 탄압하고 있지만 우리와 통일문제를 협의할 수도 있을 것이다. 평화통일을 제안할 비밀 협상대표를 파견키로 하자"는 결론을 내렸다.[94] 북한 무역상 부상을 지낸 황태성이 자원하고 나섰다. 박정희에 대한 우호적 평가에 앞장섰던 황태성은 대남 연락부장 이효순을 찾아가 "박정희야말로 날 사숙私淑했던 아이입니다. 날 존경하기까지 했습니다. 내가 내려가 직접 만나겠소"라고 말했다.[95]

황태성은 박정희의 셋째 형 박상희의 친구였다. 박정희는 황태성에게 장래의 진로에 대해 의논을 할 정도로 황태성을 잘 따랐으며, 만주군 시절에도 휴가만 나오면 황태성을 찾아가기도 했다. 또 황태성은 박상희와 조귀분(김종필의 장모)의 중매를 섰기 때문에 김종필과도 무관할 수 없는 사이였다. 박상희와 황태성은 대구 10·1 사건에 적극 가담했는데, 황태성은 선봉에 서서 군중을 선동하는 연설을 하기도 했다. 박상희는 경찰의 집중사격을 받아 사망했고 황태성은 이북으로 도망가 그 위치에 오르게 된 것이다.[96]

'간첩' 누명을 쓴 황태성

황태성은 박정희와 김종필을 만나기 위해 남파되었다. 그러나 그의 남파는 북한이 육군 첩보부대의 '정치회담'을 빙자한 대북 공작에 속아 넘어간 결과였다. 남파된 황태성은 1961년 9월 1일 박정희의 대구사범대학 후배이자 황태성의 이웃에 살았던 친지의 아들 김민하(당시 28세, 훗날 중앙대 총장)를 찾아가 박정희나 김종필에게 자신이 왔다는 말을 전해달라고 부탁했다. 김민하는 박정희와 대구사범대학 동기인 고려대 교수 왕학수를 찾아갔다. 그러나 김종필은 왕학수를 통해 연락을 받고도 굳게 침묵했다.[97]

황태성이 김종필의 연락을 기다리던 기간 중 옆에서 행동을 같이한 사람은 김민하와 조카사위 권상능이었다. 황태성은 아무런 연락이 없자 답답한 나머지 박상희의 처이자 김종필의 장모인 조귀분에게 권상능을 통해 편지를 전달했다. 조귀분은 편지를 받고 덜덜덜 떨면서 그날 저녁으로 서울로 올라가 김종필을 만난 것 같았지만, 그 후로도 연락이 없었다.

그래서 권상능은 황태성에게 위험하니 그냥 돌아가라고 설득했지만 황태성은 영 말을 듣지 않았다. 그간 침묵하던 김종필은 중앙정보부에 파견 나와 있던 치안국 소속 박모 경감을 자신의 대역으로 황태성을 만나게 했다. 황태성은 10월 22일 반도호텔 735호실로 연행되었다. 박모 경감이 김종필 행세를 하면서 곧 국무회의가 열려 가봐야 하니 수사관에게 말을 하라고 하고 떠났다. 박모 경감을 김종필로 믿은 황태성은 그제야 모든 걸 털어놓았다. 그러나 황태성에게 돌아온 건 '간첩' 누명이었다. 10월 24일 김민하와 권상능도 간첩에게 편의를 제공한 혐의로 구

間諜 黃泰成

銃殺刑執行

어제 仁川市 郊外서

황태성은 박정희와 김종필을 만나기 위해 남파되었지만, 그에게 돌아온 건 '간첩' 누명이었다. 결국 그는 12월 14일 총살형에 처해졌다. (『조선일보』, 1963년 12월 15일)

속되었다.[98]

이 사건으로 인해 1년 8개월간 옥고를 치른 권상능은 "황태성은 당시 쿠데타 세력과 모종의 담판을 위해 북측에서 남파된 밀사였다"고 말한다. 그가 들은 황태성의 임무는 5·16 직후 군사정권이 북으로 공작원을 파견한 진의 파악, 남쪽의 남북협상회의 제안과 관련, 외세 간섭 없이 통일 논의 개최 후 남북에 비밀무역 대표부 설치, 박정희에게 중대 정보 제공 등이었다.

황태성이 말한 '남북 비밀접촉'은 쿠데타 직후인 1961년 9월 말부터 1962년 8월 말경까지 서해 용매도, 불당포 등지에서 8차에 걸쳐 이루어진 남북 정보당국간 비밀접촉을 말한다. 물론 이는 앞서 지적했듯이

제3부 1963년   243

남측의 대북 공작이었다. 이는 미군 몰래 추진하다가 남측에 의해 일방적으로 중단되었다.[99]

케네디 면접시험을 앞둔 박정희

미군 정보기관 G2의 비밀정보원 출신인 래리 베이커Larry Baker는 민간인 신분으로 황태성 사건에 달라붙었다가 미국으로 추방되었다. 1963년 대선 당시 『조선일보』 워싱턴 특파원이었던 문명자가 그에게 황태성 사건에 대한 질문서를 보내자, 베이커는 이런 요지의 회답을 보냈다고 한다.

"황태성과 박상희는 박정희가 남로당에 입당할 때의 신원보증인이었다. 5·16 이후 황태성이 박정희와 접촉하기 위해 내려왔을 때 박정희는 김종필에게 그를 만나보도록 했다. 나는 이 정보를 입수해서 상부에 보고했는데 상부에서는 황태성·김종필이 회동하는 반도호텔을 감시하라고 했다. 그때 김종필은 중앙정보부를 조직하느라 반도호텔 한 층을 온통 차지하여 사용하고 있었다. 나는 두 사람이 반도호텔 8층 몇 호실에서 몇 시간 동안 무슨 이야기를 했는지를 모두 조사해 상부에 보고했다. 황태성이 내려온 목적은 박정희와의 연대 가능성을 타진하기 위한 것이었다. 이 같은 정보를 입수한 미국 측은 황태성을 미 정보기관에 인도하라고 박정희에게 계속 압력을 가했다. 그러나 박정희는 석연치 않은 이유로 황을 인도하지 않고 계속 시간을 끌었고, 오히려 그 사건을 추적하는 나를 한국에서 추방했다."[100]

결국 황태성은 미군에서도 조사를 받았다. 미군 정보기관은 약 2주일에 걸쳐 박정희와의 관계에 대해 물었다.[101] 이때가 아마 1961년 11월 초순에서 중순경이었을 것이다. 황태성 사건은 11월 하순 미국 방문 일정이 잡혀 있던 박정희에게 큰 위기로 여겨졌다. 한홍구는 그렇지 않아도 한미정상회담에서 미국에 내밀 카드가 없어 고심하던 박정희에게 황태성의 등장은 악재 중의 악재였다며 다음과 같이 말했다.

"이런 상황에서 박정희가 케네디에게 제안한 것이 한국군의 베트남 파병이었다. 이때는 아직 미국이 베트남전에 대규모 개입한다는 방침을 결정하기 전이었다. 그러니 파병에 대한 미국의 압력이란 있을 수 없는 때였다. 그러한 때에 박정희는 '미국이 혼자 많은 부담을 지고 있다'면서 '자유세계의 일원으로서 미국의 과중한 부담을 덜어준다'는 명목으로 한국군의 베트남 파병을 제안한 것이다. 이 뜻밖의 제안에 케네디는 박정희가 자신을 아주 기분 좋게 해주었다고 치하했다. 박정희는 케네디와 면접시험을 성공적으로 치른 것이다."[102]

당시 문명자는 베이커의 증언을 기사화해 『조선일보』로 보냈지만, 이는 기사화되지 않았다. 사장인 방일영이 박정희와 같이 기생 파티를 하는 사이인데 기사화될 리는 만무했다. 8년이 지난 1971년 뉴욕에서 문명자는 전 중앙정보부장 김형욱을 만났다. 김형욱은 그 문제의 황태성 관련 기사를 알고 있었다. "방일영 씨가 그 기사 가지고 나한테 왔습디다. 받아서 읽어보니 식은땀이 나더구만. 얼른 비서실장 불러 금고에 넣으라고 하고 '뭘 도와 드릴까요' 했지요. 방일영 씨가 '융자 좀 해달라' 합디다. 그래서 결국 한 3억 해줬지 아마."[103] 황태성 사건은 1963년 10·15 대선 기간 중 야당의 폭로에 의해 뜨거운 선거 이슈로 떠오르게 된다.

제6장

10·15 대선:
'진보 여당' 대 '보수 야당'?

야당의 분열·모략·권모술수

1963년 5월 13일 신민당은 제5대 대통령 선거를 염두에 두고 구신민당, 구자유당, 구민주당 일부와 무소속 등 4개 세력을 모아 민정당을 창당했다. 쿠데타로 사라진 민주당의 복원을 내세운 재건 민주당은 1963년 7월 16일 창당대회를 열고 박순천을 당수로 선출했지만, 대통령 후보는 내지 않고 윤보선을 지지하기로 했다. 윤보선에 대해선 "5·16에 의한 헌정 중단의 책임을 져야 할 사람은 야당의 대통령 후보에서 제외되어야 한다"는 주장이 제기되었지만, 민정당과 민주당은 윤보선의 지명도에 의존하는 길을 택했다.[104]

신정당은 허정을 대통령 후보로 내세웠는데, 한동안 야당 후보 단일화 운동 차원에서 야당을 통합하는 '국민의당' 창당 움직임이 일었다. 그러나 이 움직임은 일종의 코미디로 끝나고 말았다. 도저히 타협이 되지 않자 유진산 등 중재에 나선 사람들이 제비를 뽑아서 허정으로 결정하고 윤보선에게 후보 사퇴를 권유했기 때문이다. 이 일로 윤보선과 유진산은 결별했는데, 윤보선은 그걸 유진산의 '배신행위'로 단정했다.[105]

9월 12일 민정당은 윤보선을, 9월 14일 '국민의당'은 허정을 대통령 후보로 결정했다. 이에 대해 김준하는 이렇게 말한다. "결국 윤·허 양씨는 처음부터 설정했던 그들의 길을 걸어왔을 뿐이지만 그동안 그들이 보여주었던 분열, 모략 그리고 권모술수의 작태는 일찍이 정당사상 볼 수 없었던 상처투성이의 몸부림이기도 했다. 야당의 통합을 바랐던 국민들, 군정 종식을 바랐던 국민들, 그리고 이 나라의 민주주의의 회복을 기원했던 국민들에게 암울한 실망을 안겨주었을 뿐이다."[106]

그밖에도 여러 명의 야당 후보가 난립했다. 강원용을 비롯한 기독청년운동 지도자들은 야당 후보 단일화를 위해 당선 가능성이 낮은 후보들을 찾아다니면서 사퇴를 간곡히 호소하고 다녔다. 야당 후보 중의 하나였던 변영태는 이들에게 이렇게 말했다. "내 내자(아내)가 얼마 전 기도원에 가서 기도를 하다가 이번 선거에는 반드시 내가 나가야 하고 또 나가면 틀림없이 당선된다는 계시를 받았다네. 만일에 내가 이 계시를 어기면 하나님의 중벌을 받게 된다는 얘기야."

그러면서 변영태는 자신에게 온 유권자들의 열렬한 지지 편지 꾸러미들을 보여주었다. 강원용에 따르면, "내가 보기에는 야당 후보 난립을 이용하려는 군사정부 측의 공작임이 분명한 데도 변영태는 그 편지들을 보고 많은 사람들이 자기를 절대 지지한다는 착각에 빠져 끝내 후보로 나설 것을 고집했다."[107]

9월 15일 대통령 후보 등록 마감 결과, 기호순으로 장이석(신흥당),

제5대 대통령 선거에서 장이석, 송요찬, 박정희, 오재영, 윤보선, 허정, 변영태 등 7명이 후보로 나서게 되었다.

송요찬(자유민주당), 박정희(민주공화당), 오재영(추풍회), 윤보선(민정당), 허정(국민의당), 변영태(정민회) 등 7명이 대통령 후보로 공고되었다. 그러나 선거전의 양상은 처음부터 박정희·윤보선·허정 3파전으로 전개되었다.

윤보선의 색깔 공세

민주공화당은 "새 일꾼에 한 표 주어 황소같이 부려보자", 민정당은 "군정으로 병든 나라 민정으로 바로잡자"는 구호를 내걸었지만, 10·15

대선은 사상 논쟁이 지배한 선거였다. 그 논쟁이 너무도 뜨거워 '색깔 전쟁'이라 부르는 것이 실감날 정도였다.

9월 22일 여수 유세에서 윤보선의 찬조연사 윤재술은 "이곳은 여순반란사건이란 핏자국이 묻은 곳이다. 그 사건을 만들어낸 장본인들이 죽었느냐, 살았느냐? 살았다면 대한민국에서 지금 무슨 일을 하고 있는가를 여러분은 아는가, 모르는가? 여러분이 모른다면 저 종고산은 알 것이다"고 말했다.[108]

윤재술은 연설이 거의 끝나갈 무렵 연단 뒤쪽에 우뚝 서 있는 야산을 가리키며 연극하듯이 목이 터져라 외쳤다. "종고산아, 너는 알고 있다", "종고산아 말해다오", "너는 분명 알고 있다", "종고산아 말해다오." 윤재술의 종고산 타령에 대해 모두들 궁금하게만 생각했을 뿐 그게 무슨 말인지 아무도 몰랐다. 기자들도 아무런 의미를 두지 않았지만, 이게 바로 10·15 대통령 선거를 지배하게 된 '색깔 전쟁'의 발화점이었다.[109]

9월 23일 박정희는 방송연설에서 "이번 선거는 민족적 이념을 망각한 가식된 자유민주주의 사상과 강력한 민족적 이념을 바탕으로 한 자유민주주의의 대결"이라고 주장했다. "이조 500년 동안의 사대주의적 근성과 일제 식민지적 근성을 일소하고 민족 주체의식의 확립 위에 외국의 주의·사상·정치제도를 우리 체질과 체격에 알맞도록 적용 실시하자는 것이 나의 주장이다."[110] (역사 산책 8: 박정희와 방일영의 기생 파티 참고)

9월 24일 윤보선은 전주에서 기자회견을 갖고 "여순반란사건의 관련자가 정부 안에 있으며 이번 선거야말로 이질적 사상과 민주사상의 대결"이라고 응수했다. 그는 "박정희 후보가 공산주의자라고 말한 것은 아니다. 그러나 그의 민주주의 신봉 여부가 의심스럽다"고 말했다.[111]

"박 의장의 『국가와 혁명과 나』라는 저서를 보면 이집트의 나세르를 찬양하고 히틀러도 쓸 만한 사람이라고 했는데, 이 사람이 과연 민주주의를 신봉하고 있는 사람인가 의심하지 않을 수 없다."[112]

신문이 윤보선의 주장을 대서특필하면서 사람들은 박정희의 색깔에 대해 궁금하게 생각하기 시작했다. 윤보선의 비서관 김준하는 그날 밤 서울로 올라갔다. 윤보선의 발언을 뒷받침할 증거를 찾기 위해서였다. 그는 여순사건 때 박정희에 대한 군법회의 기사가 신문사 보관지에서 누락되어 있다는 걸 발견했다. 국립도서관도 마찬가지였다. "군사정부의 용의주도하고 민활한 행동에 대해 다시 한번 놀라지 않을 수 없었다." 김준하는 몇 군데를 돌다가 마침내 경향신문사에서 2단짜리 기사를 찾아냈다. 박정희가 무기징역을 선고받은 기사였다. 그는 결정적인 순간에 써먹기 위해 관련 기사들을 더 챙겨 카메라에 담은 후 보관했다.[113]

자민당과 '국민의당'의 색깔 공세

박정희는 "윤보선 후보의 전주 발언은 선량한 시민을 빨갱이로 몰아치던 옛 한민당의 수법을 되풀이하는 매카시즘"이라고 주장했다. "요즈음 나를 위험한 인물이다, 공산주의에 가깝다고 말하고 있다. 5·16 직전 용공세력이 미치지 않은 곳이 없었고 국민들이 밤잠을 못 잘 때 이를 앉아서 볼 수 없어 일어섰던 나를 보고 실정의 책임을 져야 할 그들이 공산주의에 가깝다고 하니 적반하장도 유만부동이지 어이없는 일이다."[114]

민주공화당은 "윤씨가 대통령에 재직하고 있을 때부터 5·16 사태를 미리 알고 있었다"며 '이중인격자'라고 비난했다.[115] 그러나 윤보선을 비난하는 것만으로 '색깔 전쟁'을 잠재우긴 어려웠다. 자민당과 '국민의 당'까지 가세하고 나섰기 때문이다.

9월 25일 서울 교동초등학교 교정에서 열린 재야 6개 정당의 '공명선거 투쟁위원회'가 주관하는 시국강연회에서 자민당 대표 김준연은 『타임』1961년 5월 26일자 프로필을 인용하면서 이렇게 주장했다. "박 소장은 전에 공인된 공산주의자였다. 그는 군 반란(여순사건)을 조직하는 데 협력했다. 그래서 그는 이승만 씨의 장교들에 의해 사형선고를 받았다. 그러나 그는 전향하여 반란군에 관한 정보를 제공하고 사형을 면제받았다. 그는 지금 분명히 강력한 반공주의자다."

이 주장과 관련, 기자회견에서 박정희는 "여순반란사건에 관련됐다는 야당 측 주장을 해명할 수 없느냐"는 질문에 "허무맹랑한 일이어서 해명할 필요조차 없으며 법이 가려낼 것"이라고 응수했다. 그리고 여순사건 당시 진압 작전을 지휘한 원용덕을 내세워 "박 의장은 여순사건에 관련이 없으며 토벌작전 참모로서 공을 세웠다"고 주장했다.[116]

야당의 9·25 시국강연회에선 '구국청년동지회' 명의로 다음과 같은 내용의 삐라가 뿌려졌다. "세칭 북괴 간첩 황태성 사건의 전모를 국민 앞에 밝혀라", "황태성은 대구 10·1 폭동 당시 박정희의 친형과 같이 활약했다는 데 그에 대한 진상을 밝혀라", "황태성을 박정희의 형수가 수차례에 걸쳐 면회했는데 그 이유는 무엇인가?", "황태성 사건의 관련자로 실형을 받은 자를 형 집행 중에 석방한 이유는 무엇인가?", "박정희 씨가 형식상 영도하는 공화당 내에 6·25 당시 부역자 및 그의 가족이 월북한 자가 있다는 사실도 알고 있는가?", "공화당 중견간부인 김모 씨가 6·25 당시 부역을 했다는 사실을 아는가?"[117]

9월 27일 아침 허정은 "간첩 황모 사건은 정부가 석연하게 밝혀라. 박정희 의장이 다액의 수표 4장을 일본 모 회사로부터 받았다는 일본 잡지 보도의 진상을 밝혀라"고 요구했다.[118] 황태성 사건이 불거지자 중앙정보부장 김형욱이 선거 전면에 등장했다. 그는 기자회견을 통해 황태성 사건을 공개했다. 중앙고등군법회의 1심에서 사형 언도가 있은 지 1년 9개월 만에 사건의 일부가 중앙정보부에 의해 공식적으로 세상에 알려지게 된 것이다. 김형욱은 박정희와의 관련을 전면 부인하면서 "간첩 황태성 사건이 논의되는 것은 혁명정부 고위층과 국민 사이를 이간시키려는 북괴의 고등 전략이다"고 주장했다.[119]

'진보 여당'을 옹호한 극우세력

9월 28일 10만 군중이 모인 대구 수성천 유세에서 윤보선은 마침내 "여순반란사건에 공화당 박정희 씨가 관련됐다고 볼 수 있다"고 직격탄을 날렸다.[120] 타격이 컸다고 생각했던 탓인지, 다음 날인 29일 민주공화당 의장이자 윤보선의 숙부인 윤치영은 광주에서 "구정치인이 집권하면 쿠데타를 일으키겠다"고 공언했다.[121]

그는 "2·27 선서(박정희의 정치 불참 선언)에 참여한 모든 정치인들은 다 썩은 정치인"이라고 규정하면서 "만약 썩은 정치인들이 정권을 잡는다면 몇 달 안에 혁명이 또 일어날 것이며 혁명이 일어나지 않으면 나라도 혁명을 일으키겠다"고 주장했다. 이에 야당의 비난이 빗발쳤지만, 그래도 윤치영은 "허정, 윤보선 씨의 발언을 문제 삼아야 하며 국가기밀을 외부에 누설시킨 송요찬과 김재춘은 총살돼야 마땅하다"고 극언을

퍼부었다.[122]

윤치영은 그 전날인 28일 서울중학교 유세장에선 박정희를 한 고조 유방에 비유하면서 "박정희 장군은 이 민족과 국가가 누란의 위기 속에서 허덕일 때 공산화의 위협으로부터 구출하고자 무력혁명을 성공으로 이루어 한반도는 물론 세계평화에 기여하였기 때문에" 그를 대통령으로 만들어야 한다고 주장했다.[123]

박정희는 사상논쟁에 대해 "낡은 매카시즘의 찌꺼기"라고 주장하면서 사실 관계 자체를 부정하고 있었다.[124] 흥미로운 건 진상을 아는 왕년의 극우 인사들이 굳게 침묵했거나 오히려 사실 자체를 부정했다는 사실이다. 원용덕이나 윤치영이 그 대표적 인물이었다. 이는 한국의 극우가 색깔보다는 '힘의 관계'에 더 민감하다는 걸 말해주는 것이었다. 김준하는 다음과 같이 말했다.

"14년이라는 세월이 그다지 긴 세월도 아니었건만 생존해 있는 것으로 생각되던 서울 중앙고등군법회의의 7명의 심판관과 2명의 검찰관은 어디에서 무엇을 하고 있는 것일까? 박 소령에게 무기형을 선고한 심판관들은 왜 떳떳하게 증언을 못하는가? 군법회의 설치 장관을 비롯해서 박정희 소령의 구명운동을 벌였던 당시의 고위 장성들은 왜 입을 다물고 있는 것일까? 야당 진영에서는 넋두리 같은 불만의 소리가 터져 나오기도 했다."[125]

박정희의 영남 지역주의 전략

윤보선 측이 색깔 공세에 맛을 들인 반면, 박정희 측은 영남 지역주

1963년 제5대 대통령 선거 때 이만섭이 대구 수성천변에서 박정희의 지원 유세를 하고 있다. (대한민국역사박물관 소장)

의에 호소하는 수법을 썼다. 박정희는 영남 이외의 지역에서는 '구악 일소' 등 개혁주의 메시지를 강조한 반면, 영남 지역에서는 지역성에 호소하는 차별화 전략을 구사했다.[126] 이는 민정 이양 과정을 거치면서 박정희 주변에 경북 출신, 특히 경북고(전신은 대구고보) 출신 정치인들이 대거 몰려든 것과 맥을 같이하는 것이었다. 엄민영, 김성곤, 백남억, 이효상, 박준규 등이 모두 경북고 출신이었다.[127]

차별화 전략의 일환으로 노골적인 선동도 가세했다. 9월 19일, 대구 수성천변 유세에서 찬조연사로 나온 이효상은 "이 고장은 신라 천년의 찬란한 문화를 자랑하는 고장이건만 그 긍지를 잇는 이 고장의 임금은 여태껏 한 사람도 없었다. 박정희 후보는 신라 임금의 자랑스런 후손이며 이제 그를 대통령으로 뽑아 이 고장 사람으로 천년만년의 임금님을 모시자"고 선동했다. 이 선동은 청중들의 환호와 박수갈채를 받았다.[128]

박정희 측은 지역감정 선동과 더불어 윤보선을 '귀족'으로 몰고 박정희를 '서민'으로 부각시키는 민중주의 전략도 구사했다. 이 수성천변 유세에서 이효상의 지역감정 선동 연설 못지않게 박정희를 감격시킨 연설은 『동아일보』 기자였다가 민주공화당에 입당해 박정희의 찬조 연사로 나선 이만섭의 연설이었다. "바로 여기 앞에 앉아 있는 구두닦이 소년들이 나중에 대통령이 되는 그런 세상이 돼야 합니다. 이제 서민의 사정을 전혀 모르는 귀족들이 대통령이 되는 시대는 끝나야 합니다."(이만섭은 1963년 11·26 총선에서 전국구 17번을 얻어 31세의 나이로 제6대 국회에 진출했다.)[129]

허정과 송요찬의 후보 사퇴

군중 동원에서 허정의 열세가 두드러지게 나타나면서 선거판은 박정희·윤보선의 2파전으로 굳어가고 있었다. 10월 2일 허정은 '국민의 당'과 의논하지도 않은 채 대통령 후보 사퇴 선언을 했다. 그러나 그는 "내가 물러서는 길만이 단일 후보를 성취하는 유일한 길"이라고 밝혔으면서도 막상 윤보선에게 협조는 하지 않았다. 그는 윤보선과의 만남 자체를 회피했다. 윤보선이 그의 집까지 찾아갔지만 만나지 못하고 그냥 돌아오기도 했다.[130]

박정희의 선거 참모였던 박상길의 증언에 따르면, 정확히 언제인지는 모르겠으나 박정희도 허정과의 연대를 시도했다고 한다. "어느 날 새

제5대 대통령 선거는 박정희와 윤보선의 2파전으로 굳어가고 있었다. 그러자 허정은 대통령 후보를 사퇴하겠다고 선언했다. 허정이 군중들에게 유세하는 모습. (대한민국역사박물관 소장)

벽 나를 부른 그는 '이 길로 서울에 올라가 허정과 협상해볼 것'을 지시하였다. 조건은 국무총리에 외무, 국방, 경제 관계를 뺀 과반수의 국무위원과 서울특별시장까지 내준다는 것이었다. 특명을 받고 상경한 나는 김현철 내각 수반, 김형욱 정보부장과 상의하고 평소 절친한 국민의당의 중진인 박세경과 담판을 거듭했다. 그러나 결론은 실패였다."[131](허정은 1963년 2월 중순 박정희와의 만남에서 다른 민간 정치인들과는 달리 '혁명정부'의 업적을 높이 평가한 적이 있어 박정희는 허정과의 그런 타협이 가능할 수도 있다고 기대했을 것이다.)[132] 윤보선의 구애와 박정희의 구애 중 어떤 게 더 먼저 일어난 것인지는 알 수 없으나, 허정으로선 그 곤란한 상황을 후보 사퇴로 윤보선에게 도움은 주되 더는 협조하지 않는 방안을 택하는 걸로 대응한 게 아닌가 싶다.

10월 7일엔 옥중 출마해 녹음테이프 유세를 하던 자민당의 송요찬도 대통령 후보직을 사퇴했다. 송요찬이 자민당 후보로 출마하려고 했을 때 채명신이 만류하자 송요찬은 이렇게 말한 바 있었다. "알고 있소. 난 대통령 되고 싶은 생각이 추호도 없소. 그러나 나라가 정말 걱정이오. 지금 김종필이 하는 식으론 나라꼴이 절대 잘될 수 없소. 그래 할 수 없이 나가는 것이오."[133]

그러나 그는 상황이 달라진 게 없었는데도 대통령 후보직을 사퇴했을 뿐만 아니라 대선이 끝나고 보름 후인 11월 2일엔 자민당 탈당 성명과 박정희 지지 의사를 밝히게 된다(11월 11일 군법회의는 병보석 결정을 내려 송요찬을 풀어주었으며, 송요찬은 1970년엔 인천제철 사장을 맡게 된다).

역효과를 낸 윤보선 진영의 색깔 공세

10월 9일 윤보선은 안동에서 "공화당은 공산당의 돈을 가지고 공산당의 간첩이 와서 공산당식으로 만든 정당이므로 민주정당이 될 수 없다"고 주장했다. "공화당은 간첩 황태성이 가지고 온 20만 달러로 공화당을 사전조직했다"는 것이다. 이에 대해 즉각 중앙정보부가 나서서 "윤보선 후보의 안동 발언 중 공화당 조직에 황태성의 공작금 20만 달러 운운은 전혀 근거 없는 허위사실"이라고 부인했다.

"황태성의 공작금 20만 달러 운운은 지난 9월 28일 치안국장이 발표한 바 있는 간첩 이만희로부터 압수한 20만 달러 건과 착각 또는 혼돈한 것으로 인정되며, 동 금액은 이만희 검거 즉시 압수해 국고에 귀속처리하고 서울 텔레비전 방송국 시설기금으로 사용했다."[134]

황태성의 조카사위 권상능도 20만 달러는 1961년 8월에 남파공작원 이만희가 가져온 것이었으며, 황태성이 가져온 돈은 2천 몇백 달러였다고 말했다.[135] (20만 달러가 황태성이 가져온 돈이라고 기록한 책도 있지만, 권상능의 증언을 믿는 게 옳을 것 같다.)[136] 10월 10일 박정희는 기자회견을 갖고 황태성과 관련된 의혹을 해명하면서 치안국의 한 경찰관을 김종필로 위장시켜 황태성을 만나게 했다고 밝혔다.[137]

민정당의 색깔 공세는 점점 도를 넘고 있었다. 박정희가 황태성 의혹에 대해 해명한 바로 그날 민정당 유세반의 김사만은 경북 영주에서 "부산, 대구에는 빨갱이가 많다"는 발언을 함으로써 전 영남을 발칵 뒤집어놓아 오히려 박정희를 돕는 역효과를 내고 말았다. 사태의 심각성을 깨달은 민정당은 신문에 사과광고를 냈지만, 이미 엎질러진 물이었다(민정당은 10월 21일 경상도 표를 많이 잃게 한 책임을 물어 김사만을 제명하기로 의결했다.)[138]

윤보선의 집요한 색깔 공세에 대해 박정희는 이를 역이용하는 방식으로 대응하기로 하고, 참모들에게 자신의 사상 비난에 관한 "기사를 크게 나오도록 하라"고 지시했다. 박정희는 윤보선의 공격이 "이번 선거가 구악 정권과 민중 세력의 대결"이라는 것을 말해준다고 주장했다. 그는 정읍에서는 "5·16은 이념면에서 동학혁명과 일맥상통"하다며 동학혁명기념탑을 설립하고 이어 우파 혁신계의 석방과 연좌제 폐지를 공약하기도 했다. 박정희의 주장이 허무맹랑한 것만은 아니었다. 실제로 선거를 사흘 앞둔 10월 12일 구혁신 계열이자 윤보선의 민정당 관계자였던 무안의 장홍염, 김수선, 김춘호 등은 민주공화당이 "민주사회주의당

으로 혁신계 동지들과 이념적으로 같은 공화당에 입당"한다며 민정당을
탈당했다.[139]

정책 경쟁에서 밀린 윤보선

윤보선은 색깔 공세에만 치중한 나머지 정책 경쟁에선 박정희에게
밀리고 있었다. 아니 정책 경쟁에선 원초적으로 윤보선이 박정희에 비
해 열세였다. 미국『헤럴드트리뷴』의 특파원으로 선거를 취재한 피터 현
Peter Hyun은 그 차이를 실감한 사람 중의 하나였다. 피터 현의 어머니와
윤보선의 부인 공덕귀는 오랫동안 두터운 친분을 가진 관계여서 피터
현은 인터뷰 하루 전날 윤보선의 집에 초대되어 오찬을 하기도 했다. 그
러니 피터 현의 주장에 무슨 편견이 있을 것 같지는 않다.

피터 현이 인터뷰에서 참담한 경제 현실에 대한 대책을 묻자 윤보
선은 "먼저 당선되는 게 중요하다. 일단 당선되고 나면 상황을 분석하겠
다"고 말한 반면, 그다음 날 만난 박정희는 그동안 공부한 내용을 자세
히 설명했다고 한다.[140] 피터 현은 회고록인『세계를 구름처럼 떠도는 사
나이』(1996)에서 "나의 집안으로 보나 기독교적 신앙으로 보나, 어디까
지나 박정희 의장보다는 윤보선 대통령이 나에게는 더 가까웠다. 그래서
윤보선 씨를 먼저 안국당 자택으로 방문하여 인터뷰를 했는데, 실망을
하지 않을 수 없었다"며 다음과 같이 말했다.

"앞으로 대통령에 당선되면 국민들에게 어떤 정책을 제시하겠느냐
고 물었더니 '내가 미국에 가서 소매 동냥을 해서라도 국민들을 먹여 살
리겠다'고 대답하더군. 그런데 박정희 의장을 만났더니 숫자를 하나씩

제시하며 경제개발계획을 만들어 집행하겠다고 자신 있게 경제정책을 설명하면서 여기에는 국민들의 땀과 노력이 절대로 필요하며, 인내심이 또한 필요하다고 역설하더군. 이 두 사람의 대답을 듣고는 기사화하는 데 몹시 애를 먹었다. 솔직히 말해서 윤보선 후보의 인터뷰는 쓸 만한 것이 별로 없었다."[141]

선거 이틀 전에 나온 『헤럴드트리뷴』 10월 13일자는 박정희를 더 높게 평가했다. 윤보선 측은 그 기사를 못마땅하게 생각했고, 피터 현은 친親박정희 인물로 분류되었다.[142] 윤보선 측의 마지막 카드도 역시 색깔이었다. 선거 이틀 전인 10월 13일, 김준하가 20여 일 동안 가방 속에 지니고 다녔던 『경향신문』 1949년 2월 18일자 기사와 『서울신문』 2월 17일자 기사가 민정당 이름으로 발표되었다.

『동아일보』는 그 내용을 호외로 발행했다. 깜짝 놀란 군사정권은 호외를 강제 압수하면서 여전히 사실 자체를 부인했다.[143] 그러고선 윤보선의 가족 중에 공산당원이 있다는 성명을 발표했다. 그 성명은 윤보선의 사위를 둘씩이나 거론했는데 윤보선은 "나는 사위가 하나밖에 없는데"라고 대꾸했다.[144]

박정희 46.6%, 윤보선 45.1%

투표가 끝나고 개표가 시작되었다. 개표 초반엔 윤보선이 앞섰다. 한때 윤보선이 23만 표차로 박정희를 앞서기도 했다. 16일 새벽 3시까지도 윤보선이 2만여 표를 앞서고 있었다. 16일 오후가 되어서야 비로소 박정희의 승리 전망이 나오기 시작했다. 당시 중앙선거관리위원장이었던 사광욱은 훗날 이렇게 회고했다.

"박정희 후보가 뒤로 처지자 정부의 권력기관에서 개표를 중단하라고 압력을 넣습디다. 이 압력을 받아주지 않았더니 나중엔 사람이 직접 찾아왔어요. 내가 개표 진행을 엄히 지시하고 슬그머니 자리를 뜨기도 했습니다. 개표 진행과 더불어 박 후보가 표를 만회했기에망정이지 끝내 그의 표가 회복을 못했으면 무슨 일이 났어도 났을 것입니다."[145]

중앙정보부장 김형욱은 자신의 회고록에서 쿠데타 주체들이 개표를 중단하라는 압력을 자신이 뿌리쳤다고 주장했다. 일부 쿠데타 주체들은 변전소를 파괴하여 암흑세계로 만들어 표를 바꿔치기 하든가 군을 출동시켜 비상사태를 만들어 선거무효를 선언하게 해야 한다고 주장했다는 것이다. 자신이 그렇게 협박을 받고 있는데 중앙정보부 서울분실장 전재구가 나서더니만 자신이 미리 알아서 선거를 전복시킬 만반의 준비를 해놓았다고 큰소리치더라는 것이다.[146]

선거를 전복시킬 필요는 없게 되었다. 17일 오후 3시에 완료된 최종 개표 결과, 박정희는 유효 투표의 46.6%인 472만 2,000여 표를 얻었고 윤보선은 45.1%인 454만 6,000여 표를 얻었기 때문이다. 대통령 선거사상 가장 근소한 15만여 표의 차이로 박정희가 대통령에 당선된 것이다. 장이석은 19만 8,000표, 오재영은 40만 8,000표, 변영태는 21만 6,000표를 얻었는데, 이들 중 어느 한 후보라도 윤보선과 합세했다면 윤보선이 당선될 수도 있었을 것이다.

박정희는 서울, 경기도, 강원도, 충청도 등 중부 이북에서는 모두 패배했으며, 서울에서는 2대 1 정도로 대패했다. 박정희는 경상도와 전라도에서만 승리를 거두었다. 영남에서의 표 차이는 66만 표였으며, 호남

에선 박정희 117만 4,000표, 윤보선 82만 4,000표로 35만 표 차이가
났다.[147]

색깔+지역주의

『동아일보』1963년 10월 17일자는 선거 결과를 '보수 야당' 대
'진보적인 여당'의 대결로 분석했다. 이 해설 기사는 사상논쟁이 인텔리
가 많은 서울에서 역효과가 날 것이라는 기대와 달리 서울의 보수적 기
질이 윤보선의 승리를 가져왔고, 윤보선이 승리한 강원도 등 휴전선이
가까운 지역은 윤보선의 우세가 두드러졌고, 남쪽으로 내려갈수록 박정
희가 우세했으며, 박정희가 대구라는 지연에도 경북보다는 경남에서 더
많은 득표를 한 것은 경남이 경북보다 6·25 전쟁의 피해를 덜 받았고,
"부산을 중심으로 우리나라의 혁신세력의 본거지가 경남"이기 때문이
며, 경북에서도 박정희가 북한 점령을 겪지 않은 대구에서 승리한 반면,
이를 겪은 경북 북부지방인 안동과 6·25 전쟁 격전지인 포항과 경주에
서 윤보선이 이긴 것도 그런 맥락에서 이해할 수 있으며, 호남에서 박정
희의 압승은 "보수의 대표세력이었던 한민당의 아성⋯⋯그것도 진보
적인 여당으로 중지의 예상을 뒤집은 가장 경악"스러운 결과이나, 이는
이 지역이 사상논쟁의 진원지였고, 이 논쟁이 여수·순천지구에서 역효
과를 냈고, 혁명정부의 중농정책 때문이라고 설명했다.[148]

김형욱도 회고록에서 윤보선의 사상문제 제기 직후 중앙정보부가
무작위 추출 표본에 의한 여론조사를 실시한 결과 전반적으로 박정희에
대한 지지가 미약하게 감소했으나 일부 지역에서는 지지율이 놀랄 만큼

제5대 대통령 선거는 박정희가 472만 2,000여 표, 윤보선이 454만 6,000여 표를 얻어 박정희가 당선되었다. (『동아일보』, 1963년 10월 17일 호외)

상승했다고 밝혔다. 지지율이 상승한 지역이 좌익세력의 분포가 많다고 분석되는 지역, 조봉암의 표가 많이 나온 지역과 일치해 충격을 받았다는 것이다.[149]

'보수 야당' 대 '진보적인 여당'의 대결 구도라는 분석은 달리 볼 소지도 있긴 하지만, 적어도 외형상으론 윤보선이 보수를 대변하고 박정희가 그 왼쪽에 서 있는 형국이었다는 건 분명했다. 5·16 주체세력의 71%가 농촌 출신 중하층이었고, 야당 인사들의 41%가 지주계급인 반면 군정 인사들의 26%만이 지주계급이라는 점도 어떤 식으로건 표출되었을 것이다.[150]

물론 그게 전부는 아니었다. 그런 대결 구도 이상으로 중요한 건 지역주의였다. 박정희 측은 '신라 대통령론'으로 영남 지역주의를 공격적으로 선동한 결과 영남에서만 66만 표 차이로 압도적 우세를 보였다는 점에 주목할 필요가 있다. 호남도 지역주의와 무관하지 않았다. 김준하는 자민당의 김준연, 소선규, 조영규는 민주당 구파의 중진으로 모두 호남 출신이라는 점에 주목하면서 "10·15 대통령 선거에서 야당 후보였던 윤보선 씨가 전남에서 박정희 씨에게 크게 패한 것도 그들의 이탈과 무관하지 않았다"고 분석했다.[151]

혁신계의 박정희 지지

'보수 야당' 대 '진보적인 여당'의 대결 구도는 지역주의와 무관한 사람들에게 큰 영향을 미쳤을 것이다. 남한의 진보와 민족주의 세력은 쿠데타에 지지를 보내거나 적어도 저항은 하지 않았으며, 이 같은 호의적 태도는 1963년 대통령 선거까지 이어졌다. 그래서 6·25 전쟁 당시 소년 빨치산으로 활동했으며 나중에 민중운동에 헌신하게 되는 박현채 같은 이도 1963년에는 박정희에게 투표했다.[152] 심지어 쿠데타 권력에 의해 투옥 중이던 혁신계 인사들마저 면회온 가족에게 박정희를 찍으라고 권유하기도 했다.[153] 윤보선의 집요한 색깔 공세는 이미 박정희가 저지른 '혁신계 죽이기'마저 사소한 것으로 만들어버리고 말았다. 임헌영은 『4월 혁명과 한국문학』(2002)에서 다음과 같이 회고했다.

"박정희를 찍으라고 저는 운동할 정도였어요. 왜냐하면 윤보선이 부산에서 선거전을 시작했는데, 『뉴욕타임스』를 비롯한 외신들에 기사가 나서 그걸 들고 박정희가 좌파라고……그걸 보니까 이럴 것이 아니라 바로 '민족적 민주주의' 세력을 키워야 한다 하면서 마을 사람들 촌 사람들 할 것 없이 우리 친구들이나 학생들에게도 박정희를 찍어야 한다고 했죠. 그걸 지금 생각하면 너무 어리석어서 당시의 진보세력들의 한계를 느끼게 해줍니다. 윤보선의 매카시즘이 오히려 자신을 낙선시킨 거죠."[154]

혁신계 색깔도 없고 쿠데타에 비판적이었던 사람들도 구정치인들에 대해 워낙 신물이 났던 탓에, 변화를 기대하는 막연한 기대감으로, '혹시나' 하는 마음에서, 박정희에게 표를 던지기도 했다. 김승옥은 다음과 같이 회고했다.

"그 무렵 내 눈에는 4·19 이후 집권한 민주적 세력들이 어쩐지 미국 원조물자 가지고 나눠먹고 사는 똘마니구나 싶은 느낌밖에 안 들었단 말예요. 별로 기대할 것이 없었어요. 그 사람들보다는 차라리 촌티 나는 박정희의 민족주의가 낫겠다, 그래서 나는 정말 박정희한테 표를 찍었어요."[155]

박정희는 윤보선 측의 색깔 공세에 대해 "저들이 나를 빨갱이로 몰려 한다"고 분노했지만, 빨갱이와는 거리가 먼 사람을 빨갱이로 몰아 죽이거나 탄압하는 건 이제 곧 박정희의 특기로 자리 잡게 된다. 또 박정희를 지지했던 혁신계 인사들은 이제 곧 땅을 치고 후회하게 된다.

박정희의 '『동아일보』 길들이기'

박정희는 선거 막판에 윤보선 측의 마지막 카드인 색깔론을 『동아일보』가 호외로 발행한 걸 잊지 않고 있었다. 박정희는 선거 후 『동아일보』 정치부장 김성열을 청와대로 불러들였다. 김성열이 대통령 집무실에 들어서자마자 재떨이가 날아왔다. 박정희는 선거 기간 중인 10월 12일 김성열과 가진 인터뷰에서도『동아일보』의 색깔 관련 기사에 화를 내면서 재떨이를 바닥에 던진 적이 있었다. '재떨이 던지기'는 박정희의 오랜 특기였다. 그의 아내 육영수까지 재떨이에 맞기도 했으니 더 말해 무엇 하랴.

박정희는 그 정도의 화풀이로 끝내지 않고 중앙정보부에『동아일보』를 손보라는 지시를 내렸다. 중앙정보부는『동아일보』가 적자를 내고 있는데, 그 적자를 메워주는 건 김성수의 동생인 김연수의 삼양사라는 걸 알아냈다. 중앙정보부는 삼양사의 비리 조사에 들어갔다. 뇌물을 받고 삼양사 제품의 철도 수송에 도움을 준 전주역장에서부터 삼양사의 제품 품질검사를 하는 상공부 담당 직원에 이르기까지 삼양사와 관련된 일을 하는 모든 사람에게 압력이 들어갔다. 삼양사의 업무는 마비될 지경에 이르렀다. 심지어 신문들의 속보 경쟁을 인정해 신문사 차량의 과속을 눈감아주던 경찰까지 압력이 들어갔다.

전방위적으로 전개되는 중앙정보부의 압력에 견디지 못한『동아일보』는 결국 야당 성향의 간부들을 교체하고 신임 간부들을 데리고 박정희에게 인사를 드리러 갔다. 그 인사를 받은 박정희는 중앙정보부장 김형욱을 불러 이렇게 치하했다. "김 부장이 역시 최고야!『동아일보』사장이 나한테 사과를 하러 왔어."[156] 그래도 이때만 해도 좋은 시절이었다. 중앙정보부가 그렇게 우회적인 방법을 쓸 정도로 최소한의 양식(?)은 있었으니까 말이다.

박정희와 방일영의
기생 파티

박정희가 10·15 대선에서 잘 써먹은 '민족적 민주주의' 아이디어는 원래 박정희의 대구사범대학 동기인 『부산일보』 주필 황용주가 준 것이었다. 대선 당시 이젠 문화방송 사장이 된 황용주는 쿠데타 이전에 박정희에게 이집트의 가말 압델 나세르Gamal Abdel Nasser, 1918~1970 이야기를 하면서 '민족적 민주주의'를 역설한 적도 있거니와 그 자신이 신문과 강연을 통해 주장하기도 했다. 물론 박정희는 '민족적 민주주의'를 적극 받아들였다. 황용주의 증언을 들어보자.

그는 "1963년에 대통령 입후보해서 제일 먼저 강연을 할 때 처음으로 민족적 민주주의 얘기를 했습니다. 우리가 급한 것이 근대화, 빈곤으로부터의 해방 그것을 위해 산업개발을 해야 한다, 공업화를 해야 한다고 했습니다. '근대화=산업화'인데 그것을 위해서는 우리식, 우리 옷에 우리 몸에 맞는 옷을 입듯이 우리식 민주주의, 민족적 민주주의랄까 그렇게 해야 한다고 처음으로 거기에서 요지를 말했습니다. 언론에서는 그 것이 이론적인 포인트라는 것을 신문에 싣지 못했습니다"라면서 다음과 같이 말했다.

"그날 연설을 마치고 저녁에 『조선일보』 방일영 회장 그 사람이 흑석동에 사는데 그 집에서 파티를 했습니다. 거기에서 민기식(육군참모총장), 이후락, 그리고 방일영, 나, 교동의 자원이라는 음식점 주마담과 색시를 불러서 저녁에 파티를 했을 때 석간에 서울고등학교 연설 기사에 그 포인트가 표출이 안 되니까 나중에 9시가 넘어 이만큼 취해서 방일영도 신문쟁이고 나도 이제 방송쟁이고 하니까 (박정희가) '신문쟁이, 방송쟁이 뭐 하냐' 하며 불만을 표시했습니다. '뭐 하냐?' 그래서 난 알았습니다. '두고두고 강조하면 알 것 아니냐'라고 말했습니다."[157]

'민족적 민주주의'가 황용주의 아이디어라는 건 알겠는데, 이 증언에서 다소 놀랍게 생각되는 것은 대선 기간 중인데도 박정희가 '기생 파티'를 벌였다는 사실이다. 이번엔 '기생 파티'의 마당을 제공한 방일영의 증언을 들어보자. "기녀妓女들이 따라 주는 술을 마시며 한 서너 시간 유쾌하게 잘 놀았다. 놀다 보니 아주 늦어지고 말았다." 육영수는 이 기생 파티에 격분해서 박정희가 다시는 방일영의 집에 가지 않도록 청와대 비서진에게 단단히 일렀다고 한다.[158]

황용주는 그날 밤 박정희의 모습에 대해 이렇게 말했다. "만당滿堂이 무르익게 되자 그는 '선거가 끝나면 이런 기회도 없겠지' 하면서 피아노 앞에 앉아 〈노란 샤쓰 입은 사나이〉를 건반을 두들기면서 불러댔다. 그래도 직성이 풀리지 않았는지 '미꾸라지 잡기'라는 일본 민속무를 멋들어지게 추었다. 본인의 주석註釋에 따르면 사관학교(일본 육사) 졸업할 때 은 시계를 탈 수 있었던 것도 이 춤 때문이었는지도 모른다는 것이었다. 대사大事를 앞두고 청하는 사람도 없었는데 그가 스스로 좋아하는 노래와 춤을 추게 된 것은 방 회장이란 천하의 주도 때문이었음에 틀림없다."[159]

'기생 파티'와 '주도'에 관한 한 박정희와 방일영은 아주 죽이 잘 맞는 사이였다. 훗날 '카지노 황제' 전낙원은 방일영을 가리켜 "권번券番 출신 기생妓生들의 머리를 제일 많이 얹어준 분"이라고 칭송했다.[160] 그래서 "『조선일보』의 방일영 사장 집에는 가끔 박정희 자신이 군정 초기에 미행으로 찾아가 사적인 교류를 가졌던 것으로 알려졌다".[161]

방일영의 동생인 방우영이 『조선일보와 45년: 권력과 언론 사이에서』(1998)에서 밝힌 증언에 따르면, 박정희의 파트너가 보통 기생이 아니라 여배우가 아니었나 하는 의문을 제기할 수도 있겠다. 확언하지 못하는 건 앞에서 말한 술자리가 방우영이 말하는 술자리와 같은 것 같으면서도 아닐 수도 있을 가능성 때문이다.

"내가 처음 박 대통령을 본 것은 그가 최고회의 의장 때 이후락 공보실장과 서정귀 씨 등을 데리고 방(일영) 고문과 함께 한 어느 술자리에서였다. 머리에 수건을 동여맨 박 의장이 한 여배우의 손을 붙잡고 밴드에 맞춰 열심히 노래를 부르고 있었다. 왜소한 체구와 깡마른 얼굴에서 반짝이는 눈과 하얀 이빨만이 유난히도 돋보여 한눈에 의지가 강한 사람으로 보였다."[162]

박경원의 다음과 같은 증언을 듣다 보면, 박정희가 기생 파티를 좋아했던 건 '국민과 호흡을 같이하기 위해서'가 아니었나 하는 생각도 든다. 그는 "1963년 내무장관 할 때 내가 내린 방침 중에 '국민과 호흡을 같이하자'라는 것이 있었다. 모두가 떨어서 아무 말도 못했다. 그렇게 되어서 선거를 못하는 상황이었다"며 다음과 같이 말했다.

"양양인가 갔을 때 말세라고 했다. 군수가 국민과 호흡을 같이하다가 강가에서 술집 댄서들과 댄스를 했다는 것이다. 혁명 때라 보통 문제가 아니었다. 어디서 보고를 들으니 장관님의 지시대로 열심히 하다 보니 그렇게 된 것이라는 것이었다. 내가 그 사람을 오라고 해서 '이 사람아, 지금이 어느 시기인데, 백주에 술집 아가씨들과 강가에서 춤을 추느냐'고 했다. '장관님 지시대로 열심히 돌아다니면서 호흡을 같이하다 보니 이렇게 되었습니다'고 했다. 내가 지시를 했기 때문에 봐주었다."[163]

11·26 총선:
민주공화당 110, 민정당 41, 민주당 13

제7장

김종필과 장준하의 대결

　박정희가 대통령에 당선되자 유럽으로 외유를 떠났던 김종필은 회심의 미소를 지으며 귀국했고, 11·26 총선 준비에 뛰어들었다. 앞서 지적했듯이, 그가 저지른 4대 의혹 사건은 일반 국민에겐 막연한 의혹으로만 제기되었을 뿐이기 때문에 김종필의 인기는 매우 높았다. 김종필은 그 인기를 업고 글과 강연을 통해 '민족적 민주주의'를 적극적으로 옹호하는 전도사 역할을 자임했다. 그는 11월 4일 고려대 강연, 11월 5일 서울대 강연, 11월 11일 자신의 지역구인 충남 부여에서 연설 등을 통해 대중을 사로잡았다.

　이때만 해도 김종필에겐 화끈한 박력이 살아 있었다. 그는 11월 5일 서울 문리대에서 있었던 학생들과의 공개토론회에서 "생활 주변을 감싸고 있는 양키즘에서 벗어나 경제발전에 힘을 집중하자"고 발언함으로써 그렇잖아도 김종필에 대해 불안해하는 미국에 또 한 번의 '감점'을 당하고 말았다. 미주알고주알 본국에 보고하는 미 대사관은 국무부에 보낸 전문에서 김종필의 그 발언에 대해 우려를 표명하면서 그가 외유 이전과 별로 달라진 것이 없다고 개탄했다.[164]

이제 김종필의 '민족적 민주주의'론에 대해 가장 공격적인 반대세력은 장준하와 『사상계』였다. 『사상계』는 심지어 민족적 민주주의란 1960년 12월 모스크바 공산당회의 선언의 취지를 따르는 것이라는 색

김종필은 귀국하자마자 '민족적 민주주의'를 적극적으로 옹호하는 전도사 역할을 자임했다. 1963년 충남 제5지역 선거구 선거관리위원회에서 발행한 기호 12번 민주공화당 김종필의 선거 공보. (대한민국역사박물관 소장)

깔 공세까지 취했으며, 장준하는 김종필이 강연한 다음 날 같은 장소에서 민족적 민주주의를 비판하는 강연을 했다.[165]

장준하는 11월 5일 고려대 강연에서 "우리의 민족주의는 우리 역사에 면면히 흘러오고 3·1운동·광주학생운동 사건에서 만발했고 4·19 혁명으로 이미 결실을 본 것"이라며 "요즘 흔히 보게 되는 민족주의를 팔아 자기 옹호나 자기 변명의 수단으로 이용하려는 무리들을 경계해야 한다"고 주장했다. 장준하는 김종필이 주장하는 민족주의는 "귀한 외화를 낭비하면서 사치한 외국 호텔의 창가에서 향수에 젖어 흘리는 눈물 같은 것"이라고 비판했다. 반면 자신은 중국 광야에서 광복군으로 일본군과 싸우면서 "춥고 배고프고 발톱이 빠지도록 조국을 찾아 헤매는 가운데 뼛속으로 체험한 민족주의를 말하는 것"이라고 역설했다. 장준하의 강연 내용을 더 들어보자.

"박정희 씨는 끝내 대통령에 출마하여 근소한 표차로 당선됐다. 윤보선 씨나 민주당 측 말을 빌리자면 박정희 씨는 공산주의자처럼 낙인찍혔고 공화당은 공산 간첩의 자금으로 공산당식으로 조직됐다고 한다. 이것이 만일 사실이 아니라면 그런 말을 발설한 사람들이 총칼로 무슨 짓이라도 다 할 수 있는 이들 앞에 어떻게 아직도 무사할 수 있을까가 궁금한 일이다. 아무리 선거 전략으로 한 말이라고 해도 반공을 국시의 제1의로 한다는 그것만은 이승만의 철권독재 이래 불변의 것이 되어 있는 마당에 당선 축하의 꽃다발이나 보내준대서 그대로 두고 있다면, 그런 상처와 오욕을 입고 앉아 불과 몇만 표차로 된 당선으로 계속 집권을 해서 뭘 하겠다는 것인가."[166]

장준하가 '공산 간첩' 운운한 것은 황태성 사건을 가리키는 것이었다. 반공에 관한 한 장준하는 윤보선과 다르지 않았다. 신문은 김종필과 장준하의 연설 경쟁에 큰 관심을 나타냈다. 싸움만큼 재미있는 게 어디 있겠는가? 학생들도 김종필을 부른 뒤엔 꼭 장준하를 불러 청중의 관심을 끌고자 했다. 두 사람 모두 학생들에게서 박수를 받는 명연사요 논객이었다. 한 가십 기사는 어떤 학생의 비교 평가를 실었다. "김종필 씨에겐 5회가량 박수를 쳤고 장준하 씨에겐 몇 번이나 감동해서 쳤는지 헤아릴 수도 없을 정도였다."[167]

175석 중 110석을 얻은 민주공화당의 압승

11월 22일 벌어진 케네디 암살 사건은 국내에 '안보 위기감'을 불러일으켜 민주공화당에 유리하게 작용했다. 이 사건으로 선거전이 일시 중단되었으며, 박정희는 장례식에 참석하기 위해 24일 미국으로 떠났다.[168]

11·26 총선은 무소속 출마가 금지된 선거였다. 그래서 과거처럼 무소속 당선자를 자기 당에 영입할 수 없게 되었으므로 민주공화당은 당선 가능성이 높은 인사에게 공천을 주는 조건으로 입당을 시키는 방식을 썼다. 그 결과 5·16 주체세력이 그토록 매도했던 '구정치인'이 대거 공천되었다. 민주공화당 공천자 162명 중 '구정치인'은 51명으로 전체의 3분의 1 정도를 차지했으며, 이 중 구자유당계가 28명으로 가장 많았다. 51명 중 47명이 전국구가 아닌 지역구로 공천을 받았다. 그러려고 혁명했느냐는 비판과 아우성이 쏟아지고 내분까지 일어나자 박정희는 '이상理想 6, 현실現實 4'라고 변명했다.[169]

11·26 총선에서 민주공화당은 전체 의석 175석 가운데 지역구 86

석에 24석의 전국구를 보태 110석을 얻는 압승을 거두었다. 민정당은 41석, 민주당은 13석, 자민당 9석, 국민의당은 2석을 얻었다. 각 정당별 득표율은 민주공화당 32.4%, 민정당 19.3%, 민주당 13.2%, 국민의당 8.6%, 자민당 7.6%, 기타 19.0% 등이었다.

김종필은 12월 2일 민주공화당 의장 자리에 복귀했다. 11·26 총선은 깨끗하고 공정한 승부였던가? 고려대 교수 김상협은 『조선일보』 1964년 1월 1일자 신년 대담에서 이런 평가를 내렸다. "공화당은 이번 선거에서 자금과 광범한 행정력 동원 등 무한전술을 썼다. 정치자금은 정치의 핵심이 된다. 공화당의 무한전술은 무한자금을 필요로 했고 결국 인플레와 물가고 등을 자극했다. 정치자금의 규모를 줄여야 한다.⋯⋯처음에는 젊은 층, 새 사람을 쓰는 것 같더니 나중에는 우르르 몰려들어 정치적 고아가 되어버린 구자유당계 인사들까지 대거 받아들여 공화당은 마치 정치 고아들의 고아원처럼 되어버렸다."[170]

전재호는 「군정기 쿠데타 주도집단의 담론 분석」(2001)이란 논문에서 이런 평가를 내렸다. "이 선거를 준비하면서 박 정권이 보였던 행태는 그들이 비난하던 구정치인들보다 더한 것이었다. 정치활동 금지 해제 이전 중앙정보부를 통한 민주공화당의 창당 및 '4대 의혹 사건'으로 대표되는 민주공화당의 불법적인 선거자금 확보는 당시 '구악舊惡보다 더한 신악新惡'이라는 말이 나돌 정도였다."[171]

31개월간 13번의 역逆쿠데타 시도

12월 17일 박정희는 제5대 대통령에 취임했다. 1961년 5·16 이후 1963년 12월 17일 박정희가 제5대 대통령에 취임하기까지 모두 13차례의 역逆쿠데타 시도 적발이 있었다.[172] 1961년 5월부터 1963년 12월까지 최고위원 연인원 52명 중 계속 최고위원으로 존속한 자는 박정희, 이주일, 김종오, 김진위, 길재호, 옥창호, 김용순 등 7명에 불과했다.[173] 이는 쿠데타 주체의 내분內紛이 얼마나 격렬했는지를 말해주는 것이다. 역쿠데타 시도의 상당수가 조작된 것일망정, 이는 박정희가 2년 7개월간 내내 살얼음판을 걷는 듯한 위기 상황에 처해 있었다는 걸 말해주는 것이다.

그런 위기감을 말해주는 게 바로 박정희의 '목숨을 걸고'라는 말이

제5대 대통령에 취임한 박정희는 중요한 국면마다 '목숨을 걸고'라는 말을 빠트리지 않았는데, 이제는 '목숨을 걸고' 정권을 지키고자 했다.

었다. 박정희가 중요한 국면마다 꼭 빠트리지 않고 해대는 말이 '목숨을 걸고'였다. '필사', '결사', '자결' 등등 목숨과 관련된 단어들이 박정희의 입에선 쉴새 없이 쏟아져 나왔다.

박정희는 그간 '목숨을 걸고' 정권을 뒤엎었지만, 이제 선거에 의한 대통령이 된 이상 '목숨을 걸고' 정권을 지키고자 했다. 그래서 그는 대통령 취임사에서 "여하한 이유로서도 성서를 읽는다는 명목 아래 촛불을 훔치는 행위가 정당화될 수는 없다"는, 전혀 그답지 않은 이상한 발언을 하게 된다.[174]

육당 최남선의 동생이며 『동아일보』 사장을 지낸 최두선이 국무총리를 맡았고, '신라 대통령론'으로 영남 지역주의에 불을 댕긴 공로를 인정받아 이효상이 국회의장이 되었다. 서울특별시장엔 대선 기간 중 독설과 극언을 남발했던 윤치영이 임명되었다. 이승만 비서실장에서부터 이승만 정권의 내무부 장관과 국회부의장 등을 지낸 그의 긴 생명력에 놀라는 사람이 많았다. 손정목에 따르면, "대통령 선거의 상대 입후보자가 친조카인 윤보선이었음에도 불구하고 그는 박정희 후보 선거사무장이 됨으로써 철새정치인이라는 비난도 감수해야 했다. 제3공화국 발족에 맞춰 서울특별시장으로 임명된 것은 바로 그에 대한 논공행상이었다".[175]

황태성의 사형 집행

박정희의 대통령 취임 사흘 전인 12월 14일 인천에 있는 한 군부대에선 어이없는 사형 집행이 이루어지고 있었다. 바로 황태성의 사형 집행이었다. 대법원 확정판결이 떨어진 건 1963년 10월 22일이었다. 간첩 사건으로는 드물게 검거된 지 2년간이나 확정판결을 내리지 않은 채 끌고 있었다는 사실이 이 사건의 수상함을 말해주는 것이었다.

황태성이 죽기 전 "민족 완전 자주독립, 남북통일 만세"를 외친 게 마지막 유언이 되었다.[176] 그랬다. 그는 남북통일에 접근해보고자 남으로 내려온 것이지 그렇게 억울한 죽임을 당해야 할 간첩이 아니었다. 권상 능은 이렇게 말한다. "박정희 정권은 남쪽에서 먼저 사람을 밀파하여 전한 남북협상 제의에 대한 사실 확인과 민족자주적인 통일을 위해 북에서 온 '밀사'를 처형했습니다. 세계역사상 유례없는 일이라 생각합니다."[177]

식자층 간에는 "박정희는 사절로 찾아온 친형의 친구를 매정히 죽였다"느니 "황태성은 윤보선이 죽였다"는 말이 나돌았다.[178] 1964년 9월 21일 국회 내무위원회의 중앙정보부에 대한 국정감사 회의록을 보면, 출석한 김형욱은 의원들의 질문에 다음과 같이 답했다. "(미)8군에서는 황 간첩(황태성)을 헬리콥터 조종사 두 명과 바꿀 생각을 품었던 모양입니다. 우리가 사형 집행을 하니까 왜 이것을 협의 없이 죽였느냐, 우리는 조종사하고 바꾸었으면 했다고 해서 우리가 바꾸자는 얘기하지 말라고, 바꾸면 정치적으로 어떻게 되느냐 그래서 부랴부랴 죽였습니다."[179]

박정희에게도 일말의 죄책감은 있었던 걸까? 김형욱은 『혁명과 우상: 김형욱 회고록』(1991)에서 다음과 같이 말했다. "나는 가끔 박정희, 김성곤, 이렇게 셋이서 술자리를 자주 하였다. 셋 다 상당한 주량들이었고 소주에 명태말림과 고추장, 이런 식으로 소박한 주석酒席을 좋아했던 까닭이었는지도 모른다. 그러나 술이 거나하게 취하기만 하면 박정희와 김성곤은 서로 합심하여, 아니 서로 경쟁하듯이 나를 몰아세웠다. '김 부장이 미욱해서 황태성이를 죽였단 말이야!' '안 죽여도 될 사람이었어.'

매양 그런 식이었다."[180]

김성곤은 누구인가? 이제 박정희의 정치자금 조달책으로 맹활약하게 되는 그는 대구에서 박정희의 형 박상희, 황태성과 친한 사이였다. 그는 박상희를 죽음으로 몰고 간 대구 사건 때에 경북 인민위원회 재정부장을 지냈다. 박정희와는 동향同鄉에다가 동병상련同病相憐하는 그 무엇이 있었을 것이다.[181]

황태성의 사형 집행 후에도 박정희와 황태성의 관계에 대한 의심은 여전히 끊이지 않아 온갖 유언비어가 난무했다. 사진에 찍힌 사체가 뒷모습을 보이고 있어 누구인지 확실치 않다든가, 황태성은 사형 당하지 않고 미군에 의해 일본 오키나와 미군 기지로 빼돌려졌다든가 하는 소문이 꼬리를 물었다. 그래서 야당 의원들이 진상조사에 나서기까지 했다.[182]

황태성의 죽음에 일조했던 윤보선은 박정희를 대통령으로 인정하지 않았다. 그는 늘 박정희를 '대통령'이라는 호칭 대신에 '씨'라고 불렀다. 그는 11·26 총선 유세에서 "득표에서는 이기고 개표에서 졌다. 나는 정신적 대통령이다"고 주장했다. 1964년 1월 14일 윤보선은 '정신적 대통령'이자 제1야당 당수로서 가진 국회 기조연설에서 "반공을 위해, 부패일소를 위해, 부정선거 근절을 위해, 민생고 해결을 위해, 박 정권을 타도할 혁명을 정당화할 사태인가 아닌가?"라고 물었다.[183] 민주공화당은 펄펄 뛰었지만, 윤보선이 부르짖는 '혁명'은 박정희를 비롯한 5·16 주체들에게서 배운 것임을 이해해야 할 일이었다.

제8장

광부·간호사의
서독 파견

수출제일주의 정책

한국의 1962년도 수출액은 5,481만 달러였는데, 이 중 천연물이 75%를 차지했다. 돼지 147만 달러, 생선 345만 달러, 마른 생선 249만 달러, 조개류 181만 달러, 쌀 893만 달러, 김 75만 달러 등 식료품과 산동물 수출이 2,185만 달러였다. 또 생사生絲 396만 달러, 고령토·흑연 등 광석 269만 달러, 중석 337만 달러, 철광 385만 달러, 돈모豚毛 99만 달러, 한천寒天 132만 달러, 무연탄 274만 달러 등 가공도 하지 않은 원자재 수출이 1,937만 달러였다. 이 두 가지를 합치면 4,122만 달러로 총수출액의 75%를 차지한 것이다.[184]

군사정권은 1962년 통화개혁 실패 이후 수출 주도의 산업화 전략으로 선회했다. 이병철이 이끄는 한국경제인협회도 농업 주도의 정책에 강력히 반대하면서 공업화와 수출 주도로 가게끔 영향력을 행사했다.[185]

1963년 1월 8일 한국경제인협회는 박정희를 자신들의 회의에 초대했다. 한국경제인협회는 기존 수출액을 10배로 늘릴 수 있는 수출산업 개발이 얼마든지 가능하다면서 수출제일주의 정책을 건의했다. 박정희는 이 건의에 크게 고무되어 수출산업 발전을 위한 총력 지원 정책을 채택할 것을 약속했다.

1963년은 '수출의 해'로 지정되었다. 모든 대중매체가 앞다투어 수출 주도의 전략을 홍보했다. 1963년 3월 3일 한국경제인협회 내에 수출산업촉진위원회가 설치되었으며, 1963년 8월 서울 구로동에 한국수출공업단지가 설립되었다.[186]

'노동절'을 대체한 '근로자의 날'

수출산업 육성에서 한국이 비교우위를 자랑할 수 있는 건 싼 노동력뿐이었다. 정부가 기업들을 위해 해줄 수 있는 일은 계속 싼 임금을 그대로 묶어주는 것이었고, 군사정권은 이에 적극 응했다. 군사정권은 1963년 4월 17일 '근로자의 날 제정에 관한 법률'을 만들어 껍데기만 남아 있던 노동절을 그 이름마저 '근로자의 날'로 바꿔 버렸다. 이른바 '공돌이'와 '공순이'의 탄생을 예고하는 사건이었다.

역사학연구소는 『메이데이 100년의 역사』(2004)에서 "이후 정부와 한국노총이 주관하는 '근로자의 날'인 매년 3월 10일이 되면, 그들은 1년 365일 가운데 유독 이날 하루 동안에는 노동자들을 '산업 역군', '수출 전사' 등 온갖 사탕발림으로 치켜세웠다. 또한 그동안 개미같이 일만 열심히 한 근로자를 모범 근로자로 뽑아 상도 주고 산업 시찰도 시켰다. 같은 자리에서 자본가들에게는 금탑산업훈장이니 은탑산업훈장이니 또는 몇억 불 수출산업훈장이니 하는 것들을 수여하며 한바탕 '가진 자'들의 축제를 벌였다"며 다음과 같이 말했다.

"노동자들은 총자본에 대응하여 노동자의 연대와 총단결로 자신들의 역량을 과시하던 장마저 빼앗겨 버린 것이다. 오히려 권력과 자본의 축제를 빛내주는 들러리로 전락해버린 것이다. 모범 근로자, 그것은 노동자로서 진정 영광스러운 이름이 아니다. 그것은 거세당한 노동자에게 수여되는 불명예스런 훈장일 뿐이었다. 자본가들은 이 모범 근로자 표창을 통해 노동자 사이에 경쟁심과 이기심을 부추기고, 나아가 노동자의 단결을 차단함으로써 노동자로부터 보다 많은 잉여물을 착취할 수 있었던 것이다. 이로써 노동자 계급은 메이데이라는 기념일도, 단결을 의미하는 노동자라는 이름도 박탈당한 채 1960~1970년대의 한 많은 아리랑 고개를 넘어야 했고, 사회로부터는 '공돌이', '공순이'라는 멸시를 받아야 했던 것이다."[187]

차관을 얻기 위한 인력 파견

값싼 노동력만 있다고 수출산업 육성이 이루어질 수 있는 건 아니었다. 돈이 필요했다. 미국은 무상원조를 받는 나라엔 차관을 줄 수 없다고 버텼고, 일본은 아직 국교 수립이 안 된 상태였다. 군사정권은 경제사절단을 서독에 파견해 차관 제공을 요청했다. 4,000만 달러의 상업차관 제공이 결정되었다. 문제는 지급보증이었다. 이 문제는 서독에 인력 수출을 하여 그들의 3년간 급여를 서독은행인 코메르츠방크에 매달 강제

예치하는 담보 방식으로 해결하기로 했다.[188]

인력 수출 직종은 광부와 간호사였다. 광부 5,000명 모집에 4만 명, 간호사는 2,000명 모집에 2만 명이 몰려들었다. 치열한 경쟁률을 뚫고 선발된 광부 1진 123명이 1963년 12월 22일 서독 뒤셀도르프공항에서 처음 독일 땅을 밟았다. 『재독 동포 50년사: 1963-2013』(2015)에 따르면 1963년부터 1977년까지 정부가 서독에 파견한 광산 근로자는 7,936명, 간호사는 1만 723명이었다.

광부와 간호사 파견은 김종필이 1차 외유 기간 중인 7월 초순 서독을 방문한 게 계기가 되었다. 그는 서독 대사 신응균에게서 서독 정부가 한국인 광부 고용을 원한다는 이야기를 듣고 "광부들이 오면 어디서 어떤 방식으로 일하는지 볼 수 있게 해달라"고 요청해 루르 지방에 있는 함보른 탄광을 직접 방문해 지하로 수직 1,000미터, 수평 700미터 들어가 1시간 동안 이모저모를 살펴보았다. 그는 "이 정도 탄광이면 버틸 만하다, 조건도 괜찮다 싶었다"는 생각으로 탄광 사무실에서 바로 서울의 박정희에게 전화를 걸어 광부 파견을 제안했고, 박정희도 흔쾌히 동의해 5개월 만에 파견이 성사된 것이다.[189]

당시의 한국 처지에선 버틸 만하고 괜찮은 조건이긴 했지만, 사실 작업 환경은 혹독했다. 광부들은 섭씨 30도의 지열이 부글부글 끓어오르는 듯한 지하 1,000미터 작업장에서 50킬로그램이나 되는 작업 도구를 가지고 들어가 중노동에 시달렸다. 먼지와 석탄 가루를 마셔야 했고 까매진 밥으로 허기를 채웠다. 골절상은 다반사였고 작업 중 사고로 희생된 사람도 27명이나 되었다. 힘든 업무는 간호사들도 마찬가지였다. 낯선 땅 병원에 도착해서 의사 소통이 제대로 될 리 없었다. 병실을 청소

군사정권은 서독에서 4,000만 달러의 상업차관을 제공받는 대신 광부와 간호사를 파견해 그들의 월급을 담보로 했다.

하고 환자의 용변을 돕거나 식사 수발을 하는 일도 업무 분담이 이루어
지지 않은 채 한국인 간호사 몫이 되었다.[190]

 광부의 한 달 임금은 국내 임금의 7~8배였다. 고임금에 서독과 같
은 선진국에 가볼 수 있다는 매력도 작용해 수많은 사람이 몰려들었다.
정부는 모집 대상자를 2년 이상의 광부 경력을 가진 사람으로 제한했지
만, 이상한 일이 벌어졌다. 진짜 광부들은 필요 서류를 작성·구비하는
게 쉽지 않아 애를 먹는 반면 그런 일에 능한 대졸자들이 가짜 서류를 만
들어 와 대거 끼어든 것이다.[191] 서독 루르 지방으로 파견된 광부들은 거
의 대학 졸업자였다.[192] 처음에 이 일을 주도했던 이기홍이 『경제근대화

의 숨은 이야기: 국가 장기 경제개발 입안자의 회고록』(1999)에서 밝힌
회고다

"그런데 15년 후에 알게 된 것은 탄광 갱도에 들어가 보지도 못한
가짜 광부들이 서독 직장에서 성공적으로 적응을 하고, 정작 진짜 광부
들은 서독 탄광에서 요구하는 기계 조작 등 현대식 생산방식을 습득하
는 데 어려움이 많았고 상당수의 광부들은 신경성 장애를 일으키기도
했다는 것이다. 대학 출신의 가짜 광부들은 광산 현장에만 적응할 것이
아니라 계약을 끝낸 다음에도 독일 각지에 흩어져 상점 경영이나 기술
자 등으로 성공하고 그중 많은 사람들이 미국과 캐나다에 진출하였다고
한다."[193]

라면의 탄생에 얽힌 감동적인 이야기

1963년 9월 15일은 한국의 식문화에서 역사적인 날이었다고 해도
과언이 아니다. 이날 삼양공업주식회사가 국내 최초로 삼양라면을 출시
했으니 말이다. 제1호 라면의 겉모습은 요즘과 같지만 광고 속 '제품 특
징'은 오늘날 라면과는 사뭇 달랐다. '영양가가 풍부'하며 '손님 접대용'
으로도 끓여내라고 했으니 말이다. '선물용에는 최고품'이라는 구절도
있었다. 『조선일보』 1963년 10월 4일자에 처음 등장한 광고는 "우리의
식생활은 해결됐다"는 제목 아래 라면이 '가정 상비품'이자 '손님 접대
용'으로 좋은 제품이라고 알렸다.

'한국 라면의 아버지'는 동방생명(현재 삼성생명) 부사장을 지내
고, 제일생명 사장을 하던 전중윤이다. 『조선일보』 산업부장 이인열이

2023년 10월에 「"꿀꿀이죽 먹는 국민 구할 것"…라면 60년, 기억해야 할 한일韓日 기업인」이라는 감동적인 기사를 썼다. 그 주요 내용을 압축해 소개한다.

전중윤은 어느 점심시간 남대문시장에서 미군 부대 잔반으로 끓인 꿀꿀이죽(일명 유엔탕)을 사려는 긴 줄을 보며 결심했다. 직접 먹어 보니 깨진 단추는 물론 담배꽁초까지 나왔다. "동포에게 당장 필요한 것은 밥 한 끼인데, 미래를 준비하는 보험이 무슨 소용인가. 값싸고 배부를 수 있는 음식을 만들자." 그는 1959년 일본 출장길에 맛본 라면을 떠올렸다. 창업은 난관의 연속이었다. 1961년 8월 서울 하월곡동에서 창업에 나섰지만, 여의치 않았다. 그는 "일본에 가서 기계와 기술을 사오자"는 결심을 했다. 사재를 털어 자금은 마련했는데, 달러를 구할 방도가 없었다. 당대 최고 실세 김종필 중앙정보부장을 찾아가 "혁명을 왜 했느냐. 국민 잘살게 하자는 것 아닌가"라며 설득에 성공했고 5만 달러를 확보했다.

전중윤은 1963년 4월 일본행 비행기에 몸을 실었다. 일본 최고 라면업체와 또 다른 라면 기업 등을 찾았지만 죄다 퇴짜를 맞았다. 낙담한 그가 지푸라기 잡는 심정으로 찾은 곳이 묘조식품明星食品이었고, 사장이 오쿠이 기요스미娛井淸澄, 1922~1973였다. 오쿠이는 전중윤에게 "왜 라면 사업을 하려는가?"라고 물었다. "꿀꿀이죽 먹는 동포들이 더이상 배곯지 않게 구하고 싶다."

오쿠이는 답 없이 다음 날 다시 오라고 했다. 오쿠이 옆에 두 사람이 더 있었다. 제면기 업체의 우에다 사장과 튀김 가마 제조 업체의 오쿠타니 사장이었다. 그 자리에서 오쿠이는 "선생을 전면적으로 돕겠습니다. 기술료, 로열티는 필요 없습니다. 기계값도 실비만 받겠습니다. 일본은

6·25 전쟁으로 일어섰습니다. 묘조식품이 직접 그 혜택을 입은 건 아니지만 갚겠습니다. 내일부터 두 사람에게서 기술을 배우세요."

그렇게 열흘 동안 배웠다. 하지만 수프 제조법만큼은 알려주지 않았다. 묘조식품의 핵심 경쟁력이었기에, 혹 다른 업체로 흘러갈까 우려해서였다. 귀국길에 오쿠이 사장 비서가 공항에 밀봉한 봉투 하나를 들고 왔다. 봉투엔 이렇게 적혀 있었다. "작은 선물을 준비했습니다. 수프 배합표입니다. 이것을 아는 사람은 저 말고 회사에 몇 사람 없습니다. 일본과 마찬가지로 한국에서도 배고픈 사람을 위한 좋은 제품을 만들기 바랍니다."

혼분식 장려가 키운 라면의 인기

삼양라면 출시 가격은 '꿀꿀이죽' 5원을 감안해 10원이었다. 커피 35원, 담배 25원인 시절, 오쿠이 사장이 '너무 싸다'고 할 정도였다. 전중윤은 "막노동 일당이 100원인데, 그나마도 매일 일거리가 없는 상황에서 이 가격은 지켜야 한다"고 믿었다. 이인열은 두 사람이 맺은 11개 항의 계약서 중 2항은, 기자가 본 '세상에서 가장 아름다운 계약 문구'였다고 했다. "갑(묘조)은 을(삼양식품)에게 제조 기술을 무상으로 제공한다. 을은 갑의 기술 전수에 따른다. 위생적 가치를 지키기 위해서다."[194]

처음에 라면은 별 인기를 끌지 못했다. '라면'을 '라면羅綿'으로 오해해 옷감이나 실의 한 종류인 줄 아는 사람도 있어 광고마다 '즉석국수'라는 글자를 별도로 크게 적어야 했다. 판매가 부진하자 1964년 한 해 라면 회사 임직원들은 극장 앞이나 공원 등으로 냄비 들고 나가 '무료

당시 삼양라면은 10원이었는데, 커피가 35원이었으니 '너무 싸다'고 할 정도였다. 삼양라면 광고에는 "우리의 식생활은 해결됐다!"는 문구가 눈에 띈다. (『조선일보』, 1963년 10월 4일)

시식회'까지 열면서 맛을 알렸다.

　　당시 아직은 아무것도 보여줄 게 없었던 군사정권은 소비 절약과 내핍을 외쳐댔다. 게다가 잦은 흉년 등으로 한 해 300~600만 석의 쌀이 모자랐기에 정부가 '혼식混食·분식粉食 장려'를 거국적으로 추진하던 상황이었기에 시간이 문제일 뿐 라면의 성공은 사실상 예약된 것이나 다름없었다. 1960년대 중반엔 '롯데', '럭키' 등이 가세해 3~4개 라면이 각축을 벌였으며, 1969년 2월에는 박정희의 지시에 따라 서울에 '종합분식센터'와 각 구청별 '시민분식홀'을 만들어 라면·빵 등을 실비로 판매하며, 각 도에 라면·빵 공장을 1개씩 세우도록 했다. 3월부터는 정책 시행과 함께 신문엔 '라면 판매 급증'이라는 구절이 보이기 시작했다.[195]

　　오늘날 한국 라면의 인기는 문자 그대로 폭발적이다. 2023년 기준으로 수출 대상국은 128개국에 이르며, 국내에서 수출한 것 외에 외국 공장에서 생산해 현지에 판 수량까지 포함할 경우, 해외 판매액은 2조 원을 넘은 것으로 추산된다.[196] 진정한 라면 애호가라면 전중윤과 오쿠이 기요스미라는 이름을 꼭 기억해두는 게 좋겠다.

제9장

"주여!
상업방송을 금지시켜 주시옵소서"

쉽지 않았던 KBS 시청료 징수

군사정권은 군사작전식으로 KBS-TV를 개국하긴 했지만 운영자금에 대한 계획을 미리 세워놓은 건 아니었다. 또 간첩이 수십만 달러를 들고 내려와 체포되기를 기다릴 수는 없는 일이었다. 그래서 1963년 1월부터 공식으로 등록된 3만 4,000대의 수상기에 대해 시청료를 징수하게 되었다. 그러나 시청료 징수는 큰 논란을 빚었다.

김재길은 『"KBS야, 너 참 많이 컸구나!"』(2000)에서 "시청료는 한 가구당 징수하는 것이 아니었다. '수상기 등록자로부터 징수한다'는 조항 때문에 마치 수상기 '소지세'가 된 셈이다. 만일 두 대의 수상기를 가지고 있으면 두 몫을 내야 했기 때문에 반발이 컸다. 따라서 수상기를 월부로 구입해 출처가 확실한 가구 외에는 등록을 기피하는 경향이 있었다"며 다음과 같이 말했다.

"시청료 징수원들이 미등록 수상기를 찾아내려 했던 것은 당연했다. 그러나 이들이 이 과정에서 마치 사법권이 있는 것처럼 행세해 큰 원성을 사기도 했다. 심지어 동네 어린아이들에게 과자를 주어 꼬셔 미등록 수상기를 찾아내는 수법까지 동원되었다. 무리한 시청료 징수는 여러 가지로 시행 과정에서 KBS의 이미지를 흐리게 하는 결과를 낳았다."[197]

군사정권은 시청료 징수가 여의치 않자 KBS도 광고를 할 수 있도록 '국영 텔레비전 방송 사업 운영에 관한 임시조치법'을 만들어 1963년 3월 1일부터 광고 방송을 시작하도록 했다. 그러나 당시 방송 광고는 매우 낯선 것이었다. 그래서 거부감도 매우 컸다. 이는 당시 한국 사회의 자본주의 발전 정도나 의식화 수준을 말해주는 것이기도 했다.

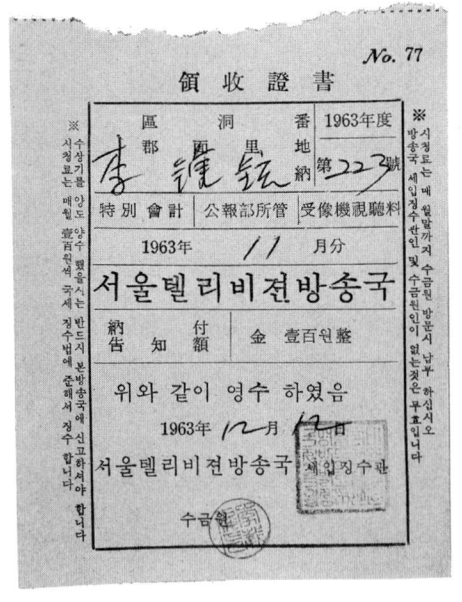

군사정권은 KBS-TV의 운영자금을 확보하기 위해 시청료를 징수했지만, 시청자들의 반발을 샀다. TV 수상기 시청료 영수증.
(대한민국역사박물관 소장)

장터 약장수의 약 선전처럼 여긴 CM

첫 광고 방송이 나가는 3월 1일 저녁 7시 반. CM은 아나운서의 몫이었다. 강현두는 "아나운서들은 목소리를 가다듬고, 점잖고, 예쁘게 그리고 인격적으로 그러나 이제부터 상업광고문을 읽어야 하는 것이다. 그래서 사상 첫 광고 프로그램이 퀴즈 프로그램이었고, 그 첫 CM이 무슨 부롬빈인가 하는 드링크제 광고였다. 당시 생방송 시대였기도 하려니와 갑작스럽게 변경된 방송 제도 속에서, 불과 이틀 전에 결정된, 전혀 경험 없이 하는 상업 프로 제작이 잘 준비되었을 리도 만무하다"며 다음과 같이 말했다.

"그리하여 우리나라의 텔레비전 광고 문화는 어처구니없는 실패담에서 시작하게 되었다. 그 실패의 경험담은 대략 이러하다. 정각 시보를 알리면서 시작된 퀴즈 프로그램 〈우등생 퀴즈〉의 슬라이드를 넘기고 광고 슬라이드와 함께 아나운서 부스의 불이 켜지면서, 큐를 받은 두 여자 아나운서는 부롬빈 드링크제의 광고문을 읽는다. 그러나 한 줄 읽기도 전에 아나운서 A는 웃음을 터뜨렸다. 연출자는 허둥지둥 부스의 마이크를 껐으나 낭패 1, 용기를 내서 다시 한번 큐. 이번에는 아나운서 B가 웃음을 터뜨린다. 그래서 낭패 2, 결국 어떻게 사상 첫 CM이 끝맺혀졌는지 아무도 기억할 수 없지만 연출자는 아마도 슬라이드와 음악만 내보냈으리라."[198]

이병주는 당시의 텔레비전 광고에 대해 이렇게 말했다. "당시의 TV 광고는 거의가 생CM으로 방영되었는데, 드라마나 쇼가 끝난 후 아나운서나 탤런트가 카메라 앞에 앉거나 서서 제품을 들고 설명을 하거나 시음을 하기도 하고 모직을 걸쳐 보는 등의 형식이었다. 광고 경험이 부족한 아나운서들이 진행하는 광고 쪽에 실수가 자주 일어났지만 생방송이었기 때문에 실수가 발생하면 발생하는 대로 방송은 진행되었다. 슬라이드 화면에 성우나 아나운서, 탤런트가 광고 문안을 읽는 경우도 있었다."[199]

1963년 4월 25일 민영 동아방송DBS이 개국했다. 동아방송은 모기업인 『동아일보』를 등에 업고 보도 방송에 많은 힘을 쏟아 라디오 저널리즘의 발전에 큰 기여를 하게 되지만, 라디오의 광고를 활성화시키는 데에도 일조했다. 라디오에서도 PD들은 CM을 기피하는 아나운서들 때문에 애를 먹어야 했다.

"프로듀서가 CM을 녹음하기 위해 아나운서를 찾으면 어디론가 도망치고 없다. 애써 찾아서 CM 제작을 끝내놓고 나면 아나운서들은 어이가 없다는 듯 혹은 쑥스러워서 금방 웃음을 터뜨리고 만다. 그것도 그럴 것이 당시의 아나운서들은 대단한 자부심을 가진 반면에 CM을 장터의 약장수가 약 선전을 하는 것과 같은 것으로 생각하고 있었으니 CM 기피는 오히려 당연했을는지 모른다."[200]

기독교방송의 상업방송 허용

기독교방송은 광고로 인해 더 큰 몸살을 앓았다. 기독교방송은 1962년 1월 1일자로 공포된 '전파관리법'에 따라 외국인은 재단법인의 장長이 될 수 없게 되어 사장을 길진경으로 바꾸었으며, 외국의 자금 지원이 줄어들자 9월 12일 상업방송의 허가 신청서를 체신부에 제출했고 10월 19일에 인가되었다. 이후부터 기독교방송은 선교 이외의 일반 교양 프로그램을 추가하고 전체 방송 시간의 30%에 한해 상업방송을 할 수 있게 되었다.[201] (기독교방송은 이미 1959년 3월 26일 대구국, 1959년 12월 23일 부산국, 1961년 8월 1일 광주국, 1961년 11월 1일 이리국을 개국해 전국 방송망을 갖게 되었다.)

경영난에 허덕이던 기독교방송은 상업방송 허용 조치를 크게 반겼지만 일부 성직자들의 반발이 만만치 않았다. 심지어 "주여! 상업방송을 금지시켜 주시옵소서"라는 기도까지 나왔다. 한국방송공사가 출간한 『한국방송사』(1977)는 "기독교방송국이 개국한 이래 광고방송을 하는 것을 전제하면서도 실제로는 제공 멘트 이외의 CM 방송을 일체 금지시켜왔다. 그러나 문화방송이 개국되고 거기에서 제공 멘트 이외의 CM 방송을 개시하자 기독교방송국에서도 어쩔 수 없이 방송을 시작하기에 이르렀다. 한번은 드링크 선전에 음주 전후 운운하는 짧은 CM이 방송되었다"며 다음과 같이 말했다.

"그러자 목사들의 빗발 같은 항의가 당장 전화통에 불을 질렀다. 그후 며칠 안 되어서 십여 명의 목사들이 몰려와서는 기독교의 복음을 전하는 방송국에서 음주 전후라는 용어를 함부로 방송하는 것은 온당하지 못한 처사라고 비난하면서 항의 소동을 벌였던 것이다. 그런가 하면 1962년 당시 종교과장직을 맡고 있었던 정인희 목사는 직원들의 아침 예배 시간을 통해 다음과 같은 기도를 했다. '주여, 여기는 당신의 복음을 전하는 곳입니다. 여기에서 천박한 상업방송의 CM이 방송되는 것은 당신을 욕되게 하는 일입니다. 그러므로 주여, 여기에서 전파를 타고 나가는 모든 상업방송을 금지시켜 주옵소서.'"[202]

〈돌아오지 않는 해병〉, 반공영화 붐

1963년 3월 12일에 개정된 영화법은 이승만 정권 때처럼 우수영화보상제를 도입해 우수영화에 선정되면 외국영화 수입 쿼터를 할당하는 특전을 주었다. 연간 두 편의 우수영화에 한 편의 외화 수입권이 따라붙었다. 김화는 『이야기 한국영화사』(2001)에서 외화 수입권은 막대한 이권이었다며 다음과 같이 말했다.

"당시는 요즘처럼 외국영화 수입 자유화 제도가 실시되기 전이어서 1년에 외국영화 수입을 25편으로 제한했다. 그런 판국이니 외국영화 한 편 수입하면 극장에 상영하기도 전에 지방 장사만으로도 본전을 채우고도 남았다. 따라서 서울 개봉관 수입은 고스란히 남는 액수다. 이렇게 되니 외화 수입권 한 편 값이 당시 액수로 3억 원에 업자들끼리 뒷거래되는 실정이었다. 외화 수입권 한 편만 있으면 손 하나 꼼짝 않고도 3억 원을 챙기니 이 얼마나 횡재며 커다란 이권인가. 이렇게 되니 국산영화 제작사는 오로지 외국영화 수입권을 획득하기 위해 우수영화 제작에만 몰두했고 우수영화는 흥행이 안 되어도 상관하지 않았다."[203]

'우수영화=문예영화'라는 등식이 성립되면서 수많은 문예영화가 쏟아져 나왔다. 또 우수영화보상제는 영화평론의 지위를 향상시켰던바, 1962년에 시작된 대종상에 이어 1963년엔 조선일보사에서 청룡영화상을 제정하고 시상식을 갖기 시작했다.

반공을 국시로 삼은 군사정권은 외국영화 수입권을 반공영화 부문에도 할당했다. 그래서 영화제에서도 반공영화상이란 장르가 추가되었다.[204] 이런 조치로 1950년대에 전성기를 누렸던 반공영화 붐이 되살아

반공영화인 이만희 감독의 〈돌아오지 않는 해병〉이 23만 명의 관객을 동원해 대성공을 거두자, 한동안 영화 제목에 '해병'이 들어가면 관객들이 몰렸다.

났다. 1963년에 감독 이만희가 연출한 〈돌아오지 않는 해병〉은 23만 명의 관객을 동원하는 대성공을 거두었다. 이 기록은 1964년 25만 명의 관객을 동원한 감독 신상옥의 〈빨간 마후라〉에 의해 깨지게 되지만, 1963년까지는 '해병'의 시대였다. 1961년 흥행에 성공한 〈5인의 해병〉(김기덕 감독) 이후 한동안 영화 제목에 '해병'이란 글자만 들어가도 관객이 몰리는 현상이 빚어졌다.[205]

〈쌀〉과 〈또순이〉, '잘 살아보세'라는 시대정신

군사정권은 '반공'와 더불어 '잘 살아보세'를 외친 정권이었다. '잘 살아보세'는 굶주림에 허덕이던 시대정신이기도 했다. 이를 반영한 대표작이 1963년에 나온 신상옥의 〈쌀〉이었다. 이 영화는 군사정권의 홍보물이었지만 흥행에 성공했다. 이 영화는 농토가 없는 전북 무주 구천동의 가난한 농부들이 산을 뚫어 수로를 만들고 쌀을 수확한다는 내용이었다. 그간 불가능하다고 여겨졌던 일을 해내는 '인간 승리'였다.

변재란은 「'노동'을 통한 근대적 여성 주체의 구성: '쌀'과 '또순이'를 중심으로」(2001)라는 글에서 "제1차 경제개발 5개년계획이 시작될 즈음 만들어진 영화 〈쌀〉은 당시 대중의 욕망과 군사정권의 근대화 프로젝트를 통한 민중 지지 획득 과정을 보여준다. 영화가 시작되면 이 영화가 '정착 농원이 태어나기까지의 실화에서 취재한 것'이며 '전국 각지에 있는 살아 있는 상록수들의 이야기를 가미 윤색한 것'이라는 자막이 오른다"며 다음과 같이 말했다.

"'우리나라의 모든 국민들이 이처럼 줄기차게 살아주기를 간절히 바라는 마음에서 이 영화를 만든 것'이라는 자막에서 알 수 있듯이 '우리'라는 동일화의 기제는 근대화의 과정에서 새롭게 구성되고 재창조된 것이다. 개인과 민족의 동일시가 이루어지는 순간 이것은 공통된 조상을 갖고 공통된 과거를 공유했고 그리고 공통된 미래를 가질 것이라는 민족정서의 연대성에 연결된다. 따라서 이 영화는 '실화'임을 강조함에도 불구하고 '우리'로 묶일 수 있는 민족을 누대의 가난으로부터 구하겠다는 기치를 앞세우고 등장한 개발 영웅을 우두머리로 한 성장의 신화에

군사정권에서는 '잘 살아보세'가 시대정신이었다. 그래서 굶주림에 허덕이던 사람들이 역경을 이겨내 성공하는 〈쌀〉과 〈또순이〉 같은 영화가 제작되었다. 박상호 감독의 〈또순이〉의 한 장면.

대한 이야기가 된다. 이 비상한 열정과 의지의 화신이자 온갖 장애와 한계를 이기는 시대의 영웅은 정신적 힘의 원천으로 상징되었다."[206]

　　도시를 대상으로 한 〈쌀〉류의 영화로는 1963년에 나온 박상호 감독의 〈또순이〉를 들 수 있을 것이다. 이 영화 이후 '또순이'라는 별명이 유행하게 되었다. 함경도에서 남한으로 피난 온 또순이가 행상에서 장사를 시작해 크게 성공하기까지의 과정을 담은 이 영화에선 "5·16 혁명 직후 박정희 정부가 이끈 국가 재건시대 여자의 역할과 부합된 시대적 배경을 읽을 수 있다".[207]

영화배우를 업신여기던 편견

　1963년에는 148편의 영화가 제작되었으며, 영화는 대중의 사랑을 받는 대표적인 매체였다. 1963년 김수용 감독이 신성일·엄앵란을 내세워 연출한 〈청춘교실〉 이후 많은 청춘영화가 나오게 되었으며, 이는 영화 관객의 연령층을 끌어내리는 효과를 낳았다.[208] 그런 인기와 변화에도 영화배우를 바라보는 세상의 시선은 지금과는 많이 달랐다. 그때는 극장 간판에도 감독의 얼굴이 배우들보다 더 크게 그려지기도 했다.[209]

　1963년 8월, 미스코리아 진에 당선된 숙명여대 3학년생 김명자가 세계미인대회에 출전해서 한 발언은 당시 영화배우에 대한 사회적 인식의 일면을 드러낸 사건이었다. 김명자는 "무식하고 못된 여자나 영화에 출연한다"고 발언했다. 이 발언이 국내에 알려지면서 국내 영화계와 연예계가 발칵 뒤집어졌다. 이를 대서특필한 『경향신문』 8월 3일자 기사에 소개된 몇 사람의 반응을 들어보자.

　"그런 사고방식을 가진 미인이 과연 미인인지 섭섭하기 짝이 없다."(영화감독 유현목) "'못된 여자나 영화에 출연한다'는 말이 일면의 진리를 지니고 있다면 '못된 여자가 미스코리아로 나간다'는 말도 성립된다는 것을 잊어서는 안 된다."(연출가 김정옥) "우리들 연예인은 다 무식하고 몹쓸 것들인지도 모르지요."(코미디언 곽규석) "그분이 참말로 교양이 있고 신중한 사람이라면 그런 국제무대에서 그리도 무식하고 무교양한 말을 안 했으리라고 믿습니다."(배우 김향이)

　그러나 여대생들은 김명자의 발언을 지지했다고 한다. "잘한 말이다. 우리나라 일부 여우(여배우)들의 무질서한 생활 태도에 따끔한 일침을 가했다. '스캔들=여우'라는 관념을 일반에게 심어준 죄를 지금이라도 늦지 않았으니 깨닫고 좀더 건전한 예술가적 도야가 있어야겠다."(숙명여대생 황명숙) "우선 나 자신도 좋은 의미로서의 배우가 되고 싶은 생각은 많은데도 못 하는 이유는 만약 배우가 되면 타락이나 한 듯이 해석하는 것이 우리나라의 실정이다. 그런 소리를 안 듣기 위해서라도 영화배우들은 각성을 해야 할 것이다.[210](이화여대생 김숙자)

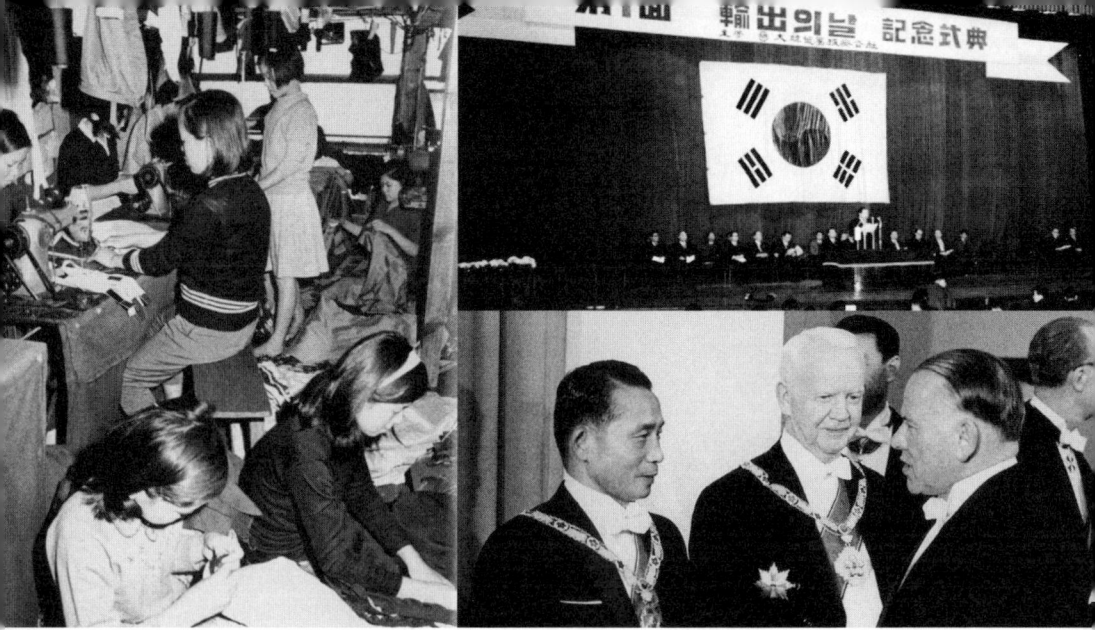

제1장

가난·기복신앙·
수출제일주의·부정부패

미군의 잦은 '총질 사태'

1945년 이후 총격에 의한 미군의 한국인 가해가 가장 빈번했던 달은 1964년 2월이었다. 당시 신문의 사회면들은 연일 "미군이 또 총질"이라는 기사를 실었고, 1면에까지 한미간에 정치적 문제로까지 비화된 '총질 사태'에 대한 기사들이 실렸다.[1] 2월 중 미군의 총질은 4일, 6일, 9일, 17~19일에 걸쳐 연속적으로 일어났는데, 그 가운데 하나인 6일의 총질을 살펴보자.

1964년 2월 6일 경기도 포천군 운천리에서 토끼 사냥을 나간 소년들이 미군에게 '토끼 사냥'을 당하는 사건이 발생했다. 미군의 총격으로 16세 소년 안재섭이 사망하고, 김태영이 중상을 입었다. 미군은 두 소년이 부대 철조망을 뚫고 침입했기 때문에 사살했다고 주장했으나 조작의 냄새가 진하게 풍기는 사건이었다. 대낮에, 220미터가 되는 거리에서 조준 사격이었기 때문이다. 『한국일보』 1964년 2월 9일자 사설 「한국 소년을 토끼로 보는가」는 이렇게 말했다.

"설혹 그 소년들이 절도의 의지가 명백하였다 하더라도 마치 토끼나 다른 작은 산짐승 모양으로 실탄으로써 총살되어야만 했던가를 이해하기가 곤란하다. 우리의 생각으로는 취사장에서 반찬거리를 훔쳐가는 개를 보고도 총으로 쏘아 죽이지 못하는 것이 인간의 상정常情으로 알고 있는 것이다."[2]

미군의 총질에 대한 국내 여론이 악화되자 주한미군 사령관 해밀턴 하우즈Hamilton Howze, 1908~1998는 2월 14일 주요 일간지 간부들을 초청

1964년 2월은 미군의 한국인 가해가 가장 빈번했던 달이었는데, 2월 6일 경기도 포천군 운천리에서 토끼 사냥을 나간 소년 1명이 미군에게 사살되었다. (『경향신문』, 1964년 2월 8일)

해 1시간가량 연설을 했다. 그의 연설은 큰소리와 훈계조였다. 그는 한국 법정이 미군 기지에 침입한 도둑들에게 절도행위를 멈추게 할 만큼 충분한 벌을 주지 못한다고 비난했다. 신문 보도도 비난의 대상이 되었다. 그는 '달러'와 '대한對韓원조'를 들먹이면서 이렇게 말했다.

"예하 각 부대가 매일 밤 3,000명 이상의 보초를 세우는데도 매월 7만 달러 이상을 도둑맞고 있다.……도둑이 못 들어오게 담을 쌓으려면 수백만 달러가 필요하다. (신문사들은) 한국 정부가 그 돈을 우리에게 지불하라고 건의하겠는가. 그렇지 않으면 그에 해당하는 액수를 대한 원조에서 삭감하라고 건의하겠는가."[3]

미군 부대에 한국인 도둑이 들끓었던 건 사실이다. 한국인들이 워낙 가난했기 때문이다. 그러나 그것이 미군의 마구잡이 총질을 정당화할 수 있단 말인가? 미군은 그간 '그렇다'는 답을 제시해왔다. 3월 24일 문산역에서 장교가 낀 미군 3명이 열차를 강제로 세우고 한국인 승객에 대한 강제 수색을 실시한 사건이 벌어졌다. 한 젊은 승객이 "주권 있는 나라의 국민을 함부로 다룰 수 있느냐"고 항의했더니 미군은 이렇게 대꾸했다. "우리가 원조해준 것이니 우리 열차다."[4] 미군은 미국의 원조로 먹고사는 한국인의 목숨도 자기들 마음대로 할 수 있는 거라고 생각했던 건 아니었을까?

'유혈적 테일러리즘'과 '기복신앙'

미군은 매사에 그런 식이었다. 한국인은 그런 미군을 감내해야 했다. 처절한 가난이 유죄였다. 당시 한국인의 거의 반 정도가 절대 빈곤의 상태에 놓여 있었다.[5] 실업률도 높았지만, 취업을 했다 하더라도 노동자들의 노동 조건은 매우 열악했다.

1948년 8월 26일 대구에서 태어난 전태일은 1964년 봄, 당시 16세의 나이에 서울 평화시장 내에 있는 삼일사에 견습공으로 취직했다. 이즈음 의류 봉제업 노동 과정의 가장 특징적인 성격인 이른바 '유혈적 테일러리즘bloody Taylorism'이었다.[6] 전태일은 인간 이하의 열악한 노동 조건을 몸소 겪으면서 노동과 인권 문제에 대해 관심을 갖게 되었다. 전태일은 자신의 일기에 이 시기에 대해 다음과 같이 기록하고 있다.

"끝 날이 인생의 종점이겠지. 정말 하루하루가 못 견디게 괴로움의 연속이다. 아침 8시부터 저녁 11시까지 하루 15시간을 칼질과 다리미질을 하며 지내야 하는 괴로움. 허리가 결리고 손바닥이 부르터 피가 나고, 손목과 다리가 조금도 쉬지 않고 아프니 정말 죽고 싶다.……육체적 고통이 나에게 죽음을 생각게 하는 것이 아니라 정신적 고통이 더욱 심하기 때문이다.……언제나 이 괴로움이 다 없어지나."[7]

한국의 개신교는 바로 민중의 그런 '괴로움'에 부응했다. 기복祈福신앙이 바로 그것이다. 1960년대에 급성장한 순복음교회를 이끈 목사 조용기는 이렇게 회고했다. "우리 동네의 가난한 사람들은 천국이나 지옥에 별 관심이 없었습니다. 그들은 하루 벌어 하루 먹고사는 하루살이 삶에 지쳐서 내일은 또 어떻게 먹고살까 하는 데에만 관심이 있었습니다. 그들에게는 미래에 대해 생각할 여유가 없었습니다. 어떤 집에 가나 공통적으로 원하는 것은 의식주 문제를 해결하는 것이었습니다."[8]

김흥수는 『한국전쟁과 기복신앙 확산 연구』(1999)에서 1960년대 경제개발과 기복신앙의 상관관계에 대해 다음과 같이 말했다. "전후 한

1960년대에 한국인의 거의 반 정도가 절대 빈곤의 상태에 놓여 있었고, 노동자들의 노동 조건도 매우 열악했다. 1960년대 봉제공장에서 일하는 여성 노동자들.

국 사회의 시련과 고통에서 벗어나려는 민중들의 강한 열망은 결국 전통적 기독교의 신앙체계를 현세적 복락 추구에 알맞은 형태로 변형시켜왔으며, 한국 사회의 급속한 자본주의적 산업화와 성장 이데올로기의 영향을 강하게 받으면서 그런 현상은 더욱 가속화되어왔다. 거시적으로 볼 때, 그 현상의 근원에는 전쟁터에서 살아남은 자의 신체적 생존 욕구와 심리적 안정 욕구가 놓여 있으며, 기독교인들은 1960년대 이후에는 경제발전이라는 사회적 조건 속에서 그러한 욕구들을 충족시키는 것을 종교적으로 정당화시켜주는 신앙체계를 필요로 하였다고 볼 수 있다."[9]

"수출제일주의는 일종의 신앙"

많은 교회가 민중적 수용에 부응해 기복신앙을 전파했듯이, 제3공화국을 출범시킨 박정희는 쿠데타라고 하는 원죄 때문에라도 반드시 한국 사회에 물질적 변화를 이루어내야만 했다. 경제개발은 정권 안보의 문제였다. 조갑제는 『내 무덤에 침을 뱉어라』(1998)에서 "박정희가 쿠데타로 정권을 잡았다는 자신의 약점을 은폐하기 위하여 경제발전에 주력했다"는 일각의 해석에 대해 "박정희는 군사혁명에 대한 그런 죄책감(또는 열등감)을 아예 가져본 적이 없는 사람이다"고 주장했다.[10]

맞는 말이다. 박정희가 궁극적으로 겨냥한 건 한국인의 '인간성 개조'였기 때문에 박정희에겐 그런 죄책감이나 열등감 같은 건 없었을 것이다. 그러나 당장 발등에 떨어진 문제는 경제였고, 그건 정권 안보와도 직결되는 문제였다.

박정희는 1964년 1월 연두 기자회견에서 수출 진흥을 위해 전력 질주할 것을 선언했다. 이후 "수출제일주의는 일종의 신앙"이 되었다. 당시 경제기획원 운영차관보였던 이선희가 증언하듯이, "차관 특혜, 세제 특혜, 금융 특혜, 수출 원자재 특혜, 역금리 특혜 등 모든 특혜를 부여함으로써 인위적인 수출 진흥이 이루어졌다. 정부, 기업, 국민 모두 수출 진흥에 총동원되었고, 엄청난 특혜가 주어졌다".[11]

어느 정도로 '엄청난 특혜'였을까? 은행 대출을 보자. 1964년 8월 말 현재 금성방직, 대한제분, 삼성물산 등 9개 재벌기업에 177억 원이 집중 대출되었다. 이는 당시 화폐 발행고의 82%, 통화량의 43%, 일반 금융기관의 대출 잔액 462억 원의 약 40%에 해당되는 것이었다.[12]

정치자금이 끼어든 '3분 폭리 사건'

　　원래 특혜엔 부정부패가 들끓기 마련이었다. 1964년 1월 15일 야당 원내교섭단체인 삼민회(민주당, 국민의당, 자민당 등이 어울려 구성한 국회 교섭단체) 소속의 국회의원 유창열이 이른바 '3분粉 폭리 사건'을 폭로했다. 이는 밀가루·설탕·시멘트 등 이른바 3분三粉 산업과 관련된 기업들이 매점매석으로 가격을 조작하고 세금 포탈을 통해 엄청난 폭리를 취하는 것을 묵인해주는 대가로 민주공화당이 거액의 정치자금을 제공받았다는 내용이었다.[13] (1950년대엔 밀가루 · 설탕 · 면화를 가리켜 삼백三白산업이라 불렀다.)

유창열은 기업들이 가격을 조작하고 세금 포탈을 통해 엄청난 폭리를 취하는 것을 묵인해주는 대가로 민주공화당이 거액의 정치자금을 제공받았다는 사실을 폭로했다. (『경향신문』, 1964년 2월 1일)

이 사건엔 삼성그룹의 제일제당이 연루되어 있었기 때문에 세간의 관심은 삼성에 집중되었다. 이 사건에 대해 다른 신문들이 주저하고 있을 때『경향신문』1964년 2월 1일자가 특종 보도했는데, 1면 머리기사 제목은「폭리 의혹, 점차 확대: 특위 구성 반대 위해 일부 의원 매수설 떠돌아」였다. 이에 대해『경향신문 50년사』는 이렇게 말한다.

"당시 야당 의원들의 폭로 내용이 하도 어마어마해 활자화를 망설이는 사내 간부가 있었지만, 진실을 밝히는 것이 사명이라며 데스크(정치부장)인 김경래가 단안을 내린 것이다. 아니나 다를까, 신문이 나가자 정가와 재계가 발칵 뒤집혔다. 한 부 5원의 신문이 불티나게 팔렸으며, 문제의 삼성재벌은 이 날자 본지를 수십만 부 사들이는 바람에『경향신문』가판은 창간 이래 최대 부수가 팔렸다는 후문이다."[14]

『경향신문』은 이어「삼분 폭리 규명될 것인가: 대표적인 매판성, 소비품 장사 민족자본 조성에 역행-K 의원 모 재벌 돈 보따리 풀어 앞잡이」라는 제목이 붙은 특집까지 내보냈다. 삼성은 며칠 후『경향신문』을 명예훼손과 신용훼손 혐의로 서울지검에 고소했다. 일주일 뒤『경향신문』은 이병철을 포함한 삼성 간부 12명을 맞고소했다. 이 고소 사건은 1970년 초에 가서야 삼성이 소를 취함으로써 마무리되었다.[15]

박정희는 '밀가루 대통령'

'3분 폭리' 사건은 흐지부지 끝나고 말았지만, 훗날 박정희 정권이 이 사건의 반대급부로 3,800만 달러를 받았다는 폭로도 나왔다.[16] 그런 이유와 더불어 군사정권도 '밀가루 비리'의 주범이었기 때문에 진상을 밝히긴 어려웠을 것이다.

　1963년 대통령 선거를 앞두고 박정희는 장기영으로 하여금 일본 미쓰이물산三井物産을 통해 캐나다 소맥 10만 톤, 640만 달러분을 연불年拂 조건으로 극비리에 수입하게 했다. 호주산까지 합해 21만 5,000톤이 들어왔다. 소맥 수입으로 곡가穀價는 안정되었고 판매 대금은 선거 자금으로 활용했다. 장기영은 이 교섭을 성사시킨 실력을 인정받아 나중에 경제부총리를 맡게 된다(장기영은 1934년 선린상업학교를 나와 그해 한국은행 전신인 조선은행에 입사해 1952년 한국은행 부총재직에서 물러날 때까지 청장년의 세월을 은행가로 보낸 인물이었다. 장기영을 경제부총리로 천거한 사람은 김종필이었는데, 김종필은 장기영의 추진력과 더불어 정치자금 조성 능력을 높이 평가했다).[17]

　그때 들여온 밀가루는 전량 판매된 것이 아니라 일부는 업자들에게 흘러들어가 나중에 '3분 폭리' 중 밀가루 부문 사건을 일으키는 데에 기여했고, 또 일부는 수재민 구호라는 이름으로 유권자들에게 공짜로 제공되었다. 그래서 대선 기간 중 때아닌 '밀가루 잔치판'이 벌어졌고, 박정희는 '밀가루 대통령'이라는 별명을 얻게 되었다.[18]

　김일영은 1963년 10·15 대선 결과 분석에서, "캐나다와 호주에서 들여온 21만 5천여 톤의 밀가루가 선거 직전 주로 태풍 '셜리'의 피해를 입은 남부지역에 집중적으로 살포되었다는 점도 이 지역 표의 동향과 관련해서 반드시 고려되어야 할 사항으로 여겨진다"고 했다.[19] 밀가루 받아먹고 찍은 표를 '진보 여당'에 대한 표로 평가한다면 그거야말로 코미디가 아닐 수 없겠다. 그런데 이제 와서 뒤늦게 무슨 여론조사를 해볼 수도 없으니, 그저 미루어 짐작하는 수밖엔 없을 것 같다.

제2장

박정희 정권의
'4·19 마케팅'

5·16 찬양을 전제로 한 4·19 긍정

이미 앞서 지적했듯이, 4·19를 어떻게 부를 것이냐 하는 문제는 '의미의 투쟁'으로서 사실상 '권력 투쟁'의 성격을 띠게 되었다. 이 문제는 4·19 직후부터 열띤 논의의 대상이 되었다. 『동아일보』 1960년 7월 28일자에 실린 다음 기사를 보자.

"문교부에서는 4·19 혁명의 용어를 각양각색으로 호칭하고 있어 아동 교육에 적지 않은 혼동을 가져오고 있는데 비추어 이러한 폐단을 일소하기 위하여 그간 동부同部에서는 언론계 인사와 대학 교수 110여 명으로부터 통일 방안을 설문하였던바 그 대다수가 '4월 혁명'이라는 데 찬동하였으므로 이를 채택하여……전국 각급 학교에 그 취지를 통고하여 통용화할 것……신년도 교과서에도 전기와 같이 통일 호칭으로 편찬할 것……."[20]

장준하는『사상계』1960년 8월호에 쓴 글에서 4·19에 대해 의거, 정변, 사태, 개혁 등 다양한 이름으로 부르지만 '4·19 혁명'으로 규정해야 한다고 주장했다. 그가 말하는 '혁명'은 '파괴'로, 부정과 불의한 세력에 대한 숙청을 뜻하는 것이었다. 장준하는 군사정권 초기에 5·16 군사쿠데타를 4·19 혁명의 계승으로 인식하고 그렇게 주장함으로써 쿠데타세력에 '날개'를 제공했다.[21]

　　실제로 5·16 주체세력은 쿠데타 이후 내내 자신들이 4·19의 정신을 계승한 것이라고 주장했다. 과연 그랬을까? 그렇다면, 4·19 열사라할 김주열을 추모하는〈남원 땅에 잠들었네〉라는 노래가 쿠데타 이후 금지곡이 된 이유는 무엇이었을까? 그건 바로 그 노래가 시위를 부추길 우려가 있다는 이유에서였다(이 노래의 악보는 43년 만인 2003년에서야 햇빛을 보게 되었다).[22]

　　5·16 주체세력은 4·19의 좋은 이미지만을 차용해 자신들을 정당화하고 미화하는 용도로만 사용하고자 했다. 그래서 그들은 4·19를 '4·19 의거'로 격하시키면서 그 수준으로만 묶어두려고 했다. 그들의 4·19 이용은 '4·19 마케팅'이라 불러도 좋을 만큼 상품 판매를 위한마케팅의 특성을 갖고 있었다. 그래서 그들의 4·19 찬양 수사修辭는 더할 나위 없이 화려했지만, 그건 반드시 5·16의 '판매'를 전제로 한 것이었다.

'지도자' 위치에 집착한 4·19 주체의 변절

　　1962년 4·19 2주년을 맞아 박정희는 기념사를 했다. 그는 "4·19

의거는 국민의 용기와 지혜와 양식의 발전이었다. 도탄에 빠진 민생과 각박한 민심도 아랑곳없이 불법과 폭력으로 권력을 유지하려던 민족의 폭도들을 시대적 양심으로 추방한 민족사상의 불멸의 금자탑이었다. 그러나 불행히도 4·19 의거는 주체세력과 조직이 없음으로 해서 그 정신을 구현하지 못한 채 민주주의를 가장한 새로운 부패세력에 횡취橫取된 것은 참으로 애석한 일이었다"며 다음과 같이 주장했다.

"새로운 부패세력은 쓰러진 젊은 영령들을 모독하고 그네들이 내세운 소위 혁명 과업을 모조리 구두탄으로 그치고 구악을 조장하는 한편 새로운 병균을 배양 번식시키기 시작하였던 것이다. 국가 기강과 사회 질서의 추락은 공산 침공의 소지를 제공하기에 이르렀고 몰지각한 용공분자들은 이에 편승하여……5·16 혁명은 4·19 의거의 연장이며 조국을 위기에서 구출하고 멸공과 민주수호로서 국가를 재생하기 위한 긴급한 비상조치였던 것이다. 도의와 경제의 재건은 바로 여러분들이 4월 의거 때 품었던 염원이었으며, 우리는 지금 이것을 계승 실천하자는 것이다."[23]

군사정권은 '4·19 혁명 정신의 계승'을 계속 판매하기 위한 차원에서 1963년 4·19 3주기엔 355명의 상이자와 140명의 '4·19 지도자'에게 건국포장을 수여했다. 이를 거부한 사람은 겨우 30여 명에 지나지 않았다.[24] 이것만 놓고 보자면, 군사정권의 '4·19 혁명 정신의 계승' 주장이 전혀 근거가 없는 것만은 아니었다고 볼 수도 있겠다.

그러나 상이자를 제외하고, 소위 '지도자'들은 이후 너무도 많은 사람이 변질되었기 때문에 그들 중심으로 4·19를 평가할 수는 없는 일이었다. 이들 중 많은 수가 나중에 3선 개헌과 유신을 지지하고 5~6공화국에 참여하는 등 그 어떤 상황에서도 자신들의 '지도자' 위치만큼은 버

5·16 주체세력의 4·19 이용은 '4·19 마케팅'이라 불러도 좋을 만큼 상품 판매를 위한 마케팅의 특성을 갖고 있었다. 서울 수유리에 세워진 4·19 묘지.

리지 않으려고 들었다. 그들에겐 '지도자'라고 하는 위치가 더 매력적이었던 건지도 모를 일이었다. 그래서 10년 후 유신 때엔 '4·19 주역' 45명이 "10월 유신이야말로 4·19 정신의 계승"이라고 주장하는 어이없는 일마저 벌어지게 된다.[25]

"5월 혁명의 자랑은 4월 혁명의 모독"

박정희는 1963년 9월 1일에 낸 『국가와 혁명과 나』에서는 "4·19 학생 혁명은 표면상의 자유당 정권을 타도하였지만 5·16 혁명은 민주당 정권이란 가면을 쓰고 망동하려는 내면상의 자유당 정권을 뒤엎은 것이다"고 주장했다. "4·19=5·16"이라는 등식이 "4·19<5·16"으로 바뀐 셈이다. 박정희가 제시한 그 모범답안 이외엔 그 어떤 다른 의견도 용납되지 않았다. 다른 의견을 용납하지 않는 게 과연 4·19의 정신이었을까? 1964년에 있었던 『경향신문』 필화 사건은 그걸 잘 말해준다.

『경향신문』은 1964년 4·19 4주년을 맞아 4·19를 재평가하는 차원에서 '4·19의 행방' 특집을 연재하기로 했다. 이 시리즈의 1회분은 4월 13일자에 실린 「정치 풍조」였다. 이 기사를 쓴 윤상철은 내란선동죄로 6월 16일에 구속되어 7월 7일에 기소되었다. 그는 8월 8일 구속적부심에서 보석금 3만 원을 내고 풀려난 뒤 선고공판에서 무혐의 판결을 받았다. 박정희 정권은 6·3 비상계엄령 선포 이후 그 이전 것을 소급해 보복하기도 했는데, 그 이전에 『경향신문』 사장 이준구와 기자 손충무의 구속도 마찬가지 경우였다. 당국이 문제 삼은 건 모두 아홉 군데였다.

첫째, 4·19가 뿌린 씨앗이 움트기 전에 정치는 군화에 무참히도 짓밟혀 버렸다. 둘째, 5·16의 성공은 4·19 계승 운운으로 아전인수되었을 뿐이다. 셋째, 반4·19 비4·19적 요인을 포함한 5·16 군사혁명은 이 땅에 다시금 독재의 터전인 허무의 무사려를 잉태해 놓았다. 넷째, '밸러트'(투표)를 '불리트'(탄환)로 바꿔친 군사혁명은 민주주의 역사를 수 단계 후퇴시킨 것이다. 다섯째, 통화개혁을 비롯해서 4대 의혹 사건 등 구악을 뺨치는 신악新惡과 실정은 5·16의 가치관을 근본적으로 뒤엎어버렸다. 여섯째, 재집권에 불타는 혁명주체들의 거취는 이 나라 정치사에 또 하나의 치욕을 남기고 말았다. 특히 주체세력 간의 갈등과 암투는 기성 정치인들의 수법을 능가했으며 번의의 번의, 군인 시위, 군 지휘관들의 혁명주체 불신행렬 등 일련의 사태는 4년간 군정 연장안을 내놓을 만큼 초조와 연연에 휘말려 있었다. 일곱째, 지난 총선거는 완전범죄형의 부정선거라는 낙인을 받았다. 여덟째, 민정은 복귀되었으나 실질적인 군정 연장이란 감을 도저히 불식할 수 없다. 아홉째, 민족적 민주주의, 행정적 민주주의라는 개념에 현혹되어 자유당 독재의 유령이 다시 출몰한다면 그리고 저간의 신문처럼 청와대 비서 정치가 재생하고 소아병적인 사찰 정치가 부활한다면 4·19의 고혼孤魂들이 통곡만 하고 있지 않을 것이다.[26]

5·16의 성공은 4·19 계승 운운으로 아전인수되었을 뿐이라는 주장은 당시 한일회담 반대 시위에서도 자주 등장한 구호이기도 했다. 예컨대, 1964년 4월 20일 청주공고생은 "5월 혁명의 자랑은 4월 혁명의 모독이다"는 플래카드를, 4월 21일 성균관대생은 "5·16은 4·19의 연장일 수 없다"는 플래카드를 내세웠다.[27]

6·3 사태: '굴욕'에 대한 감수성 갈등

미국의 집요한 한일회담 압력

경제개발을 신앙으로 삼은 박정희는 그 재원 조달을 위해 1964년 봄 한일회담을 본격적으로 추진했다. 그러나 한일회담 추진은 순조롭지 않았다. 학생들은 한일회담을 반대하는 투쟁을 격렬하게 벌였으며 언론은 그 투쟁을 대대적으로 보도했다. 반대 투쟁에 대한 탄압, 그 탄압에 대한 저항, 그 격렬함은 확고한 신앙의 대결인지라 전쟁을 방불케 했다. '민족 신앙' 대 '수출 신앙'의 대결이라고나 할까? 그건 '굴욕'에 대한 감수성 갈등이기도 했다.

한일회담은 단지 경제개발을 위한 재원 조달만의 문제는 아니었다. 미국의 아시아 정책이 그걸 강력하게 원하고 있었다. 그건 박정희가 간절히 원했던 5·16 군사쿠데타에 대한 미국의 승인을 얻어낸 조건 중의 하나였다. 미국에 한일회담은 중국과 베트남 등 미국이 보기에 안보상의 불안 요소들에 대응하는 전략의 전제 조건이었다.

미국의 압력은 집요하고 거칠었다. 미 국무부는 이미 1962년 7월에 주한 미 대사관에 보낸 훈령에서도 "한국 정부에 청구권의 명목에 구애받지 말고 일본의 경제원조를 받아들이라고 전하고, 만약 응하지 않는다면 미국의 원조를 다시 고려하겠다고 압력을 가할 것"을 지시했다.[28]

한일회담 타결의 걸림돌 중의 하나는 이승만에 세운 평화선 문제였다. 1963년 2월 김종필은 "역적이라 불려도 회담 타결을 위해 평화선은 양보할 수밖에 없다"고 말할 정도로 수용 의사를 비쳤지만 국민 여론은 그렇지 않았다. 다수 국민은 한일회담 추진자들을 진짜 역적으로 간주했다. 국민적 분노로 회담은 교착상태에 빠졌다.

미 국무부는 1963년 8월 9일 주한 미 대사관에 보낸 전문에서 박정희에게 다시 압력을 넣을 것을 지시했다.[29] 그래서 1963년 8월 중 박정희는 전 일본 수상 기시 노부스케岸信介, 1896~1987에게 편지를 보내 협조를 요청했다. 두 사람 사이엔 반민특위 1번으로 체포되었던 친일 기업가 박흥식이 왕래했다(이 역할의 대가로 박흥식은 박정희에게서 송도해수욕장 개발권과 원진레이온 설립권을 얻어냈다고 한다).[30]

1964년 1월 18일 미 법무부 장관 로버트 케네디Robert F. Kennedy, 1925~1968가 방한해 군사 원조와 한일회담에 관하여 박정희와 의견을 교환하면서 빠른 시일 내에 한일회담을 타결지으라는 압력을 행사했다. 1월 29일엔 국무부 장관 딘 러스크Dean Rusk, 1909~1994가 방한해 조속한 타결을 요구했다. 미국의 한일회담 요구는 4월에도 국무총리 최두선과 린든 존슨Lyndon Johnson, 1908~1973 대통령의 회담, 존슨과 요시다 시게루吉田茂, 1878~1967의 회담을 통해 거듭 확인되었다.[31]

'3월 타결, 4월 조인, 5월 비준' 방침

박정희 정권은 1964년 3월 들어 한일회담을 재개하면서 '3월 타결, 4월 조인, 5월 비준' 방침을 밝혔지만, 그런 강행 의지만큼이나 강한 야당과 학생들의 반발이 폭발하고 있었다. 야당, 사회·종교·문화단체 대표 200여 명은 3월 6일부터 '대일굴욕외교반대 범국민투쟁위원회'를 발족시키고 '구국선언문'과 '대정부 경고문'을 발표했다. 이들은 "한일 회담의 즉시 중지, 일본에 대한 반성 요구, 민족정기 고취"를 슬로건으로 내거는 한편 한일회담의 대안으로 "청구권 27억 달러, 평화선의 40해리 전관수역"을 제시하고, 3월 15일부터 회담 저지를 위한 본격 유세에 돌입했다.[32]

3월 22일 장준하 등이 연사로 나선 서울 장충단공원 유세엔 70만 명의 인파가 몰려들었다. 이 뜨거운 열기는 이틀 후 3·24 데모를 촉발하는 동력이 되었다.[33] 3월 24일, 4·19 이래 최대의 학생 시위가 서울에서 발생했다. 서울대, 연세대, 고려대 학생 등 5,000여 명이 모여 '제국주의자 및 민족반역자 화형집행식'이라는 이름으로 일본 수상 이케다 하야토池田勇人, 1899~1965와 이완용의 화형식을 가진 후 '한일 굴욕외교 반대'를 외치며 가두로 진출했다. 3·24 시위의 사령탑은 서울문리대 정치학과 4학년생 김중태, 현승일, 김도현 등이었다.

이후 시위는 전국으로 확대되었고, 고등학생과 일반 시민들까지 참여했다. 그러나 그 투쟁은 미국과도 싸워야 하는 것이었다. 미국 외교계의 실력자인 조지 케넌George Kennan, 1904~2005은 『뉴욕타임스』 1964년 3월 25일자를 통해 "우리는 이제까지 한일 양국뿐 아니라 자유세계 전

박정희 정권은 일본과 '3월 타결, 4월 조인, 5월 비준' 방침을 밝혔지만, 야당과 학생들은 '한일 굴욕 외교 반대'를 외치며 격렬한 시위를 했다.

체의 큰 이익이 될 양국의 국교 정상화를 희망하여왔다"고 말하고 한국의 반일 학생운동을 '어리석은 행동'이라고 비판했다.[34]

3월 26일, 박정희는 특별담화에서 "나와 정부는 학생에 못지않게 국가와 민족만을 위해 털끝만큼의 사심도 없이 회담에 임하고 있음을 나와 정권의 생명을 걸고 역사 앞에 맹세한다"며 학생들의 요구를 받아들여 대일 비밀외교의 주역으로 일본에 머무르고 있는 민주공화당 의장 김종필을 본국에 소환하는 조치를 취하겠다고 밝혔다.[35] 또 '목숨을 거는' 박정희 특유의 정면 돌파 작전이 시작된 것이다.

바로 그날 국회 본회의에서 야당 의원 김준연은 "정부는 일본으로부터 1억 3,000만 달러를 이미 받았다"고 주장했다. 김준연은 이어 4월 2일에도 성명을 발표하고 "선거자금으로 박정희, 김종필 라인은 2,000만 달러를 받았다"고 주장했다. 김준연은 얼마 후 구속되었다.[36]

'김종필·오히라 메모'의 공개

3월 28일 박정희 정권은 김종필의 귀국 조치와 함께, 그간 야당이 백지화를 요구해온, 한일회담 타결의 핵심으로 간주되던 비밀문서, 이른바 '김종필·오히라 메모'를 공개했다. 이는 1962년 11월 12일에 중앙정보부장 김종필과 일본 외상 오히라 마사요시大平正芳, 1910~1980 사이에 작성된 메모였다.

메모의 내용은 한일회담 타결의 조건으로 일본이 한국에 제공할 돈의 액수를 밝힌 것이었다. 무상 공여 3억 달러, 유상 공여 2억 달러, 상업차관 1억 달러 등이었다. 이 메모는 기본적으로 한국이 요구해온 청구권

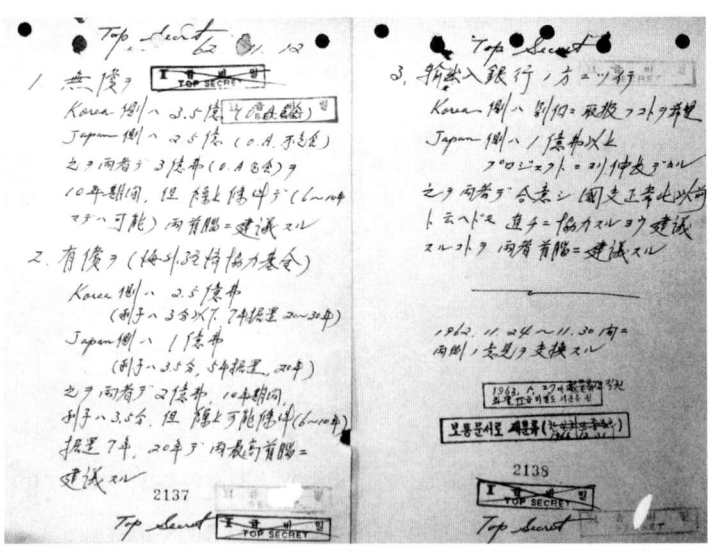

중앙정보부장 김종필과 일본 외상 오히라 마사요시의 메모에는 무상 공여 3억 달러, 유상 공여 2억 달러, 상업차관 1억 달러 등이 적혀 있었다.

을 포기시키는 해결 방식이었으며, 어업 문제에서도 사실상 평화선을 철폐하는 것에 합의한 것이었다.[37]

이 메모는 자금 제공의 명목에 관해서는 한마디의 언급도 하지 않아 쌍방이 각자 그 명목을 편의적으로 해석할 수 있는 여지를 남겼다. '청구권' 개념을 인정하지 않는 일본은 그 돈을 '독립축하금'으로 해석했다.[38] 이 메모 내용이 언론에 보도되면서 반대투쟁은 더욱 격렬해졌다. 『조선일보』 1964년 3월 28일자는 다음과 같이 보도했다.

"3·24를 시발점으로 민족감정은 '데모'로 폭발, 전국적으로 퍼져가고 있다. 그러나 그것은 단순히 반일에서만 나온 것은 아니다. 생활고와 희망 상실, 짓눌린 억압 등의 불만이 떳떳한 명분으로 노출된 것이다. 한일회담을 반대하는 야당 측은 한일회담 자체를 반대치 않고, 현재 진행 중인 방식만을 반대했다. 그러나 데모 학생들의 주장은 오히려 전면 반대의 인상을 주고 있고, 그런 점에서 야당 측도 학생들과는 괴리되고 오히려 그 극단화를 우려하게까지 되었다."[39]

학생 시위를 막으려는 방해 공작

학생 시위가 격렬해지자 박정희 정권의 방해 공작의 강도도 점점 수위가 높아졌다. 4월 10일 서울대와 4월 11일 고려대·연세대에 각각 배달된 정체불명의 소포 속엔 불온문서와 미국 돈 100달러가 들어 있었다. 학생들은 이 사실을 폭로했다. 학생 회유공작에 중앙정보부가 3,000만 원을 뿌렸다는 소문이 학생들 사이에 퍼지기 시작했다.

시위대는 학원자유수호를 외치면서 정보 정치와 학원 사찰을 즉각 중지할 것을 요구하면서 학생 정보조직인 YTPYouth Thought Party, 일명 청사회靑思會 등 사이비 학생조직을 폭로했다.[40] YTP는 중앙정보부의 후원과 지휘 아래 학원 사찰을 담당하는 비밀 폭력단체였다.[41] YTP는 1963년 대통령 선거 시에도 문제가 되었던 조직이었다. 1963년 10월 5일 윤보선은 남산야외음악당 유세에서 박정희에게 "YTP라는 괴조직의 실체를 밝혀라"고 요구했으며, 10월 11일 민정당 대변인 김영삼은 각 대학 내에 YTP라는 비밀결사가 조직되어 박정희의 당선을 위해 움직이고 있다고 폭로한 바 있었다.[42]

4월 17일 서울대에서 다시 시위가 시작되었다. 이날 경제기획원 앞까지 진출한 학생들은 "한일 굴욕외교 반대", "학원 사찰 즉각 중지", "구속 학생 석방" 등을 요구했다. 4월 18일 서울대 사범대 학생들이 "못살겠다 정보정치, 정보부 해체하라"는 구호를 외치며 시위를 벌였다.

4월 19일 서울 시내 수개 대학과 고교에서 시위가 발생해 61명이 입건되고 6명이 구속되었다. 성균관대생 800여 명은 "고급 레스토랑에 드나드는 사람은 애국자가 아니다", "대일회담을 중지하라", "나라를 팔아먹는 정부를 거부한다" 등의 구호가 적힌 플래카드를 들고 국회의사당을 향해 행진했다.

4월 20일 서울대 문리대, 성균관대, 청주공고 학생들의 시위가 이어졌다. 이 시위에서도 '한일 굴욕외교 반대' 외에 '정보기관 해체' 구호가 등장했다. 서울대 문리대생은 "붉은 피는 매국정권을 증오한다", 청주공고생은 "5월 혁명의 자랑은 4월 혁명의 모독이다"는 플래카드를 내세웠다.

4월 21일 성균관대생 1,000여 명, 동국대생 1,300여 명이 시위를 벌였다. 두 대학 모두 "5·16은 4·19의 연장일 수 없다", "구속된 애국학생 즉시 석방하라"는 플래카드를 내세웠다. 이날 시위로 학생 80명, 민간인 20명, 경찰 40명이 부상을 당했다.[43]

4월 23일 서울대 문리대생들은 '학원 사찰 진상규명대회'를 열고 당국의 학원 침투 행각과 YTP의 내부구조 등을 성토하면서 학원자유화를 요구했다. 이처럼 4월의 학생운동은 3월의 반일 민족주의에서 일보 후퇴하여 당장 절박한 학원자유화 요구로 전환했다.[44]

"민족적 민주주의 장례식"

1964년 5월 11일 '방탄 내각'으로 불리던 최두선 내각이 총사퇴하고 '돌격 내각'이라 할 정일권 내각이 들어섰다. 정일권은 1970년대까지도 장수하게 되는데, 그는 박정희 권력의 속성을 웅변해주는 인물이기도 했다. 정일권 내각은 당시에 '돌격 내각'으로 알려지긴 했지만, 이상우는 『박정권 18년: 그 권력의 내막』(1986)에서 최두선만 해도 박정희가 마음대로 주무를 수 있을 만큼 호락호락한 인물이 아니었던 반면, 정일권은 박정희의 눈치를 살피고 권력의 그늘 속에서 직위를 유지하는데는 천부적인 자질을 타고 난 처세가였다는 점에 주목했다.

"군의 대선배였으면서도 그는 박정희 앞에서 깍듯이 충성심을 표시했고, 사석에서도 박정희를 호칭할 때 한 번도 '각하'라는 경칭을 생략한적이 없었다. 그는 명목상 제2인자의 직위에 있었으나 결단코 2인자의 행색을 내보인 적이 없었다. 자기 세력을 부식할 생각은 처음부터 갖고있지 않았다. 이렇게 해서 정일권은 최장수의 국무총리를 역임했고, 역시 최장수의 국회의장 자리를 지켰다. 만일 정일권이 나름대로 정치 행세를 시도했다면 진작 거세되었을 것이다. 그는 내각의 얼굴마담역에 만족했고 그 때문에 장수할 수 있었던 것이다."[45]

5월 20일 동숭동 서울대 문리대 교정에선 3,000여 명의 대학생과 1,000여 명의 시민이 참석한 가운데 '민족적 민주주의 장례식'이 열렸다. 서울대 미학과 4학년 학생 김지하가 작성하고 서울대 정치학과 4학년 학생 송철원이 낭독한 조사弔辭 '시체여'가 대회장에 울려 퍼졌다.

"시체여! 너는 오래전에 이미 죽었다. 죽어서 썩어가고 있었다. 넋 없는 시체여! 반민족적 비민주적 '민족적 민주주의'여. 네 주검의 악취는 '사쿠라'의 향기가 되어……. 절망과 기아로부터 해방자로 자처하는 소위 혁명정부가 절망과 기아 속으로 민족을 함멸시키기에 이르도록 한 너의 본질은 과연 무엇이었느냐?……시체여, 죽어서도 개악과 조어와 식언과 번의와 난동과 불안과 탄압의 명수요 천재요 거장이었다. 너 시체여! 너는 그리하여 일대의 천재요 희대의 졸작이었다.……구악을 신악으로 개악하여 세대를 교체하고 골백번의 번의의 번의를 번의하여 권태감의 흥분으로 국민 정서를 배신하고 부정불하, 부정축재, 매판자본 육성으로 '빠찡코'에 '새나라'에 최루탄 등등."[46]

학생들은 "4월 항쟁의 참다운 가치는 반외세, 반매판, 반봉건에 있으며 참된 민족·민주의 길을 가기 위한 도정이었다"는 내용의 선언문도 발표했다. 이 선언문은 "5월 군부 쿠데타는 (1960년) 4월의 민족 민주 이념에 대한 전면적인 도전이었으며, 노골적인 대중 탄압의 시작이었다. 민족적 긍지를 배반하고 일본 예속화를 추진하는 굴욕적 한일회담의 즉시 중단을 엄숙히 요구한다"고 밝혔다.

관棺을 앞세우고 교문을 나온 장례 행렬과 경찰이 충돌해 65명이 중경상을 입고 185명이 연행되었다. 박정희 정권은 이를 '체제 전복 기도'로 간주했다. 그날로 연행 학생들에 대한 구속영장이 신청되었다. 그러나 그날 밤 담당 판사는 영장 신청을 기각했다.

군인들의 법원 난입, 송철원 린치 사건

다음 날인 5월 21일 새벽 무장한 육군공수단 소속 군인 13명이 법원에 난입했다. 이들은 전날 밤 구속영장을 모두 기각한 영장 담당 판사 자택으로 몰려가 "수류탄을 터뜨리겠다"며 데모 관련자의 영장 발부를 강요했다. 대법원장은 "사법부 독립을 위협하는 중대 문제"라고 항의했지만, 다음 날 육군참모총장은 "군인들의 우국충정이었다. 앞으로도 데모가 계속된다면 이 같은 군인들의 집단행동이 없으리라고 보장할 수 없다. 장병들의 경거망동을 막으려면 데모가 없어져야 한다"고 주장했다.[47]

여론에 밀려 군인들은 근무 이탈죄로 구속되긴 했지만, 한일회담 반대 시위에 대한 박정희 정권의 탄압은 점점 더 거칠어지고 있었다. 군인들의 법원 난입 사건을 1면 머리기사로 크게 다룬 『조선일보』 5월 23일 자는 "정치! 그대 이름 밑에 어쩌면 그토록 숱한 죄악이 이루어지는 것이냐"고 개탄했다.[48]

5월 23일, '민족적 민주주의 장례식'에서 조사를 낭독한 서울대 학생 송철원이 21일 자정이 지나 중부경찰서 직원을 자칭하는 청년 4명에게 산속 외딴 건물로 납치당해 약 2시간 동안 발길로 차이고 담뱃불로 지져지는 등 심한 린치를 당했다고 폭로했다. 송철원은 서울대 학원사찰

육군공수단 소속 군인들이 법원에 난입하는 등 한일회담 반대 시위에 대한 박정희 정권의 탄압은 점점 거칠어졌다. (『조선일보』, 1964년 5월 23일)

조사위원장으로 YTP의 내막을 폭로한 학생이기도 했다. 중앙정보부장 김형욱은 회고록에서 송철원은 YTP 소속으로 중앙정보부에 정보를 제공해주다가 민족주의비교연구회(민비연)와 어울리면서 데모에 앞장서자, 중앙정보부가 린치를 가했다고 밝혔다.[49] 훗날(2003년)에 나온 송철원의 증언이다.

　"YTP 관련자는 서울대 문리대에도 20여 명 있었다. 학생회 간부도 있었다. 신상을 노출시키지 않겠다는 약속은 지금까지 지키고 있다. 일부는 정치권의 '알 만한 인사'가 되기도 했다. 학생 시절의 일이므로 덮어둘 수 있다. 그러나 뒤늦게 6·3의 주역이라고 매명賣名하는 일은 없었으면 한다."[50]

윤보선 일행의 '김칫국 마시기'

박정희의 직접적인 반격도 만만치 않았다. 1964년 4월 22일 박정희는 "언론의 자유는 최대한으로 보장하고 있는데 언론의 책임에 대한 얘기는 전혀 없다"고 비난했고, 5월 2일엔 "일제 때부터 반항만을 되풀이하는 정치인 및 언론인들의 근본적 사고방식과 자세는 제거되지 않으면 안 된다"고 주장했고, 5월 23일엔 "정국 불안의 책임이 일부 언론의 무책임한 선동에도 있다"고 주장했으며, 5월 25일엔 "예기치 않은 사태가 일어날지 모르는데, 그것은 일부 언론인의 선동에도 그 원인이 있다"고 경고했다.

박정희의 주장은 전혀 근거가 없는 것은 아니었다. 특히 장준하 개인의 활약은 물론 장준하가 발행하는 『사상계』의 활약이 두드러졌다. 훗날 『한겨레신문』(1990년 8월 17일)이 지적했듯이, "당시 학생 시위의 모든 구호는 『사상계』에서 나왔으며 논문 하나하나가 모두 반대 투쟁의 전략과 전술이 되는 등 『사상계』는 어느덧 한일협정 반대 투쟁의 이론적 지도부가 되어 있었다. 『사상계』의 엄청난 영향력에 놀란 박 정권의 조직적 탄압이 시작됐다".[51]

한일회담 반대운동은 5·16에 대한 부정, 즉 박정희 정권의 퇴진 요구로 이어졌다. 한일굴욕회담반대 학생총연합회의 1964년 5월 24일자 성명 '5·16을 비판한다'는 "화폐개혁, 환율개정, 농촌 고리채 정리 등

졸렬 무정견한 경제정책과 새나라, 파친코, 오토바이, 교포재산 반입, 증권 파동 등 갖가지 부정사건으로 총파탄에 이르는 국민 경제를 일본 자본주의자의 더러운 손에 주무르려 발악하고 있다"며 다음과 같이 말했다.

"일본 제국주의자의 더러운 배설물로 한국 경제가 자립된다는 거짓말을 강변하고 있다. 이제 5월 쿠데타 정부는 자기 내부에 자기혁명을 가능케 했던-부패, 무능, 독선, 부정 등 온갖 독소가 터질 때를 기다리며 화농해 있다. 반민족적 탄압, 기만, 부정, 무능, 부패 정부에 양심적 국민은 무엇을 선사할 것인가."[52]

5월 29일 박정희는 11개 종합대학 학생대표와 총장들을 청와대로 불러 간담회를 갖기도 했지만, 반대 시위의 뜨거운 열기를 잠재울 수는 없었다. 5월 30일 서울대생들의 단식 농성에 이어, 6월 1일 전북대생 500여 명, 청주대생 400여 명, 숭실대생 500여 명이 시위를 벌였다. 숭실대생은 "민주주의를 유린하는 군인 깡패 엄단하라"고 외치며 가두시위에 나섰다.[53]

5월 말, 기독청년운동 지도자인 강원용은 심상치 않은 사태의 수습을 의논하기 위해 윤보선의 집을 방문했다. 그는 먼저 온 손님들이 있어 빈방에서 잠시 기다려야 했다. 그런데 그 빈방은 윤보선과 손님들이 만나고 있는 방과 맞붙어 있는 방이었기 때문에 그들이 하는 이야기가 강원용의 귀에 다 들려왔다.

"우선 나를 어리둥절하게 만든 것은 억센 경상도 사투리를 쓰는 남자의 볼멘 목소리였다. '내무장관이라면 몰라도 그건 안 됩니더.' 무슨 소리인가 하고 주의 깊게 들어보니 정말 어처구니없게도 그 방에 모인 사람들은 이제 곧 박 정권이 무너진 후 윤보선이 정권을 잡는다는 가정 아래 자기들끼리 조각을 하고 있는 것이었다. 나는 그 꼴을 보고 너무 실망을 한 나머지 그냥 그 집에서 나오고 말았다."[54]

윤보선 일행의 '김칫국 마시기'가 그럴 만한 근거가 전혀 없는 건 아니었다. 실제로 박정희는 한때 사임을 고려했기 때문이다.(역사 산책 9: 박정희의 대통령 사임설 참고)

6·3 비상계엄령 선포

6월 2일 서울대생과 고려대생 3,000여 명의 가두시위가 벌어졌으며, 4·19 때와는 달리 간헐적으로나마 미국에 대한 비판이 시작되었다. 서울대 상대생은 교정에서 가식적 민주주의(신부), 매판자본(신랑), 제국주의(주례) 등의 화형식을 거행한 후 데모에 나섰다. 고려대생들의 플래카드에는 "미국은 가면 벗고 진정한 우호국임을 보여라"는 구호가 등장했다. 경찰의 '폭동' 진압용 장비가 미국제임을 조롱하는 뜻으로 학도가의 곡조에 맞춰 "탄아 탄아 최루탄아 8군으로 돌아가라"는 노래도 불렀다.[55]

6월 3일 전국적으로 10만여 명의 학생과 시민이 시위에 참여했다. 서울대 문리대 교정에서는 김종필 화형식이 거행되었고, 훈련을 마치고 군가를 부르며 학교로 돌아온 ROTC 후보생들까지 시위에 가담했다. 오후 4시경, 경찰 백차와 트럭을 탈취한 시위대는 세종로와 태평로 거리를 장악했다. 서울 시내 몇 개의 파출소는 시위대의 투석으로 박살이 났다. 시위대는 청와대 앞의 최후 저지선까지 위협했다.

이날 밤 9시 40분을 기해 서울 일원에 비상계엄이 선포되었다. 6월 3일 하루 동안 시위대 200명이 부상당했고, 1,200명이 체포되었다.[56]

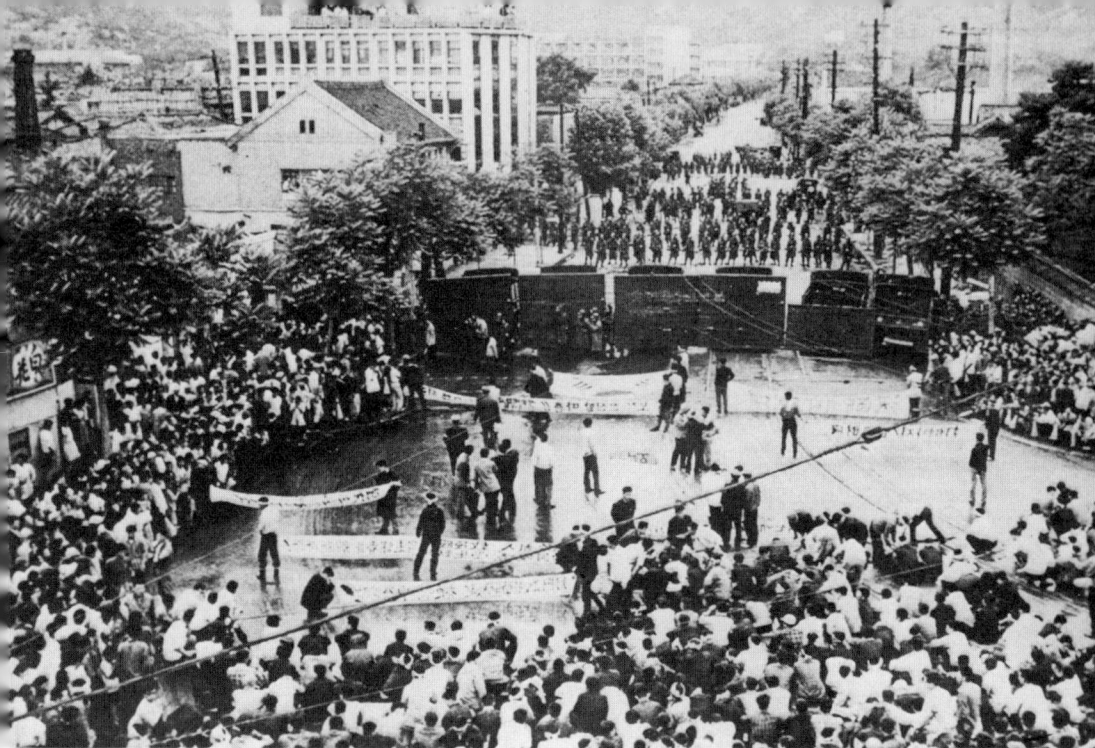

굴욕적인 한일회담에 반대하는 시위가 6월 3일에 절정을 이루자, 이에 위기의식을 느낀 박정희 정권은 비상계엄령을 선포했다.

6월 6일 새벽엔 8명의 제1공수특전단 장교가 『동아일보』 편집국에 무장난입해 협박·공갈을 자행하는 사건이 벌어지기도 했다.(역사 산책 10: '불꽃회' 사건 참고)

　7월 29일 계엄이 해제되기까지 55일 동안에 학생 168명, 민간인 173명, 언론인 7명 등 모두 348명이 구속되었다. 비상계엄령 해제와 더불어 민간 재판에 회부된 피의자는 구속 172명, 불구속 50명이었다. 이 기간 중에 포고령 위반으로 890건, 1,120명이 검거되었으며, 이 중 540명이 군사재판에, 86명이 민간재판에, 216명이 즉결 재판에 회부되었고 278명이 방면되었다. 계엄 해제 직전인 7월 27일 38세의 나이에

외무부 장관으로 취임한 이동원은 김종필에 이어 '제2의 이완용'이라
는 매도에 굴하지 않고 이후 한일 국교 정상화를 위해 맹활약을 하게 된
다.(역사 산책 11: 한일회담과 '김대중 사쿠라'론 참고)

박정희의 대통령
사임설

1964년 6월 3일 수만 군중이 광화문 네거리를 점령하고 시위대가 청와대 앞까지 진출하는 등 분위기가 심상치 않자 국무총리 정일권은 박정희에게 헬리콥터로 피할 것을 진언했다.[57] 박정희는 이날의 대규모 시위를 지켜보면서 "이젠 할 수 없다"고 생각해 정권을 내놓고 사임하려 했다는 주장도 있다. 그런데 그걸 말린 것이 바로 미국이었다는 것이다.

그날 오후 4시 40분경 미국 대사 윌리엄 버거와 유엔군 사령관 해밀턴 하우즈는 시위 군중이 청와대로 통하는 모든 길을 막고 있었기 때문에 헬기를 타고 급히 박정희를 방문했다고 한다. 이들은 2시간 정도의 회담 끝에 박정희를 격려하면서 한국군 2개 전투사단의 사용도 용인하면서 비상계엄령을 선포하게끔 했다는 것이다.[58]

청와대 대변인 박상길의 증언에 따르면, 정확히 언제인지는 모르겠으나 6월 중 박정희는 친필로 쓴 대국민 담화문을 건네주며 발표하라고 했다가 다음 날 아침에 보류 지시를 내렸다고 한다. 지금도 박상길이 보관하고 있다는 그 친필 담화문의 내용은 이런 것이었다. "현안이 종결되고 조국 근대화의 기초가 확립된다면 본인은 민주정치의 진보를 위하여 차기 선거(1967년)에 출마하지 않고 1차 임기만으로 조국에의 봉사를 끝마칠 결심임을 내외에 밝히는 바입니다."[59]

박정희가 왜 그랬는지 그건 아직도 수수께끼로 남아 있지만, 한일 국교 정상화라는 카드를 잃고 싶지 않았던 미국이 발버둥치다시피 해서 박정희를 일으켜 세웠을 가능성을 배제할 수 없다. 미국 대사 버거는 비상계엄령 선포와 함께 김종필이 한국을 떠나도록 하는 데에 영향력을 행사했다고 한다. 하버드대학에서 열리는 헨리 키신저Henry Kissinger, 1923~2023의 국제 세미나에 참석하는 명목의 외유를 버거가 주선했다는 것이다.[60]

아닌 게 아니라 6·3 사태의 마무리는 김종필의 2차 외유로 종결되었다. 김종필은 6월 18일 아내와 함께 '2차 외유'를 떠나 6개월 동안 "세상을 구름처럼 돌아다녔다".[61] 민주공화당 당 의장 서리엔 정구영이 임명되었다. 훗날 박정희가 보여준 정치 행태를 종합해 소급 분석을 한 결과이겠지만, 박정희가 한일 문제를 김종필 한 사람에게 도맡기다시피 한 것을 박정희의 치밀한 정치 조작의 일환으로 보는 시각도 있다. 이런 시각에 대해 이상우는 다음과 같이 말한다.

"민정 직후 명실상부한 제2인자로 클로즈업된 김종필을 내정으로부터 손 떼게 하기 위한 거세 작전의 한 가닥이었다는 것이다. 실제로 김종필은 군정 말기부터 민정 초의 64년 무렵까지 온 정열을 한일 국교 정상화 교섭에 쏟았다가 국민들로부터는 '저자세 외교의 장본인', '친일파' 심지어는 '제2의 이완용'이라는 소리까지 들었다. 그러다가 6·3 사태 때는 또 한 번 '자의반 타의반'의 외유길에 올라야 했다. 이 과정에서 김종필은 하나의 속죄양이 되고 말았으며, 그의 외유와 더불어 JP라인은 정치세력으로서의 구심점을 상실해가기 시작했다."[62]

'불꽃회' 사건

6·3 사태가 일어나고 나서 며칠 후, 계엄 당국은 학생 데모가 공산주의 세력의 사주를 받았다며 그 근거로 '반국가단체 불꽃회'를 발굴해서 발표했다. 6월 20일 계엄 당국은 "26일까지 해당 학교에 나가 혐의 사실을 해소하지 않으면 제적된다"며 37명의 혐의자 명단을 공개했다.

7월 6일 정부는 학생 데모를 공산 세력이 배후에서 조종한 증거 문건을 압수하고 도예종(당시 41세)과 김정강(당시 서울대 정치학과 3학년)을 국가보안법 위반, 내란 소요 등의 혐의로 각각 현상금 10만 원씩 전국에 수배했다고 밝혔다. 당시 김중태, 현승일, 김도현 등 이른바 '데모 3인방'에 대한 현상금이 1만 원이었는데, 10만 원은 간첩 검거 현상금이었다. 7월 18일 내무부 장관은 "마르크스-레닌주의의 집결체인 '불꽃회'가 학생 데모를 배후에서 조종했다"며 30여 명의 이름을 계보도와 함께 발표했다.

불꽃회는 김정강과 김정남(당시 서울대 정치학과 4학년)이 1964년 초에 만든 문리대 마르크스주의 연구 서클로 멤버는 5~6명이었다. 법대, 공대, 상대, 사범대에도 비슷한 조직이 준비되고 있었으나 이름은 각 서클이 정했다.

증거 문건은 김정강 메모로 알려진 한 권의 노트였다. 김정강이 불꽃회의 강령과 규약 등을 썼는데, 자신의 머릿속에 있던 생각과 구상을 적어놓은 것이었다. 강령은 "5·16 쿠데타 세력은 미 제국주의의 직접적인 번견番犬(집 지키는 개)"이라는 표현으로 시작했으며, 당시의 상황을 반半식민·반봉건 사회로 규정하고 '박정희 파쇼정권'을 당면한 적敵으로 삼았다. 그리고 한반도를 대표할 정당은 북한의 조선노동당이라고 인정했다.

이는 좀 엉뚱한 구석이 있는 김정강이 혼자 상상의 날개를 편 것이었을 뿐, 조직 활동과는 아무런 관계가 없는 것이었다. 결국 김정강만 북한에 대한 고무찬양 혐의로 2년형을 선고받았고 나머지 30여 명은 모두 무혐의로 풀려났다. 그러나 이 불꽃회 사건은 6·3 열기에 찬물을 끼얹는 효과를 초래했다.[63]

한일회담과 '김대중 사쿠라'론

　　한일회담 전쟁의 와중에서 상처를 입은 사람은 김종필과 박정희만이 아니었다. 민주당 대변인 김대중은 '사쿠라'라는 욕을 먹어야 했다. 김대중은 한일회담에 대해 윤보선으로 대표되는 야당의 주류 생각과는 다른 생각을 갖고 있었기 때문이다. 김대중은 윤보선이 '매국노'라고 몰아붙이면서 한일협정에 반대하는 것은 잘못되었다고 생각했다. 그래서 야당 연합의 회합에서 "대안을 내야 한다"고 주장했다. 그러자 윤보선은 "한일 국교 정상화는 매국이며, 매국에는 정면으로 반대하는 것이 대안이다"고 주장했다는 것이다.[64]

　　김대중은 『역사와 함께 시대와 함께: 김대중 자서전』(1999)에서 "야당 내에서는 내가 국교 정상화를 주장하고 있었기 때문에 '민주공화당으로부터 돈을 받은 것이 아닐까? 김대중은 여당 첩자다. 사쿠라다'라는 소문이 돌았다. 정부 여당의 사쿠라라는 딱지가 붙게 되면 야당 의원으로서는 정치생명이 끝장난다. 그때는 그런 무질서한 시대였다. 나로서는 중대한 사태에 직면하게 되었다"며 다음과 같이 말했다.

"나의 오랜 정치활동에서 그 당시는 가장 괴로운 시기 가운데 하나였다. 내 진심을 아무도 좀처럼 알아주지 않았다. 좋지 않은 소문은 내 고향 하의도에 계신 아버지께도 전해졌는지 편지 한 통이 날아왔다. 편지엔 '전도가 바닷길처럼 양양해야 할 아들이 사쿠라라고 불리고 있으니 도대체 어인 일인가? 세상 사람들에게 손가락질 받는 일을 어째서 하고 다니느냐?'라고 씌어 있었다. 내 아내도 외출했다가 아는 사람으로부터 '당신 남편은 여당 앞잡이가 다 됐더군요'라고 비난받은 일이 한두 번이 아니라고 했다. 초등학교 다니는 두 아들도 친구들로부터 따돌림을 받는다면서 울고 돌아왔다."[65]

윤보선은 "학생과 함께 박 정권에 반대하여 궐기하겠다. 수십만 명의 사람들과 함께 궐기하겠다"고 선언했다. 김대중은 "그런 사태가 발생하면 정부는 계엄령을 선포할 것이다"며 반대했다. 윤보선 측은 "계엄령이 선포되면 사태는 급진전되고 그러면 우리에게 유리하게 될 것이다"고 대답했다. 김대중에 따르면, "하지만 막상 계엄령이 선포되자 강경파 정치인들은 사태 수습을 하기는커녕 한 사람도 사무실에 남아 있지 않고 모두 몸을 숨겼다. 어느 면에서는 무책임한 선동정치였다".[66]

 제4장

언론윤리위원회법 파동과
'진산 파동'

'굶주림 사태 보도 사건'과 '앵무새 사건'

박정희가 신문에 대해 털어놓은 불만은 비단 한일회담 관련 보도만
이 아니었다. 박정희는 비판은 물론 사회의 어두운 면을 들춰내는 것 자
체를 싫어했다. 『경향신문』이 1964년 5월에 연재한 심각한 굶주림 사
태 보도 시리즈가 바로 그런 종류의 기사였다.

이 시리즈의 제1호 기사는 5월 9일자에 실린 「하루는 책보 이틀은
깡통: 대전에 목불인견의 구걸 대열」이라는 기사였다. "8세밖에 안 되는
국민학교 어린이 정길자 양은 3일 만에 한 번씩 학교에 나갔다. 이틀 동
안은 깡통을 들고 거리를 헤매며 집안 식구들의 먹을 것을 구해야 했기
때문이다. 몸이 성치 않은 아빠 엄마 대신 동네 50여 가구가 집단적으로
대전 시내로 나가는 구걸의 대열을 따라 나서는 것이다."

5월 27일자에 실린 「허기진 군상: '칡뿌리' 먹는 가족」이라는 기사

는 이렇게 보도했다. "전남 구례군 오동골에서 칡뿌리와 쑥으로 하루하루를 이어가는 이장춘(47) 씨의 경우이다.……똑같은 형세의 마을 사람들은 누구의 집을 구걸할 수도 있다. 어린 것들이 칡뿌리를 물고 여린 다리를 휘청거릴 때 어버이 마음이 오죽이나 쓰렸으랴! 까닭에 그는 그 꼴을 피하려 농약을 마셨던 것이다. 그는 되살아난 자신을 또다시 저주했다. 가난한 사람들이 마지막으로 행사할 수 있는 그 자유, 죽음의 자유를

박정희는 신문이 사회의 어두운 면을 들춰내는 것을 싫어했다. 특히 『경향신문』이 '심각한 굶주림 사태 보도' 시리즈를 보도하자, 사장 이준구와 사진부 기자 손충무를 구속시켰다. (『경향신문』, 1964년 5월 27일)

왜 막았느냐고 원망했다.……기아를 해방하겠다던 5·16의 공약이 자살 유행을 결과하고 중농정책을 외치는 민정이 농민의 입에 칡뿌리를 물려 놓았다. 이 빈 창자를 빙자하여 외국 수입업자는 수십억씩 폭리를 보고……."[67]

이 시리즈는 6·3 계엄 선포로 중단되었고, 6월 4일 사장 이준구와 사진부 기자 손충무가 구속되었다. 박정희 정권은 북한과의 연계를 조사하다가 아무것도 나오질 않자 6월 16일 이준구, 7월 1일에 손충무를 석방했다.

6월 4일과 5일 동아방송 〈앵무새〉 프로그램이 부정 사건을 비판했다는 이유로 6명의 간부가 반공법 등 위반 혐의로 구속되었다. 이 방송에선 "부정사건 뒤에는 반드시 어떤 고관, 정당의 유력한 간부급 사람들의 줄이 닿아 있으니", "나라의 책임자는 산중의 한가함을 누리고" 등등의 멘트가 문제가 되었다. 이 '앵무새' 사건에 대해 당시 담당 프로듀서였던 김영효는 후일 다음과 같이 말했다.

"세칭 '앵무새' 사건은 편의상 보도용으로 명명된 것이고 사실은 뉴스를 비롯한 동아방송의 전반적인 논조가 표적이었다. 다시 말해 『동아일보』까지를 포함한 동아의 언론 활동에 물리적 제재를 가하자는 게 진짜 숨은 의도였다. 내가 수사받던 중 '다른 신문이나 방송도 한일회담을 비판하고 있는데 왜 하필이면 동아냐'고 물었을 때 수사관은 '다른 신문사나 방송국이 뭐라고 해도 상관없지만 동아방송과 『동아일보』만은 절대로 안 된다는 것이 상부의 생각인 것 같다'고 귀띔했었다."[68]('앵무새 사건' 관련자들은 64일간 옥고를 치렀으며 이 사건은 5년 6개월 만인 1969년 12월 서울고법에서 무죄가 선고되었다.)

언론윤리위원회법 반대투쟁

박정희 정권은 그런 식으로 일일이 대응하는 것에 한계를 느꼈던 것인지 더 근본적인 언론 통제책을 강구하기 시작했다. 6월 중순 이후 언론규제법안에 대한 소문이 무성하더니, 박정희는 6월 26일에 발표한 시국수습 교서에서 언론에 대해 다음과 같이 비판했다. "우리나라 신문은 지난 18년간 선의건 악의건 너무나 많이 국민들을 자극했고 편파적인 언사를 써왔다. 이렇게 하여 경영상의 수지는 맞추어 왔을지는 몰라도 국가 사회에 유익한 일만 해왔다고 단언할 사람이 누구이겠는가."[69]

박정희의 그런 뜻을 받들어, 민주공화당은 계엄 해제 다음 날인 7월 30일에 '언론윤리위원회법안'을 국회에 상정했다. 전문 20조로 된 언론윤리위원회법은 신문·방송 등 언론의 자율적 규제를 강화하기 위해 언론윤리위원회와 언론윤리심의위원회를 두고 언론윤리요강을 제정해 보도 내용이 이 요강에 위배되는지를 심의하게 한다는 내용이었다. 심의의 기준이 되는 언론윤리요강은 국가의 안전과 공안의 보장에 관한 사항, 국가 원수의 명예존중에 관한 사항, 언론의 사회적 책임에 관한 사항, 보도 논평의 공정성 보장에 관한 사항 등을 포함하도록 규정해놓았다.

『조선일보』 8월 1일자는 각계 대표 9명을 상대로 언론규제법에 대한 설문조사를 실시해 보도했다. 7명은 입법을 반대했고, 한국경제인협회 회장 김용완은 찬성, 소설가 박경리는 즉답을 피한 채 "언론의 횡포에 대한 비판도 많다. 언론은 이를 자각해야 하고 사회는 언론에 대한 비판 의식을 높여가야 한다"는 요지로 답했다.[70]

일요일인 8월 2일 밤 민주공화당은 이 법의 제정에 반대해오던 야당 의원들이 불참한 가운데 일방적으로 통과시켰다. 언론계는 언론 자유를 크게 위축시킬 것이 분명한 이 법안에 대해 결사반대했다. 국회·중앙청 기자단은 24시간 취재를 거부했으며, 경제부처 출입기자단은 '일방적인 대정부 협조' 거부에 나섰다. 8월 5일엔 언론단체 대표들이 모여 '언론윤리위원회법 철폐투쟁위원회'를 구성했다. 박정희 정권이 언론계의 반대에도 8월 10일 공포 즉시 이 법의 시행에 들어가자 언론계는 이날 '악법철폐 전국언론인대회'를 개최했다.

이 악법 반대 투쟁 과정에서 8월 17일 한국기자협회가 탄생했지만, 언론사에 대한 정부의 압력 강화로 이탈자가 속출했다. 8월 17일 『한국일보』와 『서울신문』, 18일엔 대한공론사, 20일엔 일요신문사, 25일엔 문화방송이, 27일엔 동화통신이 악법철폐투쟁위원회에서 이탈했다. 8월 28일 집계 결과 21개 언론사가 정부 편에 섰고, 『조선일보』·『동아일보』·『경향신문』·『대구매일신문』만이 반대를 고수하고 있었다.[71] (역사산책 12: 김형욱이 조작한 인혁당 사건 참고)

4대 신문에 대한 보복

박정희 정권은 8월 31일 임시 국무회의에서 언론윤리위원회법 시행을 가로막는 기관이나 개인에 대해 특혜나 협조를 일제 배제하기로 결정했다. 그 결과로 바로 그날 『동아일보』, 『경향신문』, 『조선일보』, 『대구매일신문』 등 이 법의 시행에 반대한 4대 신문에 대해 정오부터 1시간 동안 정부부처와 산하 금융기관, 각급 행정관서들이 신문 구독을 중지하도록 하는 행정 압력을 가했다.[72]

박정희 정권은 신문 구독 중지와 아울러, 은행융자 제한과 기존 대출자금 회수, 신문용지 가격의 차별대우, 극장협회와 기업체들에 대해 광고 게재 중단 압력, 취재활동 제한 등 모두 다섯 가지 보복 조치를 취했다. 이에 대해 4개 신문 1면에 실린 공동 성명서는 다음과 같이 비판했다.

"그 악랄한 수법은 일찍이 일제 때에도 보지 못하였던 터로 그 천인 공노할 비인도적인 조치는 이미 가공할 언론 탄압일 뿐 아니라 위정 당국이 이성을 완전히 상실하였음을 노정한 것이다. 우리는 한국신문인협회의 결정을 준수하고 한국기자협회의 정열적인 투쟁에 더 큰 기대를 걸면서 일사불란 악법 철폐를 위하여 끝까지 감투할 것을 엄숙히 선언하는 바이다."

9월 2일엔 언론 주무장관인 공보부 장관 이수영이 정부의 보복 조치에 항의하는 뜻에서 사표를 냈다. 박정희는 문교부 차관 홍종철을 후임으로 임명했다.[73] 민주공화당 중진인 동시에 동양통신 사주인 김성곤이 양쪽의 중재 역할을 맡게 되었다. 9월 4일 저녁 청와대를 방문한 김성곤은 박정희와의 면담에서 언론계에서 정부의 위신과 체면을 유지할 수 있는 성의만 보여준다면 언론윤리위원회법 시행을 유보할 수도 있다는 느낌을 받았다. 9월 7일 밤 언론계 대표 6명(유봉영, 고재욱, 홍종인, 최석채, 김규환, 이환의)이 박정희가 내려가 있는 대전 유성으로 향했다. 이들은 달리는 기차 속에서 건의문을 만들었다. 이들은 8일 오전 9시 15분 유성의 한 호텔에서 박정희를 만났다.[74]

박정희와 신문들의 '유성 타협'

냉랭한 분위기 속에서 침묵이 감도는 가운데 한국기자협회 대표로 참석한 『경향신문』 정치부 기자 이환의가 입을 열었다. 박정희의 기분을 맞춰주면서 요점을 이야기하는 데엔 언론계 원로보다는 젊은 기자가 더 나았을 것이다.

"군사혁명까지 일으켜 어지러운 나라 질서를 세우려는 각하의 충정을 우리는 충분히 이해하고 있습니다.……혁명공약이야말로 사회질서를 바로잡아 조국을 근대화시키려는 애국적 결단이었습니다. 그럼에도 언론들이 앞다투어 비판적 기사로 일관하여 학생 소요를 선동한 측면도 없지 않았을 것입니다. 각하께서는 개혁과 신질서 확립에 언론이 걸림돌이라는 인식을 갖고 계시는 듯합니다. 전 언론계의 생사여부가 달린 언론윤리위원회법을 만드신 것을 저희는 이해하고 있습니다."

이때 박정희는 담배를 피워 물었다.

"현재 우리 언론의 보도 성향을 자가비판해보면 자극적이고 선동적인 제목을 달아 가판街販에서 많이 파는 데만 심혈을 기울입니다. 독자들의 뉴스 감각도 이런 수준입니다. 그래서 선동과 폭로로, 소위 군사정부라고 하면서, 각하, (이 표현을) 용서하십시오. 대여, 대정부 공세를 어느 신문이 더 진하게 제호로 내용으로 쓰느냐 하는 경쟁에 휘말려 있는 것입니다."

박정희는 흐뭇한 표정으로 쿡쿡 웃기 시작했다.

"이것은 언론기업의 무모한 과당 경쟁 때문입니다. 더 큰 원인은 경영상 적자가 너무 심각한 데 있다고 보여집니다. 일본의 외무성과 국방성 기자들은 누가 뭐래도 국가 이익을 먼저 계산해서 기사를 씁니다. 아무리 특종이라 해도 이 기사가 일본의 국익에 도움이 되지 않는다고 판단되면 자제합니다."

박정희는 펜을 들어 메모하기 시작한다.

"일본에 총파업이 있습니다. 춘투, 추투라면서 노동자들이 빨간 머리띠에 선동적인 문구를 쓴 어깨띠를 두르고 횃불데모를 할 때면 저희들의 감각으로는 '아, 일본은 오늘이나 내일쯤 뒤집어지겠구나' 하고 생각합니다. 그러나 다음 날 아침에 『요미우리』나 『아사히』, 『마이니치』 등 유력 신문들을 보면 이 사건 기사는 사회면 구석에 1, 2단으로 떨어뜨려 놓고 있습니다."

박정희는 "그렇지!" 하며 무릎을 탁 쳤다.[75]

"우리 신문사들이 그날의 가판부수에 매달리고 그것이 1면과 사회면 담당자의 실력을 재는 바로미터가 되어버린 상황에서는 절대로 일본 언론과 같은 냉철한 보도 태도가 나올 수가 없습니다. 그래서 각하, 외람된 말씀입니다만 여러 선배님들도 여기 계시지만 저를 용서하시고 어리광 겸해 적나라한 말씀을 좀 드리겠습니다."

박정희는 씩 웃었다.

"각하, 먼저 각사에 최소한의 운전자금을 좀 융자해주십시오. 그리고 지형紙形(활자판 위에 이것을 놓고 압력을 가해 활자의 자국이 나타나게 하는 특수 종이로서 이 위에 납을 부어 연판을 만듦)은 전량 수입품인데 면세 혜택을 해주십시오. 이런 건의사항을 각하께서 받아주시고 언론윤리위원회법의 시행을 유보해주시면 저희들도 자성自省의 모임을 갖도록 하겠습니다. 무리한 가판 경쟁도 지양하겠습니다. 각하께서 정체停滯한 우리 언론

을 살려주시고 용기를 주십시오. 그러면 언론도 응분의 보답을 할 것입
니다."[76]

청와대로 돌아온 박정희는 9월 9일 언론윤리위원회법 시행을 보류
하라는 지시를 내렸다. 박정희는 발표문에서 "유성에서 언론계 대표들
을 만나본 나의 감상은 그들의 반성과 결의가 어느 때보다 뚜렷함에 큰
감동을 느꼈다. 자율적 규제의 책임을 다하겠다는 언론계 대표들의 건의
를 받아들이기로 했다"고 말했다.[77]

이로써 38일간의 투쟁이 마감되었다. 타협이라고 하지만, 사실상
언론 쪽의 굴복이었다. 이환의는 이때 박정희에게 강한 인상을 남겨 얼
마 되지 않아 내무부 기획관리실장에 임명되고 이어 전라북도지사, 문
화방송 사장 등 초고속 출세가도를 달리게 된다.[78] 이환의의 이런 변신이
그 타협의 성격을 말해주는 것이기도 했다.

윤보선과 유진산, 66일간의 극한 대결

언론윤리위원회법 파동은 야당에도 이른바 '진산 파동'을 몰고 왔
다. 민정당의 당수 윤보선과 제2의 실력자 유진산 사이에 66일간에 걸
쳐 벌어진 극한 대결이었다. 1964년 8월 3일 오전 11시 30분, 국회의
사당 3층에 자리 잡고 있던 민정당 의원총회 회의장이 원외 당원들에 의
해 짓밟혔다. "왜 퇴장했느냐. 이 사쿠라들아!" "원흉은 진산이다." 언론
윤리위원회법안의 표결이 선포되었을 때 단상 점거 등 적극적인 반대투
쟁을 하지 않고 퇴장이라는 소극적 반대 행동에 그친 것을 규탄한 것이
었다.[79]

언론윤리위원회법안이 민주공화당에 의해 제안되자 제1야당인 민
정당은 독소조항이 많다는 이유로 반대하고 나섰으며, 제2의 야당 그룹
인 삼민회는 별도의 법안을 내놓았다. 삼민회의 수정안은 온건한 규제법
안이었다. 윤보선파는 삼민회의 수정안에 대해서도 찬성할 수 없다는 태
도였고, 유진산파는 삼민회의 수정안에 대해서까지 반대투쟁을 하기는
어렵다는 입장이었다. 결국 삼민회 수정안을 놓고 표결에 들어가자 민정
당 의원들은 전원 퇴장한 반면 삼민회 의원들은 어리둥절한 채로 있었고
그사이 법안은 민주공화당 의원들만의 찬성으로 통과되었던 것이다.[80]

8월 5일 민정당 중앙상무위원회에서 윤보선은 "우리 당 안에 속칭
사쿠라가 있다는 풍설을 그대로 둔 채 당의 대표 자리에 머물 수 없다"
는 요지의 발언을 하고 퇴장했다. 윤보선은 당 간부들을 안국동 자택으로 불러 유진산의 제명 결심을 밝혔다. 윤보선은 "스탈린과는 당을 같이 할지언정 진산과는 당을 같이할 수 없다"고 단언했다.[81]

그 후 당내 폭력사태가 난무했고 민정당은 만신창이가 되었다. 윤보선이 유진산을 사쿠라로 지목한 건 이런 내용이었다. 7·19 계엄 해제 협상은 민주공화당안의 온건파가 주도했는데, 이들은 야당의 온건파와 손잡고 대통령은 외교와 안보만을 전담하게 하고 그 밖의 내정은 내각에 맡기는 이원집정부제 헌법 개정을 추진했다는 것이다. 그런 원대한 계획 아래 민주공화당 온건파는 유진산에게 거액의 정치자금을 제공했고, 유진산은 이에 화답해 계엄 해제 협상의 산물인 언론윤리위원회법 처리에 협력했다는 것이다. 윤보선 측은 법 통과 후 국회의장 이효상과 유진산이 "협상은 이제 첫 관문을 넘어섰다"며 축배를 들었다고 주장했다.[82]

이에 대해 유진산은 "나의 목표는 야당 통합의 실현이었다. 계엄 기간 중 정일권 총리와 이효상 국회의장이 상도동의 내 집을 찾은 일은 있으나 그때 우리들의 얘기는 계엄령을 해제하고 모든 정치 문제를 국회안에서 풀어가도록 해야 한다는 것이었다"고 주장했다.[83]

윤보선과 유진산의 공동 자해

언론윤리위원회법안에 분노한 언론은 야당 온건파에 적대감을 드러냈다. 한 신문 기사에 따르면, "공화당이 삼민회 수정안을 받아들이자 완강하던 야당의 태도는 갑자기 부드러워졌다. 모종의 묵계설이 솟구치는 가운데 민정당은 극한 투쟁을 포기하고 퇴장했으며 끈덕지게 협상 중재역을 해온 삼민회의 조재천, 김대중, 유성권, 한건수 의원 등 14명은

맥없이 의석에 앉아 망설이는 가운데 법안은 정부 여당의 각본대로 통과됐다".[84]

그렇다면 수정안을 내놓은 삼민회는 어떤 생각이었을까? 이영석은 『야당 40년사』(1987)에서 "계엄 해제를 위한 여야 협상 당시 언론윤리위원회법에 대한 야당의 느낌은 그리 심각한 것이 아니었다. 민주당 집권 시절 언론에 진저리를 냈던 민주당 사람들 중에선 언론에 대한 최소한의 규제는 필요하다고까지 얘기하고 있었다. 삼민회가 수정안을 낸 것도 바로 이런 이유에서였다. 막상 이 법안이 통과됐을 때 언론계의 거센 저항은 야당으로서도 예상을 훨씬 넘어선 것이었다. 신문·방송을 통해서만 말하는 언론에 있어 계엄하에선 침묵할 수밖에 없었다 해도 그토록 일시에 그리도 조직적인 저항을 하리라고는 여당에게도 뜻밖의 국면이었다"며 다음과 같이 말했다.

"어떻든 야당에 있어서 언론계의 움직임은 충격적인 사태 변화일 수 있었다. 묵계설이란 의혹을 뒷받침하고 문책을 지원해줄 언론의 힘, 강경파로선 이런 원군을 배경 삼아 어렵지 않게 '진산 제거작업'을 할 수 있으리라고 봤음직하다. 그러나 계산은 빗나갔다. 진산 제거엔 성공했지만 너무도 많은 힘을 유실했고 윤보선 씨 스스로도 깊은 상처를 입었다. 그 위에 다음 해의 야당과의 통합창당대회에서 윤보선 씨는 유진산을 무리하게 제거한 것 그리고 그의 복귀를 봉쇄하려 한 것 때문에 당권 경쟁에서 패배를 당한다."[85]

김영삼은 훗날 『김영삼 회고록: 민주주의를 위한 나의 투쟁』(2000)에서 "나는 지금도 윤보선 씨가 당을 생각하는 입장에서 진산을 포용했어야 옳았다고 생각하고 있다"는 평가를 내렸다.[86]

김형욱이 조작한
인혁당 사건

언론윤리위원회법 파동의 와중인 1964년 8월 14일 중앙정보부는 이른바 '인혁당 사건'이란 것을 발표했다. 중앙정부부장 김형욱은 "북괴의 지령을 받고 대규모적인 지하조직으로 국가를 변란하려던 인혁당 사건을 적발, 일당 57명 중 41명을 구속하고 나머지 16명을 전국에 수배 중에 있다"고 발표한 것이다.

그러나 이 사건은 김형욱이 '한 건' 올리기 위해 조작한 사건이었다. 오죽하면 김병리, 장원찬, 최대현 등 사건 담당 검사 3명이 기소할 수 없다며 사표까지 제출했겠는가? 법무부 장관 민복기는 국회에서 "상명하복 관계에 있는 검찰이 상부의 명령을 어긴 것은 항명抗命으로 볼 수 있다"고 주장했다.[87]

박정희 정권은 이 사건을 조작해 힘으로 밀어붙여 12명의 피고에 대해 대법원에서 최고 3년에서 1년까지 형을 선고받게 하는 데엔 성공했지만, 이마저도 처음 발표와는 큰 거리가 있다는 걸 말해주었다. 박정희 정권은 그게 아쉬웠던지 10년 뒤 인혁당 재건위 사건이라는 또 다른 조작을 획책하게 된다.[88] 이 사건의 변호사였던 박한상은 피고인들을 면담, 조사한 뒤 "거의 대부분이 수사기관의 예심 과정에서 전기, 물, 몽둥이 등으로 심한 고문을 당해 피까지 토한 피의자가 있었다"고 공표했다. 그가 밝힌 고문 사례들이다.

"도예종의 경우: 촬영실이라는 방 안으로 끌려가 옷을 벗긴 다음 다다미 2장 넓이 위에 앉혀놓고 물을 머리 위로부터 부은 다음 수건과 로프로 결박, 나중엔 옷을 입히고 두꺼운 베 같은 것으로 만든 잠수복 비슷한 것을 덮어씌워 목과 다리만 나오게 했는데 몸을 조금만 밀어붙이면 두 다리는 위로 올라가고 고개를 꼼짝 못하게 결박된다. 수건으로 코, 입, 얼굴을 씌워 막고 물을 부으면서 엄지발가락에 끼운 전선에 전기를 통했다 끊었다 하는 전기고문을 당했다. 정도영의 경우: 침대 위에 눕히고 물과 전기로 고문을 당했다. 고문 직후엔 2시간 동안 의식을 잃었다. '고문까지 했으니 우린 약점을 잡힐 대로 잡혔다'면서 고문했다. 전무배의 경우: '인민혁명당 조직보따리를 내놔라'는 등 윽박지르면서 발가벗기고 사지를 묶어 뒤로 눕힌 다음 물고문을 했다. 고문당한 뒤 기침을 할 때 피가 나왔다."[89]

제5장

통일 논쟁:
황용주·리영희 필화 사건

신금단 부녀 상봉과 박정희의 춘천 발언

1964년 10월에 열린 도쿄올림픽은 이후 남한에서 뜨겁게 전개될 통일 논쟁의 한 단초를 제공했다. 세계여자육상계의 혜성인 북한 선수 신금단과 남한에 사는 부친 신문준이 14년 만에 극적으로 상봉한 사건 때문이었다. 이 상봉은 10월 9일 도쿄의 조선회관에서 북한 선수단 1,000여 명과 조총련계 교포들이 지켜보는 가운데 단 10분 만에 끝났지만, 이 드라마틱한 사건은 많은 사람에게 남북 분단의 아픔에 대해 다시 한번 생각하게 만들었다(이 상봉은 신금단 관련 기사를 신문에서 읽은 아버지가 도쿄올림픽 제일교포 후원회장과 도쿄올림픽 사무국장에게 부탁해 이루어졌다. 신금단은 도쿄올림픽 육상 400미터에서 금메달을 땄다).

온 나라는 눈물바다가 되었고 〈눈물의 신금단〉이란 노래까지 유행했다. 박정희마저 반공을 국시로 삼은 군사정권 지도자로서의 긴장을 잠

1964년 10월 도쿄올림픽에서 신금단 부녀가 상봉한 사건은 이후 뜨겁게 전개된 통일 논쟁의 단초를 제공했다.

시 잃었던 걸까? 그는 10월 12일 "신금단 부녀 사건은 피를 토하고 울어야 할 일이다"고 말했다. 그건 바로 그즈음의 민심이었을 것이다. 『조선일보』는 국민의 99%가 통일문제에 관심을 갖고 있으며 97%가 통일문제연구소의 필요를 인식하고 있다는 여론조사 결과를 발표했다.[90]

이즈음 박정희는 확실히 '무리'를 범하고 있었다. 10월 18일 박정희는 춘천에서 강원도지사와 민주공화당 강원도당위원장과 환담하는 자리에서 국내외적인 여건으로 보아 남북통일이 멀지 않아 이루어질 것이라고 말했다. 이에 민정당 대표최고위원 윤보선은 그 이틀 전에 나온 중국의 핵실험 성공 보도와 관련시켜 "중공에서 핵실험했다는 보도 직후에 '남북통일이 가까웠다'고 한 박정희 씨의 춘천 발언이 도대체 무슨 방법의 통일이 가까워졌다는 것인지?"라고 물으면서 박정희가 춘천에서 한 발언의 진의와 내용이 무엇인지 밝히라고 추궁했다.[91]

'남북가족 면회소 설치 결의안' 사건

10월 27일 민주공화당 의원 이만섭은 남북가족 면회소 설치에 관한 결의안을 국회에 제안했다. 그러나 이만섭의 주장은 용공으로 몰렸고 다음 날부터 태평로 국회의사당 앞에는 유령단체인 '애국청년단'의 이름으로 "타도하자 이만섭"이라고 적힌 전단이 살포되었다. 이만섭의 집으로도 협박 전화가 쇄도했다. 『서울신문』엔 반공연맹회장 박관수의 이름으로 "이만섭의 결의안을 통박함"이라는 글이 실렸다. 박관수는 이만섭에게 전화를 해 "내가 알지도 쓰지도 않은 글이 오늘 『서울신문』에 실렸는데 날 원망하지 마시오"라고 말했다.

법무부 장관 민복기는 국회 본회의에서 "이 결의안은 반공법에 위배됩니다. 다만 이만섭 의원이 국회의원으로서 원내 활동 중이어서 면책될 뿐입니다"고 답했다. 중앙정보부장 김형욱은 결의안을 철회하지 않으면 이만섭을 당장 잡아넣겠다고 협박했다. 이만섭은 박정희와 가까운 사이인지라 잡혀 들어가진 않았지만, 그 결의안은 중앙정보부의 압력으로 끝내 본회의에 상정되지 못했다.[92]

11월 3일 박정희는 광주에서 열린 학생의 날 기념식전에서 치사를 통해 자신의 춘천 발언에 대한 윤보선의 추궁에 답했다. 박정희는 유엔 감시하에서 남북한 자유총선거라는 통일방안 외에는 어떠한 방안도 있을 수 없으며 "통일이 급하다 하여 그 방법마저 바꿀 수는 없다"면서 여

론이나 감상적 공론만으로는 통일이 될 수 없다고 밝혔다.[93]

박정희의 이 발언은 미 국무성 관리들에게서 "많은 고무와 확신을 주는 것"으로서 즉각적인 환영을 받았다.[94] 한시라도 미국의 눈치를 보지 않을 수 없는 처지, 그게 바로 한국 대통령의 운명이었다. 바로 여기까지가 도쿄올림픽 신금단 사건 이후 벌어진 통일 논쟁의 1라운드였다. 여야를 막론한 보수파의 공세에 박정희가 오히려 방어적인 자세를 취한 형세였다. 박정희의 절친한 친구인 황용주로 인해 벌어진 제2라운드에서 박정희는 더욱 수세에 몰려야 했다.

'남북한 유엔 동시 가입'을 주장한 필화 사건

문화방송 사장 황용주는 월간 『세대』 1964년 11월호에 「강력한 통일정부에의 의지: 민족적 민주주의의 내용과 방향」이라는 글을 기고했다. 국토 분단 상황을 타개하기 위한 강대국 간의 협상이 이루어지도록 남북한의 적대 상황부터 해소해야 하며 군비 축소와 유엔군 극소수 주둔, 유엔 동시 가입 방안을 수립해야 한다는 주장이었다. 한동안 별 문제가 없었다. 11월 10일과 11일, 야당 의원들이 국회 국방위원회의 정책 질의 석상에서 이 글을 문제 삼으면서 문제가 되기 시작했다. 이게 바로 이른바 '세대 필화 사건'이다.

삼민회 의원 한건수는 "황씨의 글은 북괴의 통일안에 동조한 것"이라고 규탄하면서 이 글이 '국시에 위반'되는지를 따졌다. 다른 야당 의원들도 정부에 대해 "국가 안전을 위태롭게 하는 주장을 왜 묵인하고 있는가"라고 추궁했다. 한건수가 문제 삼은 내용은 이런 것이었다.

"그 논문에 보면 남한은 미군이 점령한 상태에 있고, 남북은 20년간 부질없는 싸움만 해왔고, 북괴도 하나의 정부로 인정해 보아야 하며, 강대국을 내보내고 유엔 경찰 감시하에 총선거를 실시하고, 유엔에 남북한 동시 가입할 것도 고려해볼 만하다고 기술했다."

내무부 장관 양찬우는 그 논문이 반공법 제4조에 저촉되는지를 검토 중에 있다고 답변했다. 삼민회의 김준연은 이런 주장을 폈다. "황용주를 사장직에서 파면시키고 구속하시오. 1945년 반탁운동과 6·25 전란의 피나는 우리의 애국적인 행동을 무얼로 알고 민족적 저항력이 없다고 한 그자는 되어먹지 않았어. 그자를 왜 잡아넣지 않느냐는 말이오. 우리는 지도자가 반공 반공 하면서 나중에 용공으로 돌아설까 무섭단 말이오. 한 배의 모든 승객이 샌프란시스코에 가기를 원하나 선장이 키를 돌리면 배는 블라디보스토크로 가고 마는 것이오. 황씨는 과거 『부산일보』편집국장 당시 공산당의 일을 하다가 첩보대에 구속된 일이 있는 인물이오. 그리고 박 대통령하고 친한 인물인데 그자가 남북한의 동시 가입을 주장하고 있으니……."

민주공화당 의원 차지철이 책상을 치면서 "그 말에 박 대통령은 빼시오. 황이 빨갱이면 빨갱이지 왜 박 대통령을 문제 삼느냐. 빼시오"라고 소리쳤다. 김준연도 책상을 치면서 "못 빼겠다"고 대꾸했다. 민정당의 김형일은 황용주의 글이 위헌 행위가 아니고 무엇이냐고 물었고, 민주당의 정일형은 『세대』가 모당某黨의 기관지라고 내버려 두느냐고 따졌다.

국방부 장관 김성은의 답변이다. "사실 이제 말이지만 나도 분개했다. 그 가운데 20년간 부질없는 대결을 해왔다고 했는데 우리는 그동안 수많은 병사들이 싸우다가 죽었다. 그 논문에 의하면 박 대통령이 주창

한 민족적 민주주의가 바로 이거라는 투로 쓰여 있어서 이 문제를 갖고 개인적으로 박 대통령에게 말씀드렸더니 박 대통령도 펄펄 뛰면서 격분합디다."

차지철이 "황을 긴급 구속할 것을 결의키로 동의한다"고 말했다. 김준연은 "건의할 것을 결의한다고 말해야 옳다"고 바로잡아주자, 차지철은 "맞았어, 건의할 것을 결의키로 합시다"고 외쳤다. 재청, 삼청이 들어오고 아무도 반대하지 않았다. 국방위원장 김종갑은 법무부 장관 민복기에게 "내일까지 구속할 수 있겠는가?"라고 물었고, 민복기는 "구속하는 방향으로 해보겠다"고 답했다. 김종갑이 '방향'이라는 말을 빼라고 하자 민복기는 "구속하겠다"고 답했다.[95]

이승만식 통일방안의 재확인

이처럼 황용주의 글이 국회에서 문제가 되자 여당인 민주공화당 대변인 신범식은 이렇게 말했다. "대통령이 남북통일 문제에 언급한 '광주 발언'은 우리들의 통일 원칙을 재확인한 것이며, 『세대』지에서 문제화된 기사 내용은 각자가 자기의 소견을 밝히는 언론 자유에 속하는 문제이기 때문에 당으로서는 관여할 성질의 것이 아니다."[96] 그러나 야당은 국시 위반을 내세워 국무위원급을 위시해서 '보다 더 고위층에 상당하는 관계자의 정치적 책임'까지 추궁하겠다는 정치 공세를 폈다. 야당의 그런 공세에 밀려 서울지검 공안부는 11일 밤 황용주를 구속했다. 그 이유는 다음과 같았다.

"남북 두 개의 한국을 내세워 대한민국 정부의 합헌성을 부인하였고, 8·15 후 미군의 진주를 점령으로 보고 6·25의 참전을 군사개입으로 단정하여 반미사상을 고취했으며, 유엔 동시 가입과 제3국을 통한 대화의 방안도 수립돼야 한다고 주장하는 등 북한 괴뢰의 이른바 통일론을 찬양·고무·동조한 혐의가 있다."[97]

황용주가 구속 기소되었음에도 야당의 정치 공세는 계속되었다. 11월 19일 윤보선, 민주당 총재 박순천, 자민당 대표최고위원 김도연 등 3당 영수는 통일방안에 대한 공동성명을 발표했다. 이들은 "대한민국 헌법이 보장한 한국 국민의 자유와 국가의 안전이 영구히 보장될 수 있는 조치를 강구하고, 유엔 감시하에 인구비례에 따라 자유선거를 실시한다"는 원칙을 재확인했다. 이들은 민주공화당의 당시黨是인 '민족적 민주주의'는 배미排美·용공적 요소를 내포하고 있으며, 정부 여당의 주변에 불투명한 인사가 있다고 지적하면서 황용주 사건은 권력의 그늘에 잠재한 용공적 통일론의 일편이라고 주장했다.[98]

11월 29일 국회는 통일론의 한계를 짓기 위한 '국토통일방안에 관한 결의안'을 채택했다. 이는 1950년대 이승만식 통일방안의 재확인이었다.[99] 황용주는 이듬해 4월 30일에 열린 1심 공판에서 징역 1년, 자격정지 1년, 집행유예 3년을 선고받았으며, 5년이 걸린 대법원 판결에서도 원심 판결을 확정받았다.

박정희, "나도 빨갱이로 몰리는 판에"

훗날 황용주는 이 사건의 발단엔 한건수와 개인적인 악연이 작용했다고 말했다. 자신이 한건수의 청탁을 거절한 적이 있었다는 것이다. 그래도 민주공화당과 언론이 옹호해 그냥 넘어갈 수 있었는데, 또 황용주와 악연이 있는 중앙정보부장 김형욱이 나섰다는 것이다.

"백 판사라고 판결한 사람이 재판하고 난 뒤에 일부러 날 초대해서 빕디다. 죄송하게 됐다고. 무죄로 하고 싶었는데 자기가 그랬으면 무사할 수가 없었다고. 어떻게 (중앙)정보부에서 압력을 넣던지 어쩔 수가 없었답니다."

박정희는 몰랐을까?

"물론 아는데 그때 청와대 정무비서관이 민충식이라고 학병 친구인데 이 친구가 내가 구속됐다고 하는 것을 신문에서 보고 대통령에 가서 황 사장이 구속됐다는데 본인이 도주 우려 없고 증거 인멸이 없는데 석방시켜야 한다고 하니 적부심사에 붙이라고 해서 적부심사에 갔는데 부판결을 받았습니다. 대법원장이 나중에 또 실토하는데 죄송하게 됐다고. 어찌나 (중앙)정보부에서 고함을 지르는지 도저히 그렇게 안 됐다고 했습니다."

그래서 민충식이 다시 박정희에게 말을 했다. 그러나 이번엔 김형욱이 직접 개입을 해서 또 풀려나지 못했다는 것이다.[100] 그러나 김형욱의 주장은 좀 다르다. 1964년 10월 31일 북한 조국평화통일위원회 의장 홍명희(『임꺽정』의 저자)가 통일문제를 협상하기 위해 남북한 회담을 당장에 개최하자고 제안한 바 있었는데, 김형욱은 홍명희의 주장과 황용주의 글이 "무서우리만큼 일치"했다고 주장했다.[101] 그래서 자신이 박정희를 압박하기 위해 비밀리에 야당의 김준연을 만나 국회에서 문제 삼아 달라고 부탁했다는 것이다.

김형욱은 회고록에서 "내가 황용주를 기어코 잡아넣은 이유는 장안

김형욱은 북한 조국평화통일위원회 의장 홍명희가 남북한 회담을 제안했는데, 그때 홍명희의 주장
과 황용주의 글이 "무서우리만큼 일치"했다고 주장했다. 1985년 10월 아침출판사에서 발행된 『김
형욱 회고록』. (대한민국역사박물관 소장)

을 휩쓸던 무분별한 통일론을 가라앉히려는 의도도 없지 않았으나, 사
실은 박정희로 하여금 서투른 통일론을 개발하지 못하도록 하는 경계에
그 본질적인 의도가 있었다"며 다음과 같이 주장했다.

　"더욱이 박정희 주변에는 아직 전력이 불투명하거나 좌경적 색채가
뚜렷한 사람들이 들끓고 있었기 때문에 그들로부터 박정희를 떼어내는
일은 진정으로 박정희를 돕는 길이라고 나는 확신하고 있었다. 나는 이
일을 위해 반공 교수도 동원하고 김준연 의원에게 부탁도 하고 국회를
움직이기도 하였으나 내가 옳지 않은 일을 하고 있다고는 결코 생각하
지 않았다. 나는 박정희 역시 나의 의도를 어렴풋이나마 알아차리고 있

으리라고 믿었다."[102]

박정희는 비단 김형욱의 의도뿐만이 아니라 야당을 포함해 남한 사회 상층세력의 의도를 알아차렸음이 틀림없다. 정확히 언제인지는 모르겠으나, 1964년에 박정희의 공보비서관 박상길이 '양민학살' 진상 규명을 건의했을 때, 박정희는 이런 이유로 거절했다고 한다. "나도 빨갱이로 몰리는 판에 내가 그런 걸 손댈 수 없지 않느냐."[103] 박정희의 특기는 거스르기 어려운 대세엔 확실히 추종한다는 점이었다. 박정희는 이후 자신이 받은 매카시즘 공세를 자신의 것으로 완전히 소화해 훨씬 더 강도 높은 매카시즘 통치술을 구사하게 된다.

『조선일보』 기자 리영희 필화 사건

이 시기 통일논쟁의 제3라운드라 할 수 있는 '리영희 필화 사건'은 '세대 필화 사건'의 연장선상에 놓여 있는 것이었다. 『조선일보』 외신부 기자 리영희가 1964년 11월 21일자에 쓴 「남북한 가입 제안 준비」라는 기사가 문제가 된 것도 바로 이와 같은 상황에서였다. 그 기사는 "남북한이 유엔에 동시 가입하는 안건을 아시아·아프리카 외상회의에서 검토 중"이라는 내용이었는데, 바로 이 내용 때문에 리영희는 다음 날 반공법 위반 혐의로 구속 기소되었다. 이게 왜 구속 사유가 되는지 이해가 안 갈 것이다. 리영희의 설명이 필요하다.

리영희는 『인간만사 새옹지마』(1991)에서 "미국이 지배하던 당시의 유엔총회는 해마다 남한의 대표를 단독 초청하여 '코리아 문제 결의안'을 통과시켜온 터였다. 북한 대표를 초청케 한다든가 북한과 남한을 동격으로 가입시켜 하는 국제회의의 제안은 '국시에 어긋나는' 정보였다. 그러나 진실을 추구하는 신문 기사로서는 바로 그러한 것들이 중대한 국제 사건이었다"며 다음과 같이 말했다.

"그것을 기사화하여 제1판에 내보내고 만족한 기분으로 집으로 돌아왔다. 이튿날은 유네스코 주최로 인도에서 열리는 아시아지역 신문기자 양성연구회의에 한국 대표로 참석하기 위해 출발할 예정이었다. 한참 깊은 잠에 취해 있던 새벽에, 대문이 부서지라고 두들기는 소리에 놀라 잠을 깼다. 그날 밤 나는 영문도 모르는 채 중앙정보부로 끌려갔고, 검찰에 넘어간 며칠 후에 서대문형무소로 옮겨졌다. 북한이 대한민국과 동격으로 유엔에 초대되거나 동시 가입이 제안되는 따위의 이야기는 비록 그것이 남의 나라에서의 이야기일지라도 국내법으로 '적성국가·단체 고무찬양'이 된다는 것이었다. 그 악명높은 '반공법 제4조 2항'이다."[104]

리영희의 기사는 외무부 장관 이동원의 말을 듣고 쓴 것이었다. 바로 이 건 때문에 이동원과 김형욱이 한판 붙었다고 한다. 처음엔 전화로 말싸움이 벌어졌다. 두 사람은 나이가 비슷해 반말이 오고 갔다(김형욱은 1925년생, 이동원은 1926년생이었다). "야 임마, 장관인 내가 기밀이 아니라는데 네가 뭔데 맘대로 잡아넣나? 당장 풀어줘, 알았어?"

다음 날 출근길에 이동원은 중앙정보부로 연행되었다. 이동원은 김형욱을 만나자 이렇게 말했다. "야, 이 자식아. 그래도 대통령이 임명하고 헌법이 신분을 보장한 장관인데 네가 날 납치해. 임마 내가 뭘 잘못했냐. 너 어제 그 일 때문에 그러는 모양인데, 너 그 따위로 아무나 네 비위 거스른다고 빨갱이 만들어버리면 되는 줄 알아. 그리고 그 기사, 장관인 내가 기밀이 아니라잖아 임마, 너 분명히 얘기하지만 만일 각하께서 이 일을 아시면 너 큰 손해볼 줄 알아, 알았어?"[105]

이동원은 그렇게 박정희를 판 덕분에 으름장이 먹혀들어갔다고 쓰고 있다. 그러나 같이 구속되었던 편집국장 선우휘는 무혐의 불기소 처분으로 곧 풀려났지만, 리영희는 두 달간 감옥생활을 해야 했다. 리영희는 그해 12월에 불구속으로 나와 제1심에서 징역 1년 집행유예, 2심에서 선고유예 판결을 받았다.

제6장

수출·『시장과 전장』·
〈회전의자〉

수출 1억 달러 돌파

군사정권의 경제정책은 시행착오의 연속이었다. 군사작전식으로 밀어붙여서 할 수 있는 일들도 있었지만, 그렇게 해서는 안 되는 일도 많았기 때문이었을 것이다. 그 시행착오를 가장 잘 보여준 것이 바로 경제정책 입안과 집행의 총사령부라 할 경제기획원이었다. 경제기획원은 1961년 7월 22일에 발족한 이래로 제7대 장관 김유택이 1964년 5월 10일에 퇴임할 때까지, 2년 10개월간 7명의 장관이 바뀌었다. 재임 기간은 평균 5개월도 안 되었고, 그간 같은 사람이 세 번이나 같은 장관 자리에 오르기도 했다.[106]

초대 김유택(1961년 7월~1962년 3월), 2대 송요찬(1962년 3월~1962년 6월), 3대 김현철(1962년 6월~1962년 7월), 4대 김유택(1962년 7월~1963년 2월), 5대 유창순(1963년 3월~1963년 4월), 6대 원용석(1963년

4월~1963년 12월), 7대 김유택(1963년 12월~1964년 5월), 8대 장기영 (1964년 5월~1967년 10월), 9대 박충훈(1967년 10월~1969년 6월), 10대 김학렬(1969년 6월~1972년 1월).[107]

제7대 장관부터 부총리라는 직함이 부여되었다. 적어도 인사에서 경제기획원이 안정적 궤도에 오른 건 제8대 장관 장기영부터였다. 그는 3년 5개월간 재임했다. 오원철에 따르면, "그는 경제부처를 완전 장악했으니 이때 비로소 경제총수라고 부를 수 있는 부총리 겸 경제기획원 장관이 탄생한 것이다".[108]

앞서 지적했듯이, 장기영은 1963년 대선 때 극비 밀가루 도입 작전을 성공시킨 인물이었다. 그는 그 논공행상으로 1964년 5월 11일 부총리 겸 경제기획원 장관으로 입각했다. 이는 그가 경제 못지않게 '정치'를 아는 인물이라는 걸 의미하는 것이었다. 1964년 5월 7일 울산 정유공장 준공식이 거행되었다. 이는 제1차 5개년계획의 중추사업이며, 울산공단 첫 공장의 준공식이기도 했다.

1964년 8월 26일 국무회의는 1964년도 수출 실적이 1억 달러를 달성하는 날을 수출의 날로 제정하고 매년 기념식을 갖기로 의결했다. 희한한 방식이었다. 군대식 목표 완수라고나 할까. 수출 독려도 같은 방식이었다. 1964년 8월 상공부 공업1국장 오원철, 국제고무 사장 양태진, 상공부 장관 박충훈 사이에 오고 간 대화 한 토막을 들어보자.

오원철 양 사장, 금년에 얼마까지 수출할 수 있다는 거요?

양태진 우리 회사 사정상 도저히 30만 달러는 불가능합니다. 5만 달러 이상은 어려울 것 같습니다.

박충훈 양 사장, 회사 사정도 있지만 정부 방침도 있고 하니 금년에는 10만 달러 수출하는 걸로 합시다.[109]

기록은 11월 말에 수립되었다. 11월 30일 밤 10시경 재무부 세관국(현재 관세청)에서 막 도착한 수출 일보日報를 집계하던 상공부 수출진흥과 직원들 사이에서 환호성이 터졌다. "드디어 해냈다. 만세! 만세!" 수출액이 1억 139만 2,000달러를 기록한 것이다. 상공부는 12월 2일 장관 담화를 통해 "수출 실적이 1억 달러를 돌파함으로써, 우리가 염원하던 자립경제의 확립과 경제발전의 역사적 기점이 마련됐다"고 밝히고 제1회 수출의 날 기념식을 12월 5일 거행하기로 했다고 발표했다. 이후

1964년 11월 30일 밤 10시경 재무부 세관국에서 "드디어 해냈다. 만세! 만세!"라는 환호성이 터졌다. 수출액이 1억 139만 2,000달러를 기록한 것이다. 1964년 수출 1억 달러 달성 기념으로 열린 '수출의 날' 기념식.

행사일은 변경되었지만 '수출의 날'은 11월 30일이 되었다.[110]('수출의 날'은 1987년 제24회부터 '무역의 날'로 개칭되었다.)

박정희의 서독 방문과 아우토반

박정희는 1964년 12월 6일부터 15일까지 10일간 서독을 방문했다. 방문 전 박정희의 고민 중 하나는 비행기 편이었다. 세계 최빈국 중 하나였기에 독일까지 갈 비행기가 있을 리 만무했다. 서독 정부에 부탁해 서울로 날아온 루프트한자기機는 대통령 일행만을 위한 것이 아니었다. 홍콩·방콕·뉴델리·로마 등을 거치며 일반 승객들을 태웠다가 내리기를 반복한 후에야 서독 상공에 들어섰다. 꼬박 28시간이 걸렸다.[111]

박정희는 서독 방문 중 아돌프 히틀러Adolf Hitler, 1889~1945가 총통에 취임한 1933년부터 본격적으로 건설된 총연장 4,000킬로미터의 고속도로(아우토반)에 깊은 관심을 보였다. 박정희는 본에서 쾰른까지 왕복 40킬로미터의 아우토반을 달리면서 두 차례나 차를 세워 이것저것 자세히 살펴보기도 했다. 아우토반에 매료된 박정희는 이때부터 경부고속도로 건설에 몰두하기 시작한다.[112]

박정희는 서독 교포들의 뜨거운 환영을 받았다. 당시 서독 교포의 교민회장은 음악가인 윤이상이었다. 12월 10일 박정희는 한국 광부들이 일하고 있는 루르 지방의 함보른 탄광을 방문했다. 17개월 전 김종필이 살펴본 바로 그 탄광이었다. 박정희는 그곳에서 광부·간호사 350명을 위한 만찬을 베풀었는데, 외무부 장관으로 박정희를 수행했던 이동원은 박정희를 포함해 모든 사람이 눈물바다를 이루었다고 회고했다.

12월 6일부터 15일까지 10일간 서독을 방문했던 박정희는 서독의 선진화된 모습에 자극을 받아 '경제발전'이라는 집념을 더욱 확고히 하게 된다.

"그날 만찬장은 한마디로 눈물의 바다였다. 초청받은 광부와 간호 사들은 자기들도 모르게 애국가를 부르며 일부는 박 대통령과 육영수 여사를 끌어안고 통곡하는 이도 있었다.……박 대통령은 연설 도중 몇 번이고 수건으로 눈을 훔쳤다. 장내는 온통 눈물바다. 모든 사람이 다 울 었다."[113]

눈물바다가 된 광부·간호사들과의 만남

독일의 광부들은 '글뤽 아우프Gluckauf'라는 말을 들으면 뜨거운 동 지애를 느낀다고 한다. 행운을 뜻하는 '글뤽'과 '위쪽으로'라는 뜻의 '아우프' 두 단어가 지하 수백, 수천 미터의 막장에서 무사히 일을 마치고 지상으로 올라와 다시 만나자는 다짐과 기원의 인사말로 묶였기 때문이다. '글뤽 아우프'라는 이름을 가진 파독광부친목회가 1997년 『파독광부 30년사』를 펴냈는데, 이 책엔 이런 증언들이 담겨 있다.

"40도가 넘는 지열地熱 때문에 땀이 비 오듯 했다. 작업 도중 팬티는 다섯 번 이상 짜서 입어야 했고 장화 속의 물을 열 번 이상 털어야 했다. 그렇게 벌어서 월 4만 원 봉급 중에 3만 원 이상씩 송금했다."

"지하에 처음 들어간 날, 막장의 높이가 1미터나 될까. 몸을 눕히거나 아예 기지 않고는 전진할 수 없었다. 점심시간이 되자 모두 석탄가루를 뒤집어쓴 채 준비해온 빵과 사과를 꺼냈다. 나도 무의식중에 사과를 깨물었다. 한 입 베어낸 언저리에 석탄가루가 새까맣게 앉았다. 순간 참았던 눈물이 왈칵 쏟아졌다."[114]

박정희 일행과 광부들의 만찬장이 눈물바다가 된 건 바로 그런 고생에 대한 한恨이 폭발했기 때문일 것이다. 나라가 가난한 탓에 대학까지 나오고서도 먼 이국땅에 가서 그 고생을 해야 했던 현실에 대해 박정희는 대통령으로서 책임감을 느끼며 '한강의 기적'을 이루겠다는 취지의 연설을 했다.

당시 통역관 백영훈의 회고에 따르면, 강당에서 광부 밴드가 애국가를 연주했는데 "대한사람 대한으로"부터는 흐느끼는 울음소리 때문에 더는 노래가 들리지 않았다. 대통령은 연설을 시작했다. "고향 땅 생각에 괴로움이 많을 줄로 생각되지만……조국의 명예를 걸고 열심히 일합시다. 비록 우리 생전에는 이룩하지 못하더라도, 후손을 위해 남들과 같은 번영의 터전만이라도 닦아 놓읍시다." 여기서 연설은 중단되었는데, 장

내를 가득 메운 울음소리에 대통령마저 눈시울을 붉혔기 때문이었다. 육영수 여사와 수행원들도 눈물을 감추지 못했다.

박정희는 연설을 이어갔다. "여러분! 난 지금 몹시 부끄럽고 가슴이 아픕니다. 대한민국 대통령으로서 무엇을 했나 가슴에 손을 얹고 반성합니다. 나에게 시간을 주십시오. 우리 후손만큼은 결코 이렇게 타국에 팔려 나오지 않도록 하겠습니다. 반드시, 정말 반드시." 파독 광부와 간호사들이 본국에 송금한 돈은 연간 약 5,000만 달러로 한때 국민총생산 GNP의 2%에 이를 정도였다.[115]

시장과 전장

박정희의 서독 방문은 박정희 권력의 두 얼굴을 보여주는 에피소드를 기록했다. 눈물바다가 된 광부들과의 만찬이 '경제발전에 대한 집념'을 상징하는 그 하나라면, 또 하나는 모든 걸 박정희의 영도하에 이루어야 한다는 '박정희 숭배'를 상징하는 비서실상 이후락의 과잉 충성이었다. 박정희의 서독 방문 중 서독 대사 최덕신이 외무부 장관 이동원을 찾아와 눈물을 글썽이는 사건이 발생했다. 최덕신은 "명색이 3성 장군에 외무장관까지 지냈는데 이게 뭐냐?"며 신세타령을 해댔다. 비서실장 이후락이 대통령 영접준비가 소홀하다고 지적하면서 "이따위로 하려면 당장 사표를 내라"며 호통쳤다는 것이다.

이동원이 이후락에게 "외무장관은 당신이 아니고 나요. 사표를 받아도 내가 받고 준비에 하자가 있으면 나한테 책임이 있는 거요. 당신이 뭔데 최 대사에게 사표를 내라고 하는 거요?"라고 항의했지만, 그 말을

알아들을 이후락이 아니었다. 두 사람은 육탄전 일보 직전까지 갈 정도로 충돌했다고 한다.[116]

이후락의 행태는 예외적인 것이 아니었다. 그가 그런 일에 특출난 자질을 가졌다는 것이었을 뿐, 박정희 체제하의 한국은 군사 편제화된 사회로 치닫기 시작했다. 좋게 해석하자면, 군사작전식 '능률'과 '효율'을 위해서였겠지만, 그건 시장市場을 전장戰場화하는 효과를 가져왔다.

1964년 12월 1일 현암사에서 나온 박경리의 『시장市場과 전장戰場』은 총사령관 박정희가 지휘하는 '수출 전쟁'의 성격을 상징적으로 말해 주는 표현을 제공했다. 박경리는 "전장과 시장이 서로 등을 맞대고 그 사이를 사람들은 움직이고 흘러간다. 사람도 상품도 소모의 한길을 내달리며, 그리고 마음들은 그와 반대 방향으로 내달리고 있는 것이다"고 말했다.[117](이 책은 출간된 지 반년 후 백낙청이 『신동아』 1965년 4월호에 쓴 「피상적 기록에 그친 6·25 수난」이라는 서평에서 심한 비판을 받았다. 박경리는 『신동아』 1965년 5월호에 쓴 「띄엄띄엄 읽고 갈겨 쓴 비평일까」라는 반론에서 작품을 제대로 잘 읽으라고 충고하는 등 논전이 벌어지기도 했다.)[118]

불신 사회의 이중 구조

개발독재 체제하의 시장은 새로운 전장이었다. 공정하고 법이 지배하는 시장이 아니었다. 폭력과 협박과 온갖 권모술수가 지배하는 곳이었다. 강력한 권력을 중심으로 연고와 정실이 난무했다. 빽과 줄이 총동원되었다.

1963년 3월에 이루어진 군부의 '알래스카파'(함경도 출신) 숙청과

374

함께 백남일, 함창희, 조성철, 이용범 등 재계의 알래스카파 역시 몰락했다.[119] 1960년 12월 국내 도급순위 1위에 오른 현대건설은 그 '알래스카 토벌' 시에 한꺼번에 휩쓸려 현대건설까지 존폐의 기로에 서기까지 했다. 현대건설의 사주인 정주영은 강원도 출신인데도 '토벌' 대상에 오른 건 건설업계의 정치 싸움 때문이었다.[120]

아마도 정주영은 '범이북파'로 간주되었을 것이다. 이미 자유당 시절부터 권모술수에 찌든 재계에 5·16 군사쿠데타는 한 수 더 높은 권모술수를 가르쳐준 것이다. 이제 박정희의 고향인 영남 연고 재벌이 승승장구할 수 있는 길이 열리게 되었다. 정주영도 이때의 경험을 토대로 살아남을 수 있는 처세술의 비법을 터득하게 된다.

심지어 노동자들의 취업에도 빽과 줄은 필수였다. 1962년 국영기업체로 출범한 한국기계공업주식회사는 "'어머니가 아는 사람', '고향 아저씨', '동네 아저씨', '아버지', '사촌형', '고교동창', '형님이 아는 사람' 등등 다양한 연줄이 동원되어야 채용이 될 수 있었고, 더구나 임시공과 본공(혹은 정공)의 구별이 있는 상황에서 본공이 되기 위해서는 다시 '연줄' 혹은 '뇌물'이 힘을 발휘하는 상황이었다".[121]

세상의 공적 영역은 온갖 불신으로 가득 찬 반면, 사적인 빽과 줄만이 신뢰할 수 있는 것이었다. 그거야 과거에서 물려받은 것이지 박정희 정권을 탓할 일은 아니었다. 그러나 악화惡化의 책임은 물을 수 있었다. 공적 불신과 사적 신뢰라고 하는 이 이중 구조는 박정희 통치체제에도 그대로 나타나고 있었고, 또 이는 다시 그 이중 구조를 확대재생산하는 결과를 초래했기 때문이다. 홍성태는 이렇게 말한다.

"박정희는 사실상 '신神과 동기동창'인 존재였다. 그리고 그의 주위에는 이 신과 맞먹는 존재를 보필하는 많은 자들이 똬리를 틀고 있었다. 이들과 이권관계를 맺는다는 것은 큰 성공이 보장된다는 것과 같은 뜻이었다. 공식적인 제도는 불신의 대상이었으나 권력은 그 그림자조차도 커다란 신뢰의 대상이었다. 불신 사회의 이면은 나름대로 신뢰 사회인 것이다. 이런 이중성은 아직까지도 크게 변하지 않고 있는 불신 사회의 큰 특징이다."[122]

그러나 권력의 그림자에서 건져낸 빽과 줄은 관료제가 자랑하는 번문욕례繁文縟禮의 벽을 뛰어넘는 신속성과 효율성을 자랑하기도 했으며, 총사령관 박정희가 지휘하는 수출전쟁은 바로 그런 이점을 만끽하면서 전개되고 있었다. 문제가 있다면 박정희가 영원히 군림하는 무오류의 신神은 아니었다는 점이었을 것이다.

"억울하면 출세하라"는 김용만의 〈회전의자〉

1964년에 나온 신봉승 작사, 하기송 작곡, 김용만 노래의 〈회전의자〉는 "억울하면 출세하라"는 풍자적 메시지를 전하면서도 전장화된 시장판에서 살아남는 비결을 묘사했다.

"빙글빙글 도는 의자 회전의자에/임자가 따로 있나 앉으면 주인인데/사람 없이 비워둔 의자는 없더라/사랑도 젊음도 마음까지도/가는 길이 험하다고 밟아버렸다/아 억울하면 출세하라 출세를 하라//돌아가는 의자야 회전의자야/과장이 따로 있나 앉으면 과장인데/올 때마다 앉을 자리 비어 있더라/잃어버린 사랑을 찾아보자고/밟아버린 젊음을 즐겨보자고/아아 억울해서 출세를 했다 출세를 했다."

같은 해에 나온 전우 작사, 김인배 작곡, 김상국 노래의 〈쥐구멍에도 볕들 날 있다〉는 생존경쟁에 대해 좀더 긍정적인 자세를 취했다. "돈 없다 괄세마오 무정한 아가씨/캄캄한 쥐구멍에도 볕들 날 있소/모를 건 사람의 팔자라고 하는데/그렇게 쌀쌀할 건 없지 않겠소."

이 두 노래에 대해 이영미는 『한국 대중가요사』(1998)에서 이렇게 말했다. "서민들의 계층상승 욕망과 결핍으로 인한 아픔 역시 이 시대의 대중가요는 담고 있다. 이러한 욕망의 표현은 비교적 솔직하며, 그러면서도 그다지 비관적이지 않다는 점이 흥미롭다."[123]

그랬다. 6·25 전쟁이라고 하는 세계 역사상 그 유례를 찾기 어려울 정도로 잔인한 전장을 겪은 사람들이 '전장화된 시장'쯤이야 아무 일도 아니었다. 한국인들은 그 '게임의 룰'에 잘 적응하면서 '잘 살아보세'를 열심히 외쳐대기 시작했다. 그래서 수출 1억 달러 고지를 점령한 지 6년 만인 1970년에는 10억 달러, 7년 후인 1977년엔 100억 달러 고지를 점령하는 놀라운 기록 갱신을 해나가게 된다.

여기서 한 가지 의문이 제기된다. 산업화와 수출 전쟁을 위해 권위주의적 사회 통제가 불가피하게 요청되었는가? 박광주는 다른 의견을 제시한다. 그는 "군사정권의 전 기간을 통한 권위주의의 강화는 본원적으로 권위주의적인 정치권력이 산업화의 성공적인 수행을 통해 통제의 물적 기반을 더욱 공고히 할 수 있었기 때문에 나타났다"고 말한다.[124]

얼른 들으면 그게 그 말인 것 같지만, 그 차이는 매우 중요한 의미를 갖는다. 그건 누군가를 오랜 시간에 걸쳐 강압적인 힘으로 그 무엇에 의존하지 않으면 안 되게끔 길들이고 그 의존의 물적 기반을 장악한 뒤에, 그 사람이 나를 필요로 한다고 주장하는 것과 비슷한 것이다.

제7장

『주간한국』·TBC-TV·
〈맨발의 청춘〉

정상의 문턱에서 좌절한『한국일보』

경제부총리 장기영은 입각 후에도 매일『한국일보』의 1면과 2면의 최종 대장을 장관실로 가져오도록 해 일일이 수정하는 등 신문 편집에 간섭하는 일을 멈추지 않았다.[125] 그러나 그런 지대한 관심에도 장기영의 입각은 그간 그가 이끌어온『한국일보』에 엄청난 타격을 입혔다. 장명수의 증언이다.

"『한국일보』의 사세가 정상을 향해 죽죽 뻗어가고 있던 1964년에 사장은 부총리로 입각했고,『한국일보』부수는 우수수 떨어지기 시작했다. 새로 부임한 김종규 사장 댁 대문에 '한국일보 사절'이란 글씨가 붙었을 만큼 일부 신문의 일부 보급사원들은 여기저기 '한국일보 사절' 표지를 붙이며 '한국일보 사절' 바람을 부채질했고, 그 바람은 정말 무서웠다. 그만큼 독자들이 '신문인 장기영'에게 기대를 걸었고 그의 정계 진출에 반발했다고 볼 수 있는데, 우리 사원들도 '정상을 앞둔 사장의 도중하차'를 크게 원망했었다."[126]

최우석은 "『한국일보』는 정상 직전까지 갔다가 장 사장의 입각과 더불어 무슨 모래주머니를 달고 뛰는 기분을 느꼈다"고 했다. 장기영의 입각 직후인 1964년 6~9월에 벌어진 언론윤리위원회법 파동은 아마도 『한국일보』에 '돌 주머니'였을 것이다. 지동욱에 따르면, "이 언론 파동을 통해 언론계 출신인 백상(장기영)이 언론계의 십자포화를 뒤집어썼고 친정으로 생각했던 언론과 메울 수 없는 깊은 간격이 생겼다. 그때까지 증가일로에 있던 『한국일보』도 이 파동을 고비로 발행부수가 하락했다."[127] (장기영은 입각 3년 5개월 만인 1967년 10월에 실각하게 된다.)

『주간한국』의 대성공

장기영의 입각으로 『한국일보』의 정치적 영향력은 쇠퇴한 반면, 1964년 9월 27일에 창간된 『주간한국』의 대성공은 한국일보사에 새로운 활로를 열어주었다. 이 주간지는 타블로이드판 32면으로 "심층뉴스나 생활 주변의 화제를 재미있게 보도하여 단시일에 많은 독자와 광고를 확보하는 데 성공했다".[128] 도대체 어느 정도의 성공이었을까?

당시 『주간한국』의 초대 부장이었던 김성우는 『돌아가는 배』(1999)에서 "창간호를 5만 부 발행하고 두 번째 호가 나온 뒤 『한국일보』에는 자매지의 '매진 사례' 사고社告가 실렸다. 호를 거듭할수록 1부에 10원짜리 주간지는 유행가처럼 팔려나갔다. 당시 대한민국의 주말은 『주간한국』 때문에 있었다. 전국 각 도시의 길바닥마다 『주간한국』이 삐라처럼 깔리면 그날이 토요일이었다. 유일의 주간지는 온 나라의 주력週歷이 었고 주말의 유원지였다"며 다음과 같이 말했다.

"토요일이면 새벽부터 수백 명의 가판 소년들이 신문사 앞에 떼로 몰렸다. 서로 먼저 『주간한국』을 받아가려고 아우성을 쳤다. 이들을 상 대로 떡장수 빵장수들이 따로 진을 쳐 시장을 이루고 있었다. 세계 최고 발행부수의 신문은 『프라우다』였고 우리나라 최고 발행부수의 신문은 『주간한국』이었다(신문 형태의 주간지였으므로). 창간 후 이윽고 국내에서 는 일간지까지 통틀어서 『주간한국』이 가장 많은 부수를 인쇄하고 있었 다. 최고 부수의 일간지가 20만 부도 못 미칠 당시 『주간한국』은 43만 5,000부까지 발행했다. 이 기록은 그 후 지금까지 어떤 주간지도 깨지 못하고 있다. 최초의 주간지는 최대의 주간지로 아직 기록이 남아 있다. 유일한 주간지는 독보가 아니라 독주하고 있었다."[129]

『주간한국』은 처음으로 '소식통란'을 게재했다. 그건 유명인사 동 정란이었다. 1965년에 실린 몇 가지를 살펴보면 이런 내용이었다. "정 창범 씨(문학평론가)=근래에 전화를 놓았다. 번호는…/박경리 씨(소설 가)=정릉동 768-6으로 이사. 전화는 그대로 92-0141번/김문숙 씨(무 용가)=자궁외 임신으로 성모병원에서 수술받고 입원가료중/박춘석 씨 (작곡가)=종기로 고생하다가 최근에 병이 나아졌다/김승호 씨(배우)=김 포공항에서의 폭행사건에 책임을 지고 배우협회장직을 사임코자 했지 만 이사회에서 반려/모윤숙 씨(시인)=이승만 박사 장례식날 시청에서 동 작동까지 도보로 운구를 수행했더니 5파운드의 체중이 줄고 몸살로 3일 이나 앓았다고/이진섭 씨(시나리오 작가)='술독에 빠진 사나이' 대본을 집필 중인데, 다이얼로그에도 신경을 써서 '건배'라는 말 대신 '곤드레 만드레'라는 말을 창조했다고 기염을 토하고 있다/최희준 씨(가수)=얼마 전에 자가용 지프를 샀다. 번호는 2606/현미 씨(가수)=택시에서 내릴 때 악보와 의상이 든 백을 차 안에 두고 내려서 무척 걱정을 했는데, 그날 저녁에 차 운전자가 집으로 갖다 주었다고 고마워서 어쩔 줄 몰라 하고 있다."[130]

'정치'에서 '생활'로의 이동

1960년대 중반은 한국 방송계에 큰 변화의 바람이 밀어닥친 시기였다. 1963년 동아방송DBS의 개국에 이어, 1964년 5월 9일엔 '라디오서울RSB'이 개국했다. 9월 15일 사장에 홍진기가 취임함으로써 라디오서울은 삼성의 완전한 계열사로 편입되었으며 나중에 우여곡절 끝에 '동양방송TBC'이라는 이름을 갖게 된다. 최초의 라디오 DJ가 등장한 것도 1964년이었다. 1964년 동아방송의 최동욱에 이어 1966년 문화방송에 이종환이 등장함으로써 라디오는 DJ 전성시대를 맞이하게 된다.

1964년, 가요곡이 너무 퇴폐적이라는 여론이 일자 공보부 장관 홍종철이 KBS로 달려가 가요곡 레코드를 짓밟아 버린 사건이 있었다.[131] 홍종철의 그런 청교도적 대응은 정녕 박정희 정권이 원하고 지향하는 것이었을까? 전혀 그렇지 않았다. 박정희 정권의 군인 출신 인사들 가운데엔 청교도적 기질을 가졌거나 문화적 보수성을 가진 사람들이 꽤 있었다. 홍종철도 그런 인물 중 하나였다. 박정희와 박정희 정권이 궁극적으로 원한 건 정치는 자신들에게만 맡겨주고 일반 국민은 열심히 생업과 개인적 오락생활에만 종사해 달라는 것이었다. 그들은 '정치'에서

'생활'로의 이동을 원했다. 이건 그들만의 일방적인 요구는 아니었다. 세상은 조금씩 그 방향으로 달라져 가고 있었고, 이는 매체의 변화에서도 감지되었다.『주간한국』의 성공이 그걸 시사해주는 것이었고, 방송 쪽에선 동양방송이 그런 역할을 맡았다.

삼성은 라디오 방송에 만족하지 않고 1964년 12월 7일 한국 최초의 민간 상업 TV 방송인 동양TVDTV를 개국했으며 12월 12일엔 부산국을 개국했다. DTV는 1962년 12월 31일 체신부에서 TV방송국 가허가를 받은 뒤 회사를 설립해놓고 2년여의 준비 끝에 개국하게 된 것이었는데, 곧 KBS를 누르게 되었다. 김재길은 다음과 같이 말한다.

동양TV는 TV방송국 가허가를 받은 뒤 2년여의 준비 끝에 1964년 12월 7일 한국 최초의 민간 상업 TV 방송을 개국했다. 동양TV 개국 기념 행사.

"아무리 생각해도 민심이란 야박한 것이다. 어제까지만 해도 KBS, KBS 하며 즐겨 보더니 하루아침에 DTV로 관심이 기울었다. KBS가 미워서가 아니었다. 중요한 것은 관영방송 KBS가 정부의 나발통이라는 이유 하나였다. 채널이 DTV 쪽으로 기울자 힘이 빠졌다. KBS는 그간 나름대로 성의를 다했었다. 1964년 10월 10일부터 개막된 도쿄올림픽 경기를, 물론 실황은 아니었지만, 특집방송으로 꾸며 생생하게 전달해주기도 했다. DTV의 개국에 대비해 개편까지 해가며 많은 유명 외화 프로그램을 제공하기도 했다. 〈건 스모크〉, 〈페리메이슨〉, 〈로 하이드〉 등 수준 높은 프로그램들이었다. 그러나 시청자들의 관심을 다시 끈다는 것은 쉽지 않았다. 과거는 과거로 돌려보내고 새로운 것에 대한 기대가 더 컸던 모양이다."[132]

부산의 일본 TV 시청

DTV의 부산국 개국은 사실상의 첫 지방방송이라는 기록을 세우면서 부산 지역 주민들의 환영을 받았지만, 정작 개국을 하면서 새로운 고민을 하게 되었다. 원래 서울에서 방송하는 프로그램을 부산에서도 동시에 시청할 수 있게 할 예정이었으나 마이크로웨이브 사용이 허가되지 않아 그렇게 할 수 없게 된 것이었다.

이 문제에 대해 김재길은 『"KBS야, 너 참 많이 컸구나!"』(2000)에서 "그렇다고 해서 부산국에서 모든 프로그램을 자체 제작할 능력이 있는 것도 아니었다. 그래서 초기에는 가장 원시적인 방법이 동원되었다. 서울에서 제작한 프로그램을 기차나 비행기로 수송한 것이다. 그러다 보니 부산의 시청자들은 서울보다 1주일이 늦은 프로그램을 볼 수밖에 없었다"며 다음과 같이 말했다.

"오락이나 교양 프로그램은 별 지장이 없었지만 뉴스나 스포츠 등 시간을 따지는 프로그램들은 큰 타격을 받지 않을 수 없었다. 그러니 부산의 시청자들은 많은 불평을 쏟아냈다. 악성 루머까지도 난무했다. 이를테면 녹화기 수입을 허가한 것도 서울과 부산의 동시 방송을 허가하지 않겠다는 치밀한 사전 계획이 있었다는 식이었다. 의도적으로 당국이 서울과 부산을 차별화하려 한다는 불만이었다. 이런 가운데에서도 DTV는 부산 지역 방송이라는 시청자의 애착심 때문에 많은 사랑을 받으며 제법 성장을 구가할 수 있었다. 초기의 악성 루머는 점차 사라지고 부산 시민들의 애정이 싹텄던 것이다."[133]

정부가 DTV의 부산국 개국을 허가한 것은 당시 부산에서 유행하던 일본 TV 시청에 대응하고자 하는 생각 때문이었다. 부산에서는 지역에 따라 1950년대 후반부터 일본 TV의 시청이 가능했으며 1961년 NHK가 쓰시마섬對馬島에 중계탑을 세우면서 부산 일대에 일본 TV 시청이 유행했던 것이다. 이에 대한 세간의 비난이 일자 정부는 DTV의 부산국 개국을 허가했던 것이다.

김재길은 "당초에는 DTV 부산국 역시 서울 DTV와 마찬가지로 채널7을 사용하기로 했었다. 그런데 결과적으로 공교로운 일이 벌어졌다. NHK가 채널7이었던 것이다. 이에 대해 부산의 시청자들은 거세게 반발했다. 당국이 일부러 일본 TV를 보지 못하도록 했다는 것이다. 결국 DTV를 허가한 것도 부산 시민을 위하는 것이 아니라 당국 스스로의 보신책이라는 말도 나왔다. 이 같은 반발이 일자 당국은 한 발 후퇴해 DTV

의 채널을 9로 수정해 개국하게 했다"며 다음과 같이 말했다.

"여기서 특기할 점이 하나 있다. 당시 NHK의 전파 월경에 문화침략이라는 딱지를 붙여 비난 여론이 일었지만 부산 지방에는 서울의 많은 방송쟁이들이 모여들었다는 사실이다. 당시만 해도 해외여행도 어려웠고 또 새로운 TV 문화에 대한 참고서도 없었으므로 일본 방송을 볼 수 있다는 것은 방송쟁이들에게는 외국의 선진 방송을 접할 수 있는 좋은 기회로 여겨졌다. 좋은 참고서를 얻은 것이나 진배가 없었다. 각 방송국에서는 일본 TV를 시청하라며 분야별 PD들을 부산으로 출장 보내는 기현상까지 일어났다."[134]

DTV는 곧 TBC-TV라는 이름으로 바뀌게 되므로 이제부터 TBC-TV로 부르기로 하자. TBC-TV는 하루 5시간 10분 편성으로 KBS보다 많은 방송을 내보냈다. TBC는 최초로 녹화기를 도입해 주요 프로그램을 녹화 방송했는데, 서울에서 방송한 내용은 일주일 후 부산에서 방송했다. TBC의 간판 프로그램은 토요일 밤 8시에서 9시 사이에 방송된 오락 프로그램 〈쇼쇼쇼〉였다. 당시만 하더라도 변변한 오락과 레저 문화가 발달하지 않은 상태였기 때문에 〈쇼쇼쇼〉의 인기는 매우 높았다.[135]

TBC의 오락성은 KBS에 비해 훨씬 뛰어났지만, 정부의 홍보 매체로서의 기능은 KBS와 다를 바 없었다. TBC-TV는 "고속도로를 질주하는 자동차, 입립하는 빌딩, 힘차게 돌아가는 공장 기계음의 굉음, 잘 살아 보자고 외쳐대는 새나라 노래의 반복적인 방영"을 통해 훨씬 더 세련된 정권 홍보에 임했으며, 국민들은 "군사정권의 독재정치를 혐오하면서도 미래의 공업국의 꿈에 부푸는 이율배반적인 모습을……보여주고 있었다."[136]

신성일·엄앵란·최희준의 〈맨발의 청춘〉

137편의 영화가 제작된 1964년 최고의 흥행 영화는 김기덕 감독, 신성일·엄앵란 주연의 〈맨발의 청춘〉이었다. 2월에 개봉된 이 영화는 관객 동원 23만 명을 기록했다. 이 영화의 무엇이 그토록 많은 관객을 유인했을까? 상류층의 딸을 사랑한 깡패의 이야기라는 점에서 그 어떤 비극성이 예감된다.

김화는 『이야기 한국영화사』(2001)에서 "영화에서 창틀 십자가를 사이에 둔 신성일과 엄앵란의 키스 신과 죽은 신성일의 시체가 달구지에 실려 가면서 덮개 밖으로 빠져 나온 양말이 벗겨진 한쪽 발, 눈길 속에 달구지를 밀고 가면서 '올라가지 못할 나무는 쳐다보지 말아야지……' 하며 울분을 토하는 트위스트 김의 독백 등은 수많은 젊은 관객들의 가슴을 적셨다"며 다음과 같이 말했다.

"어디 그뿐인가. 신성일이 입고 나온 흰 털스웨터와 트위스트 김이 입고 나온 상하 청색 진패션은 남대문시장과 동대문시장에서 물건이 딸릴 정도로 불티나게 팔렸다. 이 영화는 신성일·엄앵란이란 최고의 청춘 스타 커플을 탄생시켰지만 아울러 트위스트 김이란 최고의 청춘물 조연 배우도 배출했다. 트위스트 김의 상하 청색 진을 입고 트위스트를 추는 장면은 종래의 한국 영화에서 볼 수 없었던 역동적인 장면을 보여주었다. 그리고 한동안 젊은이들에게 트위스트 붐을 일으켰다."[137]

영화 줄거리는 비극적이라는데, 이 영화 덕분에 어떤 옷이 불티나게 팔리고 트위스트가 유행했다니 이게 웬 말인가? 이 영화의 주제가인 이봉조 작곡, 최희준 노래의 〈맨발의 청춘〉 가사에 그 답이 있을 성싶다.

1964년 최고의 흥행작 〈맨발의 청춘〉은 신성일·엄앵란이라는 최고의 청춘스타 커플을 탄생시켰고, 트위스트 김이라는 최고의 청춘물 조연 배우도 배출했다.

"눈물도 한숨도 나 혼자 씹어 삼키며/밤거리의 뒷골목을 누비고 다녀도/사랑만은 단 하나의 목숨을 걸었다/거리의 자식이라 욕하지 말라/그대를 태양처럼 우러러보는/사나이 이 가슴을 알아줄 날 있으리라."

　　이 노래는 최고 인기 가수 최희준의 새로운 창법, 가사의 화끈함, 이봉조 특유의 애끓는 색소폰 간주 등에 힘입어 최고의 히트곡으로 애창되었다. 최희준은 이 노래에서 처음으로 '소리를 내지르는 창법(샤우팅)'을 구사함으로써 이 노래를 박력 있고 힘 있는 노래로 만들었다.[138]

　　사랑에 목숨을 걸다 죽은 사나이. 잠시 슬퍼하더라도 사랑에 목숨을 걸기 위해선 옷과 춤에도 신경을 써야 할 일이겠다. 정권의 입장에서도 혁명과 정치에 목숨을 거는 대신, 사랑에 목숨을 걸겠다는 데 시비를 걸일은 아니었다. 다만 한 가지, 주인공의 시체가 리어카에 실리는 장면은 좀 문제가 있었다. 그러나 그건 이 영화의 흥행에 이해관계가 있는 『조선일보』 사장 방우영의 로비로 간단히 해결되었다. 트위스트 김의 증언에 따르면, "주인공(신성일 분)의 시신을 리어카에 태우고 가는 장면이 있었는데 이 장면이 잘려서 상영될 뻔했습니다. '빈부격차를 너무 오도했다. 어떻게 시신을 리어카에 싣고 가느냐'는 이유에서였지요. 당시 이 영화는 조선일보 아카데미극장에 올리게 돼 있었는데 방우영 사장이 박정희 대통령에게 직접 이야기를 하러 청와대로 들어갔답니다. 자초지종을 들은 박 대통령이 영화를 보고 나서 '붙이라'고 지시한 덕분에 불후의 명장면(?)이 그대로 상영될 수 있었지요".[139]

주연배우와 주제가 부른 가수의 합동순회공연

당시엔 어떤 영화가 흥행에 성공하면 주연 배우들은 전국의 극장으로 쇼를 하러 다녔다. 흥행사들은 영화 주인공인 신성일·엄앵란 커플과 주제가를 부른 최희준을 엮은 쇼를 구성해 전국 순회공연을 돌렸다. 최희준은 "쇼에 가장 열광적인 도시는 '빛고을' 광주였다. 부산·마산·대구도 대단했지만, 그 반응의 강도에서 광주를 따르지 못했다. 서너 배는 더했다. 그때부터 문화적 감수성에 관한 한 이곳 사람들은 뭔가 특이한 기질이 있는 모양이란 생각을 했다. 쇼가 있는 날이면, 이곳 극장 앞은 몇 시간 전부터 관객들로 인산인해를 이루었다. 예외 없이 소방차가 동원됐다. 질서를 잡기 위한 명목으로 물대포를 쏘는데, 이게 도무지 먹히질 않았다. 흩어지는 듯하면 또 모이고, 하는 육박전이 반복됐다. 객석은 입추의 여지가 없었다"며 다음과 같이 말했다.

"쇼는 영화 〈맨발의 청춘〉의 한 장면을 보여주는 신·엄 커플의 연기, 촬영 일화 소개, 그리고 나와 동료 가수들의 노래 등으로 꾸며졌다. 물론 신·엄 커플도 팬서비스 차원에서 〈맨발의 청춘〉 주제곡을 부르곤 했다.……쇼에 대한 반응은 물어보나마나였다. 술렁이던 객석도 신·엄 커플이 등장하면 찬물을 끼얹은 듯 조용해졌다. 너무 충격적이다 보면 갑자기 말을 잊는 경우와 같다고 할까. 미친 듯이 열광하는 요즘 사람들과는 어쩌면 정반대의 반응이었다. 기도하듯 손을 모으고 그들의 연기에 혼을 빼앗겼다. 노래는 역시 이런 긴장을 풀어주는 당의정 같았다. 내가 나와 '눈물도 한숨도 나 혼자 씹어 삼키며…' 〈맨발의 청춘〉의 첫 소절을 시작하면 분위기는 확 반전됐다."[140]

신성일과 엄앵란은 16편의 영화에 남녀 주인공으로 같이 출연해 최정상의 인기를 구가했다. 두 사람은 1964년 11월 14일에 결혼했다.

제1부 1961년②

1   그레고리 헨더슨(Gregory Henderson), 박행웅·이종삼 옮김, 『소용돌이의 한국
     정치』(한울아카데미, 1968/2000), 259~260쪽.

2   전재호, 「군정기 쿠데타 주도집단의 담론 분석」, 『역사비평』, 제55호(2001년 여름),
     112쪽.

3   조갑제, 『내 무덤에 침을 뱉어라 4: 국가개조』(조선일보사, 1998), 135쪽.

4   조갑제, 「내 무덤에 침을 뱉어라!: 언론통폐합」, 『조선일보』, 1998년 10월 19일, 24면.

5   전재호, 「군정기 쿠데타 주도집단의 담론 분석」, 『역사비평』, 제55호(2001년 여름),
     112쪽.

6   조갑제, 『내 무덤에 침을 뱉어라 4: 국가개조』(조선일보사, 1998), 177쪽.

7   이석제, 『각하, 우리 혁명합시다』(서적포, 1995), 218쪽.

8   김정원, 『분단한국사』(동녘, 1985), 279쪽.

9   조갑제, 「내 무덤에 침을 뱉어라!: 언론통폐합」, 『조선일보』, 1998년 10월 19일, 24면.

10   조갑제, 『내 무덤에 침을 뱉어라 4: 국가개조』(조선일보사, 1998), 135쪽.

11   홍석률, 「1960년대 지성계의 동향: 산업화와 근대화론의 대두와 지식인 사회의 변
     동」, 한국정신문화연구원 편, 『1960년대 사회변화연구: 1963~1970』(백산서당,
     1999), 200쪽.

12   홍석률, 「1960년대 지성계의 동향: 산업화와 근대화론의 대두와 지식인 사회의 변
     동」, 한국정신문화연구원 편, 『1960년대 사회변화연구: 1963~1970』(백산서당,

1999), 199~200쪽; 신형기, 「용해와 귀속의 역사를 돌아보며: '자기' 없는 '우리들'의 연대는 가능한가」, 정희진 외, 『'탈영자들'의 기념비』(생각의나무, 2003), 57쪽.

13 오욱환, 『한국 사회의 교육열: 기원과 심화』(교육과학사, 2000), 271~272쪽; 김도형, 「배워야 산다」, 한국역사연구회, 『우리는 지난 100년 동안 어떻게 살았을까 1: 삶과 문화 이야기』(역사비평사, 1998), 53~54쪽.

14 김학준, 『북한 50년사: 우리가 떠안아야 할 반쪽의 우리 역사』(동아출판사, 1995), 206쪽.

15 김병걸, 『실패한 인생 실패한 문학: 김병걸 자서전』(창작과비평사, 1994), 210~211쪽.

16 김도훈, 「의관에서 패션으로」, 한국역사연구회, 『우리는 지난 100년 동안 어떻게 살았을까 1: 삶과 문화 이야기』(역사비평사, 1998), 165~166쪽.

17 손정목, 『서울 도시계획 이야기: 서울 격동의 50년과 나의 증언 ①』(한울, 2003), 21쪽.

18 김진국, 「5·16 쿠데타 기록 등 담긴 3共 초 국정일지 발견」, 『중앙일보』, 2000년 5월 12일, 2면; 박찬구, 「'3공 통치 일지'로 본 60년대: "혁명 분위기 깬다" 다방 커피 판매 금지」, 『대한매일』, 2000년 5월 18일, 5면.

19 「커피는 안 팔겠소~ 다방업자들 새 생활 발 맞춰」, 『동아일보』, 1961년 5월 29일, 석간, 3면.

20 김충식, 『정치공작사령부 남산의 부장들 1』(동아일보사, 1992), 31쪽.

21 오원철, 『한국형 경제건설 1』(기아경제연구소, 1996), 74~75쪽.

22 김준하, 『대통령과 장군: 윤보선 대 박정희』(나남, 2002), 118쪽.

23 오원철, 『한국형 경제건설 1』(기아경제연구소, 1996), 75쪽.

24 오원철, 『한국형 경제건설 1』(기아경제연구소, 1996), 76~77쪽.

25 방우영, 『조선일보와 45년: 권력과 언론 사이에서』(조선일보사, 1998), 230쪽.

26 「다방에 감찰반」, 『조선일보』, 1961년 6월 13일, 석간 3면.

27 http://seoul600.visitseoul.net/seoul-history/sidaesa/txt/8-10-8-2.html

28 「외래커피 단속 28일부터 철저히」, 『조선일보』, 1961년 11월 28일, 조간 2면.

29 「색연필」, 『조선일보』, 1961년 10월 20일, 석간 3면.

30 「'커피' 있는 이방지대」, 『조선일보』, 1961년 6월 4일, 조간 3면.

31 「배추 속에 커피 은닉」, 『조선일보』, 1961년 12월 5일, 조간 2면.

32 「미군 커피 싣고 잠적」, 『조선일보』, 1965년 3월 14일, 조간 7면.

33 「철도원 관련? 제보자 입 다물어」, 『조선일보』, 1966년 12월 17일, 조간 3면.

34 리영희, 『역정: 나의 청년시대-리영희 자전적 에세이』(창작과비평사, 1988), 360쪽.

35 김영호, 『한국 언론의 사회사 상(上)』(지식산업사, 2004), 341쪽.

36 김영호, 『한국 언론의 사회사 상(上)』(지식산업사, 2004), 341쪽.

37 임대식, 「1960년대 초반 지식인들의 현실 인식」, 『역사비평』, 제65호(2003년 겨울), 310쪽.

38 김준하, 『대통령과 장군: 윤보선 대 박정희』(나남, 2002), 106쪽.

39 김삼웅, 『곡필로 본 해방 50년』(한울, 1995), 109쪽; 김영호, 『한국 언론의 사회사 상(上)』(지식산업사, 2004), 341~342쪽.

40 김영호, 『한국 언론의 사회사 상(上)』(지식산업사, 2004), 344쪽.

41 김삼웅, 『곡필로 본 해방 50년』(한울, 1995), 105쪽.

42 김삼웅, 『곡필로 본 해방 50년』(한울, 1995), 106쪽.

43 경향신문사 사사편찬위원회, 『경향신문 50년사』(경향신문사, 1996), 194~195쪽.

44 전재호, 「군정기 쿠데타 주도집단의 담론 분석」, 『역사비평』, 제55호(2001년 여름), 115~116쪽.

45 전재호, 「군정기 쿠데타 주도집단의 담론 분석」, 『역사비평』, 제55호(2001년 여름), 116쪽.

46 방우영, 『조선일보와 45년: 권력과 언론 사이에서』(조선일보사, 1998), 381쪽.

47 전재호, 「군정기 쿠데타 주도집단의 담론 분석」, 『역사비평』, 제55호(2001년 여름), 116쪽.

48 김삼웅, 『곡필로 본 해방 50년』(한울, 1995), 107쪽.

49 조갑제, 『내 무덤에 침을 뱉어라 4: 국가개조』(조선일보사, 1998), 201쪽.

50 김삼웅, 『곡필로 본 해방 50년』(한울, 1995), 107쪽.

51 조갑제, 「내 무덤에 침을 뱉어라!: 기자들의 수난」, 『조선일보』, 1998년 11월 23일, 25면.

52 조갑제, 『내 무덤에 침을 뱉어라 4: 국가개조』(조선일보사, 1998), 172~173쪽.

53 김준하, 『대통령과 장군: 윤보선 대 박정희』(나남, 2002), 108~109쪽.

54 김준하, 『대통령과 장군: 윤보선 대 박정희』(나남, 2002), 112~114쪽.

55 이만섭, 「나의 이력서: 기자 시절 ⑧」, 『한국일보』, 2002년 8월 23일, 27면.

56 송건호, 『한국현대언론사』(삼민사, 1990), 131쪽; 정진석, 『한국 현대언론사론』(전예원, 1985), 303쪽; 조갑제, 『내 무덤에 침을 뱉어라 4: 국가개조』(조선일보사, 1998), 225쪽.

57 송건호, 『한국현대언론사』(삼민사, 1990), 131쪽.

58 정진석, 『한국 현대언론사론』(전예원, 1985), 303쪽.

59 한용원, 『한국의 군부정치』(대왕사, 1993), 249쪽; 장달중, 「제3공화국과 권위주의적 근대화」, 안청시 편, 『현대한국정치론』(법문사, 1998), 239쪽.

60 김병익 외, 「좌담: 4월 혁명과 60년대를 다시 생각한다」, 최원식·임규찬 엮음, 『4월

혁명과 한국문학』(창작과비평사, 2002), 56쪽.

61   김영호, 『한국 언론의 사회사 상(上)』(지식산업사, 2004), 366쪽.

62   이상우, 『박정권 18년: 그 권력의 내막』(동아일보사, 1986), 167~169쪽.

63   임대식, 「1960년대 초반 지식인들의 현실인식」, 『역사비평』, 제65호(2003년 겨울),
     317쪽.

64   임대식, 「1960년대 초반 지식인들의 현실인식」, 『역사비평』, 제65호(2003년 겨울),
     317쪽.

65   홍석률, 「1960년대 지성계의 동향: 산업화와 근대화론의 대두와 지식인 사회의 변
     동」, 한국정신문화연구원 편, 『1960년대 사회변화연구: 1963~1970』(백산서당,
     1999), 198쪽.

66   홍석률, 「1960년대 지성계의 동향: 산업화와 근대화론의 대두와 지식인 사회의 변
     동」, 한국정신문화연구원 편, 『1960년대 사회변화연구: 1963~1970』(백산서당,
     1999), 219쪽.

67   임대식, 「1960년대 초반 지식인들의 현실인식」, 『역사비평』, 제65호(2003년 겨울),
     316쪽.

68   조갑제, 『내 무덤에 침을 뱉어라 4: 국가개조』(조선일보사, 1998), 134쪽.

69   홍석률, 「1960년대 지성계의 동향: 산업화와 근대화론의 대두와 지식인 사회의 변
     동」, 한국정신문화연구원 편, 『1960년대 사회변화연구: 1963~1970』(백산서당,
     1999), 199쪽.

70   이상우, 『박정권 18년: 그 권력의 내막』(동아일보사, 1986), 167~169쪽.

71   임대식, 「1960년대 초반 지식인들의 현실인식」, 『역사비평』, 제65호(2003년 겨울),
     318쪽.

72   한용원, 『한국의 군부정치』(대왕사, 1993), 267쪽.

73   조갑제, 『내 무덤에 침을 뱉어라 5: 김종필의 풍운』(조선일보사, 1998), 20~23쪽.

74   홍석률, 「1960년대 지성계의 동향: 산업화와 근대화론의 대두와 지식인 사회의 변
     동」, 한국정신문화연구원 편, 『1960년대 사회변화연구: 1963~1970』(백산서당,
     1999), 202쪽.

75   임대식, 「1960년대 초반 지식인들의 현실인식」, 『역사비평』, 제65호(2003년 겨울),
     318쪽.

76   이상우, 『박정권 18년: 그 권력의 내막』(동아일보사, 1986), 156쪽.

77   이상우, 『박정권 18년: 그 권력의 내막』(동아일보사, 1986), 160~161쪽.

78   이상우, 『박정권 18년: 그 권력의 내막』(동아일보사, 1986), 164~166쪽; 조갑제,
     『내 무덤에 침을 뱉어라 5: 김종필의 풍운』(조선일보사, 1998), 102~103쪽.

79 이상우, 『박정권 18년: 그 권력의 내막』(동아일보사, 1986), 163쪽.

80 서중석, 『비극의 현대 지도자: 그들은 민족주의자인가 반민족주의자인가』(성균관대학교출판부, 2002), 276쪽.

81 서중석, 『비극의 현대 지도자: 그들은 민족주의자인가 반민족주의자인가』(성균관대학교출판부, 2002), 276~277쪽.

82 김기승, 「제2공화국과 장준하」, 한국민족운동사학회 편, 『장면과 제2공화국』(국학자료원, 2003), 125~126쪽.

83 임대식, 「1960년대 초반 지식인들의 현실인식」, 『역사비평』, 제65호(2003년 겨울), 317쪽; 임대식, 「1950년대 미국의 교육원조와 친미 엘리트의 형성」, 역사문제연구소 편, 『1950년대 남북한의 선택과 굴절』(역사비평사, 1998), 183쪽.

84 박태순·김동춘, 『1960년대의 사회운동』(까치, 1991), 199쪽.

85 서중석, 『비극의 현대 지도자: 그들은 민족주의자인가 반민족주의자인가』(성균관대학교출판부, 2002), 279쪽; 김기승, 「제2공화국과 장준하」, 한국민족운동사학회 편, 『장면과 제2공화국』(국학자료원, 2003), 130쪽.

86 서중석, 『비극의 현대 지도자: 그들은 민족주의자인가 반민족주의자인가』(성균관대학교출판부, 2002), 279~280쪽; 임대식, 「1960년대 초반 지식인들의 현실인식」, 『역사비평』, 제65호(2003년 겨울), 314쪽.

87 임대식, 「1950년대 미국의 교육원조와 친미 엘리트의 형성」, 역사문제연구소 편, 『1950년대 남북한의 선택과 굴절』(역사비평사, 1998), 183쪽.

88 임대식, 「1950년대 미국의 교육원조와 친미 엘리트의 형성」, 역사문제연구소 편, 『1950년대 남북한의 선택과 굴절』(역사비평사, 1998), 184쪽.

89 서중석, 『비극의 현대 지도자: 그들은 민족주의자인가 반민족주의자인가』(성균관대학교출판부, 2002), 279쪽.

90 박경수, 『장준하: 민족주의자의 길』(돌베개, 2003), 302쪽.

91 박경수, 『장준하: 민족주의자의 길』(돌베개, 2003), 302쪽.

92 서중석, 『비극의 현대 지도자: 그들은 민족주의자인가 반민족주의자인가』(성균관대학교출판부, 2002), 280쪽.

93 김기승, 「제2공화국과 장준하」, 한국민족운동사학회 편, 『장면과 제2공화국』(국학자료원, 2003), 135쪽.

94 김종필, 『김종필 증언록 1: JP가 말하는 대한민국 현대사』(와이즈베리, 2016), 136쪽.

95 김충식, 『정치공작사령부 남산의 부장들 1』(동아일보사, 1992), 43쪽.

96 한배호, 『한국정치변동론』(법문사, 1994), 232~233쪽.

97 김충식, 『정치공작사령부 남산의 부장들 1』(동아일보사, 1992), 50쪽.

98   조갑제의 말; 박태순·김동춘, 『1960년대의 사회운동』(까치, 1991), 205쪽.

99   브루스 커밍스(Bruce Cumings), 김동노 외 옮김, 『브루스 커밍스의 한국현대사』 (창작과비평사, 1997/2001), 511쪽.

100   김삼웅, 『해방후 정치사 100장면: 해방에서 김일성 죽음까지』(가람기획, 1994), 145쪽; 김헌식, 『색깔논쟁』(새로운 사람들, 2003), 216쪽.

101   김정원, 「군정과 제3공화국: 1961~1971」, 김성환 외, 『1960년대』(거름, 1984), 188쪽.

102   윤금중, 『국회의원 마누라가 본 이 나라의 개판정치』(한국문원, 2000), 99~100쪽.

103   채명신, 『사선을 넘고 넘어: 채명신 회고록』(매일경제신문사, 1994), 399쪽.

104   채명신, 『사선을 넘고 넘어: 채명신 회고록』(매일경제신문사, 1994), 400~401쪽.

105   채명신, 『사선을 넘고 넘어: 채명신 회고록』(매일경제신문사, 1994), 401쪽.

106   채명신, 『사선을 넘고 넘어: 채명신 회고록』(매일경제신문사, 1994), 405쪽.

107   최상천, 『알몸 박정희』(사람나라, 2001), 207쪽.

108   한규훈, 『실록 한국은행』(매일경제신문사, 1986), 340쪽.

109   조갑제, 『내 무덤에 침을 뱉어라 4: 국가개조』(조선일보사, 1998), 153, 161쪽.

110   김충식, 『정치공작사령부 남산의 부장들 1』(동아일보사, 1992), 55~56쪽.

111   정대철, 『장면은 왜 수녀원에 숨어 있었나』(동아일보사, 1997), 88쪽.

112   정대철, 『장면은 왜 수녀원에 숨어 있었나』(동아일보사, 1997), 163쪽.

113   이상우, 『박정권 18년: 그 권력의 내막』(동아일보사, 1986), 76쪽.

114   문명자, 『내가 본 박정희와 김대중』(월간말, 1999), 42~43쪽.

115   이석제, 『각하, 우리 혁명합시다』(서적포, 1995), 137쪽.

116   한용원, 『한국의 군부정치』(대왕사, 1993), 222쪽.

117   한용원, 『한국의 군부정치』(대왕사, 1993), 222쪽.

118   브루스 커밍스(Bruce Cumings), 김동노 외 옮김, 『브루스 커밍스의 한국현대사』 (창작과비평사, 1997/2001), 507쪽.

119   노영기, 「5·16 쿠데타 주체세력 분석」, 『역사비평』, 제57호(2001년 겨울), 172쪽.

120   노영기, 「5·16 쿠데타 주체세력 분석」, 『역사비평』, 제57호(2001년 겨울), 173쪽.

121   김용관, 「박정희와 윤보선」, 『월간 인물과사상』, 제214호(2016년 2월), 141~142쪽.

122   노영기, 「5·16 쿠데타 주체세력 분석」, 『역사비평』, 제57호(2001년 겨울), 192~ 193쪽.

123   노영기, 「5·16 쿠데타 주체세력 분석」, 『역사비평』, 제57호(2001년 겨울), 179~ 182쪽.

124   이용원, 「제2공화국과 장면: 요동치는 군 하(下)」, 『대한매일』, 1999년 5월 4일, 6면;

김형아, 신명주 옮김, 『박정희의 양날의 선택: 유신과 중화학공업』(일조각, 2005), 108쪽.

125 노영기, 「5·16 쿠데타 주체세력 분석」, 『역사비평』, 제57호(2001년 겨울), 183쪽.

126 노영기, 「5·16 쿠데타 주체세력 분석」, 『역사비평』, 제57호(2001년 겨울), 184~185쪽.

127 김세중, 「2공 민군관계 역전의 구조와 과정: 국내적 행위자의 책임을 중심으로」, 한국 민족운동사학회 편, 『장면과 제2공화국』(국학자료원, 2003), 78쪽.

128 문일석, 『KCIA 비록(秘錄)-X파일 2: 중앙정보부 전 감찰실장 방준모 전격 증언』(한솔미디어, 1996), 122쪽; 조갑제, 『내 무덤에 침을 뱉어라 4: 국가개조』(조선일보사, 1998), 212쪽.

129 노영기, 「5·16 쿠데타 주체세력 분석」, 『역사비평』, 제57호(2001년 겨울), 175쪽.

130 김준하, 『대통령과 장군: 윤보선 대 박정희』(나남, 2002), 213쪽.

131 박태순·김동춘, 『1960년대의 사회운동』(까치, 1991), 147쪽.

132 선우종원, 『격랑 80년: 선우종원 회고록』(인물연구소, 1998), 255~256쪽.

133 선우종원, 『격랑 80년: 선우종원 회고록』(인물연구소, 1998), 260쪽.

134 이동원, 『대통령을 그리며』(고려원, 1992), 47쪽.

135 강원용, 『빈들에서: 나의 삶, 한국 현대사의 소용돌이 2-혁명, 그 모순의 회오리』(열린문화, 1993), 149~150쪽.

136 문창극, 『한미 갈등의 해부』(나남, 1994), 45쪽.

137 김충식, 『정치공작사령부 남산의 부장들 1』(동아일보사, 1992), 31쪽.

138 문명자, 『내가 본 박정희와 김대중』(월간말, 1999), 41쪽.

139 한용원, 『한국의 군부정치』(대왕사, 1993), 249쪽.

140 서재진, 『한국의 자본가 계급』(나남, 1991), 216쪽.

141 전상봉, 『강남을 읽다: 강남 형성과 강남 현상을 찾아서』(여유당, 2018), 32~33쪽; 한종수·강희용·정병옥, 『강남의 탄생: 대한민국의 심장 도시는 어떻게 태어났는가?』(개정증보판, 미지북스, 2016/2024), 30쪽.

142 정경희, 「영웅인가 우상인가?」, 『미디어오늘』, 2004년 6월 9일, 15면.

143 정경희, 「영웅인가 우상인가?」, 『미디어오늘』, 2004년 6월 9일, 15면.

144 이맹희, 『묻어둔 이야기: 이맹희 회상록』(청산, 1993), 122쪽.

145 조갑제, 『내 무덤에 침을 뱉어라 4: 국가개조』(조선일보사, 1998), 189쪽.

146 이맹희, 『묻어둔 이야기: 이맹희 회상록』(청산, 1993), 124쪽.

147 서재진, 『한국의 자본가 계급』(나남, 1991), 216~217쪽.

148 조갑제, 『내 무덤에 침을 뱉어라 4: 국가개조』(조선일보사, 1998), 192~193쪽.

149 서재진, 『한국의 자본가 계급』(나남, 1991), 217쪽.

150 김종필, 『김종필 증언록 1: JP가 말하는 대한민국 현대사』(와이즈베리, 2016), 285쪽.

151 이맹희, 『묻어둔 이야기: 이맹희 회상록』(청산, 1993), 125쪽.

152 공제욱, 「한국전쟁과 재벌의 형성」, 경상대학교 사회과학연구소 엮음, 『한국전쟁과 한국자본주의』(한울아카데미, 2000), 94쪽.

153 손호철, 「5·16 쿠데타를 어떻게 평가할 것인가」, 『역사비평』, 제13호(1991년 여름), 169쪽.

154 서재진, 『한국의 자본가 계급』(나남, 1991), 218쪽.

155 이맹희, 『묻어둔 이야기: 이맹희 회상록』(청산, 1993), 131쪽.

156 공제욱, 「부정축재자 처리와 재벌」, 한국정신문화연구원 편, 『1960년대의 정치사회 변동: 1963~1970』(백산서당, 1999), 247~248쪽.

157 이기홍, 『경제 근대화의 숨은 이야기: 국가 장기 경제개발 입안자의 회고록』(보이스사, 1999), 269~270쪽.

158 이옥지, 『한국여성노동자 운동사』(한울아카데미, 2001), 93쪽.

159 역사학연구소, 『메이데이 100년의 역사』(서해문집, 2004), 141쪽.

160 공제욱, 「한국전쟁과 재벌의 형성」, 경상대학교 사회과학연구소 엮음, 『한국전쟁과 한국자본주의』(한울아카데미, 2000), 95~97쪽.

161 김용석, 「다시 쓰는 한반도 100년: 일, 5·16 직후 먼저 국교 정상화 의사 타진」, 『경향신문』, 2001년 11월 3일, 14면.

162 김준하, 『대통령과 장군: 윤보선 대 박정희』(나남, 2002), 120~121쪽.

163 김준하, 『대통령과 장군: 윤보선 대 박정희』(나남, 2002), 121쪽.

164 김용석, 「다시 쓰는 한반도 100년: 미, 정권 창출·쿠데타·계엄까지 '쥐락펴락'」, 『경향신문』, 2001년 9월 22일, 8면.

165 리영희, 『역정: 나의 청년시대-리영희 자전적 에세이』(창작과비평사, 1988), 370쪽.

166 리영희, 『역정: 나의 청년시대-리영희 자전적 에세이』(창작과비평사, 1988), 370~371쪽.

167 중앙일보 특별취재팀, 『실록 박정희』(중앙M&B, 1998), 61쪽.

168 김용석, 「다시 쓰는 한반도 100년: 미, 정권 창출·쿠데타·계엄까지 '쥐락펴락'」, 『경향신문』, 2001년 9월 22일, 8면.

169 정경모, 「박정희: 권력부상에서 비극적 종말까지」, 『역사비평』, 제13호(1991년 여름), 220쪽.

170 한홍구, 『대한민국사 1: 단군에서 김두한까지』(한겨레신문사, 2003), 96~97쪽.

171 최상천, 『알몸 박정희』(사람나라, 2001), 115쪽.

172 조갑제, 『내 무덤에 침을 뱉어라 4: 국가개조』(조선일보사, 1998), 365쪽; 홍규덕, 「베트남전 참전 결정 과정과 그 영향」, 한국정신문화연구원 편, 『1960년대의 대외관계와 남북문제』(백산서당, 1999), 59~60쪽.

173 리영희, 『동굴속의 독백』(나남, 1999), 529쪽.

174 리영희, 『역정: 나의 청년시대-리영희 자전적 에세이』(창작과비평사, 1988), 374~384쪽.

175 고성국, 「4월 혁명의 역사적 부정으로서의 5·16 쿠데타」, 고성국 외, 『1950년대 한국 사회와 4·19 혁명』(태암, 1991), 288~289쪽.

176 황병주, 「민중, 희생자인가 공범자인가: 박정희 시대의 국가와 '민중'」, 『당대비평』, 제12호(2000년 가을), 52쪽.

177 문명자, 『내가 본 박정희와 김대중』(월간말, 1999), 74쪽.

178 문명자, 『내가 본 박정희와 김대중』(월간말, 1999), 86~87쪽.

179 조갑제, 『내 무덤에 침을 뱉어라 4: 국가개조』(조선일보사, 1998), 386쪽.

180 조갑제, 『내 무덤에 침을 뱉어라 5: 김종필의 풍운』(조선일보사, 1998), 162쪽.

181 강원용, 『빈들에서: 나의 삶, 한국 현대사의 소용돌이 2-혁명, 그 모순의 회오리』(열린 문화, 1993), 176쪽.

182 김충식, 『정치공작사령부 남산의 부장들 1』(동아일보사, 1992), 113쪽.

183 손상익, 『한국만화통사 하(下): 1945년 이후』(시공사, 1998), 121쪽.

제2부 1962년

1 김지형, 「4월 민중항쟁 직후 민족자주통일협의회의 노선과 활동」, 한국역사연구회 4월민중항쟁연구반, 『4·19와 남북관계』(민연, 2000), 123쪽.

2 김준하, 『대통령과 장군: 윤보선 대 박정희』(나남, 2002), 131~132쪽; 김정원, 「군정과 제3공화국: 1961~1971」, 김성환 외, 『1960년대』(거름, 1984), 163쪽.

3 김대중, 일본 NHK 취재반 구성, 김용운 편역, 『역사와 함께 시대와 함께: 김대중 자서전 1』(인동, 1999), 156쪽.

4 이영석, 『야당 40년사』(인간사, 1987), 217쪽.

5 주돈식, 『우리도 좋은 대통령을 갖고 싶다: 8명의 역대 대통령과 외국 대통령의 비교 평가』(사람과책, 2004), 139쪽에서 재인용.

6 김준하, 『대통령과 장군: 윤보선 대 박정희』(나남, 2002), 132~133쪽.

7 경향신문사 사사편찬위원회, 『경향신문 50년사』(경향신문사, 1996), 215쪽.

8 김준하, 『대통령과 장군: 윤보선 대 박정희』(나남, 2002), 139~140쪽.

9   조갑제, 『내 무덤에 침을 뱉어라 5: 김종필의 풍운』(조선일보사, 1998), 190~191쪽.

10 조갑제, 『내 무덤에 침을 뱉어라 5: 김종필의 풍운』(조선일보사, 1998), 146쪽.

11 조갑제, 『내 무덤에 침을 뱉어라 5: 김종필의 풍운』(조선일보사, 1998), 148쪽.

12 강원용, 『빈들에서: 나의 삶, 한국 현대사의 소용돌이 2-혁명, 그 모순의 회오리』(열린
    문화, 1993), 159~160쪽.

13 강원용, 『빈들에서: 나의 삶, 한국 현대사의 소용돌이 2-혁명, 그 모순의 회오리』(열린
    문화, 1993), 273쪽.

14 이완범, 「제1차 경제개발5개년계획의 입안과 미국의 역할, 1960~1965」, 한국정신
    문화연구원 편, 『1960년대의 정치사회변동: 1963~1970』(백산서당, 1999), 109쪽.

15 조갑제, 『내 무덤에 침을 뱉어라 5: 김종필의 풍운』(조선일보사, 1998), 182~183쪽.

16 조갑제, 『내 무덤에 침을 뱉어라 4: 국가개조』(조선일보사, 1998), 173~174쪽.

17 김천수, 「"발가벗겨 쏴아 죽였다": UN군사 발표 뒤집은 파주 나무꾼 사살 사건의 진
    상」, 『옵서버』, 1993년 3월, 442~451쪽.

18 이종오, 「반제반일민족주의와 6·3운동」, 『역사비평』, 창간호(1988년 여름), 52쪽;
    한홍구, 『대한민국사 1: 단군에서 김두한까지』(한겨레신문사, 2003), 231~232쪽.

19 이종오, 「반제반일민족주의와 6·3운동」, 『역사비평』, 창간호(1988년 여름), 52쪽.

20 조갑제, 『내 무덤에 침을 뱉어라 4: 국가개조』(조선일보사, 1998), 349쪽.

21 배경식, 「보릿고개를 넘어서」, 한국역사연구회, 『우리는 지난 100년 동안 어떻게 살았
    을까 3』(역사비평사, 1999), 230쪽.

22 한운사, 「남기고 싶은 이야기들: 구름의 역사」, 『중앙일보』, 2004년 4월 27일, 27면.

23 조갑제, 『내 무덤에 침을 뱉어라 3: 혁명 전야』(조선일보사, 1998), 88~89쪽.

24 이동원, 『대통령을 그리며』(고려원, 1992), 64쪽.

25 오원철, 『한국형 경제건설 1』(기아경제연구소, 1996), 30쪽.

26 조갑제, 『내 무덤에 침을 뱉어라 5: 김종필의 풍운』(조선일보사, 1998), 37쪽.

27 한배호, 『한국정치변동론』(법문사, 1994), 139쪽.

28 김흥기 편, 『영욕의 한국경제: 비사(秘史) 경제기획원 33년』(매일경제신문사, 1999),
    87쪽.

29 이동원, 『대통령을 그리며』(고려원, 1992), 66쪽.

30 강경희, 「대한민국 50년 우리들의 이야기: 역사만큼 곡절…외제 돈으로 3차례 화폐개
    혁」, 『조선일보』, 1998년 8월 8일, 4면.

31 한규훈, 『실록 한국은행』(매일경제신문사, 1986), 420쪽.

32 한규훈, 『실록 한국은행』(매일경제신문사, 1986), 423쪽.

33 한규훈, 『실록 한국은행』(매일경제신문사, 1986), 414~415쪽.

34 이석제, 『각하, 우리 혁명합시다』(서적포, 1995), 169쪽.

35 이완범, 「제1차 경제개발5개년계획의 입안과 미국의 역할, 1960~1965」, 한국정신문화연구원 편, 『1960년대의 정치사회변동: 1963~1970』(백산서당, 1999), 97쪽.

36 조갑제, 『내 무덤에 침을 뱉어라 5: 김종필의 풍운』(조선일보사, 1998), 115쪽.

37 이완범, 「제1차 경제개발5개년계획의 입안과 미국의 역할, 1960~1965」, 한국정신문화연구원 편, 『1960년대의 정치사회변동: 1963~1970』(백산서당, 1999), 100~101쪽.

38 조갑제, 『내 무덤에 침을 뱉어라 5: 김종필의 풍운』(조선일보사, 1998), 206쪽.

39 김병국, 『분단과 혁명의 동학: 한국과 멕시코의 정치경제』(문학과지성사, 1994), 360쪽.

40 이완범, 「제1차 경제개발5개년계획의 입안과 미국의 역할, 1960~1965」, 한국정신문화연구원 편, 『1960년대의 정치사회변동: 1963~1970』(백산서당, 1999), 68쪽.

41 조갑제, 『내 무덤에 침을 뱉어라 5: 김종필의 풍운』(조선일보사, 1998), 117쪽.

42 장하원, 「1960년대 한국의 개발전략과 산업정책의 형성」, 한국정신문화연구원 편, 『1960년대 한국의 공업화와 경제구조』(백산서당, 1999), 107쪽.

43 이완범, 「제1차 경제개발5개년계획의 입안과 미국의 역할, 1960~1965」, 한국정신문화연구원 편, 『1960년대의 정치사회변동: 1963~1970』(백산서당, 1999), 37쪽.

44 소현숙, 「너무 많이 낳아 창피합니다: 가족계획」, 여성사 연구모임 길밖세상, 『20세기 여성 사건사: 근대 여성교육의 시작에서 사이버 페미니즘까지』(여성신문사, 2001), 175쪽.

45 김두섭, 「인구문제」, 고영복 편, 『현대사회문제』(사회문화연구소, 1991), 404~407쪽.

46 「극빈자엔 피임약」, 『조선일보』, 1962년 1월 11일, 석간 3면; 「서두르는 가족계획: 전국 183개소에 상담소」, 『조선일보』, 1962년 7월 19일, 조간 3면.

47 「피임법 무료 강좌 서울 YWCA서」, 『조선일보』, 1962년 3월 20일, 조간 4면; 「피임법 무료 상담」, 『조선일보』, 1962년 3월 20일, 석간 4면.

48 「서울의 신종직업 (4) 가족계획지도원: 새 시대 '삼신 아주머니'」, 『조선일보』, 1962년 9월 12일, 조간 6면.

49 「가족계획 강력 추진」, 『조선일보』, 1963년 9월 18일, 2면; 김명환, 「그 시절 그 광고 (12) "이러다간 백 년 뒤 인구 5억 된다" 피임약, 인구 팽창을 核 폭발 비유」, 『조선일보』, 2014년 3월 19일.

50 「가족계획 얼마나 성공했나」, 『조선일보』, 1964년 6월 28일, 4면.

51 한대우, 「가족계획의 생활화」, 『조선일보』, 1976년 3월 6일, 5면.

52 소현숙, 「너무 많이 낳아 창피합니다: 가족계획」, 여성사 연구모임 길밖세상, 『20세기 여성 사건사: 근대 여성교육의 시작에서 사이버 페미니즘까지』(여성신문사, 2001),

181쪽.

53   한홍구, 『대한민국사 1: 단군에서 김두한까지』(한겨레신문사, 2003), 305쪽.

54   조갑제, 『내 무덤에 침을 뱉어라 3: 혁명 전야』(조선일보사, 1998), 141쪽.

55   한홍구, 『대한민국사 1: 단군에서 김두한까지』(한겨레신문사, 2003), 305쪽.

56   이석제, 『각하, 우리 혁명합시다』(서적포, 1995), 166쪽; 정소영, 「국토건설단 창단:
      최고회의 근무시 건설단에 자원」, 월간조선 엮음, 『한국현대사 119대 사건: 체험기와
      특종사진』(조선일보사, 1993), 162~165쪽.

57   박진도, 「근대화 물결에 떠내려간 농촌」, 한국역사연구회, 『우리는 지난 100년 동안
      어떻게 살았을까 1: 삶과 문화 이야기』(역사비평사, 1998), 139~140쪽.

58   한홍구, 『대한민국사 1: 단군에서 김두한까지』(한겨레신문사, 2003), 304쪽.

59   한홍구, 『대한민국사 2: 아리랑 김산에서 월남 김상사까지』(한겨레신문사, 2003),
      241쪽.

60   호러스 언더우드(Horace G. Underwood), 『한국전쟁, 혁명 그리고 평화』(연세대
      학교출판부, 2002), 284~285쪽.

61   채명신, 『사선을 넘고 넘어: 채명신 회고록』(매일경제신문사, 1994), 402쪽.

62   남재 김상협 선생 전기편찬위원회 엮음, 『남재 김상협: 그 생애/학문/사상』(한울,
      2004), 373~375쪽.

63   김교식, 『다큐멘터리 박정희 3』(평민사, 1990), 15쪽.

64   채명신, 『사선을 넘고 넘어: 채명신 회고록』(매일경제신문사, 1994), 399~400쪽.

65   남재 김상협 선생 전기편찬위원회 엮음, 『남재 김상협: 그 생애/학문/사상』(한울,
      2004), 378~379쪽.

66   남재 김상협 선생 전기편찬위원회 엮음, 『남재 김상협: 그 생애/학문/사상』(한울,
      2004), 380쪽.

67   이화여자대학교, 『이화 100년사』(이화여자대학교출판부, 1994), 356쪽.

68   남재 김상협 선생 전기편찬위원회 엮음, 『남재 김상협: 그 생애/학문/사상』(한울,
      2004), 380쪽.

69   남재 김상협 선생 전기편찬위원회 엮음, 『남재 김상협: 그 생애/학문/사상』(한울,
      2004), 385쪽.

70   이석제, 『각하, 우리 혁명합시다』(서적포, 1995), 169쪽.

71   「주택공사 발족」, 『조선일보』, 1962년 7월 2일, 석간 3면.

72   백승구, 「위대한 세대의 증언/주거혁명의 기수 장동운: "한국인의 주거문화를 바꿨다
      는, 온 힘을 다해 나라에 충성했다는 자부심 한 조각은 있습니다"」, 『월간조선』, 2006
      년 7월, 356~357쪽.

73 백승구, 「위대한 세대의 증언/주거혁명의 기수 장동운: "한국인의 주거문화를 바꿨다는, 온 힘을 다해 나라에 충성했다는 자부심 한 조각은 있습니다"」, 『월간조선』, 2006년 7월, 359~360쪽.

74 이승호, 『옛날 신문을 읽었다 1950~2002』(다우, 2002), 46~50쪽.

75 박수진, 「[광복 60주년 특별기획-한국을 바꾼 제품들] 주공아파트」, 『한경비즈니스』, 2005년 9월 12일.

76 발레리 줄레조(Valerie Gelezeau), 길혜연 옮김, 『한국의 아파트 연구: 서울지역 7개 아파트 단지의 경관 분석을 중심으로』(아연출판부, 2004), 192쪽.

77 조갑제, 『내 무덤에 침을 뱉어라 5: 김종필의 풍운』(조선일보사, 1998), 81~82쪽.

78 백승구, 「위대한 세대의 증언/주거혁명의 기수 장동운: "한국인의 주거문화를 바꿨다는, 온 힘을 다해 나라에 충성했다는 자부심 한 조각은 있습니다"」, 『월간조선』, 2006년 7월, 363쪽.

79 박철수, 『아파트의 문화사』(살림, 2006), 74쪽.

80 「일가족 3명이 사망/연탄가스 중독으로」, 『조선일보』, 1960년 12월 6일, 조간 4면; 「한 집서 3명 사망: 1명 중태, 구공탄가스 중독」, 『조선일보』, 1960년 12월 12일, 석간 3면; 「위험이 많은 연탄 '가스'」, 『조선일보』, 1961년 1월 6일, 조간 2면; 「제기동서 "구공탄의 비극": 참(慘)! 일가족 5명 사망」, 『조선일보』, 1961년 11월 28일, 조간 2면.

81 「[사설] 구공탄 사고의 빈발은 공업과학계의 수치」, 『조선일보』, 1961년 11월 28일, 석간 1면.

82 「한파를 타고 오는 "연탄 비극"의 걱정」, 『조선일보』, 1961년 12월 1일, 조간 2면.

83 「조심! "만성중독" 동 단위로 계몽 계획」, 『조선일보』, 1961년 12월 2일, 조간 2면.

84 「'연탄가스'를 예방하려면 배기 경로 알아두자: 굴뚝엔 갓 씌우고 쥐구멍은 막고」, 『조선일보』, 1961년 12월 19일, 조간 4면.

85 「[사설] 구공탄가스 희생자의 속출은 맹랑한 일이다」, 『조선일보』, 1962년 11월 10일, 1면.

86 「이틀새 16명 절명: 연탄가스 중독…중태도 20명」, 『조선일보』, 1965년 12월 22일, 3면.

87 「[사설] 연탄가스 참사를 없앨 국가적 대책을 요구」, 『조선일보』, 1965년 12월 22일, 2면.

88 「[사설] 연탄 중독 사건 빈발은 근대화 시대의 수치」, 『조선일보』, 1967년 11월 22일, 2면.

89 「'검은 사신(死神)' 작년의 갑절」, 『조선일보』, 1968년 10월 24일, 6면.

90 「[사설] 연료정책과 연탄업계의 반성」,『조선일보』, 1968년 11월 7일, 2면;「[사설] 연탄업자에게 충고한다」,『조선일보』, 1968년 11월 16일, 2면.

91 「연탄가스 제독제 발명에 천만 원: 현상금 걸고 "연구"를」,『조선일보』, 1968년 11월 16일, 3면.

92 「연탄가스 제독 1천만 원 현상에 '아이디어' 홍수: 5일 동안 290점」,『조선일보』, 1968년 11월 21일, 7면;「68년의 시련 (7) 연탄가스: 올해 349명 숨져」,『조선일보』, 1968년 12월 28일, 3면.

93 「연탄가스에서 시민을 지키자」,『조선일보』, 1968년 11월 28일, 6면.

94 조갑제,『내 무덤에 침을 뱉어라 4: 국가개조』(조선일보사, 1998), 238쪽.

95 안병찬,『신문발행인의 권력과 리더쉽: 장기영의 부챗살 소통망 연구』(나남, 1999), 90쪽.

96 엄광용,「최장수 보도사진 기자 정범태의 '결정적인 순간들', 그리고 그의 직업정신」,『월간조선』, 1998년 8월, 51쪽.

97 경향신문사 사사편찬위원회,『경향신문 50년사』(경향신문사, 1996), 215쪽.

98 송건호,『한국현대언론사』(삼민사, 1990), 131쪽.

99 김해식,『한국언론의 사회학』(나남, 1994), 103쪽.

100 김해식,『한국언론의 사회학』(나남, 1994), 103쪽.

101 송건호,『민주언론 민족언론』(두레, 1987), 321쪽.

102 송건호,『한국현대언론사』(삼민사, 1990), 136쪽.

103 김영호,『한국 언론의 사회사 상(上)』(지식산업사, 2004), 341쪽.

104 안병찬,『신문발행인의 권력과 리더쉽: 장기영의 부챗살 소통망 연구』(나남, 1999), 91쪽.

105 안병찬,『신문발행인의 권력과 리더쉽: 장기영의 부챗살 소통망 연구』(나남, 1999), 92쪽.

106 김영호,『한국 언론의 사회사 상(上)』(지식산업사, 2004), 378쪽.

107 안병찬,『신문발행인의 권력과 리더쉽: 장기영의 부챗살 소통망 연구』(나남, 1999), 93쪽.

108 김영호,『한국 언론의 사회사 상(上)』(지식산업사, 2004), 379쪽.

109 정진석,『한국 현대언론사론』(전예원, 1985), 224쪽; 임영태,『대한민국 50년사 2』(들녘, 1998), 47~48쪽.

110 박경수,『장준하: 민족주의자의 길』(돌베개, 2003), 311쪽.

111 박경수,『장준하: 민족주의자의 길』(돌베개, 2003), 312쪽.

112 채명신,『사선을 넘고 넘어: 채명신 회고록』(매일경제신문사, 1994), 407쪽.

113 김준하, 『대통령과 장군: 윤보선 대 박정희』(나남, 2002), 155쪽.

114 조갑제, 『내 무덤에 침을 뱉어라 5: 김종필의 풍운』(조선일보사, 1998), 196쪽.

115 김준하, 『대통령과 장군: 윤보선 대 박정희』(나남, 2002), 155쪽.

116 이병주, 「5·16 혁명 '공약(空約)'」, 『월간조선』, 1985년 5월, 493~494쪽.

117 한용원, 『한국의 군부정치』(대왕사, 1993), 252쪽.

118 조갑제, 『내 무덤에 침을 뱉어라 5: 김종필의 풍운』(조선일보사, 1998), 196쪽.

119 손정목, 「남기고 싶은 이야기들: 워커힐 건립」, 『중앙일보』, 2003년 9월 5일, 23면.

120 채명신, 『사선을 넘고 넘어: 채명신 회고록』(매일경제신문사, 1994), 407~408쪽.

121 한용원, 『한국의 군부정치』(대왕사, 1993), 251쪽.

122 이병주, 「5·16 혁명 '공약(空約)'」, 『월간조선』, 1985년 5월, 494~495쪽.

123 지명관, 『한국을 움직인 현대사 61장면』(다섯수레, 1996), 83쪽.

124 오원철, 『한국형 경제건설 1』(기아경제연구소, 1996), 252~253쪽.

125 한용원, 『한국의 군부정치』(대왕사, 1993), 251쪽; 이병주, 「5·16 혁명 '공약(空約)'」, 『월간조선』, 1985년 5월, 495쪽.

126 이병주, 「5·16혁명 '공약(空約)'」, 『월간조선』, 1985년 5월, 495쪽.

127 정순일, 『한국방송의 어제와 오늘: 체험적 방송 현대사』(나남, 1991), 135쪽.

128 임종수, 「1960~70년대 텔레비전 붐 현상과 텔레비전 도입의 맥락」, 『한국언론학보』, 48권 2호(2004년 4월), 88쪽.

129 노정팔, 『한국방송과 50년』(나남, 1995), 458쪽.

130 김준하, 『대통령과 장군: 윤보선 대 박정희』(나남, 2002), 346쪽; 김지형, 『남북을 잇는 현대사 산책』(선인, 2003), 261쪽.

131 정일몽, 「KBS-TV 창설 비화」, 한국TV방송50년위원회, 『한국의 방송인: 체험적 현장기록 한국방송 1956~2001』(커뮤니케이션북스, 2002), 173쪽.

132 유병은, 『초창기 방송시대의 방송야사』(KBS문화사업단, 1998), 223쪽.

133 유병은, 『초창기 방송시대의 방송야사』(KBS문화사업단, 1998), 224쪽.

134 임종수, 「1960~70년대 텔레비전 붐 현상과 텔레비전 도입의 맥락」, 『한국언론학보』, 48권 2호(2004년 4월), 98~99쪽.

135 임종수, 「1960~70년대 텔레비전 붐 현상과 텔레비전 도입의 맥락」, 『한국언론학보』, 48권 2호(2004년 4월), 84쪽.

136 임종수, 「1960~70년대 텔레비전 붐 현상과 텔레비전 도입의 맥락」, 『한국언론학보』, 48권 2호(2004년 4월), 83~84쪽.

137 정경민·김영훈·손해용, 『대한민국을 즐겨라: 통계로 본 한국 60년』(한국통계진흥원, 2008), 31쪽; 조갑제, 『내 무덤에 침을 뱉어라 4: 국가개조』(조선일보사, 1998), 367쪽.

138 한규훈, 『실록 한국은행』(매일경제신문사, 1986), 330쪽.

139 서현진, 『끝없는 혁명: 한국 전자산업 40년의 발자취』(이비컴, 2201), 82쪽.

140 박정철, 「금성 라디오: 폐업 직전 '5·16' 만나 기사회생」, 『국민일보』, 1992년 11월 17일, 9면.

141 문화방송, 『문화방송 30년사』(문화방송, 1992), 278쪽.

142 정재권, 「"5·16 직후 수갑 채워 강탈" "기업가가 재산 헌납한 것": 박근혜 대표 정수장학회 이사장 논란」, 『한겨레』, 2004년 7월 27일, 5면.

143 부산문화방송, 『부산문화방송 30년사 1959~1989』(부산문화방송, 1990), 117쪽; 이범경, 『한국방송사』(범우사, 1994), 346쪽.

144 조갑제, 「내 무덤에 침을 뱉어라!」, 『조선일보』, 1998년 8월 14일, 13면; 8월 17일, 17면.

145 한홍구, 『대한민국사 4: 386세대에서 한미 FTA까지』(한겨레출판, 2006), 139~140쪽.

146 「김지태」, 『위키백과』.

147 유현목, 「우여곡절 많았던 '오발탄'」, 『경향신문』, 1998년 1월 22일, 22면.

148 조희문, 「정치의 성역화, 영화 침체 초래」, 『옵서버』, 1990년 3월호.

149 정종화, 『자료로 본 한국 영화사 2: 1955~1997』(열화당, 1997), 46~48쪽.

150 이순진, 「한국영화사의 절반을 복원하라」, 『씨네21』, 2003년 5월 6일, 152면.

151 조희문, 「정치의 성역화, 영화 침체 초래」, 『옵서버』, 1990년 3월호.

152 김미경, 「커뮤니케이션 양식으로서의 대중가요에 관한 연구: 1940년대~1980년대 인기가요의 내용 분석」, 『사보 문화방송』, 1991년 2월, 41쪽.

153 조갑제, 『박정희 ①: 불만과 불운의 세월 1917~1960』(까치, 1992), 13~14쪽.

154 정지환, 『대한민국 다큐멘터리』(인물과사상사, 2004), 288쪽.

155 이윤복, 『저 하늘에도 슬픔이』(산하, 2004), 155쪽.

제3부 1963년

1 한종수·강희용·정병옥, 『강남의 탄생: 대한민국의 심장 도시는 어떻게 태어났는가?』(개정증보판, 미지북스, 2016/2024), 27~29쪽.

2 김종필, 『김종필 증언록 1: JP가 말하는 대한민국 현대사』(와이즈베리, 2016), 183~184쪽.

3 신창균, 『가시밭길에서도 느끼는 행복: 조국통일범민족연합 남측본부 의장 송암 신창균 회고록』(해냄, 1997), 238~240쪽.

4 조갑제, 『내 무덤에 침을 뱉어라 5: 김종필의 풍운』(조선일보사, 1998), 200쪽.

5   김대중, 일본 NHK 취재반 구성, 김용운 편역, 『역사와 함께 시대와 함께: 김대중 자서
    전 1』(인동, 1999), 160쪽.

6   장달중, 「제3공화국과 권위주의적 근대화」, 안청시 편, 『현대한국정치론』(법문사,
    1998), 244쪽.

7   김용호, 『한국정당정치의 이해』(나남, 2001), 411쪽.

8   남재 김상협 선생 전기편찬위원회 엮음, 『남재 김상협: 그 생애/학문/사상』(한울,
    2004), 436쪽.

9   조갑제, 『내 무덤에 침을 뱉어라 5: 김종필의 풍운』(조선일보사, 1998), 197~199쪽.

10 김문, 『장군의 비망록 I: 격동의 현대사를 주도한 장군들의 이야기』(별방, 1998), 21쪽.

11 이석제, 『각하, 우리 혁명합시다』(서적포, 1995), 189쪽.

12 한용원, 『한국의 군부정치』(대왕사, 1993), 259쪽.

13 이정석, 『분단과 반민주로 본 한국 정치 이야기 상(上)』(무당미디어, 1997), 271쪽.

14 한용원, 『한국의 군부정치』(대왕사, 1993), 259쪽.

15 김영호, 『한국 언론의 사회사 상(上)』(지식산업사, 2004), 375쪽.

16 이정석, 『분단과 반민주로 본 한국 정치 이야기 상(上)』(무당미디어, 1997),
    263~264쪽.

17 김정원, 「군정과 제3공화국: 1961~1971」, 김성환 외, 『1960년대』(거름, 1984),
    170쪽; 이정석, 『분단과 반민주로 본 한국 정치 이야기 상(上)』(무당미디어, 1997),
    266쪽.

18 한용원, 『한국의 군부정치』(대왕사, 1993), 258쪽; 조갑제, 『내 무덤에 침을 뱉어라
    5: 김종필의 풍운』(조선일보사, 1998), 210쪽; 이정석, 『분단과 반민주로 본 한국 정
    치 이야기 상(上)』(무당미디어, 1997), 271쪽.

19 이종오, 「반제반일민족주의와 6·3운동」, 『역사비평』, 창간호(1988년 여름), 53쪽에
    서 재인용.

20 김종필, 『김종필 증언록 1: JP가 말하는 대한민국 현대사』(와이즈베리, 2016),
    204~205쪽.

21 조갑제, 『내 무덤에 침을 뱉어라 5: 김종필의 풍운』(조선일보사, 1998), 221쪽.

22 김일영, 「1960년대의 정치지형 변화: 수출 지향형 지배 연합과 발전국가의 형성」, 한
    국정신문화연구원 편, 『1960년대의 정치사회변동: 1963~1970』(백산서당, 1999),
    314쪽.

23 조갑제, 『내 무덤에 침을 뱉어라 5: 김종필의 풍운』(조선일보사, 1998), 229쪽.

24 한용원, 『한국의 군부정치』(대왕사, 1993), 260쪽.

25 하야시 다케히코(林建彦), 최현 옮김, 『남북한 현대사』(삼민사, 1989), 107쪽; 정운

현, 『실록 군인 박정희』(개마고원, 2004), 207쪽.

26 김준하, 『대통령과 장군: 윤보선 대 박정희』(나남, 2002), 236~237쪽.

27 한용원, 『한국의 군부정치』(대왕사, 1993), 260쪽.

28 이만섭, 「나의 이력서: 기자 시절 ⑪」, 『한국일보』, 2002년 8월 27일, 27면.

29 이석제, 『각하, 우리 혁명합시다』(서적포, 1995), 201~202쪽; 이정석, 『분단과 반민주로 본 한국 정치 이야기 상(上)』(무당미디어, 1997), 266쪽.

30 노영기, 「5·16쿠데타 주체세력 분석」, 『역사비평』, 제57호(2001년 겨울), 176쪽.

31 이정석, 『분단과 반민주로 본 한국 정치 이야기 상(上)』(무당미디어, 1997), 269쪽.

32 조갑제, 『내 무덤에 침을 뱉어라 5: 김종필의 풍운』(조선일보사, 1998), 243~244쪽.

33 중앙일보 특별취재팀, 『실록 박정희』(중앙M&B, 1998), 104쪽.

34 김준하, 『대통령과 장군: 윤보선 대 박정희』(나남, 2002), 238쪽.

35 조갑제, 『내 무덤에 침을 뱉어라 5: 김종필의 풍운』(조선일보사, 1998), 250쪽.

36 김문, 『장군의 비망록 I: 격동의 현대사를 주도한 장군들의 이야기』(별방, 1998), 23~24쪽.

37 오연호, 『우리 현대사의 숨은 그림 찾기: 미국의 한반도 정치공작』(월간말, 1994), 121쪽.

38 한용원, 『한국의 군부정치』(대왕사, 1993), 258쪽.

39 김준하, 『대통령과 장군: 윤보선 대 박정희』(나남, 2002), 246~248쪽.

40 김준하, 『대통령과 장군: 윤보선 대 박정희』(나남, 2002), 252쪽.

41 이동원, 「남기고 싶은 이야기들: 케네디 친서」, 『중앙일보』, 1999년 8월 17일, 15면.

42 이동원, 「남기고 싶은 이야기들: 하비브와의 공조」, 『중앙일보』, 1999년 8월 18일, 15면.

43 김준하, 『대통령과 장군: 윤보선 대 박정희』(나남, 2002), 262쪽.

44 조갑제, 『내 무덤에 침을 뱉어라 5: 김종필의 풍운』(조선일보사, 1998), 340~343쪽.

45 리영희, 「내가 만난 사람들: 조선인의 사표였던 두 선생님-인간적 죄책감 안겨준 그레고리 헨더슨」, 『월간중앙』, 2003년 4월, 504~505쪽.

46 이상우, 『박정권 18년: 그 권력의 내막』(동아일보사, 1986), 78쪽.

47 리영희, 『스펑크스의 코: 리영희 에세이』(까치, 1998), 272~273쪽.

48 김문, 『장군의 비망록 I: 격동의 현대사를 주도한 장군들의 이야기』(별방, 1998), 125쪽.

49 한용원, 『한국의 군부정치』(대왕사, 1993), 232쪽.

50 김문, 『장군의 비망록 I: 격동의 현대사를 주도한 장군들의 이야기』(별방, 1998), 40~41쪽.

51 조갑제, 『내 무덤에 침을 뱉어라 5: 김종필의 풍운』(조선일보사, 1998), 270쪽.

52 김충식, 『정치공작사령부 남산의 부장들 1』(동아일보사, 1992), 77~78쪽.

53 김충식, 『정치공작사령부 남산의 부장들 1』(동아일보사, 1992), 78~79쪽.

54 김충식, 『정치공작사령부 남산의 부장들 1』(동아일보사, 1992), 82~85쪽.

55 김충식, 『정치공작사령부 남산의 부장들 1』(동아일보사, 1992), 86쪽.

56 김충식, 『정치공작사령부 남산의 부장들 1』(동아일보사, 1992), 94~95쪽.

57 임대식, 「1960년대 초반 지식인들의 현실인식」, 『역사비평』, 제65호(2003년 겨울), 325쪽.

58 한용원, 『한국의 군부정치』(대왕사, 1993), 233쪽.

59 이정석, 『분단과 반민주로 본 한국 정치 이야기 상(上)』(무당미디어, 1997), 272~273쪽.

60 하야시 다케히코(林建彦), 선우연 옮김, 『박정희의 시대』(월드콤, 1995), 67쪽.

61 김경재, 『혁명과 우상: 김형욱 회고록 ②』(전예원, 1991), 55~56쪽.

62 조갑제, 『내 무덤에 침을 뱉어라 5: 김종필의 풍운』(조선일보사, 1998), 128~129쪽.

63 브루스 커밍스(Bruce Cumings), 김동노 외 옮김, 『브루스 커밍스의 한국현대사』(창작과비평사, 1997/2001), 507쪽.

64 이병주, 「5·16 혁명 '공약(空約)'」, 『월간조선』, 1985년 5월, 492~493쪽.

65 채록 및 정리 노영기, 「제5부 박경원」, 한국정신문화연구원 한민족문화연구소 편, 『내가 겪은 해방과 분단』(선인, 2001), 266쪽.

66 이정석, 『분단과 반민주로 본 한국 정치 이야기 상(上)』(무당미디어, 1997), 274쪽.

67 손정목, 『서울 도시계획 이야기: 서울 격동의 50년과 나의 증언 ④』(한울, 2003), 87쪽.

68 이상우, 『박정권 18년: 그 권력의 내막』(동아일보사, 1986), 180쪽.

69 김충식, 『정치공작사령부 남산의 부장들 1』(동아일보사, 1992), 76쪽; 박보균, 『청와대 비서실 3』(중앙일보사, 1994), 105쪽.

70 김문, 『장군의 비망록 II: 격동의 현대사를 주도한 장군들의 이야기』(별방, 1998), 66쪽.

71 김문, 『장군의 비망록 II: 격동의 현대사를 주도한 장군들의 이야기』(별방, 1998), 68쪽.

72 한용원, 『한국의 군부정치』(대왕사, 1993), 323쪽.

73 하신기, 강태훈·이광주 옮김, 『박정희: 한국을 강국으로 이끈 대통령』(세경사, 1997), 245쪽.

74 이완범, 「제1차 경제개발5개년계획의 입안과 미국의 역할, 1960~1965」, 한국정신문화연구원 편, 『1960년대의 정치사회변동: 1963~1970』(백산서당, 1999), 59쪽.

75 김영수, 「박정희의 정치 리더십」, 한국정신문화연구원 편, 『장면·윤보선·박정희: 1960년대 초 주요 정치지도자 연구』(백산서당, 2001), 223쪽.

76 홍석률, 「1960년대 지성계의 동향: 산업화와 근대화론의 대두와 지식인 사회의 변동」, 한국정신문화연구원 편, 『1960년대 사회변화연구: 1963~1970』(백산서당,

1999), 203~204쪽.

77 김영수, 「박정희의 정치 리더십」, 한국정신문화연구원 편, 『장면·윤보선·박정희: 1960년대 초 주요 정치지도자 연구』(백산서당, 2001), 241쪽.

78 한용원, 『한국의 군부정치』(대왕사, 1993), 275쪽.

79 김영수, 「박정희의 정치 리더십」, 한국정신문화연구원 편, 『장면·윤보선·박정희: 1960년대 초 주요 정치지도자 연구』(백산서당, 2001), 175, 225~234, 242쪽.

80 조갑제, 『내 무덤에 침을 뱉어라 5: 김종필의 풍운』(조선일보사, 1998), 207쪽.

81 박상길, 「30년 만에 다시 보는 『국가와 혁명과 나』: 북한을 능가하겠다는 신념에서 저술」, 월간조선 엮음, 『비록(秘錄) 한국의 대통령: 월간조선 1993년 신년호 별책부록』(조선일보사, 1992), 118~119쪽.

82 박상길, 「30년 만에 다시 보는 『국가와 혁명과 나』: 북한을 능가하겠다는 신념에서 저술」, 월간조선 엮음, 『비록(秘錄) 한국의 대통령: 월간조선 1993년 신년호 별책부록』(조선일보사, 1992), 119쪽.

83 이경남, 「철혈대통령 박정희 재평가」, 『월간중앙』, 1992년 10월, 277~279쪽.

84 박정희, 『국가와 혁명과 나』(지구촌, 1963, 재발간 1997), 251~256쪽.

85 조갑제, 『내 무덤에 침을 뱉어라 1: 초인의 노래』(조선일보사, 1998), 382~383쪽.

86 박정희, 『국가와 혁명과 나』(지구촌, 1963, 재발간 1997), 275~276쪽.

87 이상우, 『박정권 18년: 그 권력의 내막』(동아일보사, 1986), 60쪽.

88 이상우, 『박정권 18년: 그 권력의 내막』(동아일보사, 1986), 178쪽.

89 이상우, 『박정권 18년: 그 권력의 내막』(동아일보사, 1986), 179쪽.

90 이어령, 『흙 속에 저 바람 속에: 이것이 한국이다』(문학사상사, 1963), 104쪽.

91 조갑제, 『내 무덤에 침을 뱉어라 4: 국가개조』(조선일보사, 1998), 259쪽.

92 조갑제, 『내 무덤에 침을 뱉어라 4: 국가개조』(조선일보사, 1998), 261쪽.

93 조갑제, 『내 무덤에 침을 뱉어라 4: 국가개조』(조선일보사, 1998), 268~269쪽.

94 조갑제, 『내 무덤에 침을 뱉어라 4: 국가개조』(조선일보사, 1998), 260쪽.

95 조갑제, 『내 무덤에 침을 뱉어라 4: 국가개조』(조선일보사, 1998), 277쪽.

96 정운현, 「"거물 간첩 황태성 특수임무 띤 밀사" 조카사위 권상능 씨 밝혀」, 『대한매일』, 2001년 6월 1일, 15면; 이상우, 『박정권 18년: 그 권력의 내막』(동아일보사, 1986), 214쪽; 김준하, 『대통령과 장군: 윤보선 대 박정희』(나남, 2002), 333쪽; 김진국·정창현, 『www.한국현대사.com』(민연, 2000), 141쪽.

97 조갑제, 『내 무덤에 침을 뱉어라 4: 국가개조』(조선일보사, 1998), 282~287쪽.

98 조갑제, 『내 무덤에 침을 뱉어라 4: 국가개조』(조선일보사, 1998), 288~293쪽.

99 정운현, 「"거물 간첩 황태성 특수임무 띤 밀사" 조카사위 권상능 씨 밝혀」, 『대한매

일』, 2001년 6월 1일, 15면.

100 정지환, 『대한민국 다큐멘터리』(인물과사상사, 2004), 283쪽.

101 정운현, 「"거물 간첩 황태성 특수임무 띤 밀사" 조카사위 권상능 씨 밝혀」, 『대한매일』, 2001년 6월 1일, 15면.

102 한홍구, 「박정희 정권의 베트남 파병과 병영국가화」, 『역사비평』, 제62호(2003년 봄), 122~123쪽.

103 정지환, 『대한민국 다큐멘터리』(인물과사상사, 2004), 284쪽.

104 이영석, 『야당 40년사』(인간사, 1987), 134쪽.

105 김준하, 『대통령과 장군: 윤보선 대 박정희』(나남, 2002), 290~296쪽.

106 김준하, 『대통령과 장군: 윤보선 대 박정희』(나남, 2002), 297쪽.

107 강원용, 『빈들에서: 나의 삶, 한국 현대사의 소용돌이 2 - 혁명, 그 모순의 회오리』(열린문화, 1993), 211~212쪽.

108 김삼웅, 『해방후 정치사 100장면: 해방에서 김일성 죽음까지』(가람기획, 1994), 160쪽.

109 김준하, 『대통령과 장군: 윤보선 대 박정희』(나남, 2002), 314~315쪽.

110 한용원, 『한국의 군부정치』(대왕사, 1993), 274쪽.

111 김삼웅, 『해방후 정치사 100장면: 해방에서 김일성 죽음까지』(가람기획, 1994), 160쪽.

112 조현연, 「'한국적 민주주의'와 유신체제」, 『논쟁으로 본 한국 사회 100년』(역사비평사, 2000), 312쪽.

113 김준하, 『대통령과 장군: 윤보선 대 박정희』(나남, 2002), 320~322쪽.

114 민주공화당, 『민주공화당사』(공화출판사, 1973), 103쪽; 박원순, 『국가보안법 연구 1: 국가보안법 변천사』(역사비평사, 1997), 49쪽.

115 김삼웅, 『해방후 정치사 100장면: 해방에서 김일성 죽음까지』(가람기획, 1994), 160쪽.

116 김삼웅, 『해방후 정치사 100장면: 해방에서 김일성 죽음까지』(가람기획, 1994), 161~162쪽.

117 김준하, 『대통령과 장군: 윤보선 대 박정희』(나남, 2002), 329쪽.

118 김준하, 『대통령과 장군: 윤보선 대 박정희』(나남, 2002), 330쪽.

119 김준하, 『대통령과 장군: 윤보선 대 박정희』(나남, 2002), 332~333쪽.

120 김준하, 『대통령과 장군: 윤보선 대 박정희』(나남, 2002), 334쪽.

121 이상우, 「지역감정에 좌우된 대통령 선거: 한국 대통령 선거의 결정 요인」, 월간조선 엮음, 『비록(秘錄) 한국의 대통령: 월간조선 1993년 신년호 별책부록』(조선일보사, 1992), 326쪽.

122 김준하, 『대통령과 장군: 윤보선 대 박정희』(나남, 2002), 336쪽.

123 송광성, 「윤치영: 외세와 독재권력에 아부하여 '잘 먹고 잘 산' 자의 표본」, 반민족문

제연구소, 『청산하지 못한 역사 1: 한국현대사를 움직인 친일파 60』(청년사, 1994), 77~78쪽.

124 김준하, 『대통령과 장군: 윤보선 대 박정희』(나남, 2002), 340쪽.

125 김준하, 『대통령과 장군: 윤보선 대 박정희』(나남, 2002), 345쪽.

126 박상훈, 「지역균열의 구조와 행태」, 한국정치연구회 편, 『박정희를 넘어서: 박정희와 그 시대에 대한 비판적 연구』(푸른숲, 1998), 223쪽.

127 조갑제, 『내 무덤에 침을 뱉어라 5: 김종필의 풍운』(조선일보사, 1998), 284~285쪽.

128 이상우, 「지역감정에 좌우된 대통령 선거: 한국 대통령 선거의 결정 요인」, 월간조선 엮음, 『비록(秘錄) 한국의 대통령: 월간조선 1993년 신년호 별책부록』(조선일보사, 1992), 327쪽.

129 이만섭, 「나의 이력서: 정치입문 ①」, 『한국일보』, 2002년 8월 28일, 27면.

130 김준하, 『대통령과 장군: 윤보선 대 박정희』(나남, 2002), 338~339쪽.

131 박상길, 「박정희·윤보선 대통령 선거: 박정희, 윤보선에 16만 표 차이로 승리」, 월간 조선 엮음, 『한국현대사 119대 사건: 체험기와 특종사진』(조선일보사, 1993), 169쪽.

132 조갑제, 『내 무덤에 침을 뱉어라 5: 김종필의 풍운』(조선일보사, 1998), 218쪽.

133 채명신, 『사선을 넘고 넘어: 채명신 회고록』(매일경제신문사, 1994), 409~410쪽.

134 김준하, 『대통령과 장군: 윤보선 대 박정희』(나남, 2002), 346쪽.

135 김지형, 『남북을 잇는 현대사 산책』(선인, 2003), 261쪽.

136 김석야·고다니 히데지로(小谷豪治郎), 『실록 박정희와 김종필: 한국현대정치사』(프로젝트409, 1997), 186쪽.

137 김지형, 『남북을 잇는 현대사 산책』(선인, 2003), 265쪽.

138 박상길, 「박정희·윤보선 대통령 선거」, 『월간조선』, 1993년 11월, 669~670쪽; 조갑제, 『내 무덤에 침을 뱉어라 5: 김종필의 풍운』(조선일보사, 1998), 364~367쪽.

139 손호철, 『현대 한국정치: 이론과 역사 1945~2003』(사회평론, 2003), 205쪽.

140 피터 현, 『세계를 구름처럼 떠도는 사나이』(푸른숲, 1996), 136~137쪽.

141 김성진, 『한국 정치 100년을 말한다: 우리들이 꼭 알아야 할 한국 정치의 실상』(두산동아, 1999), 222쪽.

142 피터 현, 『세계를 구름처럼 떠도는 사나이』(푸른숲, 1996), 136~137쪽.

143 김준하, 『대통령과 장군: 윤보선 대 박정희』(나남, 2002), 348~349쪽.

144 김준하, 『대통령과 장군: 윤보선 대 박정희』(나남, 2002), 351쪽.

145 주돈식, 『우리도 좋은 대통령을 갖고 싶다: 8명의 역대 대통령과 외국 대통령의 비교 평가』(사람과책, 2004), 147~148쪽.

146 김경재, 『혁명과 우상: 김형욱 회고록 ②』(전예원, 1991), 76~78쪽.

147 이상우, 「지역감정에 좌우된 대통령 선거: 한국 대통령 선거의 결정 요인」, 월간조선 엮음, 『비록(秘錄) 한국의 대통령: 월간조선 1993년 신년호 별책부록』(조선일보사, 1992), 328쪽.

148 손호철, 『현대 한국정치: 이론과 역사 1945~2003』(사회평론, 2003), 207~208쪽.

149 손호철, 『해방 50년의 한국 정치』(새길, 1995), 110~111쪽.

150 한용원, 『한국의 군부정치』(대왕사, 1993), 210쪽; 김정원, 『분단한국사』(동녘, 1985), 266쪽.

151 김준하, 『대통령과 장군: 윤보선 대 박정희』(나남, 2002), 283쪽.

152 황용연, 「역사는 두 번 되풀이된다: 민주공화당과 열린우리당」, 『당대비평』, 제26호 (2004년 여름), 341~342쪽.

153 임대식, 「1960년대 초반 지식인들의 현실인식」, 『역사비평』, 제65호(2003년 겨울), 323쪽.

154 김병익 외, 「좌담: 4월 혁명과 60년대를 다시 생각한다」, 최원식·임규찬 엮음, 『4월 혁명과 한국문학』(창작과비평사, 2002), 48~49쪽.

155 김병익 외, 「좌담: 4월 혁명과 60년대를 다시 생각한다」, 최원식·임규찬 엮음, 『4월 혁명과 한국문학』(창작과비평사, 2002), 46쪽.

156 문일석, 『KCIA 비록(秘錄)-X파일 1: 중앙정보부 전 감찰실장 방준모 전격 증언』(한솔미디어, 1996), 75~83쪽; 조갑제, 『내 무덤에 침을 뱉어라 5: 김종필의 풍운』(조선일보사, 1998), 348쪽.

157 김수자·정창현, 「비판적 지식인에서 현실 참여자로: 황용주 증언록」, 한국정신문화연구원 현대사연구소 편, 『격동기 지식인의 세 가지 삶의 모습: 현대사연구소 자료 총서 제3집』(한국정신문화연구원 현대사연구소, 1999), 136~137쪽.

158 정지환, 『대한민국 다큐멘터리』(인물과사상사, 2004), 287~288쪽.

159 정지환, 『대한민국 다큐멘터리』(인물과사상사, 2004), 288쪽.

160 정지환, 『대한민국 다큐멘터리』(인물과사상사, 2004), 288쪽.

161 이상우, 『박정권 18년: 그 권력의 내막』(동아일보사, 1986), 170쪽.

162 방우영, 『조선일보와 45년: 권력과 언론 사이에서』(조선일보사, 1998), 194쪽.

163 채록 및 정리 노영기, 「제5부 박경원」, 한국정신문화연구원 한민족문화연구소 편, 『내가 겪은 해방과 분단』(선인, 2001), 270~271쪽.

164 김일영, 「1960년대의 정치지형 변화: 수출지향형 지배연합과 발전국가의 형성」, 한국정신문화연구원 편, 『1960년대의 정치사회변동』(백산서당, 1999), 313쪽.

165 임대식, 「1960년대 초반 지식인들의 현실인식」, 『역사비평』, 제65호(2003년 겨울), 325쪽.

166 박경수, 『장준하: 민족주의자의 길』(돌베개, 2003), 331~333쪽.

167 박경수, 『장준하: 민족주의자의 길』(돌베개, 2003), 334쪽.

168 김일영, 「1960년대의 정치지형 변화: 수출지향형 지배연합과 발전국가의 형성」, 한국 정신문화연구원 편, 『1960년대의 정치사회변동』(백산서당, 1999), 316쪽.

169 김일영, 「1960년대의 정치지형 변화: 수출지향형 지배연합과 발전국가의 형성」, 한국 정신문화연구원 편, 『1960년대의 정치사회변동』(백산서당, 1999), 316쪽; 김용호, 『한국정당정치의 이해』(나남, 2001), 411쪽.

170 남재 김상협 선생 전기편찬위원회 엮음, 『남재 김상협: 그 생애/학문/사상』(한울, 2004), 437쪽.

171 전재호, 「군정기 쿠데타 주도집단의 담론 분석」, 『역사비평』, 제55호(2001년 여름), 119쪽.

172 김영명, 『한국현대정치사: 정치변동의 역학』(을유문화사, 1992), 272쪽; 양성철, 『분단의 정치: 박정희와 김일성의 비교연구』(한울, 1987), 200쪽.

173 한용원, 『한국의 군부정치』(대왕사, 1993), 251쪽.

174 이병주, 「5·16 혁명 '공약(空約)'」, 『월간조선』, 1985년 5월, 499쪽.

175 손정목, 『서울 도시계획 이야기: 서울 격동의 50년과 나의 증언 ④』(한울, 2003), 178쪽.

176 이상우, 『박정권 18년: 그 권력의 내막』(동아일보사, 1986), 139쪽.

177 김지형, 『남북을 잇는 현대사 산책』(선인, 2003), 266쪽.

178 박경수, 『장준하: 민족주의자의 길』(돌베개, 2003), 333쪽.

179 고나무, 「본인 전향과 미국의 맞교환 제안에도 부랴부랴 죽이다: '비운의 밀사' 황태성 이야기」, 『한겨레』, 2014년 6월 28일.

180 김경재, 『혁명과 우상: 김형욱 회고록 ②』(전예원, 1991), 137쪽.

181 문명자, 『내가 본 박정희와 김대중』(월간말, 1999), 28~29쪽.

182 강원용, 『빈들에서: 나의 삶, 한국 현대사의 소용돌이 2-혁명, 그 모순의 회오리』(열린 문화, 1993), 155~156쪽.

183 주돈식, 『우리도 좋은 대통령을 갖고 싶다: 8명의 역대 대통령과 외국 대통령의 비교 평가』(사람과책, 2004), 141쪽.

184 오원철, 『한국형 경제건설 1』(기아경제연구소, 1996), 226~227쪽.

185 서재진, 『한국의 자본가 계급』(나남, 1991), 81~82쪽.

186 서재진, 『한국의 자본가 계급』(나남, 1991), 84쪽.

187 역사학연구소, 『메이데이 100년의 역사』(서해문집, 2004), 139~140쪽.

188 중앙일보 특별취재팀, 『실록 박정희』(중앙M&B, 1998), 136쪽; 박용근, 「플래시백-뒤돌아본 한국경제: 1963년 서독에 광원·간호사 파견」, 『조선일보』, 2003년 9월 9일,

B2면.

189 김종필, 『김종필 증언록 1: JP가 말하는 대한민국 현대사』(와이즈베리, 2016), 302~304쪽.

190 유석재, 「[뉴스 속의 한국사] 1인당 소득 87달러 시절, 獨서 연 5,000만 달러 보내」, 『조선일보』, 2023년 9월 7일.

191 이기홍, 『경제근대화의 숨은 이야기: 국가 장기 경제개발 입안자의 회고록』(보이스사, 1999), 319~320쪽.

192 김흥기 편, 『영욕의 한국경제: 비사(秘史) 경제기획원 33년』(매일경제신문사, 1999), 73쪽.

193 이기홍, 『경제근대화의 숨은 이야기: 국가 장기 경제개발 입안자의 회고록』(보이스사, 1999), 319~320쪽.

194 이인열, 「"꿀꿀이죽 먹는 국민 구할 것"…라면 60년, 기억해야 할 韓日 기업인」, 『조선일보』, 2023년 10월 5일; 김종필, 『김종필 증언록 1: JP가 말하는 대한민국 현대사』 (와이즈베리, 2016), 295~296쪽.

195 김흥기 편, 『영욕의 한국경제: 비사(秘史) 경제기획원 33년』(매일경제신문사, 1999), 139쪽; 김명환, 「그 시절 그 광고 (14): 라면은 '특수 營養 강화 국수'…"손님 접대·선물용으로 최고!"」, 『조선일보』, 2014년 4월 2일.

196 윤희영, 「[윤희영의 News English] 한국 라면 128국에 수출, '라면'의 어원은?」, 『조선일보』, 2024년 1월 9일.

197 김재길, 『"KBS야, 너 참 많이 컸구나!"』(세상의창, 2000), 65쪽.

198 신인섭, 『한국광고발달사』(일조각, 1992), 142~143쪽.

199 이병주, 「방송 환경 변화에 따른 방송 광고 발전 소사」, 한국TV방송50년위원회, 『한국의 방송인: 체험적 현장기록 한국방송 1956~2001』(커뮤니케이션북스, 2002), 60쪽.

200 한국방송공사, 『한국방송사』(한국방송공사, 1977); 신인섭, 『한국광고발달사』(일조각, 1992), 140쪽.

201 정순일, 『한국방송의 어제와 오늘: 체험적 방송 현대사』(나남, 1991), 96쪽; 송건호, 『한국현대언론사』(삼민사, 1990), 103~104쪽.

202 한국방송공사, 『한국방송사』(한국방송공사, 1977); 신인섭, 『한국광고발달사』(일조각, 1992), 139쪽.

203 김화, 『이야기 한국영화사』(하서, 2001), 235~236쪽.

204 호현찬, 『한국 영화 100년』(문학사상사, 2000), 143쪽.

205 김학수, 『스크린 밖의 한국영화사 I』(인물과사상사, 2002), 205~206쪽.

206 변재란, 「'노동'을 통한 근대적 여성 주체의 구성: '쌀'과 '또순이'를 중심으로」, 주유신 외, 『한국 영화와 근대성』(소도, 2001), 99쪽.

207 김화, 『이야기 한국영화사』(하서, 2001), 237쪽.

208 호현찬, 『한국 영화 100년』(문학사상사, 2000), 129쪽.

209 김수용, 「충무로에서, 동지애를 느끼다」, 『씨네21』, 1997년 11월 11일, 83면.

210 이승호, 『옛날 신문을 읽었다 1950~2002』(다우, 2002), 246~248쪽.

제4부 1964년

1 오연호, 『노근리 그후: 주한미군 범죄 55년사』(월간말, 1999), 200쪽.

2 오연호, 『노근리 그후: 주한미군 범죄 55년사』(월간말, 1999), 202~203쪽.

3 오연호, 『노근리 그후: 주한미군 범죄 55년사』(월간말, 1999), 205~206쪽.

4 오연호, 『노근리 그후: 주한미군 범죄 55년사』(월간말, 1999), 250쪽.

5 김흥수, 『한국전쟁과 기복신앙 확산 연구』(한국기독교역사연구소, 1999), 32쪽.

6 김귀옥, 「1960, 1970년대 의류봉제업 노동자 형성 과정: 반도상사(부평공장)의 사례를 중심으로」, 이종구 외, 『1960~1970년대 한국의 산업화와 노동자 정체성』(한울아카데미, 2004), 222쪽.

7 조영래, 『전태일 평전』(돌베개, 1983/1998), 125~126쪽.

8 김흥수, 『한국전쟁과 기복신앙 확산 연구』(한국기독교역사연구소, 1999), 136쪽.

9 김흥수, 『한국전쟁과 기복신앙 확산 연구』(한국기독교역사연구소, 1999), 46쪽.

10 조갑제, 『내 무덤에 침을 뱉어라 3: 혁명 전야』(조선일보사, 1998), 270쪽.

11 김홍기 편, 『영욕의 한국경제: 비사(秘史) 경제기획원 33년』(매일경제신문사, 1999), 144쪽.

12 임영태, 『대한민국 50년사 1: 건국에서 제3공화국까지』(들녘, 1998), 392쪽.

13 임영태, 『대한민국 50년사 1』(들녘, 1998), 386쪽.

14 허용범, 『한국 언론 100대 특종』(나남, 2000), 94~95쪽.

15 허용범, 『한국 언론 100대 특종』(나남, 2000), 94~95쪽.

16 김일영, 「1960년대의 정치지형 변화: 수출지향형 지배연합과 발전국가의 형성」, 한국정신문화연구원 편, 『1960년대의 정치사회변동』(백산서당, 1999), 308쪽.

17 김일영, 「1960년대의 정치지형 변화: 수출지향형 지배연합과 발전국가의 형성」, 한국정신문화연구원 편, 『1960년대의 정치사회변동』(백산서당, 1999), 309쪽; 김홍기 편, 『영욕의 한국 경제: 비사(秘史) 경제기획원 33년』(매일경제신문사, 1999), 127쪽; 김영호, 『한국 언론의 사회사 상(上)』(지식산업사, 2004), 384쪽.

18 김일영, 「1960년대의 정치지형 변화: 수출지향형 지배연합과 발전국가의 형성」, 한국 정신문화연구원 편, 『1960년대의 정치사회변동』(백산서당, 1999), 309쪽; 김경재, 『혁명과 우상: 김형욱 회고록 ②』(전예원, 1991), 59쪽.

19 김일영, 「1960년대의 정치지형 변화: 수출지향형 지배연합과 발전국가의 형성」, 한국 정신문화연구원 편, 『1960년대의 정치사회변동』(백산서당, 1999), 312쪽.

20 이재봉, 「4월 혁명, 제2공화국, 그리고 한미관계」, 백영철 편, 『제2공화국과 한국민주 주의』(나남, 1996), 71쪽.

21 김기승, 「제2공화국과 장준하」, 한국민족운동사학회 편, 『장면과 제2공화국』(국학자 료원, 2003), 123, 129쪽.

22 이동렬, 「김주열 추모곡 악보 43년 만에 햇빛」, 『한국일보』, 2003년 3월 29일, A14면.

23 김동춘, 「4·19 혁명의 역사적 성격과 그 한계」, 고성국 외, 『1950년대 한국 사회와 4·19 혁명』(태암, 1991), 246~247쪽; 전재호, 「군정기 쿠데타 주도집단의 담론 분석」, 『역사비평』, 제55호(2001년 여름), 117쪽.

24 고성국, 「4·19, 6·3세대 변절·변신론」, 『역사비평』, 제22호(1993년 가을), 65쪽.

25 김삼웅, 『한국 현대사 뒷얘기』(가람기획, 1995), 38~39쪽.

26 경향신문사 사사편찬위원회, 『경향신문 50년사』(경향신문사, 1996), 248쪽.

27 6·3 동지회, 『6·3 학생운동사』(역사비평사, 2001), 99~100쪽.

28 이원덕, 『한일 과거사 처리의 원점: 일본의 전후 처리 외교와 한일회담』(서울대학교출 판부, 1996), 191쪽.

29 「박정희 "독도 폭파하고 싶다": 미, 한·일에 조기 수교 강한 압력」, 『경향신문』, 2004 년 6월 21일, 2면.

30 김용석, 「다시 쓰는 한반도 100년: 일, 5·16 직후 먼저 국교 정상화 의사 타진」, 『경향 신문』, 2001년 11월 3일, 14면.

31 이도성 편저, 『실록 박정희와 한일회담: 5·16에서 조인까지』(한송, 1995), 250쪽.

32 유병용, 「박정희 정부와 한일협정」, 한국정신문화연구원 편, 『1960년대의 대외관계 와 남북문제』(백산서당, 1999), 35쪽.

33 박경수, 『장준하: 민족주의자의 길』(돌베개, 2003), 338~339쪽.

34 이원덕, 『한일 과거사 처리의 원점: 일본의 전후 처리 외교와 한일회담』(서울대학교출 판부, 1996), 246쪽.

35 유병용, 「박정희 정부와 한일협정」, 한국정신문화연구원 편, 『1960년대의 대외관계 와 남북문제』(백산서당, 1999), 35~36쪽.

36 김대중, 일본 NHK 취재반 구성, 김용운 편역, 『역사와 함께 시대와 함께: 김대중 자서 전 1』(인동, 1999), 181쪽.

37 이원덕, 『한일 과거사 처리의 원점: 일본의 전후 처리 외교와 한일회담』(서울대학교출판부, 1996), 274쪽.

38 이원덕, 『한일 과거사 처리의 원점: 일본의 전후 처리 외교와 한일회담』(서울대학교출판부, 1996), 300쪽.

39 이종오, 「반제반일민족주의와 6·3운동」, 『역사비평』, 창간호(1988년 여름), 57~58쪽.

40 이재오, 『해방후 한국학생운동사』(형성사, 1984), 192쪽.

41 정병진, 「민주화 발자취: 서울대 내 프락치 폭로…한밤 중정 요원에 납치 당해」, 『한국일보』, 2003년 4월 18일, A17면.

42 김경재, 『혁명과 우상: 김형욱 회고록 ②』(전예원, 1991), 71쪽.

43 6·3 동지회, 『6·3 학생운동사』(역사비평사, 2001), 99~100쪽.

44 이재오, 『해방후 한국학생운동사』(형성사, 1984), 226~228쪽.

45 이상우, 『박정권 18년: 그 권력의 내막』(동아일보사, 1986), 193쪽.

46 박태순·김동춘, 『1960년대의 사회운동』(까치, 1991), 188쪽; 정병진, 「민주화 발자취: 동숭동에 울려퍼진 "굴욕적 한일회담 중단하라"」, 『한국일보』, 2003년 4월 11일, A18면.

47 정병진, 「민주화 발자취: 동숭동에 울려퍼진 "굴욕적 한일회담 중단하라"」, 『한국일보』, 2003년 4월 11일, A18면.

48 조선일보사, 『조선일보 칠십년사 제1권』(조선일보사, 1990), 710쪽.

49 김경재, 『혁명과 우상: 김형욱 회고록 ②』(전예원, 1991), 109~110쪽.

50 송철원, 「"YTP, 서울대 문리대에만 20여 명 6·3 주역이라 매명(賣名)하는 일 없어야"」, 『한국일보』, 2003년 4월 18일, A17면.

51 김영철, 「장준하」, 『한겨레신문』, 1990년 8월 17일, 7면.

52 이종오, 「반제반일민족주의와 6·3운동」, 『역사비평』, 창간호(1988년 여름), 58쪽.

53 6·3 동지회, 『6·3 학생운동사』(역사비평사, 2001), 109쪽.

54 강원용, 『빈들에서: 나의 삶, 한국 현대사의 소용돌이 2-혁명, 그 모순의 회오리』(열린문화, 1993), 219쪽.

55 이종오, 「반제반일민족주의와 6·3운동」, 『역사비평』, 창간호(1988년 여름), 59~60쪽.

56 김교식, 『다큐멘터리 박정희 3』(평민사, 1990), 88~89쪽.

57 방우영, 『조선일보와 45년: 권력과 언론 사이에서』(조선일보사, 1998), 115쪽.

58 김대중, 일본 NHK 취재반 구성, 김용운 편역, 『역사와 함께 시대와 함께: 김대중 자서전 1』(인동, 1999), 183쪽; 브루스 커밍스(Bruce Cumings), 김동노 외 옮김, 『브루스 커밍스의 한국현대사』(창작과비평사, 1997/2001), 509쪽.

59 김충식, 『정치공작사령부 남산의 부장들 1』(동아일보사, 1992), 119쪽.

60   브루스 커밍스(Bruce Cumings), 김동노 외 옮김, 『브루스 커밍스의 한국현대사』 (창작과비평사, 1997/2001), 509쪽.

61   김종필, 『김종필 증언록 1: JP가 말하는 대한민국 현대사』(와이즈베리, 2016), 246쪽.

62   이상우, 『박정권 18년: 그 권력의 내막』(동아일보사, 1986), 190쪽.

63   정병진, 「민주화 발자취: "용공 '불꽃회'가 데모 배후" 당국 발표로 6·3 열기 찬물」, 『한국일보』, 2003년 4월 25일, A21면.

64   김대중, 일본 NHK 취재반 구성, 김용운 편역, 『역사와 함께 시대와 함께: 김대중 자서전 1』(인동, 1999), 177~178쪽.

65   김대중, 일본 NHK 취재반 구성, 김용운 편역, 『역사와 함께 시대와 함께: 김대중 자서전 1』(인동, 1999), 178~180쪽.

66   김대중, 일본 NHK 취재반 구성, 김용운 편역, 『역사와 함께 시대와 함께: 김대중 자서전 1』(인동, 1999), 183쪽.

67   경향신문사 사사편찬위원회, 『경향신문 50년사』(경향신문사, 1996), 235~236쪽.

68   김영효, 「동아방송 '앵무새 사건' 회고」, 『동아일보』, 1994년 6월 3일, 6면.

69   경향신문사 사사편찬위원회, 『경향신문 50년사』(경향신문사, 1996), 249쪽.

70   조갑제, 「내 무덤에 침을 뱉어라!: 계엄령 해제」, 『조선일보』, 1999년 8월 17일, 23면.

71   조갑제, 「내 무덤에 침을 뱉어라!: 언론과 정권의 정면 대치」, 『조선일보』, 1999년 8월 18일, 23면.

72   주태산, 『경제 못살리면 감방간대이: 한국의 경제부총리, 그 인물과 정책』(중앙M&B, 1998), 42쪽.

73   조갑제, 「내 무덤에 침을 뱉어라!: 언론과 정권의 정면 대치」, 『조선일보』, 1999년 8월 18일, 23면.

74   동아일보사 노동조합, 『동아자유언론 실천운동백서』(동아일보사, 1989), 14쪽.

75   조갑제, 「내 무덤에 침을 뱉어라!: 유성 담판」, 『조선일보』, 1999년 8월 19일, 23면.

76   조갑제, 「내 무덤에 침을 뱉어라!: 대통령의 후퇴」, 『조선일보』, 1999년 8월 23일, 23면.

77   조갑제, 「내 무덤에 침을 뱉어라!: 대통령의 후퇴」, 『조선일보』, 1999년 8월 23일, 23면.

78   김영호, 『한국 언론의 사회사 하(下)』(지식산업사, 2004), 110, 116쪽.

79   이영석, 『야당 40년사』(인간사, 1987), 191쪽.

80   이영석, 『야당 40년사』(인간사, 1987), 192쪽.

81   이영석, 『야당 40년사』(인간사, 1987), 193쪽.

82   이영석, 『야당 40년사』(인간사, 1987), 204쪽.

83   이영석, 『야당 40년사』(인간사, 1987), 205쪽.

84   이영석, 『야당 40년사』(인간사, 1987), 207쪽.

85 이영석, 『야당 40년사』(인간사, 1987), 207~208쪽.

86 김영삼, 『김영삼 회고록: 민주주의를 위한 나의 투쟁 1』(백산서당, 2000), 224쪽.

87 「검사항명사건: 인민혁명당 사건」, 김성환 외, 『1960년대』(거름, 1984), 378쪽.

88 김삼웅, 『한국 현대사 바로잡기』(가람기획, 1998), 136~139쪽.

89 이상우, 『박정권 18년: 그 권력의 내막』(동아일보사, 1986), 143~144쪽.

90 하야시 다케히코(林建彦), 최현 옮김, 『한국현대사』(삼민사, 1986), 249쪽; 정경민 · 김영훈 · 손해용, 『대한민국을 즐겨라: 통계로 본 한국 60년』(한국통계진흥원, 2008), 35쪽.

91 강광식, 「1960년대의 남북관계와 통일정책」, 한국정신문화연구원 편, 『1960년대의 대외관계와 남북문제』(백산서당, 1999), 196쪽.

92 이만섭, 「나의 이력서: 초선의원 시절 ③」, 『한국일보』, 2002년 9월 2일, 27면.

93 정진석, 『한국 현대언론사론』(전예원, 1985), 365쪽.

94 강광식, 「1960년대의 남북관계와 통일정책」, 한국정신문화연구원 편, 『1960년대의 대외관계와 남북문제』(백산서당, 1999), 200쪽.

95 이상우, 『박정권 18년: 그 권력의 내막』(동아일보사, 1986), 217~218쪽.

96 정진석, 『한국 현대언론사론』(전예원, 1985), 359쪽.

97 정진석, 『한국 현대언론사론』(전예원, 1985), 359~360쪽.

98 이상우, 『박정권 18년: 그 권력의 내막』(동아일보사, 1986), 219~220쪽; 이서행, 「분단극복 및 통일문제의 관점에서 본 이념논쟁: 민족주의의 한국화 과정을 중심으로」, 강광식 외, 『현대한국이념논쟁사연구』(한국정신문화연구원, 1999), 237~238쪽.

99 이상우, 『박정권 18년: 그 권력의 내막』(동아일보사, 1986), 219~220쪽.

100 김수자 · 정창현, 「비판적 지식인에서 현실 참여자로: 황용주 증언록」, 한국정신문화연구원 현대사연구소 편, 『격동기 지식인의 세 가지 삶의 모습: 현대사연구소 자료총서 제3집』(한국정신문화연구원 현대사연구소, 1999), 156~160쪽.

101 김경재, 『혁명과 우상: 김형욱 회고록 ②』(전예원, 1991), 137쪽.

102 김경재, 『혁명과 우상: 김형욱 회고록 ②』(전예원, 1991), 139쪽.

103 김헌식, 『색깔논쟁』(새로운사람들, 2003), 196쪽.

104 리영희, 『인간만사 새옹지마』(범우사, 1991), 171쪽.

105 이동원, 『대통령을 그리며』(고려원, 1992), 280~282쪽.

106 오원철, 『한국형 경제건설 1』(기아경제연구소, 1996), 68~69쪽.

107 오원철, 『한국형 경제건설 1』(기아경제연구소, 1996), 69쪽.

108 오원철, 『한국형 경제건설 1』(기아경제연구소, 1996), 69쪽.

109 중앙일보 특별취재팀, 『실록 박정희』(중앙M&B, 1998), 130~131쪽.

110 오원철, 『한국형 경제건설 1』(기아경제연구소, 1996), 236쪽; 이완범, 「제1차 경제개
발5개년계획의 입안과 미국의 역할, 1960~1965」, 한국정신문화연구원 편, 『1960
년대의 정치사회변동』(백산서당, 1999), 127쪽; 정경민·김영훈·손해용, 『대한민국
을 즐겨라: 통계로 본 한국 60년』(한국통계진흥원, 2008), 208쪽.

111 이하원, 「[만물상] 눈물의 파독 60년」, 『조선일보』, 2023년 10월 6일.

112 오원철, 『한국형 경제건설 2』(기아경제연구소, 1996), 301쪽; 전상봉, 『강남을 읽다:
강남 형성과 강남 현상을 찾아서』(여유당, 2018), 91쪽.

113 이동원, 『대통령을 그리며』(고려원, 1992), 102쪽.

114 김창희, 「'막장 30년' 이국살이 석탄을 마신 피눈물: 파독광부친목회 '30년사' 펴
내…구구절절 '인고의 삶' 가득」, 『뉴스플러스』, 1997년 6월 19일, 44면.

115 유석재, 「[뉴스 속의 한국사] 1인당 소득 87달러 시절, 獨서 연 5000만 달러 보내」,
『조선일보』, 2023년 9월 7일.

116 이동원, 「남기고 싶은 이야기들: 이후락과의 충돌」, 『중앙일보』, 1999년 10월 6일, 14면.

117 조남현, 「『시장과 전장』과 이념 검증」, 한국현대문학연구회 편, 『한국의 전후문학: 한
국현대문학연구 제1집』(한국현대문학연구회, 1991), 114쪽.

118 조남현, 「『시장과 전장』과 이념 검증」, 한국현대문학연구회 편, 『한국의 전후문학: 한
국현대문학연구 제1집』(한국현대문학연구회, 1991), 107~108쪽.

119 박동철, 「1960년대 기업집단의 형성과 구조: 기업집단 형성 메커니즘의 구축을 중
심으로」, 한국정신문화연구원 편, 『1960년대 한국의 공업화와 경제구조』(백산서당,
1999), 150쪽.

120 백승열, 『재벌그룹·재벌총수들』(문원, 1995), 341쪽.

121 신원철, 「경쟁양식과 노동자 정체성: 1960~1970년대 기계산업 노동자를 중심으
로」, 이종구 외, 『1960~1970년대 한국의 산업화와 노동자 정체성』(한울아카데미,
2004), 142쪽.

122 홍성태, 「폭압적 근대화와 위험사회」, 이병천 엮음, 『개발독재와 박정희시대: 우리 시
대의 정치경제적 기원』(창비, 2003), 331~332쪽.

123 이영미, 『한국 대중가요사』(시공사, 1998), 166쪽.

124 박광주, 『한국권위주의국가론』(인간사랑, 1992), 399쪽.

125 김영호, 『한국 언론의 사회사 상(上)』(지식산업사, 2004), 385쪽.

126 안병찬, 『신문발행인의 권력과 리더십: 장기영의 부챗살 소통망 연구』(나남, 1999),
367~368쪽.

127 안병찬, 『신문발행인의 권력과 리더십: 장기영의 부챗살 소통망 연구』(나남, 1999),
366쪽.

128 조상호, 『한국 언론과 출판저널리즘』(나남, 1999), 118쪽.

129 김성우, 『돌아가는 배』(삶과꿈, 1999), 173쪽.

130 정홍택, 「인물 동정란의 원조 '소식통'」, 『스포츠투데이』, 2001년 7월 25일, 38면.

131 정순일, 『한국방송의 어제와 오늘: 체험적 방송 현대사』(나남, 1991), 191쪽.

132 김재길, 『"KBS야, 너 참 많이 컸구나!"』(세상의창, 2000), 74쪽.

133 김재길, 『"KBS야, 너 참 많이 컸구나!"』(세상의창, 2000), 88~89쪽.

134 김재길, 『"KBS야, 너 참 많이 컸구나!"』(세상의창, 2000), 90쪽.

135 황정태, 「KBS, TBC 개국, 그리고 〈쇼쇼쇼〉」, 한국TV방송50년위원회, 『한국의 방송인: 체험적 현장기록 한국방송 1956~2001』(커뮤니케이션북스, 2002), 451~452쪽.

136 이병주, 「방송 환경 변화에 따른 방송 광고 발전 소사」, 한국TV방송50년위원회, 『한국의 방송인: 체험적 현장기록 한국방송 1956~2001』(커뮤니케이션북스, 2002), 61쪽.

137 김화, 『이야기 한국영화사』(하서, 2001), 312~313쪽.

138 최희준, 「남기고 싶은 이야기들/인생은 나그네길: 맨발의 청춘」, 『중앙일보』, 2002년 8월 23일, 19면.

139 손지정, 「영화전문가 1백1명이 뽑은 '20세기 한국 최고의 영화·감독·배우'」, 『월간조선』, 1999년 12월호, 420~421쪽.

140 최희준, 「남기고 싶은 이야기들/인생은 나그네길: '맨발의 청춘' 빅 히트」, 『중앙일보』, 2002년 8월 27일, 19면.

한국 현대사 산책
1960년대편 2권(개정증보판)

© 강준만, 2025

초판 1쇄   2004년 9월 20일 펴냄
개정증보판 1쇄   2025년 12월 10일 찍음
개정증보판 1쇄   2025년 12월 19일 펴냄

지은이 | 강준만
펴낸이 | 강준우
인쇄·제본 | 지경사문화

펴낸곳 | 인물과사상사
출판등록 | 제17-204호 1998년 3월 11일

주소 | (04031) 서울시 마포구 동교로22길 29 성지빌딩 301호
전화 | 02-325-6364
팩스 | 02-474-1413

www.inmul.co.kr | insa@inmul.co.kr

ISBN 978-89-5906-822-7 04900
      978-89-5906-820-3 (세트)

값 22,000원